彭水年鉴

PENGSHUI NIANJIAN

2017

《彭水年鉴》编辑委员会

《彭水年鉴》编　辑　部

方志出版社
Publishing House of Local Records

图书在版编目（CIP）数据

彭水年鉴. 2017/《彭水年鉴》编辑部编. -- 北京：
方志出版社，2018.1
ISBN 978-7-5144-2941-1

Ⅰ. ①彭… Ⅱ. ①彭… Ⅲ. ①彭水苗族土家族自治县
—2017—年鉴 Ⅳ. ①Z527.194

中国版本图书馆CIP数据核字（2018）第014809号

彭水年鉴（2017）

编　　者：	《彭水年鉴》编辑部
责任编辑：	冯　松
出 版 人：	冀祥德
出 版 者：	方志出版社
	地址　北京市朝阳区潘家园东里9号（国家方志馆4层）
	邮编　100021
	网址　http://www.fzph.org
发　　行：	方志出版社图书经销中心
	电话（010）67110500
经　　销：	各地新华书店
印　　刷：	重庆巴南彩印厂
开　　本：	889×1194　1/16
印　　张：	15.5
插　　页：	48
字　　数：	454千字
版　　次：	2018年1月第1版　2018年1月第1次印刷
印　　数：	0001~1000册

ISBN 978-7-5144-2941-1　　定价：160.00元

《彭水年鉴》编辑委员会

《彭水年鉴》编辑部

编 辑 说 明

一、《彭水年鉴》（2017年卷）旨在反映2016年彭水自治县经济、政治、文化、社会发展状况以及各条战线、各行各业在改革开放、促进发展、建设打造具有民族特色的旅游中等城市中所取得的新成就、新进展、新突破。同时也为上层决策经济发展，群众知晓信息，外界认识、了解、走进彭水提供信息服务平台。

二、《彭水年鉴》坚持以马列主义、毛泽东思想、邓小平理论、“三个代表”重要思想、科学发展观，以及习近平新时代中国特色社会主义思想为指导，坚持辩证唯物主义和历史唯物主义的立场、观点和方法，力求思想性、科学性、资料性有机统一。

三、本年鉴共10个类目，分别是特载、大事记、县情总貌、机关团体、法治、经济、社会事业、乡镇街道、荣誉、附录。

四、本年鉴采用分类编辑法，由类目、分目、条目组成。为便于查阅，全书条目标题均使用黑体字加【 】表示。

五、本年鉴资料均由县级各部门和有关单位提供，并经提供单位领导审核。

六、所有数据统计部门有统计的采用统计部门的数据，统计部门没有的则采用各部门、各单位提供的数据。

七、本年鉴农业相关内容使用“亩”为计量单位，1亩=1/15公顷。

八、本年鉴资料收集工作受到全县各乡镇街道、县级各部门、各人民团体、各事业单位的广泛关注和大力支持，特别是得到县委办、县政府办、县委组织部等单位鼎力相助，在此一并致谢。

彭水苗族土家族自治县行政区划图

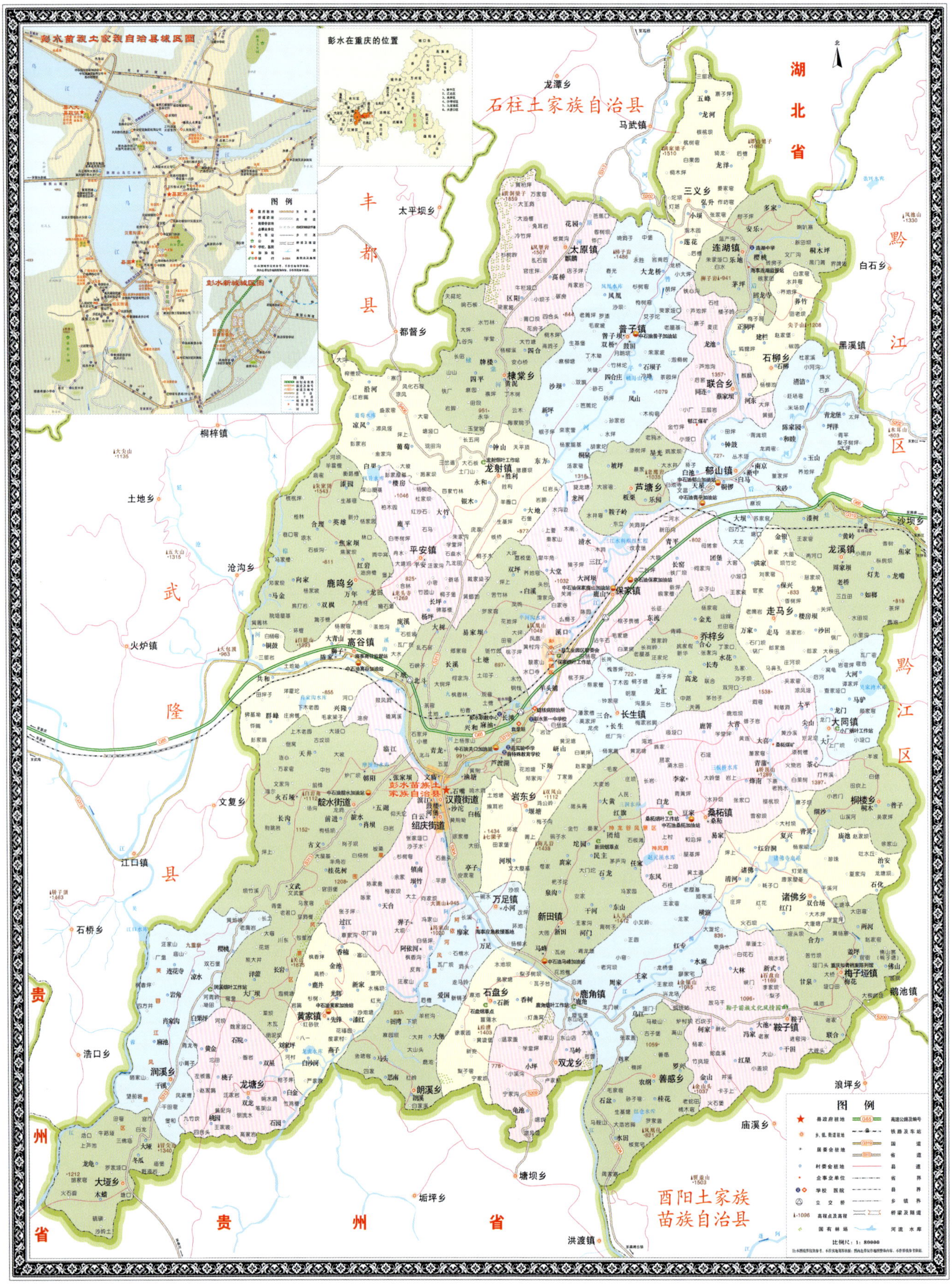

湖南地图出版社 编制 印刷　　彭水自治县民政局 监制

重庆宸筹图文制作中心 策划　　二〇一五年五月

领导关怀

2016年1月5日，县委书记钱建超（前排右一）调研县政协办机关文化建设

2016年9月12日至20日，县人大常委会主任张福安（左五）带队调研义务教育工作开展情况

2016年6月23日，县长石强（右一）到彭水监管办走访慰问

2016年8月18日，县政协主席胡勤俭（前排左三）带队考察阿依河旅游公路建设情况

部 门 工 作

2016年6月17日，市人大常委会派员检查《重庆市实施<民族区域自治法>办法》实施情况

2016年10月10日，市人大常委会党组成员、副主任、市人大常委会代表资格审查委员会主任委员张定宇（前排左一）到彭水督导换届选举工作

2016年12月28日，市人大常委会在彭召开常委会工作报告征求意见座谈会

2016年12月29日，县人大代表考察新城建设

2016年4月12日，县委老干部局组织离退休干部开展健康体检

2016年9月14日，县委老干部局举办离退休干部庆祝中国共产党成立95周年暨纪念红军长征胜利80周年摄影展

2016年11月3日，县委老干部局组织离退休干部县内参观考察

2016年12月8日，县委老干部局组织离退休干部参加重大活动和重要会议

2016年4月5日，县委党校进行政法综治素质能力提升专题培训

2016年5月3日，县委党校进行青年干部培训

2016年5月23日，县委党校进行县直机关党组织书记培训

2016年6月28日，县委党校开展专题党课，新党章学习辅导

2016年，县机关事务管理局举行公车拍卖会

2016年，乌江彭水电站泄洪

2016年7月6日，县经信委开展党规党纪知识测试暨“两学一做”知识竞赛活动

2016年3月10日，县科委组织县“三区”人才和科技特派员进村帮扶群众

2016年8月1日，县科委视察指导农户产业技术

2016年11月18日，县城乡建委质监站现场取样抽查

2016年，城市公交车国有化改革

2016年，乡镇蔬菜基地

2016年12月19日，县农委举办农村经营管理情况年报统计培训会

2016年3月18日，县公安局组织廉政教育画展

2016年6月29日，建党95周年县公安局参观党史教育基地

2016年10月2日，特警大队与武警中队联合开展携犬武装巡逻

2016年10月10日，后扶项目（润溪乡凉水村护岸工程）

2016年10月12日，三江口水利枢纽工程首台机组试运行

2016年11月1日，整治后的彭水自治县鞍子镇大池村紫荆树园子山坪塘

2016年11月10日，桑柘镇烽楠村农村人饮工程

2016年11月24日，岩东乡替溪沟周家坝段河道治理工程

2016年3月23日，合川审计局到县审计局调研

2016年7月19日，县审计局对福冠集团开展内部审计

2016年7月19日，县审计局对县教委开展内审督查

2016年9月14日，县审计局机关在中秋节前慰问贫困户

2016年5月20日，市卫计委副主任吴良和（前排右一）带队调研彭水卫生计生工作

2016年11月9日，国家卫生计生委基层司组织调研组深入彭水开展基层医疗卫生机构改革专题调研

2016年6月14日，全国第15个“安全生产月”文艺会演

2016年6月15日，“安康杯”职工演讲赛

2016年6月16日，“安全生产月”街头集中宣传日活动

2016年1月26日，县法院烛光庭审

2016年4月25日，县法院巡回法庭入户庭审

2016年11月24日，法官雪中送炭暖人心

2016年12月2日，县法院面向未成年人举办“公众开放日”活动

2016年12月7日，县法院首批入额法官宪法宣誓仪式

2016年6月20日，县检察院开展“举报宣传周”暨“检察开放日”活动

2016年8月30日，县检察院邀请彭水一中学生代表来院参观

2016年9月5日，县检察院刑检部门联合政治处到县民族中学开展“平安校园，你我共创——和校园暴力say no!”普法巡演活动

2016年10月22日，县检察院到对口联系的三义乡督查指导脱贫攻坚工作

2016年12月1日，县检察院派驻龙射检察室在龙射镇人民政府广场举行揭牌仪式，标志着彭水县院第二个派驻基层检察室正式运行

2016年12月16日上午，县检察院首批员额制检察官在六楼会议室举行任职集体宣誓仪式

2016年11月24日，县地税局召开干部大会，市地税局党组书记、局长黄玉林（左四），彭水县委书记钱建超（右四）、县长石强（左三）、县委组织部部长何川（右三）及市局相关处室负责人出席了会议

2016年6月28日，黔江银监分局开展纪念中国共产党建党95周年系列活动，彭水监管办主任陈天旺（右一）被表彰为优秀党务工作者

2016年11月8日，县规划局组织召开《彭水美丽山水城市规划》首席规划师集体咨询会

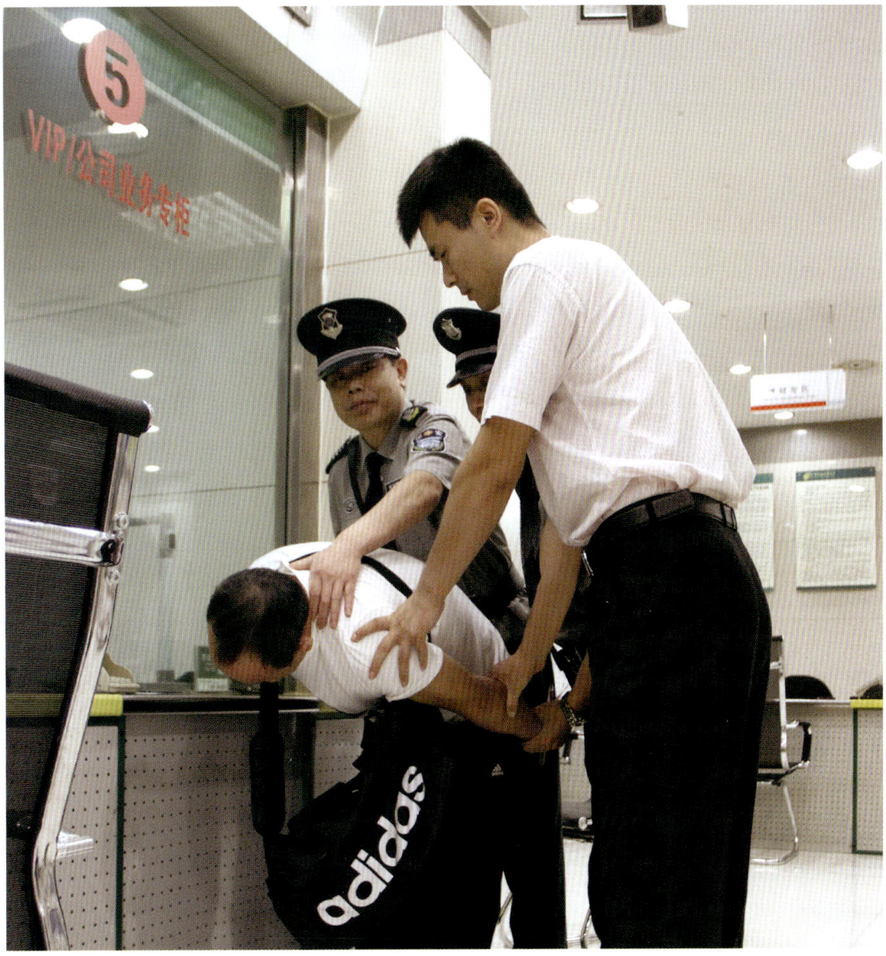

2016年9月21日，邮储银行彭水支行开展防抢劫演练

2016年9月28日，邮储银行在香港成功上市

2016年，重庆彭水民泰村镇银行“‘金惠工程 普惠民生 志愿服务’我们在行动”宣传活动

2016年，重庆彭水民泰村镇银行“五四”青年节活动

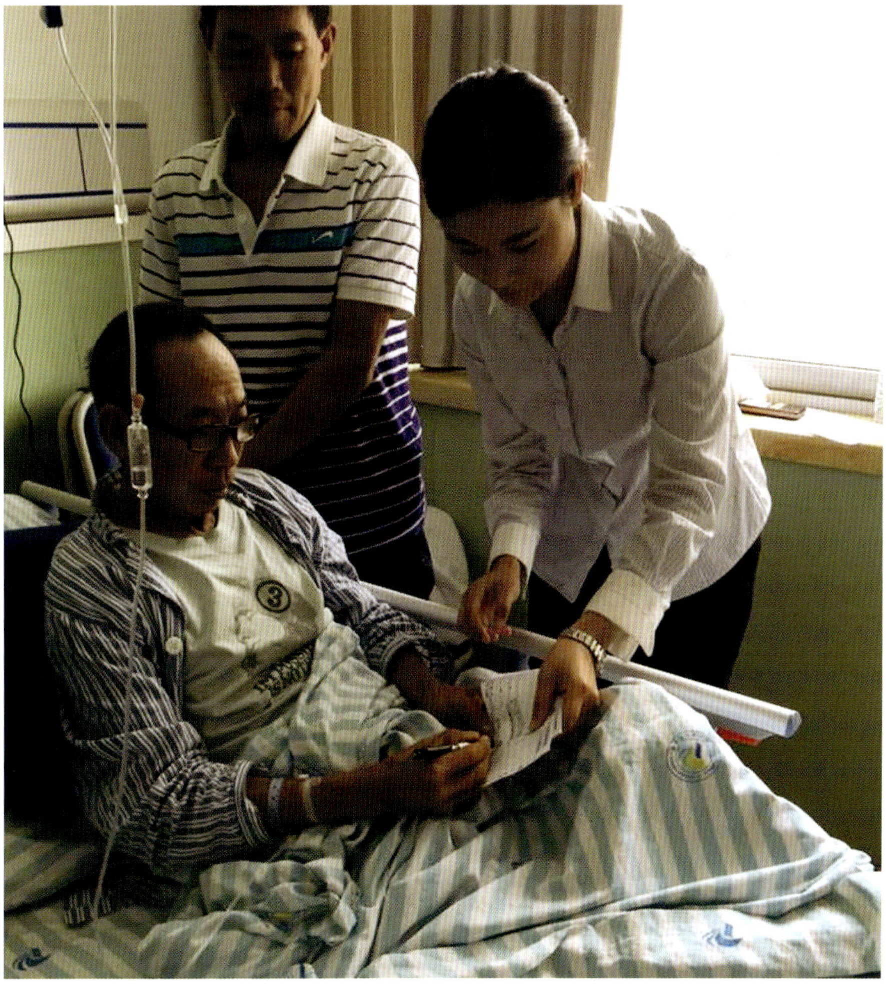

2016年，重庆彭水民泰村镇银行营业部员工深入病房办理业务

2016年5月4日，重庆彭水民泰村镇银行纪念建党95周年演讲比赛

乡镇新貌

2016年，绍庆勃希葡萄园

2016年，绍庆勃希葡萄园

2016年3月29日，平安镇大竹村圆黄梨栽植结束

2016年4月14日，平安爱情花海爱意浓

2016年5月18日，平安花海

2016年7月6日，平安镇首届村级篮球赛

2016年10月23日，平安镇鹿坪新村

2016年，棣棠乡河滨公园

2016年，棣棠乡烤烟种植

2016年，棣棠乡农贸市场建设

2016年，棣棠乡蔬菜基地

2016年，棣棠乡中药材基地

2016年，善感农业产业园休闲长廊

2016年7月22日，善感乡村游颁奖晚会

2016年7月22日，善感乡组织抢鱼比赛

2016年6月22日，大垭乡就业培训促增收

2016年，大垭乡向尚权养鸡

2016年12月23日，大垭乡顺利完成乡级换届

2016年，桐楼乡产业发展

2016年，桐楼乡就业技能培训

2016年，桐楼乡政策宣传

目 录

特 载

在县第十四次党代会闭幕式上的讲话 …………… 1
在中共彭水自治县委十四届一次全会上的讲话 …………………………………………………… 3
县人大常委会工作报告 …………………………… 6
县政府工作报告 ………………………………… 15
县政协常委会工作报告 ………………………… 26

大事记

大事记 ………………………………………… 33

县情总貌

基本概况 ……………………………………… 43
地理 ……………………………………………… 43
历史沿革 ………………………………………… 43
地质地貌 ………………………………………… 43
气候 ……………………………………………… 44
自然资源 ………………………………………… 44
旅游资源 ………………………………………… 45
人口 ……………………………………………… 48
民族 ……………………………………………… 48
宗教 ……………………………………………… 48
行政区划 ………………………………………… 48
土特产品 ……………………………………… 50
经济体制改革 ………………………………… 51
经济社会发展 ………………………………… 52
机构领导名录 ………………………………… 54
县级领导人名录 ………………………………… 54
县级机构负责人名录 …………………………… 55
乡镇街道负责人名录 …………………………… 63

机关团体

党政机关 ……………………………………… 73
中共彭水自治县委 ……………………………… 73
彭水自治县人民代表大会及其常务委员会 …………………………………………………… 79
彭水自治县人民政府 …………………………… 80
政协彭水自治县委员会 ………………………… 82
纪检监察 ………………………………………… 84
组织工作 ………………………………………… 85
宣传工作 ………………………………………… 87
统战工作 ………………………………………… 89
人力资源和社会保障 …………………………… 90
机关党建 ………………………………………… 92
机关事务 ………………………………………… 94
机要保密 ………………………………………… 95
机构编制 ………………………………………… 95
老干部工作 ……………………………………… 97
党校工作 ………………………………………… 98
信访工作 ………………………………………… 99

社会团体 …… 101
工商业联合会 …… 101
总工会 …… 102
共青团 …… 104
妇女联合会 …… 104
残疾人联合会 …… 106
科学技术协会 …… 106
文学艺术联合会 …… 107
社会科学界联合会 …… 108
群团活动中心 …… 109
人民武装和消防 …… 111
人武工作 …… 111
人防工作 …… 111
消防工作 …… 111

法　治

政法委及综治 …… 113
概况 …… 113
打击违法犯罪 …… 113
预防化解社会矛盾 …… 113
公共安全监管 …… 113
加强基层建设 …… 114
夯实基础工作 …… 114
公安 …… 114
概况 …… 114
廉政建设 …… 114
党风建设 …… 114
巡防管理 …… 114
治安管理 …… 114
便民服务 …… 115
交通管理 …… 115
消防工作 …… 115
检察 …… 115
概况 …… 115
刑事检察 …… 115
查办和预防职务犯罪 …… 115
诉讼监督 …… 115
机制建设 …… 116
司法体制改革 …… 116
司法规范化建设 …… 116
检察业务培训 …… 116
干部培养 …… 116
基层基础建设 …… 116
法院 …… 116
概况 …… 116
刑事审判 …… 116
民事审判 …… 117
商事审判 …… 117
行政审判 …… 117
执行工作 …… 117
司法为民 …… 117
司法改革 …… 117
审判队伍建设 …… 117
司法行政 …… 118
概况 …… 118
普法依法治理 …… 118
人民调解 …… 118
社区矫正和安置帮教 …… 118
法律援助 …… 119
法律服务 …… 119
基层基础建设 …… 119

经　济

农业 …… 120
综述 …… 120
畜牧业 …… 120
烤烟 …… 122
林业 …… 122
农村水利 …… 124
扶贫开发 …… 125
工业 …… 127
综述 …… 127

工业经济 …… 127
煤炭工业 …… 127
食品工业 …… 128
烟草工业 …… 128
工业园区建设 …… 130
商业 …… 132
综述 …… 132
工业品商业 …… 132
副食品商业 …… 132
饮食服务业 …… 132
供销商业 …… 132
粮油商业 …… 133
盐业 …… 133
天然气 …… 134
城乡建设 …… 135
城乡规划 …… 135
城区管理 …… 136
公用事业 …… 136
建筑业 …… 137
国土资源和房屋管理 …… 137
环境保护 …… 140
村镇建设 …… 141
移民安置 …… 141
靛水新城建设 …… 141
交通 …… 144
信息业 …… 148
邮政 …… 148
电信 …… 148
移动 …… 149
对外开放 …… 150
对外贸易 …… 150
经济合作 …… 150
旅游 …… 151
财税 …… 153
财政 …… 153
国家税收 …… 154
地方税收 …… 156
金融 …… 159
银行监管 …… 159
人民银行 …… 160
工商银行 …… 161
农业发展银行 …… 161
邮储银行 …… 162
民泰银行 …… 163
保险 …… 163
人寿保险 …… 163
财产保险 …… 164
太平洋保险 …… 164
中华保险 …… 165
经济管理 …… 166
固定资产投入 …… 166
重点项目建设 …… 166
安全生产监督管理 …… 166
食品药品监督管理 …… 168
物价管理 …… 169
工商行政管理 …… 170
私营个体经济 …… 171
技术监督 …… 171
审计 …… 172
统计 …… 174
国有资产管理 …… 175

社会事业

科学技术 …… 177
教育 …… 178
概述 …… 178
学前教育 …… 178
义务教育 …… 178
普通高中教育 …… 179
中等职业教育 …… 179
成人教育 …… 179
特殊教育 …… 179
文化 …… 180
概述 …… 180

舞台艺术 …… 180
电影发行放映 …… 180
广播电视 …… 180
报刊 …… 182
图书馆 …… 183
群众文化 …… 183
民间文艺 …… 183
考古与文物 …… 183
档案史志 …… 184
档案管理 …… 184
党史研究 …… 184
地方志编修 …… 185
卫生　体育 …… 186
卫生 …… 186
体育 …… 188
社会事务 …… 189
民政工作 …… 189
计划生育 …… 190
人民生活 …… 191

乡镇街道

汉葭街道 …… 192
绍庆街道 …… 194
靛水街道 …… 195
高谷镇 …… 196
郁山镇 …… 197
保家镇 …… 198
桑柘镇 …… 199
鹿角镇 …… 201
黄家镇 …… 202
普子镇 …… 203
龙射镇 …… 204
连湖镇 …… 205
万足镇 …… 207
新田镇 …… 207
鞍子镇 …… 209
平安镇 …… 210
长生镇 …… 211
龙溪镇 …… 212
梅子垭镇 …… 213
太原镇 …… 213
大同镇 …… 215
鹿鸣乡 …… 216
诸佛乡 …… 217
走马乡 …… 218
石柳乡 …… 219
岩东乡 …… 219
润溪乡 …… 220
棣棠乡 …… 221
乔梓乡 …… 222
龙塘乡 …… 223
联合乡 …… 223
芦塘乡 …… 224
朗溪乡 …… 225
善感乡 …… 226
三义乡 …… 227
双龙乡 …… 228
石盘乡 …… 230
大垭乡 …… 230
桐楼乡 …… 231

荣　誉

先进集体 …… 233
先进个人 …… 234

附　录

2016年彭水自治县国民经济和社会发展统计公报 …… 237

特　载

在县第十四次党代会闭幕式上的讲话（摘要）

县委书记　钱建超

中国共产党彭水苗族土家族自治县第十四次代表大会，在以习近平同志为核心的党中央和市委的坚强领导下，在全体代表和同志们的共同努力下，圆满完成各项议程，即将胜利闭幕。大会期间，全体代表不负全县2万多名共产党员和70万各族人民群众的重托和期望，以对党和人民事业高度负责的精神，以饱满的政治热情和崇高的使命感，忠实履行党代表的神圣职责，选举产生了新一届中共彭水自治县委员会、中共彭水自治县纪律检查委员会和出席市第五次党代会的代表。在这里，我代表大会主席团，向各位代表，以及为大会付出辛勤劳动的全体工作人员表示衷心的感谢！同时，也代表新当选的县委委员、候补委员、县纪委委员和市党代表，对全体代表的信任和支持致以诚挚的谢意！

本次大会深入贯彻党的十八大、十八届三中四中五中六中全会和市第四次党代会、市委四届历次全会精神，回顾总结五年来特别是党的十八大以来所取得的显著成绩，研究部署今后五年全县经济社会发展的总体思路、奋斗目标、基本原则和工作重点。这是一次统一思想、凝心聚力的大会，是一次承前启后、继往开来的大会，是一次求真务实、开拓创新的大会，是一次民主团结、和谐奋进的大会，必将激发全县各族人民抢抓机遇促发展的昂扬斗志，必将凝聚克难奋进求突破的强大合力，必将形成众志成城抓落实的浓厚氛围，对于我县贯彻落实创新、协调、绿色、开放、共享的发展理念，统筹推进“五位一体”总体布局、协调推进“四个全面”战略布局、限时打赢脱贫攻坚战、全面建成小康社会、开启社会主义现代化建设新征程，具有重大而深远的意义！

千里之行、始于足下。经过这次党代会，全县今后五年发展的目标任务已经确定，我们现在最重要的任务就是将思路付诸行动，使蓝图变为现实。全县上下必须把所有智慧凝聚到抓落实上、把所有精力集中到抓落实上、把全部本领用到抓落实上，以强有力的落实把党代会确定的目标任务一项一项、一步一个脚印变成现实。

一要统一思想、迅速行动抓落实。学习宣传贯彻好县第十四次党代会精神，是当前和今后一个时期的重要政治任务。全县各级党组织要采取班子成员会、党员会、职工会、座谈会等多种形式，引导广大党员干部系统学习、深入思考、认真讨论，真正把学习过程变成统一思想、提高认识的过程，变成思考问题、研究工作的过程，力求学深学透、入脑入心。要把学习领会县第十四次党代会精神与深入学习贯彻党的十八大、十八届三中四中五中六中全会和市第四次党代会、市委四届历次全会精神结合起来，与推动当前各项工作联系起来，做到学用结合、学以致用。各级各部门要认真组织报告的宣讲解读，加大舆论宣传和引导力度，利用各种宣传媒体，开展全方位、多层次、宽领域的宣传报道，组织力量深入研究阐释、解读相关问题，把党代会精神讲深讲透讲实，做到横向到边、纵向到底，家喻户晓、深入人心，切实把全县人民的思想和行动统一到党代会作出的重要决策部署上来，把智慧和力量凝聚到实现党代会确定的目标任务上来，坚持不忘初心、继续前进，为限时打赢脱贫攻坚战、全面建成小康社会而努力奋斗。

二要咬定目标、坚定信心抓落实。县第十四次党代会确定的奋斗目标，既鼓舞人心、凝聚力量，又求真务实、符合县情，具有高度的前瞻性、战略性、科学性和可行性，这些目标，既非高不可攀，但也绝非是水到渠成的易事，而是要奋力拼搏才能实现。全县上下一定要坚持目标导向，锁定目标不动摇，咬定青山不放松，坚定信心、保持定力，紧紧围绕党代会确定的目标任务和重点工作部署，进一步深化县情认识，从短板中看到潜力，从压力中激发动力，找准切入点和突破口，不断完善思路、细化措施、狠抓落实，真正把党代会作出的决策、提出的思路、明确的重点，转化为具体举措和具体行动，确保高质高效地完成党代会确定的各项目标任务。

三要压实责任、齐心协力抓落实。未来五年彭水发展的蓝图已经绘就，部署已经明确。要把蓝图变为现实，部署变成行动，关键在于各级党组织和广大党员干部带头求真务实、真抓实干。要把学习贯彻党代会精神与扎实做好本辖区本部门工作紧密结合起来，细化目标任务，明确责任分工，强化督查考核，把党代会确定的重大决策和战略举措落到实处。要坚持责任导向，把目标任务明确到各级各部门头上、具体责任人身上，牢牢拧紧责任链条，层层传递责任压力，一级带着一级干，使每个人都把责任放在心上，把担子扛在肩上，把落实抓在手上，扎实有效地推进各项工作落实。全县各级各部门和广大党员干部要胸怀发展全局，心往一处想、劲往一处使，形成万众一心、众志成城的良好氛围。

四要提升能力、勇于创新抓落实。在新的形势下，知识更新和应用的速度前所未有，发展环境时刻都在发生深刻的变化。只有加强学习、提升能力，才能跟上时代前进的步伐，才能肩负起推动跨越发展的历史重任。大家一定要有强烈的“知识恐慌”“能力恐慌”“本领恐慌”，既登高望远，毫不放松加强党性教育，持之以恒加强道德教育，坚持不懈强化理论武装，不断加强对党的最新理论成果的学习；又脚踏实地，着力提升专业素养，坚持缺什么补什么，不断加强对经济、政治、文化、社会、法律以及现代科技知识的学习。通过学习来不断提高把握正确政治方向的能力、把握大势谋划全局的能力、解决现实问题的能力、科学思维理论思维的能力、担当作为创新实干的能力，真正成为善于创新、引领发展的行家里手。同时，要营造鼓励创新、宽容失败的社会氛围，健全完善容错机制，为敢闯敢试、勇于创新的干部撑腰鼓劲，鼓励广大干部放下包袱、放开手脚、轻装上阵、干事创业。

五要敢于担当、攻坚克难抓落实。当前，我们面临着深入推进全面从严治党、贯彻落实新发展理念、限时打赢脱贫攻坚战、全面建成小康社会等艰巨繁重的任务，这迫切需要我们敢于担当、攻坚克难抓落实。广大党员干部是彭水发展的主要力量，在面对“拦路虎”“绊脚石”时，能不能担当、敢不敢担当、善不善担当，直接关系到党代会确定的宏伟目标能否实现。我们一定要始终保持战胜困难的信心、突破障碍的动力、征服艰险的勇气，发扬敢于战胜一切困难、敢于扫除一切障碍的大无畏精神，敢啃“硬骨头”、善拔“硬钉子”，不回避矛盾和问题，不怕任务艰巨，不怕责任重大，不怕矛盾复杂，善于在挑战中找希望、危机中抓机遇、困难中求突破，把不利因素转化为有利因素，在不断破解难题中把各项工作落实到位。

六要严明纪律、强化督查抓落实。严明的纪律，是抓好落实、实现目标的重要保障。对于党代会作出的各项工作部署，我们必须确保政令畅通，做到事事有着落、件件有回音。要强化执纪问责，敢于较真，勇于碰硬，不怕得罪人，以铁的纪律、铁的手段推进各项重点工作、重点项目、重点建设，确保党代会的重大决策部署真正落实到位、执行到位。要以督查倒逼落实，督查部门要充分发挥督查督办作用，进一步细化督查措施、制定督查方案，坚持“督事”与“督人”相结合，既督促工作，又督促干部，要强化督查结果运用，对落实不到位、执行打折扣的，该问责的问责，该处理的处理，切实以强有力的督促检查，确保决策定一项是一项、项项推进，真正把党代会描绘的蓝图变为实景图。

七要全面从严治党、加强党的建设抓落实。党的领导是做好各项事业的保证。完成各项目标任务、实现宏伟蓝图，必须有坚强有力的领导班子。要严格落实全面从严治党责任，用心用情用力抓党的建设，改进工作方法、创新体制机制，不断夯实党的执政根基。要持之以恒加强思想建设，补强精神之“钙”，增强“四个自信”。要扎扎实实加强基层党组织建设，切实提高基层党组织的凝聚力和战斗力。要严格执行中央八项规定精神和市委七条实施意见、“八严禁”“十二不准”等规定，持续整改作风突出问题，进一步改善党风政风。要严明政治纪律和政治规矩，严格执行《中国共产党廉洁自律条例》《中国共产党纪律处分条例》《关于新形势下党内政治生活若干准则》《党内问责条例》《党内监督条例》等党规党纪，始终保持反腐败高压态势，努力营造风清气正的良好政治生态，为经济社会发展提供坚强有力的保障。

时代在召唤着我们，使命在鞭策着我们，人民的期盼在激励着我们。我们一定要紧密团结在以习近平同志为核心的党中央周围，在中央和市委的坚强领导下，低调务实、少说多干，敢于担当、积极作为，走对路、扎实干，不忘初心、继续前进，为限时打赢脱贫攻坚战、全面建成小康社会而努力奋斗！

在中共彭水自治县委十四届一次全会上的讲话

县委书记　钱建超

刚刚胜利闭幕的县第十四次党代会选举产生了中共彭水自治县第十四届委员会、中共彭水自治县第十四届纪律检查委员。刚才，县委十四届一次全会选举产生了新一届县委常委会和书记、副书记，通过了县纪委十四届一次全会的选举结果。在此，我代表新一届县委常委会全体同志，对大家的信任和支持表示衷心的感谢！

根据市委安排，我于 2013 年 11 月到彭水工作，担任县委书记。三年多来，我与同志们朝夕相处、同舟共济，结下了深厚情谊；三年多来，同志们给了我极大包容、支持和帮助，这是最为宝贵的精神财富。今天再次当选县委书记，要感谢市委的信任，感谢组织的培养，感谢同志们和全县各族人民的支持和厚爱。我将一如既往地用心用情用力抓好各项工作，把满腔热忱奉献给勤劳智慧的彭水人民，奉献给我们共同为之奋斗的宏伟事业。真诚希望大家一如既往地支持我、帮助我、监督我，共同把彭水各项工作做得更好。

新一届县委受命于限时打赢脱贫攻坚战、全面建成小康社会的关键时期，承载着全县人民过上更加美好生活的热切期盼。此时此刻，我们接过的不仅是历史的“接力棒”，更是接过了一份沉甸甸的责任，接过了一份必须做好的时代答卷。我们每一位县委常委会成员和县委委员，都要始终牢记习近平总书记“不忘初心、继续前进”的谆谆教诲，以强烈的使命感和责任感，以务实苦干的实际行动，努力交出让党和人民满意的答卷，交出无愧于时代的合格答卷。下面，我讲六点意见，与同志们共勉。

第一，永怀忠诚之心，始终坚定政治方向。对党绝对忠诚是党员干部最基本的政治素养、最根本的政治要求、最重要的政治品格。我们要牢记自己第一身份是共产党员、第一职责是为党工作，始终做到忠诚于党的信仰、忠诚于党的事业、忠诚于党的组织，任何时候都与党同心同德。讲政治是党员干部的立身之本、力量之源、为政之魂。我们要切实增强“四个意识”，特别是核心意识、看齐意识，在重大原则面前要立场坚定，在大是大非面前要旗帜鲜明，坚决维护以习近平同志为核心的党中央权威，自觉在思想上政治上行动上始终同以习近平同志为核心的党中央保持高度一致。中央有部署、市委有要求、彭水有行动、落实有成效，这是我们工作的鲜明基调，是全县各级党组织的优良传统。我们要坚定不移地把中央大政方针政策贯彻好，把市委决策部署落实好，确保政令畅通，做到中央和市委提倡的坚决响应、中央和市委决定的坚决执行、中央和市委禁止的坚决不做。

第二，永怀进取之心，始终抓实第一要务。发展是硬道理，是解决所有问题的关键。当前，我县发展正处在转型升级的关键时期，只有始终坚持发展第一要务，始终保持奋发进取的精神状态，多聚发展之力，多尽发展之责，才能在新的征程上继续前进。县第十四次党代会确定的目标任务，是我们未来五年工作的行动指南。我们要在认识上更加深化、行动上更加自觉、工作上更加主动，切实加强对经济社会发展规律的学习研究，加强对限时打赢脱贫攻坚战、全面建成小康社会等方面工作的调研思考，不断解放思想、更新观念，特别是要从过去不合时宜的陈旧观念中解放出来，开阔我们的眼界，创新工作的思路和举措。要牢固树立和贯彻落实创新、协调、绿色、开放、共享的发展理念，统筹推进“五位一体”总体布局，协调推进“四个全面”战略布局，统筹抓好改革、发展、民生、稳定等各项工作，咬定目标、持续发力、久久为功，努力把限时打赢脱贫攻坚战、全面建成小康社会的宏伟蓝图变成美好现实。

第三，永怀责任之心，始终强化担当实干。实现县第十四次党代会确定的目标任务，我们使命在肩、责任如山，等不起、慢不得、靠不来，必须提振精神、强化责任，勇于担当、真抓实干。要始终做到知责明责、守责尽责，大力营造履职尽责氛围，全面提升履职尽责能力，真正做到守土有责、守土负责、守土尽责，决不能只想当官不想干事、只想揽权不想担责、只想出彩不想出力。要磨砺敢担当的“铁肩膀”，敢破改革的险阻，敢谋发展的新路，敢闯工作的难关，敢啃“硬骨头”，真正让“敢担当”成为新一届县委班子的鲜明特征。要锤炼善担当的“硬本事”，不断加强理论学习，克服“知识恐慌”“本领恐慌”，注重实践养成，改进工作方法，不断提升执政能力和领导水平。要交出真担当的“成绩单”，县委领导班子中的每一位同志，不仅要登高望远谋全局、把方向、议大事，而且要身体力行抓落实、管具体、干到位，崇尚实干不空谈，以踏石留印、抓铁有痕的劲头推动全县改革发展稳定各项工作，交出漂亮的“成绩单”。

第四，永怀赤子之心，始终恪守为民之责。我们一切工作的出发点和落脚点，就是让广大人民群众生活更加富裕、日子过得更好。要不断增强群众观点，始终站稳群众立场，把人民拥护不拥护、赞成不赞成、高兴不高兴、答应不答应作为衡量工作得失的重要标准，自觉做到谋划发展思路向群众问计，改进发展措施向群众请教，落实发展任务靠群众支持，衡量发展成效由群众评判，努力实现好、维护好、发展好最广大人民的根本利益，始终与人民群众同呼吸、共命运、心连心，使我们的工作获得最广泛、最可靠、最牢固的群众基础和力量源泉。要着力保障和改善民生，纵深推进脱贫攻坚，统筹实施好教育、医疗、就业、交通、住房等民生实事，不断提升广大人民群众获得感幸福感。要积极创新社会治理，坚持重心下移、关口前移，加强新时期群众工作研究，积极运用法治思维和法治方式化解基层矛盾，探索基层民主建设管理方式方法，切实提升人民群众安全感和满意度。

第五，永怀坦荡之心，始终保持精诚团结。懂团结是大智慧，会团结是真本领。大家在一个班子共事，是事业的需要，也是难得的缘分。我们要常怀坦荡之心，互相关心爱护，多补台、不拆台，凡事出以公心，始终坦诚相待，做政治上志同道合的同志、思想上肝胆相照的知己、工作上密切配合的同事、生活上相互关心的挚友，和衷共济谋发展，步调一致干事业。要始终坚持党性原则中的团结，严格贯彻执行民主集中制，严格规范党内政治生活，严格遵守党的纪律和规矩，倡导清清爽爽的同志关系、规规矩矩的上下级关系，不断夯实班子团结统一的基础。讲团结要以事业为重，县第十四次党代会确定的目标任务，事关彭水未来发展，事关人民利益福祉。在共同的事业面前，只有奏响大合唱、形成一盘棋，才能心齐气顺、无往不胜。每个同志都要把心思放在发展上，把精力放在工作上，倍加珍视团结，精心维护团结，以县委班子的团结带动方方面面的团结，形成最大公约数，画出最美同心圆，为全县发展凝聚起继续前进的强大合力。

第六，永怀敬畏之心，始终坚守廉洁底线。心存敬畏，方能言有所戒、行有所止。我们要常怀敬畏之心，敬畏人民、敬畏组织、敬畏法纪，确保清清白白为官、干干净净干事。要牢固树立正确的权力观、事业观、利益观，筑牢拒腐防变的思想防线，任何时候不忘做人之本、不移公仆之心、不谋一己之私。要带头守纪律讲规矩，坚决落实《廉洁自律准则》《纪律处分条例》《问责条例》等党纪党规，严格执行中央八项规定精神和市委七条实施意见精神、“八严禁”、十二不准等规定，坚守廉洁从政的底线，决不逾越党纪法规的红线。要主动自觉地接受党内监督、法律监督、舆论监督、群众监督等各方面的监督，养成在监督下开展工作的习惯，确保在遵纪守法上真正过硬，树立新一届县委清正廉洁的良好形象。同时，要以党风廉政建设带动廉洁社会建设，以优良的党风促政风带民风，在全县上下形成风清气正的良好风尚。

以上这些，是我和同志们的共勉，也是我们向全县广大干部群众的集体表态。作为县委领导班子的“班长”，我一定带头执行、严格执行，从严要求自己，请大家监督。同时，希望大家互相勉励、互相监督，同舟共济、携手并进，把新一届县委班子建设成为让组织放心、让群众满意的坚强领导集体。

未来五年，前景美好，重任在肩。我们要更加紧密地团结在以习近平同志为核心的党中央周围，在中央和市委的坚强领导下，切实增强“四个意识”，认真践行“五大发展理念”，团结带领广大党员和干部群众，不忘初心、继续前进，走对路、扎实干，低调务实、少说多干，敢于担当、积极作为，为实现县第十四次党代会确定的目标任务而努力奋斗，开创彭水更加美好的明天！

彭水苗族土家族自治县人民代表大会常务委员会工作报告

——2017年1月7日在县第十七届人民代表大会第一次会议上

县人大常委会主任 张福安

过去五年工作回顾

五年来，特别是党的十八大以来，彭水进入科学发展的新阶段，全县经济持续发展，民族团结进步，民主法治扎实推进，党的建设全面加强，各项事业取得新成效。

五年来，县人大常委会在县委的坚强领导和市人大常委会的精心指导下，高举中国特色社会主义伟大旗帜，全面贯彻党的十八大、十八届三中四中五中六中全会、市委四届、县委十三届历次全会精神，深入贯彻习近平总书记系列重要讲话和视察重庆重要讲话精神，牢固树立和贯彻落实“五大发展理念”，统筹推进“五位一体”总体布局，协调推进“四个全面”战略布局，紧紧围绕“五化”统筹推进、“三区”协调发展，坚持党的领导、人民当家作主和依法治国的有机统一，认真履行宪法和法律赋予的职权，县人大常委会的工作取得了新成效。五年来，共举行县人民代表大会9次，召开县人大常委会会议38次、主任会议103次，制定条例2件，制定审查规范性文件111件，听取和审议专项工作报告67个，开展专题调研51次，开展执法检查12次，开展工作评议5次，开展专题询问2次，撰写调研报告109篇，作出决议决定24项，任免国家工作人员296人次，圆满完成了县第十六届人大历次会议确定的各项任务，为推动我县经济社会发展和民主法制建设作出积极贡献。

一、始终坚持党的领导，保持正确政治方向

深入学习贯彻党的十八大精神。深入学习贯彻党的十八大、十八届三中四中五中六中全会精神，深入学习贯彻习近平总书记系列重要讲话和视察重庆时的重要讲话精神。扎实开展党的群众路线教育实践活动、“三严三实”专题教育和“两学一做”学习教育。进一步坚定共产主义理想信念，切实增强中国特色社会主义道路自信、理论自信、制度自信、文化自信，切实增强政治意识、大局意识、核心意识、看齐意识。

坚持人大工作正确政治方向。坚持党的领导，在思想上、政治上、行动上始终与中央、市委和县委保持高度一致，自觉维护党委总揽全局、协调各方的领导核心地位。认真落实县委对人大工作提出的各项要求，坚持围绕中心服务大局，坚持重大事项向县委请示报告，树牢人大工作正确政治方向。

坚决落实中央、市委和县委对人大工作的要求。深入贯彻中央转发的《中共全国人大常委会党组关于加强县乡人大工作和建设的若干意见》和市委转发的《中共重庆市人大常委会党组关于加强区县乡镇人大工作和建设的若干意见》，切实把思想和行动统一到中央和市委精神上来。深入落实市委、县委第四次人大工作会议精神和县委

《关于加强和改进人大工作意见》的要求，有力地促进了县人大常委会在县委的领导下，依法开展立法、重大事项决定、监督和人事任免工作。

二、认真做好立法工作，为经济社会发展提供法制保障

严格规范立法程序。县人大常委会坚持科学立法、民主立法，不断改进和加强立法工作，努力提高立法质量。一是加强立法调研。把开展调查研究贯穿于立法工作的全过程，赴市内外民族自治地方学习考察立法工作，借鉴先进经验。二是坚持问题导向，确保地方法规的实用性和可行性。三是广泛听取意见。采取座谈会、研讨会、听证会等形式，充分运用报刊、网络、媒体等手段，主动征求市人大民宗侨外委、市人大常委会法工委和市级相关部门的意见建议。广泛征求县级部门、人大代表、政协委员及社会各界人士的意见建议。四是充分发挥法律专家的作用。组织法律专家对每件法规草案进行研究论证，提高法规条文内容的规范性和准确性。

注重法规务实管用。县人大常委会认真贯彻《宪法》《民族区域自治法》，牵头制定了《彭水苗族土家族自治县矿产资源管理条例》《彭水苗族土家族自治县旅游条例》。《彭水苗族土家族自治县矿产资源管理条例》，规范矿产资源的管理、保护和开发利用。《彭水苗族土家族自治县旅游条例》，推进旅游产业化进程。修订了《彭水苗族土家族自治县城乡建设管理条例》，使条例更加符合彭水实际。

积极参与全市人大立法工作。切实开展《中华人民共和国立法法修正案（草案）》《重庆市地方立法条例（草案）》《重庆市教育督导条例（草案）》《重庆市行政程序条例（草案）》等17部条例的征求修改建议工作，提出修改建议112条，部分建议意见得到市人大常委会采纳。

认真制定审查规范性文件。制定《彭水苗族土家族自治县人民代表大会立法程序规定》，强化了科学立法、民主立法的制度保障。制定《彭水苗族土家族自治县人大常委会规范性文件备案审查办法》，推动了规范性文件应备尽备、有备必审、有错必纠。县人大常委会还制定《彭水苗族土家族自治县人大常委会评议工作办法》《彭水苗族土家族自治县人大常委会人大街道工作委员会规则》等14部规范性文件。积极开展规范性文件备案审查工作，废除规范性文件89件，修改4件，对《彭水自治县鼓励黄标车提前淘汰奖励补贴实施细则》《彭水自治县烤烟生产基础设施项目管护维修试行办法》等4件规范性文件进行审查备案。

三、不断改进监督工作，着力增强监督实效

（一）着眼于推动经济又好又快发展开展监督

围绕稳增长调结构促改革。听取和审议了关于国民经济和社会发展计划、预算执行、审计、财税金融等工作报告，提出深化供给侧结构性改革，全面落实“三去一降一补”政策，不断提高供给的针对性、有效性的建议。听取和审议了关于“十二五”规划执行情况及“十三五”规划编制的报告，提出科学编制“十三五”规划纲要，以新的发展理念促进经济升级和社会进步的建议。听取和审议了关于全县旅游工作开展情况的报告，提出依托民族、生态、文化优势，深化“旅游+”发展策略的建议。听取和审议了关于科技工作开展情况的报告，提出实施创新驱动发展战略，促进产业转型升级的建议。对物价稳控、规上工业企业、国有企业、水利、民营经济、民族宗教、重大项目建设等开展监督，促进县域经济平稳健康发展。

围绕“三农”工作促发展。听取和审议了关于农村电子商务工作开展情况的报告，提出不断优化农村电子商务发展环境，提升农村电子商务工作水平的建议。听取和审议了关于高山生态扶贫搬迁工作开展情况的报告，提出不断加强基础配套设施建设，方便搬迁群众生产生活，确保群众搬得出、稳得住、逐步能致富的建议。听取和审议了关于农村“三权”抵押贷款工作开展情况的报告，提出加强信用体系建设，着力改变农村金融生态环境的建议。对全县农村土地整治、农业产业发展、农村集体资产管理、山坪塘整治等工作进行了深入调研，提出了意见建议，推进了农村经济的发展。

（二）着眼于推动解决人民群众普遍关心的民生问题开展监督

良好教育卫生是人民共同的心声。听取和审议了关于义务教育工作开展情况的报告，提出加大义务教育投入力度，优化义务教育资源规划布局，加强师资队伍建设，确保义务教育基本均衡县创建验收达标的建议。听取和审议了关于学前教育工作开展情况的报告，提出加强对学前教育的组织领导和统筹监管的建议。听取和审议了全县乡镇卫生院建设管理情况的报告，提出加强乡镇卫生院基础设施建设，完善功能，提高服务水平的建议。听取和审议了关于全县公共卫生服务体系建设工作开展情况的报告，并开展工作评议，提出加强公共卫生服务能力建设，提高公共卫生服务水平，着力解决群众看病难、看病贵的建议。听取和审议了关于人口与计生工作开展情况的报告，提出构建“公开、监督、服务、执法、管理、评议”六位一体“阳光计生”长效机制的建议。开展职业教育、学生食堂建设管理、师资队伍建设等专题调研，推动教育事业科学发展。开展医药卫生体制改革专题调研，推动改善医疗卫生条件。

社会和谐稳定是人民共同的追求。在听取和审议专项工作开展情况报告的基础上，就人民群众关心的社会保障和安全生产工作进行评议。评议了全县社会保障工作开展情况，提出加强医保制度建设、社保基金管理、社保队伍建设的评议意见。评议了安全生产工作开展情况，提出切实加强对安全生产工作组织领导，强化安全生产责任，深化隐患排查整治，确保群众生命财产安全的评议意见。

交通便捷畅通是人民共同的期盼。听取和审议了关于乌江水路运输管理工作开展情况的报告，提出准确把握国家实施“一带一路”特别是建设长江经济带的战略契机，加强水运基础设施建设，大力推进乌江水运发展的建议。听取和审议了关于农村公路养护管理工作开展情况的报告，提出着力构建农村公路养护管理长效机制，加强农村公路日常养护管理，确保群众出行畅通安全的建议。听取和审议了关于全县道路运输管理工作开展情况的报告，提出科学编制《彭水自治县道路运输行业发展规划》、加强行业监督管理、推进道路运输行业健康发展的建议。

宜居生态环境是人民共同的愿景。听取和审议了关于退耕还林工作开展情况的报告，提出要在保证生态效益的前提下，因地制宜布局还林品种，尽最大可能兼顾经济效益的建议。听取和审议了关于森林资源保护工作开展情况的报告，提出推动林业生态建设健康发展的建议。听取和审议了关于创建市级卫生城市工作开展情况的报告，提出进一步深化创卫工作认识，完善创卫工作长效机制的建议。对全县市政基础设施建设、污水处理厂建设及运行情况进行专题调研，督促整治薄弱环节，解决突出问题，提升城市整体形象。

文体事业繁荣是人民共同的向往。听取和审议了关于全县文化工作开展情况的报告，提出制定文化产业发展规划，加快文化产业发展的建议。对全县体育事业发展情况进行专题调研，提出增加经费投入，推动彭水新城体育中心建设，优化群众健身环境，健全完善全民健身工作机制的建议。

（三）着眼于法律法规贯彻实施情况开展监督

开展了《中华人民共和国农业法》执法检查，强调要加强农村经济结构调整，大力推行绿色农业、循环农业、生态农业。开展《重庆市实施〈中华人民共和国村民委员会组织法〉办法》执法检查，强调要坚持村民自治，加强村民委员会换届选举监督检查。开展《中华人民共和国食品安全法》《中华人民共和国道路交通安全法》《重庆市建筑节能条例》《彭水苗族土家族自治县城乡建设管理条例》等法律法规的执法检查，有力推动了法律法规深入贯彻落实。

（四）着眼于推动依法行政和公正司法开展监督

注重依法行政工作监督。听取和审议了关于依法行政工作开展情况的报告，提出进一步完善依法行政工作推进机制，按照全面推进依法治县总体要求，加快法治政府建设步伐的建议。听取和审议了关于“六五”普法规划实施情况和“七五”普法规划内容的报告，作出关于加强“七五”普法宣传教育的决定。听取和审议了关于公安工作开展情况和公安交通管理执法情况的报告，提出牢固树立执法为民的理念，不断强化公安队伍建设，依法打击违法犯罪行为的建议。开展法律援助工作调研，让法律援助惠及更多弱势群体。开展企业发展法制环境、规范性文件备案审查工作评议，督促提高依法行政水平。

注重司法公正工作监督。听取和审议了关于规范司法行为工作开展情况的报告，提出狠抓司法行为系列制度贯彻落实，不断强化法官和检察官队伍建设的建议。听取和审议了关于司法公开、保障司法公正工作开展情况的报告，提出提高司法透明度、开放度、参与度，努力让人民群众在每一个司法案件中都能感受到公平正义的建议。听取和审议了关于查办预防职务犯罪工作开展情况的报告，提出进一步加大查办职务犯罪案件力度，保持严厉打击贪污贿赂、渎职失职犯罪高压态势的建议。开展《重庆市信访条例》贯彻实施情况、涉法涉诉信访工作专题调研，督促群众合理合法诉求依法依规依纪及时解决。

（五）着眼于推动工作创新注重实效开展监督

认真开展专题询问。开展脱贫攻坚工作情况专题询问，提出全力推进精准扶贫精准脱贫，限时打赢脱贫攻坚战的建议。开展《重庆市物业管理条例》贯彻执行情况专题询问，提出不断加强物业管理工作，提高物业管理规范化水平，着力打造群众宜居、宜行生活环境的建议。

深入开展专项审查。认真学习宣传《预算法》，着力推动《预算法》的贯彻落实，专项审查了县市政园林局、县供销社、县科委、县移民服务中心的预决算执行情况，重点审查了“三公”经费、专项项目经费、上级财政拨款、非税收入等情况，提出加强和规范部门预决算，切实增强预算的严肃性和约束力的建议。

切实抓好跟踪监督。县人大常委会运用视察调研、执法检查、工作评议等方式，对依法作出的决议决定执行情况、审议意见整改落实情况，及时跟踪督促。深入县城河堤两岸、职教中心、乡镇街道、国有企业等地，重点对污水整治、职业教育、食品安全、城乡建设管理、国企运营管理等审议意见落实情况进行跟踪监督。督促整治乌江、郁江流域重点直排污水情况。督促深化产教融合、校企合作，推动职教改革与产业转型升级。督促加强食品监管，提高食品安全水平。督促加强城乡统筹，加速城市建设和改造。督促国企加快推进制度创新、技术创新和管理创新，提高企业核心竞争力。

切实开展任后监督。制定《县人大常委会干部胜任度评价办法》，对县人大常委会任命和决定任命的56名国家工作人员开展胜任度评价，切实增强被任命人员法律意识、公仆意识、责任意识和廉政意识。

实施宪法宣誓制度。制定《彭水苗族土家族自治县实施〈重庆市宪法宣誓实施办法〉细则》，对宪法宣誓的对象、程序、组织等进行了规定，组织92名选举、任命和决定任命的国家工作人员进行宪法宣誓，牢固树立国家工作人员的宪法意识。

四、科学确定重大事项，依法作出决定

根据中央、市委重大决策和县委的重要部署，针对全面性、根本性和长远性的重大问题和人民群众普遍关心的热点难点问题，依法行使决定权。

围绕国民经济和社会发展计划、财政预决算，作出批准年度财政预算调整方案决定、批准年度财政决算决定。围绕行政区划调整，作出关于撤销梅子垭等乡设立梅子垭镇、太原镇、龙溪镇、大同镇的决定，作出梅子垭镇、太原镇、龙溪镇、大同镇人民代表大会届次、代表数量等有关事宜的决定。围绕卫生事业发展，作出关于批准县人民医院整体迁建项目概算决定、县人民医院整体迁建项目使用以色列政府贷款购置医疗设备决定。围绕促进旅游产业发展，作出将摩围山旅游区基础设施建设项目资金纳入政府财政预算决定。围绕促进新城建设，作出将新城控制性详细修编进行备案决定。围绕支持地方经济社会建设，作出同意将彭水自治县2016年异地扶贫搬迁、九黎城片区棚户改造、龙虎水库等9个项目政府购买服务资金纳入县政府财政预算决定。

五、严格依照法律程序，切实做好选举任免

依法任免国家工作人员。严格执行《地方组织法》和《重庆市各级人民代表大会常务委员会人事任免工作条例》，规范人事任免程序。坚持任前法律知识考试、供职承诺和颁发任命书等制度，实现党管干部和依法任免有机统一。五年来，依法任免权力机关工作人员46人次，决定任免行政机关工作人员91人次，任免审判机关工作人员133人次，任免检察机关工作人员26人次，接受1名县人民政府县长、5名副县长、1名县人民法院院长、1名县人民检察院检察长辞去职务。

依法开展代表选举工作。依据《选举法》规定，按程序罢免了1名县人大代表职务。根据市、县人大代表工作变动情况，接受7名县人大常委会委员辞去委员职务，1名市人大代表和24名县人大代表辞去代表职务，补选了5名县人大常委会委员、2名市人大代表和34名县人大代表。切实做好县、乡镇人大换届选举工作，选举产生县人大代表256名、乡镇人大代表1769名，充分体现人大代表的广泛性、代表性、先进性。

六、扎实开展代表工作，充分发挥代表作用

完善代表工作机制。一是加强代表履职培训，采取集中培训、分级培训、会议培训、调训等多种形式，对人大代表进行政治理论、法律法规知识培训，努力提高人大代表的履职能力。二是建立健全代表活动制度。建立了“两联一述”工作制度，县人大常委会组成人员深入“代表之家”“代表工作站”，认真听取代表对经济社会发展和县人大常委会工作建议；推行代表履职向选民报告，听取选民意见建议，接受选民监督。建立代表小组制度，以乡镇街道为单位组织开展活动，突出代表活动的针对性、实效性。邀请代表参与视察调研、执法检查、工作评议等活动，落实代表知情权、参与权和监督权。三是加强代表履职管理。对代表出席会议、视察调研、执法检查、走访选民、提出建议意见等进行记实，推动代表积极履职。

深入开展代表主题活动。积极开展“密切联系群众、切实关注民生、全力助推发展”为主要内容的“十二个一”人大代表主题活动，努力为群众办实事、办好事、解难事。接收捐款550万元，建成投用100座人大代表“便民桥”，解决10万余名群众出行难。实施“爱心午餐”工程，解决1.8万名边远山区学生的午餐问题。代表捐资40万元，为万足镇中心校修建留守儿童“爱心食堂”。走访群众听民声147860人次、宣传党的惠民政策和法律法规2160场、帮助孤老残弱人员和贫困学生8718名、帮扶贫困户13115户、化解矛盾纠纷11602件、开展社会公益活动528次，提出合理化建议3867条、联系项目和产业1269个。《重庆日报》、重庆电视台、《重庆晨报》、华龙网、《重庆法制报》《公民报》等新闻媒体来彭水集中报道代表主题活动涌现出的先进典型。人大代表履职热情进一步提高，模范带头作用得到发挥。

切实做好代表议案建议的办理。提出议案建议是法律赋予代表的一项重要职权，做好代表议案建议办理工作是国家机关的法定职责。县人大常委会每年听取和审议关于代表议案建议审查结果的报告，听取关于代表建议办理情况的报告。

代表建议承办单位主动加强与代表联系，共同研究建议办理工作。县人民政府、县人民法院、县人民检察院对办理代表建议定期进行督促检查，县人大常委会加强对涉及经济社会发展和群众切身利益的建议、跨年度办理建议进行跟踪督办，使代表建议办理过程成为推动工作的过程。认真办理公交公益定位，收为国有，服务老百姓建议，推动我县公交车国有体制的成功改革；认真办理加强农村道路交通安全方面建议，使全县乡镇通畅、村通达双百目标实现。五年来，代表提出建议1231件，办结1174件，占代表建议总数的95.4%，其中办成1053件，办成率为89.7%；暂时不具备条件办理的，及时作出解释说明。代表建议办理质量和实效明显提高。

七、加大工作指导力度，推动乡镇街道人大工作

建立工作机制。建立县人大常委会联系指导乡镇街道人大工作制度，县人大常委会领导、县人大常委会委室人员定期深入联系片区指导乡镇街道人大工作。围绕乡镇街道经济社会发展、社会和谐稳定和群众关心热点难点问题，联系指导乡镇街道扎实开展决定、监督、代表等工作，联系指导深入实施《村民委员会组织法》，着力提升村级民主法制建设水平。

加强业务培训。采取集中培训、调训、考察交流等形式，邀请理论教师、法律专家、市人大常委会领导授课，组织召开现场会、理论研究、考察学习，加强对乡镇人大主席、人大街道工委主任和人大办主任的培训，努力提升其政治理论水平和业务知识水平，提高做好乡镇街道人大工作的能力和水平。

探索参与途径。建立兼职委员制度，选任乡镇人大主席兼任县人大常委会工委委员。建立乡镇人大主席列席县人大常委会会议制度，扩大参与权、知情权。定期组织召开乡镇街道人大工作座谈会，总结交流工作经验，推动乡镇街道人大工作深入开展。

规范工作内容。县人大常委会印发《乡镇人民代表大会会议指南》，对乡镇人代会的日程、议程、内容、程序等进行规范，有力提高乡镇人代会会议质量。加强乡镇街道人大工作平时检查、年度考核，将考核结果纳入县对乡镇街道综合目标考核内容。

八、切实加强自身建设，不断提升履职能力

着力加强思想建设。深入学习中国特色社会主义理论，深入学习党的十八大、十八届三中四中五中六中全会精神，深入学习习近平总书记系列重要讲话精神，坚持党的政治方向、政治立场、政治观点、政治纪律，不断改造人生观、世界观、价值观和权力观，切实增强坚持人民代表大会制度的自觉性和坚定性，增强依法履行职责的责任感、紧迫感和使命感。认真学习党和国家方针政策，加强对《宪法》《监督法》《组织法》等法律法规的深入学习，自觉融入发展大局，切实增强做好人大工作的预见性、实效性和针对性。

着力加强作风建设。严格遵守《中国共产党纪律处分条例》《中国共产党廉洁自律准则》、中央“八项规定”和市委七条实施意见、“八严禁”“十二不准”，筑牢拒腐防变思想防线。认真处理群众来信来访，加大督办力度，切实保障群众合法利益。

着力加强组织建设。修订完善县人大常委会机关主要职责和内设机构人员编制规定，设立县人大常委会研究室，进一步优化职能职责。健全完善机关党总支部、工会、共青团、妇联等组织，推动机关党的建设和群团工作。

着力加强队伍建设。加强县人大常委会机关干部队伍和乡镇人大干部队伍建设，注重培养交流使用干部。共交流使用干部15名。加强乡镇人大工作，在郁山镇、龙射镇、黄家镇配备专职人大副主席。

着力加强制度建设。充分发挥制度建设在加强和改进人大工作重要作用，进一步健全完善县人大常委会议事规则、组成人员守则、主任会议议事规则。进一步健全完善新闻发布、新闻宣传、信访接待等制度。进一步健全完善公务接待、财务管理、公车使用等机关管理制度。进一步健全完善“一府两院”工作监督协调机制，改进审议意见落实和跟踪督查方式，保证县人大常委会工作有序开展。

着力加强新闻宣传和理论研究。出版《彭水人大》21 期、《人大调研》6 期，“彭水人大网”访问量累计达 5 万人次。向市、县新闻媒体报送人大新闻稿件 1660 余篇（条），刊发刊播 880 余篇（条），获重庆人大新闻奖二等奖 1 篇、三等奖 4 篇。开展人大理论研讨征文活动，评选出 32 篇予以通报表彰，获市人大常委会理论研讨征文二等奖 1 篇，优秀奖 3 篇。形成人大新闻宣传和理论研究浓厚氛围。

着力争取指导和加强交流。争取工作指导，全国人大民委、环资委分别来彭水调研民族地区义务教育和经济社会发展情况。承办市人大常委会在彭水召开片区会议 7 次，接待来彭水调研、视察和考察 48 批，988 人次。市人大常委会和委室领导多次来彭水调研，对彭水人大工作给予了有力指导。加强工作交流，黔江、荣昌、酉阳、城口等区县人大常委会分别来彭水考察民族自治地方立法、财政预决算审查监督和代表建议办理等工作，先后组织 10 余批次人员到周边区县考察学习人大工作，交流先进经验。

九、服从服务县委中心工作，助力经济社会发展

深入开展联系乡镇街道工作。坚持定期深入乡镇街道、村社区调研指导基层组织建设和经济社会发展。坚持开门接访，定期下访和主动约访，切实化解群众信访问题。

深入开展脱贫攻坚工作。围绕解决“八难”、实现“八有”目标，定期深入贫困村，帮助贫困群众制定脱贫规划，着力解决制约脱贫致富的具体问题，看望慰问贫困群众，如期完成联系贫困村脱贫验收目标。

深入开展联系重点工作。围绕产业化、规模化、集约化目标，指导烟农科学规划、规模种植，着力助推科学兴烟。全县烟农年均收入达 3 亿元以上。林业、人口计生、村通畅工程、工会工作取得明显成效。

深入开展联系重点项目工作。着力推动学坝片区土地出让、龙虎水库、鹿角乌江大桥、摩围山旅游度假区建设等工作。实现学坝片区房屋征收 42 户、出让土地 23 亩，龙虎水库完成投资 9800 万元，鹿角乌江大桥完成投资 3000 万元，开工建设摩围山旅游度假区基础设施建设项目 8 个，竣工游客接待中心、重庆市少数民族传统体育训练中心项目 4 个，完成投资 6.9 亿元。

县第十六届人大常委会工作取得的成绩，是县委正确领导的结果，是全县人民高度信任和大力支持的结果，是乡镇人大、人大街道工委、各级人大代表和人大工作者辛勤工作的结果，是县人民政府、县政协、县人民法院、县人民检察院协同配合的结果。在此，我代表县第十六届人大常委会向各级人大代表、人大工作者、广大人民群众，向关心、支持人大工作的各民主党派、各人民团体、政法干警、驻彭武警官兵和社会各界人士表示衷心感谢，并致以崇高敬意！

回顾总结过去五年的工作，成绩来之不易，我们也清醒地认识到，县人大常委会的工作与党委要求，同人大代表、人民群众的期盼还有一定差距。主要表现在监督方式有待进一步改进，监督力度有待进一步加大，代表活动方式有待进一步探索，代表履职服务能力有待进一步提升，代表建议办理质量有待进一步提高，自身建设有待进一步加强。在今后的工作中，我们将自觉接受人大代表和人民群众的监督，不忘初心、继续前进，虚心听取各方面意见建议，不断加强和改进人大工作，努力提升人大工作新水平。

人大工作在探索中不断实践，在实践中不断总结，在总结中不断提高，做好新时期人大工作，我们深深体会到：

人大工作必须坚持党的领导。县人大常委会在依法履职的各项工作中，始终坚持党的领导，与中央保持高度一致，坚决贯彻市委、县委的决策部署，坚持重大事项请示报告制度，确保人大工作正确的政治方向。

人大工作必须坚持围绕中心服务大局。县人大常委会始终坚持围绕中心服务大局，从全局和战略的高度去思考问题、谋划工作，着力推动县委政府各项决策部署贯彻落实。

人大工作必须坚持人民当家作主。县人大常委会始终坚持人民主体地位，把体现人民意志、维护人民利益作为根本的出发点和落脚点，依法履行好立法、监督、决定和任免等各项职权。注重发挥代表主体作用，接受代表监督，通过发挥代表作用更好地实现人民当家作主。

人大工作必须坚持推进民主法制建设。县人大常委会始终把推进民主法制建设作为根本任务，推进科学立法、民主立法，提高立法的科学性和实用性。开展司法调研，加强执法检查，积极推动法律法规的贯彻实施，推动依法治县进程。

人大工作必须坚持方式创新。县人大常委会始终坚持解放思想、实事求是、开拓创新、务求实效、敢于担当、积极作为，不断拓展人大工作领域，创新人大工作方式，探索人大工作有效载体，以人大工作实绩来推动科学发展。

人大工作必须坚持加强自身建设。县人大常委会始终坚持加强自身建设，切实加强政治建设、思想建设、机关党的建设和领导班子、干部队伍、人大代表队伍建设，牢固树立政治意识、大局意识、核心意识和看齐意识。

今后五年工作建议

今后五年，是全面完成脱贫攻坚目标任务、全面建成小康社会的关键时期。站在新的起点，要高举中国特色社会主义伟大旗帜，以马列主义、毛泽东思想、邓小平理论、“三个代表”重要思想、科学发展观为指导，深入学习贯彻党的十八大、十八届三中四中五中六中全会、市委四届历次全会和县第十四次党代会精神，深入学习贯彻习近平总书记系列重要讲话和视察重庆重要讲话精神，切实增强“四个意识”，坚持“五大发展理念”，统筹推进“五位一体”总体布局，协调推进“四个全面”战略布局，始终坚持党的领导、人民当家作主和依法治国有机统一，认真履行宪法和法律赋予的职责，全面推进依法治县进程，不断开创人大工作新局面。为限时打赢脱贫攻坚战，如期全面建成小康社会作出更大贡献。

今后五年，县人大常委会将紧紧围绕县第十四次党代会确定的指导思想和目标任务，不断改进人大工作方式方法，着力推动人大工作上新台阶。

始终坚持党的领导，牢固树立“四个意识”。紧密团结在以习近平同志为核心的党中央周围，不断巩固拓展党的群众路线教育实践活动、“三严三实”专题教育成果，深化“两学一做”学习教育，切实增强政治意识、大局意识、核心意识和看齐意识。严守政治纪律和政治规矩，坚决防止“七个有之”，做到“五个必须”。

着力加大立法工作力度。围绕贯彻落实《中华人民共和国民族区域自治法》，结合彭水实际，深入开展立法调研，研究制定五年立法规划。坚持科学立法、民主立法，努力提高立法质量，推动经济社会持续健康发展。

着力提高监督工作实效。围绕县委中心工作、事关改革发展的重大问题、人民群众反映强烈、社会普遍关注的热点难点问题开展监督。综合运用听取和审议专项工作报告、执法检查、工作评议、专题询问等方式，着力提高监督实效。

着力强化重大事项决定。围绕全县经济社会发展大局，对带有根本性、全局性、长远性的重大事项，通过深入调研，及时作出决定，保证县委重大决策部署推进实施。

着力做好选举任免工作。围绕党管干部原则，进一步完善任前法律知识考试、供职承诺等制度，及时依法选举任免国家工作人员。

着力提升代表工作水平。围绕人大代表职能职责，进一步健全完善代表分级培训、集中培训、以会代训、调训等制度，努力提高代表履职能力。进一步健全完善代表列席会议、联系人民群众、视察调研和提出议案建议等制度，切实发挥代表主体作用。进一步健全完善代表议案建议办理制度，提高代表议案建议办理实效。

着力加强联系指导。围绕乡镇街道人大工作实际，进一步健全完善联系指导乡镇街道人大工作机制，加强对乡镇人大的指导和人大街道工委的领导，提高乡镇街道人大工作水平。

着力加强自身建设。围绕提升履职能力，主动争取市人大常委会指导，全面加强思想建设、作风建设、组织建设、队伍建设、制度建设和党的建设。

各位代表！2017 年是全县实施“十三五”规划的关键之年，是脱贫攻坚的决战决胜之年，是新一届人大常委会工作的起始之年，县人大常委会将重点抓好以下几个方面工作。

深入开展立法调研。重点开展《彭水苗族土家族自治县殡葬条例》《彭水苗族土家族自治县义务教育条例》等立法调研工作。积极配合市人大常委会做好有关法律、法规草案的意见征集工作。

深入开展监督工作。认真听取和审议专项工作报告，听取和审议关于 2017 年上半年国民经济和社会发展计划执行、2016 年财政决算和 2017 年上半年财政预算执行、全县环境状况和环境目标完成、脱贫攻坚、农村公路养护管理等专项工作报告。积极开展执法检查，对《中华人民共和国招标投标法》《中华人民共和国律师法》《基层法律服务工作者管理办法》《彭水苗族土家族自治县旅游条例》等法律法规贯彻实施情况进行督促检查。积极开展专题调研，开展公诉工作、禁毒工作、食用菌产业、供销合作社综合改革、新型城镇化建设、食品安全等专题调研。积极开展专项审查，加强财政预决算审查，审查两个县级部门 2016 年预决算执行情况。积极开展跟踪监督，对全县教育基本均衡发展情况的审议意见落实情况进行督促检查。积极开展规范性文件备案审查工作，坚持规范性文件应备尽备、有备必审、有错必纠。积极开展信访工作，进一步健全完善信访工作机制，做到有访必接，有接必办。

深入开展重大事项决定工作。认真落实县委重大决策部署，对事关全县经济社会发展和人民群众普遍关注的重大事项及时作出决定。

深入开展选举任免工作。按照县委安排部署，根据人员变动情况，及时依法选举任免相关人员。

深入开展代表工作。围绕地域行业特点，建立人大代表活动小组。深入开展“密切联系群众、推动富民兴彭”代表主题活动，充分发挥人大代表在推动经济社会发展中的积极作用。全面建立“人大代表工作站”，搭建代表密切联系群众、接受选民监督的平台。

切实加强自身建设。以深入学习贯彻党的十八大、十八届六中全会精神、习近平总书记系列重要讲话和视察重庆时的重要讲话精神、县第十四次党代会精神为契机，切实加强思想建设、作风建设、组织建设、队伍建设、制度建设和党的建设，不断增强政治意识、大局意识、核心意识、看齐意识。做到守纪律、讲规矩、尊法纪。以《彭水人大》《人大调研》和“彭水人大网”为阵地，着力加强人大工作的理论研究和新闻宣传，努力提高人大工作影响力。

经济社会发展前景广阔，民主法制建设任重道远。幸福的明天，属于人民群众；美好的未来，需要持续奋斗。让我们紧密团结在以习近平同志为核心的党中央周围，牢固树立“四个意识”，认真实践“五大发展理念”。在县委的坚强领导下，在市人大常委会的精心指导下，解放思想、实事求是，开拓创新、务求实效，振奋精神、锐意进取，敢于担当、积极作为，为限时打赢脱贫攻坚战、全面建成小康社会而努力奋斗！

彭水苗族土家族自治县人民政府工作报告

——2017年1月6日在县第十七届人民代表大会第一次会议上

县人民政府县长 石 强

一、过去五年工作回顾

过去五年，是彭水极不平凡的五年，是全县各族人民团结奋进、攻坚克难、锐意进取的五年，也是我县经济发展快、城乡变化大、群众实惠多的五年。特别是党的十八大以来，我们按照党中央、国务院和市委、市政府系列决策部署，在县委的坚强领导下，大力实施“五化”统筹推进、“三区”协调发展战略，全面加强经济建设、政治建设、文化建设、社会建设和生态文明建设，顺利完成县第十六届人民代表大会第一次会议确定的各项目标任务，为全面建成小康社会奠定了坚实基础。

过去五年，我们着力质效扩规模，综合实力提速增强。大力发展城市经济、生态经济、民生经济，主要经济指标持续较快增长，实现“十二五”圆满收官和“十三五”良好开局。预计地区生产总值由76.5亿元增至129亿元，年均增长11%；人均地区生产总值由14100元增至25900元，年均增长12.8%；固定资产投资由80.6亿元增至175亿元，年均增长16.8%；社会消费品零售总额由33亿元增至59亿元，年均增长12.3%；地方财政收入由12亿元增至28.8亿元，年均增长19.1%；城镇常住居民人均可支配收入由14670元增至24500元，年均增长10.8%；农村常住居民人均可支配收入由5215元增至9400元，年均增长12.5%。

过去五年，我们着力转型调结构，三次产业提速升级。产业结构不断优化，三次产业占比调整为17.8:43.4:38.8。阿依河通过国家AAAAA级旅游景区景观质量评审，蚩尤九黎城成功创建国家AAAA级旅游景区，建成开放15个乡村旅游示范点；连续六年举办“一节一赛”，成功举办首届渝东南生态民族旅游文化节，游客接待量增长7.8倍，旅游综合收入增长14倍。工业园区入驻实体企业34家，引进太极集团打造百亿级健康食品产业园，水电总装机容量达187.5万千瓦，基本形成了清洁能源、健康食品、特色加工等多点支撑格局，规模以上工业总产值年均增长13.2%。烤烟、红薯、中蜂、食用菌、木本油料等特色产业质效提升，郁山、新田、岩东、鞍子获评全国“一村一品”示范村镇，晶丝苕粉、黔中道紫苏油等特色农产品出口香港、日本等地。推进电子商务进农村，建成运行电子商务产业园，行政村电子商务服务站点覆盖率达60%。

过去五年，我们着力城镇带乡村，城乡面貌提速变化。城市空间布局不断优化，形成了以“三城”为核心主体的城市发展格局，城市范围扩大到30平方公里，常住人口城镇化率从27.2%提高到34%。新城进入形态开发阶段，引进建工、巨能、重钢、红星美凯龙等大型企业参与建设，完工房建160万平方米，入驻15个机关单位和2所中小学，道路、水电、防洪等基础配套逐步完善，集聚人口2万人。完成老城棚户区改造51.2万平方米，竣工投用县城防洪护岸工程、摩围山乌江大桥、摩围山隧道、下塘至县城快速通道、“两江一河六岸”景观、两江广场、城市夜景灯饰等重点项目，成功创建市级卫生县城、市级文明县城和市级山水园林城市。全面完善集镇市政文体设施，累计改造农村危旧房2.5万户，成功申报2个全国重点镇、4个中国传统村落。

过去五年，我们着力环保优生态，环境质量提速改善。深入开展“五大环保行动”及城乡清洁工程，县城空气质量优良天数保持在330天以上，区域环境噪声平均值控制在国家限值以内。建成高标准基本农田22.4万亩，实施石漠化治理15.8万亩，完成退耕还林造林66.2万亩，森林覆盖率达53%。启动县城污水处理厂二期工程，建成乡镇污水处理厂28座、垃圾中转站17座，县城污水集中处理率达95%，集镇生活垃圾无害化处理率达88%，郁江、乌江水质分别保持国家Ⅱ类、III类标准。实施农村环境连片整治项目176个，创建市级生态文明建设示范村40个。创新落实区域生态补偿机制，大力发展绿色低碳循环经济，严格执行排污权交易制度，万元生产总值能耗年均下降3%。

过去五年，我们着力改革促创新，发展活力提速释放。重要领域和关键环节改革取得积极进展，产权制度、公务用车、文化广电、科技教育、医疗卫生等体制机制不断完善。供给侧结构性改革取得初步成效，清理僵尸企业和空壳公司14家，完成21个煤矿关闭退出、淘汰煤炭产能136万吨。健全“三级服务中心”功能，推进行政审批“两集中两到位”，“群工系统”反映事项办结率达99.3%。深化商事制度改革，扶持发展民营实体经济，市场经营主体总量超过3万个。重组县属国有企业，将原有44家县属国有企业整合为3家集团公司、2家独立运行公司。推进财政预决算公开，实现会计集中核算向国库集中支付转轨，全面完成机关事业单位公务卡改革。探索推动凤升水库等PPP投融资项目，全县金融机构存贷款余额增长2.2倍。完成农村集体“三资”清理，发放农村“三权”抵押贷款21.2亿元，实现“地票”交易16.6亿元。组建渝东南红薯研发中心，专利申请突破1800件，亿元生产总值科技成果转化量提高5倍。坚持招商引资与市场开拓并举，五年实际利用内资170亿元，外贸进出口总额突破1800万美元。

过去五年，我们着力攻坚补短板，精准脱贫提速深化。构建“六位一体”工作责任体系和“1+13”政策支撑体系，大力实施产业扶贫、设施扶贫、教育扶贫、医疗扶贫、搬迁扶贫、社会扶贫“六大扶贫工程”，贫困村从115个减少至15个，贫困人口从99123人减少至15000人左右。完善基础设施，建成农村人行便道4200公里，竣工投用村通畅公路2635公里、村通达公路2264公里，行政村通畅、自然村通达、脱贫村通客车均实现全覆盖；建设中型水库3座、小型水库5座，竣工农村饮水安全工程982处，有效解决30万人饮水安全问题。坚持开发式、开放式和救济式扶贫并行，高山生态扶贫搬迁4万人，教育扶贫每年惠及贫困家庭学生3万人，医疗扶贫救助贫困患者1.8万人次。探索实施金融扶贫，与农行、农发行、重庆银行等金融机构签订战略合作协议，支持贫困户发展稳定增收产业、增强“造血功能”。

过去五年，我们着力民生重服务，社会事业提速发展。按照“五个坚持”原则，认真办理民生实事，滚动实施民生项目，年均民生支出占公共财政预算支出的60%以上。有序实施87个“全面改薄”计划，竣工投用思源实验学校、第五小学、第二中学，率先在渝东南免除高中教育阶段学费，五年高考重本上线2232人。县人民医院实现整体搬迁，县中医院成功创建“二甲”，新建24所乡镇卫生院、355个村级卫生室，推行基层医疗机构集团化管理，群众看病难、看病贵问题有效缓解。成功创建国家一级文化馆和二级档案馆，打造《怀清台》《丹砂女王》《苗祖·蚩尤》《寻找女神娇阿依》等一批文艺精品，乌江韵老年合唱团参加第十五届中国老年合唱节荣获金奖。完工新城体育中心一期工程、重庆市少数民族传统体育训练基地，新建标准化运动场地 87 片，参加重庆市全民健身运动会获奖 80 余项。建成残疾人托养中心、康馨精神病医院，城乡居民养老保险、医疗保险参保率分别达 93%、95%，城乡低保覆盖 3 万困难群众，基本形成以社会保险、社会救助、社会福利和社会互助为主的社会保障体系。

过去五年，我们着力效能转作风，民主法治提速进步。司法行政体制改革稳步推进，法治建设水平不断提升，“六五”普法教育、法律援助工作荣获全国先进。持续深化平安建设，健全立体化治安防控体系，群众安全感指数保持在 92% 以上。紧紧围绕“源头防范”，全面加强社会治理，坚持主动接访下访，有效解决群众诉求。打造安全保障型示范县，在全市率先完成行业安全监管能力建设，获评全国安全生产监管监察系统先进单位，连续 13 年杜绝重特大安全事故。强化食品药品安全监管，实现食品药品安全事故“零目标”。加强行政监察和审计监督，全面落实从严治党“两个责任”，正风肃纪和反腐败工作纵深推进。深入开展干部作风整顿，强化跟踪督查问责，行政效能不断提升。人大代表建议、政协委员提案办结率、办理满意率均为 100%，办成率连年提升。扎实开展党的群众路线教育实践活动、“三严三实”专题教育和“两学一做”学习教育，驰而不息加强作风建设，忠诚团结、开拓奋进、务实清廉成为各级干部的自觉意识和行动。

同时，民族宗教、人口计生、国防动员、优抚安置、外事侨务、对台、移民、统计、消防、民防、应急、人事、保密、邮政等工作取得新成效，青年、妇女、儿童、老龄、残疾人、红十字、科普、气象、档案、史志等事业取得新进步。

在肯定成绩的同时，我们也清醒地认识到工作中还存在一些困难和问题：一是经济总量偏小，经济结构不优，主导产业支撑不足，特色优势尚未充分发挥；二是生态环境脆弱，基础设施建设相对滞后，城镇化率较低，城乡一体化发展水平亟待提升；三是财政收支矛盾突出，可支配财力有限，保障和改善民生压力较大，基本公共服务有待加强；四是深化改革、提升效能、转变作风仍需努力，发展环境有待进一步优化。对于这些问题，我们将在今后工作中采取更加有力有效的措施，不断加以解决。

回顾过去五年，我们在抢抓机遇中经受历练，在干事创业中提升能力，在克难攻坚中积累经验，从中得到了许多有益的启示：必须坚持以“四个意识”为第一遵循，对党忠诚，为党尽责，令行禁止严执行；必须坚持以科学发展为第一要务，积厚成势，久久为功，转型跨越不停步；必须坚持以生态环保为第一底线，严守红线，筑牢本底，绿色发展提质效；必须坚持以改革创新为第一动力，革故鼎新，夯基垒台，开拓进取求突破；必须坚持以改善民生为第一目标，以人为本，为民解难，精准脱贫补短板；必须坚持以安全稳定为第一责任，警钟长鸣，常抓不懈，履职尽责保平安；必须坚持以依法行政为第一准则，尊崇法治，依法办事，遵规守矩谨用权；必须坚持以实干创业为第一要求，敢于担当，积极作为，雷厉风行抓落实。

过去五年取得的长足进步和可喜变化，得益于市委、市政府和县委的坚强领导，得益于县人大、县政协的监督支持，凝聚着全县各级各部门以及广大人民群众的智慧和艰辛。在此，我谨代表县人民政府，向在各自岗位上辛勤工作、奉献力量的全县各族人民，向人大代表、政协委员，向离退休老干部、老同志，向驻彭部队、武警官兵和公安民警，向人民团体和社会各界人士，向所有关心和支持彭水发展的市级部门和县内外朋友，表示崇高的敬意和衷心的感谢！

二、今后五年目标任务

今后五年，是集中脱贫攻坚、全面建成小康社会的决胜阶段。从宏观环境看，全国经济发展进入新常态，经济韧性强、潜力足、发展空间大，国家着力实施“一带一路”和长江经济带战略，深入推进西部大开发、武陵山片区脱贫攻坚，有利于我们应势而谋、创造发展新机遇。从区域环境看，直辖市体制优势和国家中心城市的聚集效应进一步增强，渝东南生态经济走廊建设加快推进，有利于我们因势而动、厚植发展新优势。从自身环境看，经济实力大幅提升，基础设施日益完善，发展环境不断宽松，干部群众同心协力，有利于我们顺势而为、积蓄发展新动能。只要我们抓住机遇、激发潜能，坚持加快发展不动摇，深化改革不懈怠，维护稳定不折腾，就一定能够实现经济社会的转型发展、提速发展、特色发展和协调发展。

今后五年政府工作的总体要求是：高举中国特色社会主义伟大旗帜，以马克思列宁主义、毛泽东思想、邓小平理论、“三个代表”重要思想、科学发展观为指导，深入学习贯彻习近平总书记系列重要讲话和视察重庆重要讲话精神，全面贯彻落实党的十八大、十八届三中四中五中六中全会和市第四次党代会、市委四届历次全会及县第十四次党代会精神，切实增强“四个意识”，坚持创新、协调、绿色、开放、共享的发展理念，统筹推进“五位一体”总体布局，协调推进“四个全面”战略布局，全面深化改革开放，团结带领全县广大干部群众不忘初心、继续前进，走对路、扎实干，限时打赢脱贫攻坚战，如期全面建成小康社会，开启社会主义现代化建设新征程。

今后五年，我们的奋斗目标是：2017 年，全县地区生产总值、城乡居民人均收入比 2010 年翻一番，全面实现脱贫“摘帽”；到 2020 年，全县地区生产总值突破 200 亿元、城乡居民人均收入达到 24000 元，城镇化进程实现大提速、生态经济实现大发展、社会民生实现大改善、彭水形象实现大提升，全面建成小康社会；到 2021 年，发展的全面性、协调性、可持续性进一步增强，居民生活质量进一步改善，环境保护和生态建设进一步加强，社会文明程度进一步提高。主要标志为：

——建成生态特色宜居城，城镇集聚辐射能力明显提升。“三城两区”城市发展格局进一步巩固，民族生态旅游城市基本建成，城镇化率达 47%。

——建成生态旅游目的地，产业融合引领作用明显提升。“旅游 +”战略深入实施，“一线四区”旅游发展格局更加优化，成功创建市级全域旅游示范县，旅游产业增加值比重达 10%。

——建成生态产业发展区，绿色经济发展水平明显提升。生态产业体系基本形成，第三产业比重达 50% 以上，规模以上工业总产值突破 120 亿元，成为武陵山特色经济示范区的有力支撑。

——建成生态文明示范县，生态环境建设质量明显提升。森林覆盖率达 60% 以上，万元生产总值能耗下降 8%，主要污染物总量减排目标全面完成，构建长江上游绿色屏障的重要载体。

实现上述目标，我们必须切实增强“四个意识”，以“五大发展理念”为统领，用新的理念引领和推动新的实践，不断开创经济社会发展新局面。

（一）突出新型城镇化，坚持在协调发展中建设宜居彭水。坚持以人为本，彰显山水文脉，增强城镇承载、吸纳和辐射能力，构建环境优美宜居的生态城镇体系。

提升城镇品质。加强城市规划管控，优化城市空间布局，留住城市特有的地域特色、文化符号、建筑风格等“基因”，彰显“山城”“江城”风貌。坚持城市景区化发展理念，统筹规划建设老城、新城和蚩尤九黎城，推动“三城”一体化发展。力促老城提质减载，实施棚户区改造 20 万平方米，绿化美化亮化城市环境，建成区绿地率达 35%，成功创建国家卫生县城、国家园林县城。提速实施新城整体开发，加快完善城市基础设施和商业体系，推进地下综合管廊和海绵城市建设试点，建成区面积拓展到 7 平方公里，打造现代之城、未来之城、品质之城和魅力之城。建设智慧城市，推行现代城市管理模式，提升城市管理规范化信息化精细化水平。着力建设桑柘、保家、郁山、高谷等一批特色小镇，建成20个美丽乡村示范村、5个美丽乡村示范片。

完善基础设施。紧密衔接全国、全市骨干交通网络，加快建设渝怀铁路复线、渝怀高速铁路和黔石、彭酉、彭务高速公路等对外通道，逐步恢复乌江航运功能，规划建设通用机场，实现“1小时主城、1小时周边”。畅通旅游公路、物流道路等产业通道，完工一批乡村道路及联网公路升级改造，80%乡镇通二级公路，撤并村通畅率达100%。竣工18座中小型水库，完成农村饮水安全巩固提升工程。完善天然气输配体系网络，所有居民用上放心电，4G网络、宽带实现稳定全覆盖。

融入区域布局。积极融入长江经济带、成渝经济区、武陵山经济协作区和西部大开发等国家战略布局，努力在开放发展大格局中抢抓更多机遇。主动参与西部内陆开放高地、中新互联互通示范项目、自贸实验区建设，增强要素集散功能，拓展国际国内市场。深化区域协作，联手周边各地，共享基础条件，共同合作开发，促进互利共赢。打造城市新区、工业园区、产业基地等开放平台，依托国家证监会支持贫困地区企业上市政策，全力招引一批大型优势企业来彭投资兴业。支持企业开拓国际市场，新增外贸企业20家以上，扩大特色产品、健康食品出口创汇规模。

（二）突出旅游产业化，坚持在绿色发展中做靓风情苗乡。依托民族、生态、文化优势，深化“旅游+”发展战略，做靓民俗生态文化旅游，不断提升彭水旅游的知名度、美誉度和影响力。

彰显生态优势。严守“五个决不能”底线，坚定不移推进绿色低碳循环发展，进一步筑牢绿色发展本底。实行最严格的环境保护制度，守护“一江碧水，两岸青山”，协同建设武陵山脉生态屏障、乌江水系生态带。深入实施“五大环保行动”，县城空气质量优良率保持在90%以上，县城污水集中处理率达98%，集镇生活垃圾无害化处理率达99%，农村生活垃圾集中处理实现全覆盖。依托原生态自然资源，积极创建风景名胜区、森林公园，有序建设绿色田园乡村，不断提升生态产品供给能力。

提速旅游开发。实施景区提升计划，推动阿依河、蚩尤九黎城创建国家AAAAA级旅游景区，摩围山、乌江画廊创建国家AAAAA级旅游景区，打造4个国家AAA级旅游景区。加快推进摩围山旅游综合开发，做特做优旅游休闲地产，建成国家级旅游度假区。竣工蚩尤九黎城二期工程，挖掘展示苗族历史文化，打造全国知名民俗生态文化旅游目的地。加快郁山古镇开发，突出“盐丹古韵”主题，建设郁江盐丹文化生态景区。大力发展生态休闲度假旅游、水上运动体验旅游、民族特色文化旅游、乡村生态民俗旅游和红色文化旅游，构建“步步皆景、处处宜游”的全域旅游大格局。加快推进“智慧旅游”建设，建成一批商务度假酒店、特色乡村民宿和星级农家乐，全面提升旅游综合接待能力。创新开展节会赛事活动，做精旅游宣传营销，确保游客接待量实现翻番。

促进融合发展。推动城旅融合，实现城景互动，凸显城市特色和旅游功能，建设一批旅游景观名镇。推动农旅融合，围绕旅游景区和乡村旅游布局，大力发展休闲观光农业和现代设施农业，打造一批农旅融合示范点。推动商旅融合，开发系列旅游商品和特色美食，促进特色产品进景区、进超市、进车站码头。推动文旅融合，加强民族文化传承、保护与开发，着力打造具有彭水特色的系列文化旅游品牌。

（三）突出新型工业化，坚持在创新发展中转换经济动能。构建产业新体系，拓展发展新空间，力促工业向集群化、集约化、品牌化、生态化转型，不断提升经济发展的质量和效益。

打造工业集群。依托资源优势，瞄准市场需求，着力打造健康食品30亿级、清洁能源30亿级、特色轻工20亿级、建材20亿级等产业集群。

提升工业园区配套功能，推动特色产业向园区集聚，力促入园企业达100家以上。有序开发利用水电、页岩气、生物质等清洁能源，建设页岩气转化基地、清洁能源基地。大力发展绿色食品加工，开发原生态肉制品、民俗休闲食品、有机绿色饮品等特色产品。培育制鞋、服饰、家纺制品等特色轻工产业，打造民俗轻纺服装基地。

推动产业转型。全面落实产业准入政策和禁投清单，严格执行环保、单位增加值能耗等各项约束性指标，切实淘汰落后产能。加快传统产业结构调整、技术进步和企业重组，推动传统产业上规模、创品牌、增效益。坚持以提高质量和核心竞争力为中心，扩大高质量产品和服务供给。着力培育战略新兴产业，引进发展新能源、新材料、信息技术、节能环保等新产业新业态。大力发展生产性、生活性服务业，建成3个商务集聚区，打造乌江中下游商贸中心。建设区域物流配送中心和特色产品配送中心，着力构建结构合理、功能完善、畅通高效的现代物流体系。

倡导创新运用。紧扣全国、全市重点改革部署，以深化供给侧结构性改革为主线推动关键性改革，全面落实“三去一降一补”政策措施，不断提高供给的针对性、有效性。大力实施创新驱动发展战略，加快构建以市场为导向、以企业为主体的创新体系，激发大众创业、万众创新动力活力。加大科技研发投入力度，完善技术创新服务体系，实施科技型“小巨人”企业成长计划。延伸创新创业生态链，培育一批示范性众创空间、星创天地。牢固树立“人才是第一资源”的理念，健全人才引进激励机制，努力形成人才工作与经济发展共进互促的良好局面。

（四）突出农业现代化，坚持在开放发展中激发农村活力。坚持以开放的思维全要素推动农业发展转型，促进生产集约化、产业规模化、产品商品化，建设现代特色效益农业示范区。

培育现代农业。推进农业全产业链发展，烟叶产量保持在30万担左右，稳定红薯面积30万亩、中蜂保有量15万群、食用菌1亿袋、中药材5万亩，因地制宜发展现代林业和草食牲畜等特色优势产业。实施农产品品牌创建工程，培育2个全国名牌农产品和5个市级名牌农产品，提升打造全国现代烟草多元产业综合示范园、中华薯业强县、全国油茶基地建设重点县、中华蜜蜂现代科技样板区和全市草食牲畜基地县。

推进农村改革。完善农业市场体系，大力培育新型农业经营主体，促进农村土地有序流转和适度规模经营，推进全程社会化服务。加大农业农村投入，构建多元化农村金融服务体系，完善农业保险制度，增强农业综合生产能力。深入推进农业产加销紧密衔接、农村一、二、三产业深度融合，充分挖掘农业发展多种功能。推动农村土地“三权分置”和农村集体资产股份化，吸引工商资本、社会资本进入农村。深化户籍制度改革，引导人口有序梯度转移，常住人口减少到50万人以下。

开拓流通市场。推进农产品批发市场、贸易市场改造升级，开展降低农产品物流成本行动，健全统一开放、布局合理、竞争有序的现代农产品流通市场体系。实施农业标准化体系建设工程，支持涉农企业开展质量认证、品牌包装，引导新认证“三品一标”30件以上，农产品商品化率达60%以上。完善农产品冷链物流体系，实施农产品质量安全保障工程，建立从田间到餐桌全过程监管追溯体系。着力推行“电商+旅游+扶贫”模式，建成全国电子商务进农村综合示范县，促进农业增效，带动农民增收。

（五）突出脱贫精准化，坚持在共享发展中建成全面小康。紧扣决胜脱贫攻坚，统筹推进城乡基本公共服务均等化，不断提高社会保障水平，确保城乡居民共享改革发展成果。

限时精准脱贫。深入实施精准扶贫、精准脱贫，因村因户施策，分类扶持特殊困难群体，坚决打赢脱贫攻坚战，确保2017年贫困村全部脱贫销号、全县实现脱贫“摘帽”。严格“六个精准”

要求，聚焦贫困村、贫困户，深入实施“六个一批工程”“十大扶贫行动”，扎实推进产业扶贫、设施扶贫、教育扶贫、医疗扶贫、搬迁扶贫和社会扶贫，探索创新金融扶贫，不断增强扶贫脱贫实效。健全脱贫内生动力激励机制，强化兜底保障、贫困退出和后续扶持等政策措施，确保贫困群众稳定脱贫致富、同步全面小康。

*发展社会事业。*坚持教育优先发展，合理统筹城乡教育资源，协调发展普通高中和职业高中，高中阶段毛入学率达90%以上，成功创建义务教育发展基本均衡县。推进医药卫生体制综合改革，健全覆盖城乡居民的基本医疗卫生体系，支持县人民医院创建三级医院，巩固分级诊疗成果，提升公共卫生保障水平。弘扬中国梦和社会主义核心价值观，完善公共文化体育服务体系、文化产业体系，建设文化生态保护实验区，满足群众多层次的文化需求。坚持总体国家安全观，持续深化平安建设，坚决维护政治、经济、文化、社会、生态、信息等安全。健全公共法律服务体系，推行阳光信访、责任信访、法治信访，主动调处化解各类矛盾纠纷，全力维护群众合法权益。落实民族区域自治制度，建成民族团结进步示范县。全面落实计划生育政策，优化流动人口服务管理。

*增加民生福祉。*高度重视人民群众最关心最直接最现实的利益问题，坚持每年有针对性地办好一批民生实事，让群众获得看得见、摸得着的实惠。支持就业吸纳能力强的中小微企业和服务业、劳动密集型产业发展，加强就业服务帮扶，多渠道多形式增加就业。加快完善住房保障体系，落实全民参保登记计划，稳步扩大“五大保险”覆盖面，不断提升社会保障水平。健全医疗救助、重特大疾病救助、临时救助和普惠性救助制度，统筹推进扶老、助残、救孤、济困、慈善等事业发展。

各位代表！实现未来五年宏伟目标，限时打赢脱贫攻坚战，如期全面建成小康社会，使命光荣、责任重大！我们一定更加坚定信心，倍加扎实工作，励精图治，奋力开拓，推动全县经济社会发展不断取得新的成效！

三、2017年重点工作

今年是脱贫攻坚的决胜之年，也是全面建成小康社会的关键之年，我们一定要适应把握经济发展新常态，牢固树立和贯彻落实新的发展理念，坚持稳中求进工作总基调，紧扣限时打赢脱贫攻坚战、加快全面建成小康社会，深化拓展“五化”统筹推进、“三区”协调发展战略，着力稳增长、促改革、调结构、惠民生、防风险，促进经济健康发展、社会和谐稳定。

今年，全县经济社会发展的预期目标是：地区生产总值增长11%，规模以上工业总产值增长14%，固定资产投资增长15%，一般公共财政预算收入增长13%，社会消费品零售总额增长15%，城镇和农村常住居民人均可支配收入分别增长10%、12%，城镇化率提高2个百分点左右，万元生产总值能耗下降2个百分点，全县贫困发生率控制在3%以内。

重点抓好以下八项工作：

*（一）围绕提质增效，抓稳经济增长。*加强要素调度。积极培植涵养财源，确保地方财政收入增长12%以上。引导社会资本参与经济建设，力促社会融资增长20%以上。鼓励金融机构支持地方经济发展，确保金融机构贷款余额增长15%以上。合理调控土地供应，新增建设用地指标3000亩。增加有效投资。精准策划储备，抓好前期工作，做实“243个项目、240亿元投资”项目计划。强化跟踪服务，加快建设进度，有序开工新城家居建材市场、长滩火车站迁建、彭酉二级公路路面改造等新建项目，加快推进鹿角乌江大桥、郁山古镇开发、摩围山水库、龙虎水库等60个续建项目，确保完成固定资产投资200亿元以上。提振城乡消费。培育线上交易、旅游度假等消费热点，发展文化娱乐、休闲疗养等新兴产业，努力通过创新供给激活消费需求。招引入驻2家综合购物商城，新增6家限额以上商贸企业。大力

发展会展经济，推动汽车等大宗商品合理消费，探索建立促进房地产平稳健康发展长效机制。繁荣服务行业。升级改造乡镇农贸市场，建设新城现代物流园，完善城乡双向物流网络。大力发展农村电子商务，推进行政村电子商务服务站点全覆盖，拓宽农村商贸流通渠道。发展金融、健康、信息等服务行业，确保营利性服务业较快增长。

（二）围绕转型升级，抓强生态产业。做强现代农业。稳定粮食播种面积126万亩，收购烟叶27万担，提质发展红薯、中蜂，加快发展食用菌、现代林业，协同发展草畜产业，农业增加值增长5%。健全农技服务体系，强化农技推广运用，打造3个现代农业示范区、20个山地特色农业示范点。巩固培育一批产业化龙头企业、农民专业合作社和家庭农场，加强“三品一标”认证和生态原产地产品开发。推进供销合作社综合改革，健全农产品流通网络，提升农产品商品化率。做大绿色工业。加快完善工业园区道路、管网等基础设施，大力招引优势企业入驻，形成健康食品等产业集群，力促园区企业整体创税增长30%以上。提速实施太极饮用水二期等工业项目，引导扶持水电、建材等传统行业扩能增效，新增5家规模以上工业企业。千方百计做活工业存量、做大工业增量，全力以赴培育工业经济新的增长点。做靓生态旅游。力促阿依河创建国家AAAAA级旅游景区，推进乌江画廊、摩围山和鞍子苗寨等景区景点提档升级。加快建设蚩尤九黎城二期工程、旅游商品特色商业街和阿依河至黄家旅游公路，重点打造10个乡村旅游示范点。实施全民兴旅，发展全域旅游，提速完善旅游酒店、景区厕所、停车场等服务体系，全面提升旅游服务水平。继续举办“一节一赛”等节赛活动，强化旅游宣传营销，确保全年游客接待量增长20%以上。做好三产融合。调整优化农业产业结构，推动农业全产业链体系建设。积极发展农业新型业态，引导农村二、三产业向县城、重点集镇集中，培育巩固“一乡一业、一村一品”。促进农业与旅游、休闲、养老等产业深度融合，打造周家寨、罗家坨苗寨等农旅融合示范点，推出5条生态农业休闲观光线路。

（三）围绕美丽宜居，抓优城镇建设。突出规划引领。坚持全县“一盘棋”、规划“一张图”，推进“多规合一”，严格规划管控，规范建设秩序，切实增强规划的前瞻性、科学性和权威性。加快新城开发。推动天怡、中环等企业启动项目建设，有序实施38号路、外环连接道、防洪隧洞、地下综合管廊、公共服务中心、民族中学B校区、县中医院新城分院、盛世金街、鑫沃·世纪城、彭水·新嶺域等重点项目，竣工投用社会福利中心和法院、检察院等办公用房，加快完善重要节点道路、公共设施等基础配套功能，力争新入住1万人。推进老城提质。稳步改造城市棚户区及危旧房，加快推进上塘乌江大桥复线桥、水泥厂至蚩尤九黎城滨江路、郁江大桥拆除重建等重点项目，有序改造整治城区重要节点和堵点，不断提升城市整体形象。完善城区污水处理二三级管网等市政基础设施，合理增加停车位和公厕，有序改造老旧建筑消防设施。实施城市绿化美化亮化工程，加强背街小巷综合治理，创建国家卫生县城、国家园林县城。建设美丽乡村。打造2个重点集镇、3个巴渝民宿示范点和2个农民示范新村，改造3000户农村危旧房，深化城乡环境卫生整洁行动，着力改善农村人居环境。促进农村人口向城镇有序转移，减轻农村资源环境承载压力。

（四）围绕决战决胜，抓紧脱贫攻坚。全面脱贫销号。始终聚焦贫困村、贫困户，加大扶贫资金统筹整合力度，严格落实“六个精准”要求，扎实推进“六大扶贫工程”，全面改善贫困对象生产生活条件，倒计时推进脱贫攻坚，确保实现贫困群众“两不愁三保障”、所有贫困村脱贫销号、全县脱贫“摘帽”。完善基础设施。整治山坪塘88口，新增有效灌溉面积1.1万亩；实施农村饮水安全巩固提升工程160处，解决3万人饮水安全问题。完工村通畅公路200公里、村通达公路200

公里，建设产业路100公里，新建农村人行便道1500公里，开通余下15个脱贫村客运。加快农村电网升级改造，解决25个高山生态扶贫搬迁居民点供电问题。建设天然气长输管道，天然气输配网络覆盖10个乡镇以上。促进宽带提速降费，4G网络行政村覆盖率达100%。健全长效机制。因村制宜、因户施策，实行差异化、精细化帮扶，用好金融扶贫政策强化产业扶持、创业帮扶，帮助贫困群众解决持续增收问题。完善教育资助、医疗救助体制机制，最大限度减少因学因病致贫返贫。健全扶贫政策延续机制，落实兜底保障政策措施，不落下一个贫困家庭，不丢下一个贫困群众。从严追踪问效。实行最严格的脱贫攻坚问责制度，开展脱贫攻坚“大走访”“回头看”活动，确保扶贫脱贫政策、项目和措施落实到位，对弄虚作假、损害群众利益的不正之风和腐败行为零容忍，坚决杜绝“被脱贫”“假脱贫”“数字脱贫”，做到扶真贫、真扶贫、真脱贫。

（五）围绕以点带面，抓活改革创新。抓实重点改革。扎实推进供给侧结构性改革，着力落实去“僵尸”、去杠杆、去产能、降成本、防风险各项政策措施，促进企业减负、市场出清、经济增效。大力发展民营实体经济，新增各类市场主体2500个以上。强化国企监督管控，规范国企经营行为，力保国有资本经营收益增长20%以上。完善全口径预算体系，扩大预决算公开范围，推进国库集中支付电子化改革和乡镇财政体制改革。坚持底线思维，抓早抓小抓苗头，有效防范政府性债务、房地产、金融等领域风险。深化“地票”交易、“三权”抵押融资、集体资产量化确权、农业项目财政补助资金股权化等系列农村改革，增加农民财产性、经营性收入。实施创新驱动。创新财政科技经费支持方式，鼓励企业加大研发投入，激发企业参与科技创新的积极性。充分发挥企业主体作用，着力弥补创新短板，推动以科技创新为核心的全面创新。围绕产业发展和社会民生需求，深入实施“五大科技专项”，促进科技创新成果转化应用。积极建设“双创”基地，健全创业创新服务链，发展众创空间3家以上。提高开放水平。完善招商政策，创新招商方式，提升招商实效，招引落地项目30个以上，实际利用内资50亿元。用好用活国家证监会支持贫困地区企业上市政策，招引落地5家以上县外企业来彭注册上市，并服务好已落户的红星美凯龙、麻辣多拿、远秋科技等企业。围绕生态工业、商贸物流、文化旅游等重点行业，利用渝洽会、厦洽会、农博会等经贸平台，扩大对外交流合作。建设外贸出口“三合一”示范区，积极发展外向型经济。优化服务环境。树立开明、开放、包容的观念，健全投资促进保障机制，畅通重大项目绿色通道，营造亲商、爱商、扶商、安商氛围。规范市场经营秩序，落实涉企优惠政策，减轻企业负担，降低各类成本，激发实体经济发展活力。

（六）围绕绿色低碳，抓严生态环保。强化生态保护。全面落实国家“大气十条”“水十条”“土十条”，打好大气、水、土壤污染防治“三大战役”。深入实施“五大环保行动”，县城空气质量优良率保持在90%以上，主要次级河流和集中式饮用水源地水质全面达标，区域环境噪声平均值控制在国家限值以内。理顺国有林场管理体制，推进天然林保护和新一轮退耕还林工程，完成营造林10万亩，森林覆盖率达54%。注重生态修复。建设县城污水处理厂二期工程，建成运行11座乡镇污水处理厂，县城生活污水集中处理率达96%。健全城乡生活垃圾收运处理体系，集镇生活垃圾无害化处理率达90%。加大自然保护区管护力度，强化地质灾害监测、治理，推进石漠化治理和水土保持涵养。规范土地矿产资源开发管理，严厉打击非法占用耕地林地、乱挖滥采矿产资源等违法违规行为。健全生态制度。落实环保督察整改要求，健全环境监察体系和环保督察机制，从严执行环保工作责任制和生态环境损害责任追究办法，有效解决群众反映强烈的突出环保问题。严格执行建设项目环境影响评价和环保

"三同时"制度，完善生态红线、排污许可、环境信息公开等环保制度体系，积极开展排污权、碳排放权交易。树牢生态理念。增强全民环保意识，广泛开展绿色生活行动，让生态文明观念深入人心。提升生态环境品质，凸显乡村田园特色，创建19个市级生态文明建设示范乡镇。

（七）围绕公平均等，抓好社会事业。优先发展教育。继续实施"全面改薄"计划，优化城乡教育资源配置，加快创建义务教育发展基本均衡县；推进城镇学校扩容提质，严格实行划片招生，逐步缓解城区学校"大班额"；深化教育综合改革，协调发展各类教育，不断提升教学质量，确保高考重本上线700人。维护全民健康。完善城乡医疗服务体系，增加基本医疗卫生资源供给，推动医疗资源向基层流动。深化医药卫生体制改革，落实分级诊疗制度；分级诊疗基层首诊率、县域就诊率分别达70%、90%以上。实施好两孩政策，加强人口计生服务管理。强化食品药品安全监管，创建市级食品安全示范县。加强文化建设。继续实施文化惠民工程、全民健身工程，启动建设新城体育中心二期和文化中心，增加城乡群众文体活动场地，积极开展大型群众性文体活动，县广播电视台创建重庆市二级标准化电视台。大力弘扬红色文化，充分挖掘蚩尤文化、盐丹文化和黔中文化，打造一批彭水特色文化精品。深入践行社会主义核心价值观，加强社会公德、职业道德、家庭美德和个人品德建设，提高全县人民文明素养。重视智力支撑。改善人才发展环境，健全人才引进、培养、评价和流动机制，吸引高层次人才和紧缺人才来彭创业就业。紧扣工业、旅游、教育、卫生等方面人才需求，大力支持开展职业教育，建设一支数量充足、结构优化、素质优良的技能人才队伍。

（八）围绕平安和谐，抓实民计民生。拓宽就业渠道。鼓励引导中小微企业吸纳更多人员就业，切实增加公益性就业岗位，大力支持创业带动就业。着力解决高校毕业生、农村转移劳动力和其他重点人群就业问题，城镇新增就业5000人，城镇登记失业率控制在3.5%以内。健全农民工权益维护保障机制，有效发展劳务经济。提升保障水平。完成150个村（社区）社保服务设施配套，推进"五险统征"，城乡居民养老保险、医疗保险参保率均稳定在95%以上。健全城乡居民医疗保险筹资、基本养老金合理调整和重特大疾病保障机制，承接医保全国联网。关爱"三留守"等特殊困难群体，有序改造农村贫困残疾人危旧房。推动居家养老、社区养老和机构养老协调发展，提高养老服务水平。创新社会治理。推进社会治理体系法治化、精细化，构建社会治理信息网络平台，提升城乡社区便民化服务和网络化管理水平。增强干部群众国家安全意识，严防暴力恐怖案件和极端恶性事件发生。正确引导社会舆论，抓好网络安全管控，依法打击网络违法犯罪。加强特殊人群服务管理，实现特殊人群更好回归与融入。确保安全稳定。深化社会治安综合治理，依法惩治违法犯罪，群众安全感指数保持在93%以上。进一步健全重大决策稳定风险评估和群众诉求表达、矛盾纠纷排查调处、权益保护机制，依法分类处置信访问题。严格落实"党政同责、一岗双责""三个必须""两个清单"，始终保持安全生产高压态势，坚决防范较大及以上生产安全事故。健全防灾减灾救灾体系，提高突发事件应对能力。

四、加强政府自身建设

新时期、新形势、新任务，对政府自身建设提出了新的更高要求。我们必须进一步转变政府职能，深入推进学习型、法治型、创新型、服务型和廉洁型政府建设，不断增强政府执行力和公信力，促进治理体系和治理能力现代化。

（一）始终以知促行，建设学习型政府。牢固树立终身学习理念，加快知识更新，拓宽眼界视野，增强能力本领，坚持用党的理论创新成果武装头脑、指导实践。深入开展"两学一做"学习教育，模范遵守党章党规党纪，永葆共产党员的先进性、纯洁性。切实增强“四个意识”特别是核心意识、看齐意识，更加自觉地在政治上思想上行动上同以习近平同志为核心的党中央保持高度一致，坚决维护党中央、市委和县委权威。

（二）始终依法行政，建设法治型政府。自觉运用法治思维和法治方式推动工作，把政府活动全面纳入法治轨道。严格依法行政、依法用权、依法履职，严禁擅权乱为。自觉接受人大及其常委会法律监督、工作监督和政协民主监督、社会舆论监督，认真办理人大代表建议和政协委员提案。深化“七五”普法，健全“谁执法，谁普法”机制，严格行政执法责任，确保规范、公正、文明执法。强化行政裁决和行政复议，严格规范性文件审查备案。

（三）始终与时俱进，建设创新型政府。始终把创新贯穿于政府工作的各个方面、各个领域、各个环节，积极推动理念、制度、机制、方法创新。完善负面清单、权力清单、责任清单等制度，强化行政审批事中事后监管，推动“双随机一公开”监管方式全覆盖。支持社会组织提供公共服务，扩大政府购买服务领域和范围。积极推进决策科学化民主化，问计实践，聚智民众，重视发挥专家学者、法律顾问和经济顾问等作用。

（四）始终务实为民，建设服务型政府。开展减证便民专项行动，着力解决群众反映的公共服务“热点”“焦点”“难点”，提高行政服务公平性、可及性。加强电子政务建设，健全信息发布制度，推进各领域决策、执行、管理、服务、结果等环节政务公开，及时回应社会关切。强化督查问效，着力整治“为官不为、为官慢为、为官乱为，庸政、懒政、怠政”等作风问题，严禁打折扣、做选择、搞变通，确保各项决策部署落地见效。

（五）始终秉公用权，建设廉洁型政府。严守党的政治纪律和政治规矩，严格执行《关于新形势下党内政治生活的若干准则》《中国共产党党内监督条例》，规范党内政治生活，加强党内监督。认真落实从严治党“两个责任”，强化行政监察，推进审计全覆盖，严禁领导干部插手政府采购、工程招投标等经济活动。贯彻落实中央八项规定精神和市委七条实施意见及“八严禁”“十二不准”，守住“底线”，筑牢“防线”，切实维护政府清廉形象。

事业在新的理念指引下加快发展，梦想在不懈奋斗中绚丽绽放。站在新的历史起点上，我们倍感责任重大、使命光荣。让我们更加紧密地团结在以习近平同志为核心的党中央周围，在市委、市政府和县委的坚强领导下，团结并依靠全县各族人民，始终坚持低调务实、少说多干，敢于担当、积极作为，以更加优异的成绩迎接市第五次党代会和重庆直辖20周年，为限时打赢脱贫攻坚战、全面建成小康社会而努力奋斗！

中国人民政治协商会议彭水苗族土家族自治县第九届委员会常务委员会工作报告

——2017年1月5日在县政协十届一次会议上

胡勤俭

一、过去五年工作回顾

九届县政协任期的五年，是在历届县政协良好工作基础上，继承创新、巩固发展的五年。五年来，特别是党的十八大以来，县政协常委会在县委的坚强领导下，高举爱国主义、社会主义旗帜，全面贯彻落实党的十八大、十八届三中四中五中六中全会、市委四届历次全会、县委十三届历次全会精神，深入学习贯彻习近平总书记系列重要讲话精神和视察重庆重要讲话精神，统筹推进“五位一体”总体布局，协调推进“四个全面”战略布局，牢固树立“五大发展理念”，切实增强“四个意识”，紧紧围绕“五化”统筹推进，“三区”协调发展战略，牢牢把握团结和民主两大主题，坚定方向、牢记使命，广泛动员各民族、各团体、各阶层和各界人士尽职履责、凝心聚力，主动作为、开拓进取，为助推彭水科学发展、社会和谐作出积极贡献。

（一）增强共识，坚定信念，准确把握履职方向。常委会始终把坚持中国共产党的领导作为履职保证，始终保持与党同心、同行、同向，推进政协事业沿着正确方向不断前进。

夯实共同思想基础。坚持把加强思想理论建设摆在首位，引导委员和各界人士增进对中国特色社会主义的政治认同、思想认同，不断夯实团结奋斗的共同思想基础。认真学习贯彻习近平总书记系列重要讲话和中央重要会议精神，深刻领会党中央治国理政新思想、新部署、新要求。严格按照县委统一安排和部署，认真开展党的群众路线教育实践活动、“三严三实”专题教育和“两学一做”学习教育，进一步增强共产主义理想信念，进一步增强中国特色社会主义道路自信、理论自信、制度自信，进一步增强政治意识、大局意识、核心意识、看齐意识。

深刻认识政协定位。认真学习习近平总书记在庆祝人民政协成立65周年大会上讲话精神、市委第四次政协工作会议精神、县委政协工作会议精神。切实抓好中央、市委和县委系列重要文件学习贯彻，深刻理解“懂政协、会协商、善议政”内涵实质，围绕中心、服务发展，讲真话、出实招、谋良策，推进协商民主广泛、多层、制度化发展。

坚持县委正确领导。始终做到自觉接受县委领导，重要工作主动报告，重点事项及时请示，重大活动邀请县委、县政府领导参加，形成党委重视、政府支持、政协主动、各方配合、社会关注良好格局。认真学习贯彻落实县委重大决策部署，不断提高委员对全县战略决策的认同度，对取得成效的获得感，不断增强助推“科学发展、富民兴彭”、全面建成小康社会的自觉性，营造起维护县委权威、支持政府工作、与人大友好合作良好氛围。

（二）围绕中心，服务大局，务实履行政协职能。常委会坚持把围绕中心、服务大局作为履行职责的主线，自觉按照县委县政府决策部署，围绕全县改革发展稳定大局，谋划、推进工作。

为脱贫攻坚助力。常委会认真贯彻落实县委脱贫攻坚决策部署，围绕产业扶贫、设施扶贫、教育扶贫、医疗扶贫、搬迁扶贫、社会扶贫视察议政，献计出力。组织专题视察5次，听取情况通报2次，形成视察议政专题报告报送县委，供决策参考。主席会班子成员带头走向基层、贴近群众，开展调查研究，倾听群众呼声，了解群众诉求，为困难群众办实事、解难事。经常深入联系乡镇，开展“送温暖”活动，传递党委、政府关心和关爱。组织相关部门、参加单位和委员，深入乡镇，进村入户走访调查500余人次，召开座谈会60余次，现场解决实际问题30余件，协调解决资金、实物折合人民币1000余万元。贫困村阵地建设、通畅通达和饮水安全等基础设施得到明显改善，有效助推脱贫攻坚工作。

为改革发展筹谋。高度关注彭水五年规划，组织动员各参加单位、专委会和广大委员，围绕“五大发展理念”“四个全面”战略布局，从各自熟悉领域切入，提出切实可行建议意见；邀请相关部门，深入调研，形成意见建议报送市政协，争取市级层面政策支持，助力全县经济社会发展。

为重大决策献计。坚持把助力“五化”统筹推进、“三区”协调发展作为工作重心，调研视察，议政建言。突出新型城镇化主题，深入乡镇调研视察15次，专题协商议政4次，听取相关单位工作通报4次，形成调研报告3篇，助推中小城镇建设。突出旅游产业化主题，深入蚩尤九黎城、摩围山、阿依河等旅游开发项目调研视察12次，形成调研报告4篇，协商议政5次，报送的《彭水自治县旅游项目建设调研报告》得到县委高度重视，相关建议得以采纳和落实，助推文旅商旅融合发展。突出新型工业化主题，深入太极水生产基地、页岩气勘探现场等项目调研视察11次，专题协商议政3次，助推清洁能源、特色产品加工。突出农业现代化主题，深入润溪烟草生产示范区、平安猕猴桃种植基地等农业产业基地调研视察20余次，形成调研报告8篇，协商议政6次，助推特色效益农业发展，一批意见建议得到有效吸纳，有力助推相关工作落实。

为参与中心工作出力。积极参与和推动中心工作。根据县委安排，政协班子成员分别担任劳动力资源开发、文明县城创建、郁山古镇开发、蚩尤九黎城文化植入、凤升水库建设、太极水生产、文学艺术联合等工作组和指挥部组长或指挥长，组织相关部门，认真负责完成所承担工作，取得明显成效。劳动力资源工作连续几年在全市名列前茅；文明县城成功创建；郁山古镇开发建设取得实质性进展；文学艺术联合工作连续8年获得全市先进；成功举办蚩尤文化研讨会；凤升水库建设被市水利局作为水利系统PPP合作示范工程；太极水品牌已成功叫响；发展改革、农业、统计等联系工作圆满完成目标任务，为推动全县经济社会发展作出积极贡献。

（三）广泛联系，凝聚力量，充分发挥政协优势。常委会坚持把团结和民主作为事业发展主题要义，充分发挥联系广泛、智力密集、包容性强优势，协调各方，凝聚力量。

密切联系，发挥界别作用。坚持把突出界别特色、发挥界别优势作为活跃工作、提高履职水平重要途径，切实发挥界别小组作用。本届政协充分考虑委员所在行业、工作性质和专业特性因素，设置14个委员界别小组，明确对口联系副主席和专委会，各界别开展活动有特色，协商议政有水平。鼓励支持专委会通过组织联合调研、视察议政、座谈讨论、互动交流、参加政情通报会等形式，听取和反映界别群众意愿。加大界别提案征集力度，引导界别委员集中反映社情民意，发挥界别渠道畅通优势。五年来，各参加单位、界别委员小组开展调研视察、座谈讨论、联谊和公益活动180余次，有效提升政协界别活动影响力。

强化引导，传递委员正能量。常委会突出“走正道、扬正气、助发展”主题，搭建“四个走进”活动平台，广泛传递委员正能量。组织委员走进乡镇街道，调研视察，助力农产品加工、太极水生产等重点项目建设。引导委员发挥资源优势，走进村社，深入开展智力扶贫、产业扶贫，助力脱贫攻坚。组织委员开展慰问老党员、老复员军人、留守儿童、病残特困户和困难农民工活动18次。依托经济界别优势，走进企业，深化银企合作，帮助3家民营企业融资3000余万元。积极响应教育扶贫号召，倡导委员积极参与，组织委员开展捐资助学活动5次，30余名委员捐资60多万元，为160名贫困大学新生解决入学难题，受到社会各界广泛好评和点赞。

广泛联谊，争取支持合作。充分利用全国和市政协平台，主动争取指导支持。原全国政协副主席杨汝岱、王自珍，市政协主席徐敬业、副主席何世忠、童小平、彭永辉、陈贵云、姜平、李钺锋等领导，市政协研究室、民宗委、农业委、学习文史委等委室先后来彭指导工作，为我县政协事业发展起到积极作用。充分利用武陵山片区政协主席联席会平台，积极提交建议意见，争取相关省市和国家层面政策支持，促进武陵山片区共同发展。充分利用湘鄂渝黔边区县、市、区政协工作联系会平台，大力宣传推介彭水，提升彭水对外美誉度和知名度。充分利用市外友好区县政协平台，积极主动与天津武清、上海杨浦、山东高唐等友好区县政协开展交流联谊，促进学习，增进友谊，推动工作。

（四）积极探索，开拓创新，扎实推进经常性工作。常委会坚持在继承和创新中发展，围绕新时期对人民政协工作新要求、新期待，狠抓工作制度化、规范化、程序化建设。

优化协商民主形式。深入贯彻落实中央、市委和县委关于推进协商民主发展重要部署。坚持围绕全县改革发展重点工作，制定协商计划，及时提请县委审定，抓好推进落实。积极搭建、充分利用全委会联组讨论平台，听取委员建言献策，先后90余名委员协商发言，形成主题发言材料90余篇，效果良好，受到广泛好评。突出协商民主主题，开展专题调研，召集县政协各参加单位、委员召开座谈会2次，形成调研文章2篇；积极参加市政协协商民主建设主席研讨会，作交流发言2次。坚持协商议政建言，发扬团结民主优良传统，营造畅所欲言、各抒己见民主氛围，创造宽松和谐建言献策环境，引导委员立足彭水实际，从促进发展大局出发，有针对性提出意见建议。坚持在协商议政中，提前针对委员界别特点安排10人左右，围绕主题，形成书面材料作主题发言；坚持留足时间，让更多委员充分发表意见建议，建言献策。五年来，形成协商议政主题发言材料200余篇，所提意见建议尽量原汁原味报送县委，为县委、县政府科学决策、民主决策提供参考。

创新调研议政方式。常委会坚持把开展专题调研、建言立论，作为政协发挥优势、履行职能基础性工作，力求取得实效。坚持围绕大局、突出重点、贴近民生、抓住特色选题。主动将县委关心重视的城镇建设、旅游产业发展、医疗卫生改革、教育事业发展等事关发展大局和民计民生事项，纳入视察议政重点，深入开展调研，积极视察议政。坚持由相关委室牵头，在视察议政前，由熟悉情况委员、本土专家学者、相关部门负责人组成专题调研组，深入调研，摸清情况、找准问题、提出建议，形成专题调研报告印发参会委员，提高知情明政度，确保说话有“根”、发言有“据”、建言有“策”。坚持将从事相关工作、熟悉相关情况的委员列入视察议政队伍，发挥特长，提高参政议政实效和建言献策水平。坚持邀请县委、县政府相关领导和有关部门负责人参与调研视察议政活动，面对面听取委员意见建议，点对点沟通交流，畅通信息，理顺情绪，推动成果有效转化。五年来，召开调研议政会议20次，委员议政发言500余人次，收集的建议意见以专题报告报送县委、县政府供决策参考。

提高提案工作水平。紧紧围绕全县工作大局，牢牢把握提案工作全局性定位，以提高质量为基础，增强办理实效为目标，创新工作机制，突出协调配合，形成了广泛参与、联合办理、整体推进、协调高效运行模式。着力加强委员培训，坚持寄发提案选题指南，引导委员精心选题，深入调研，充分运用提案建真言、献良策。坚持由县政府分管副县长主持，相关县领导出席，全体委员和列席单位参加的形式，在大会会场进行提案现场办理，提高办理规格，扩大办理影响，促进问题有效解决。狠抓事关全局、涉及民生提案跟踪督办，确保合理建议得到采纳，提出问题得到解决。提案工作已成为党委政府了解社情民意、掌握社会动态、推动工作落实有效方式。五年来，共收到提案950件，立案881件，立案率92.7%，办结率100%，满意率100%。

提升文史编撰质量。严格按照全国政协、市政协关于文史工作硬件设施要求，落实“一库两室”。根据工作需要成立政协文史编辑部，研究出台了《征用文史资料付酬办法》。积极组织搜集、撰写、校勘涉彭史料、“三亲”史料累计近800万字。编辑出版文史图书3册，在编文史图书4册，《彭水文史》季刊创刊号征编工作已完成。积极着手组织系列史志编修，《黔中道志》已成稿100余万字，正在协调相关工作；《彭水郁山志》已编撰80余万字，通过初次评审；《彭水政协志》通过专家评审，已付梓成书。这将为彭水文旅融合提供有力的历史依据，对推动旅游发展将起到积极深远影响。史料征搜、研究工作，受到市政协学习文史委主任杨恩芳高度评价，作为典型在全市区县政协宣传推介。文史工作获得市政协征编合作项目特批奖补，文史资料《盛世黔州．书香彭水》获得全市文史参评一等奖，彭水政协文史取得历史性突破。

营造宣传舆论氛围。坚持在全市“两会”期间，通过《重庆政协报》，组织30个版面，对彭水经济社会发展取得成果宣传展示。根据县委安排，作为三十周年县庆献礼工作，在《重庆政协报》组织8个版面，全面展示彭水自治县成立30年来，经济社会发展所取得成绩，起到宣传推介的良好效果。充分利用市县媒体，组织专版50余个，开辟专栏、专访，宣传委员120余人次，展示风采，传递正能量。加强政协工作宣传，编发《政协动态》《政协调研》《政协通报》35期；向市县两级媒体报送图片、文字信息300余篇，采用100余篇，连续4年获得全市政协宣传通联工作一等奖、先进集体，政协宣传通联工作迈上新台阶。

及时反映社情民意。在县委的重视支持下，成立了政协研究室，聘请特约信息员、界别委员信息员35名，落实专门机构、具体人员，负责社情民意信息收集、整理、编报。充分调研，制定《社情民意信息收集、整理、编报奖励办法》，鼓励专委会、广大委员、特约信息员积极参与，社情民意信息反映工作形成联动发展格局。五年来，收集整理、编报社情民意信息150余篇，编转《彭水政协社情民意信息》22期。编报的《进一步狠刹请客送礼风》《将县城灯饰工程作为旅游亮点常态化管理》《推进我县结核病防治工作的建议》，受到相关县领导高度重视，作出明确批示，相关问题得到落实。向市政协报送社情民意信息15篇，《建议尽快出台重庆市生态补偿条例》《关于进一步加大全市新型职业农民培育力度的建议》《关于助推渝东南山羊产业发展的建议》等得到采纳，其中《关于进一步加大全市新型职业农民培育力度的建议》获得市政府相关领导的批示，促进了相关工作。社情民意“直通车”作用得到充分发挥，社情民意信息工作取得新的进步。

（五）强基固本，提升水平，全面加强自身建设。常委会始终把加强自身建设作为履行职能、发挥作用保障性工作抓，不断提高履职能力和水平。

发挥委员作用。坚持与县委组织部、统战部形成协商一致意见，严把委员进口关，将政治素养高、参政议政能力强、社会影响力大、热爱政协工作的社会各界人士纳入政协组织。积极推荐委员担任特约监督员，参加县委、县政府及有关部门的检查督导工作。积极举办听政会、座谈会，为委员知情明政创造条件。鼓励引领广大委员深入实际、走向村社、贴近群众，广泛扎实开展"撰写一份提案、反映一条社情民意信息、参与一次调研、参加一次视察、出席一次协商议政、作一次主题发言"六个一活动。突出"整合文化资源、建言文化兴县""发挥智力优势、助推产业富县"主题，举办委员论坛2期，收到论文120余篇，选取24篇质量较高、结合主题紧密文章作论坛交流。努力搭建学习平台，提升委员履职能力，充分挖掘委员在本职工作中的带头作用、政协工作中的主体作用、界别群众中的代表作用。积极向县委争取，将委员培训纳入县委组织部干部培训计划，每年组织1次专题培训；利用县政协全委会举办委员学习讲座2期；积极响应市政协号召，组织30名医疗卫生界别委员参加市政协举办的"基层医师提高班"培训。本届以来，为激发委员干事创业激情，县政协常委会将每年的拟表彰委员名单报送县委审定，以县委名义发文表彰，提高表彰格次，增强荣誉意识。五年来，150名优秀委员获得通报表彰，起到示范引领作用。

注重委室建设。积极向县委汇报，获得县委大力支持，建立健全专委会机构设置。将经济科技委更名为经济委、文教医卫委更名为科教文卫体委，进一步规范和明晰委室职责。新增设农业委、联络委，加强农业联系、促进委员联谊联络、规范委员管理服务，为政协"三化"建设奠定坚实基础。坚持主席会议、常委会议定期不定期听取专委会工作汇报，提出指导意见，推动工作开展，促进工作落实；鼓励和支持专委会与各参加单位、县级有关部门联系协作，有效提升工作水平；要求委室依托联系界别委员优势，突出界别工作重点，组织政协委员开展具有界别特色调研视察、座谈协商，丰富活动内容，提升工作实效。

加强机关管理。政协机关在全部政协工作中担负着组织、协调、综合、服务、保障职能，对于工作日常运转、推动各项任务落实起着重要作用。严格按照"学习型、服务型、创新型、效率型、和谐型"标准，全面加强机关建设。修订完善规章制度15项，推进机关工作制度化、规范化、程序化进程。围绕打造一支"训练有素、积极向上、奋发有为"干部队伍要求，组织机关干部集中交流学习会41次，交流发言162人次，形成交流发言材料135篇，以《政协专报》形式在一定范围转发80余篇。机关干部文字组织、语言表达、综合思考问题能力得到有效提升。加强机关合作共事能力建设，不断提高服务能力、统筹协调能力，机关干部大局意识、团队意识、责任意识、主人翁意识不断增强。发挥机关党组织、工会作用，积极开展形式多样文体活动，提振精气神，增强凝聚力，提升战斗力。

总结五年工作，我们深切地感受到各方的支持。我们取得的成绩，离不开县委坚强领导、市政协关心指导，离不开县人大密切协作、县政府大力支持，离不开委员们辛勤付出和社会各界理解支持。在此，我谨代表第九届县政协常委会表示衷心感谢和崇高敬意！

总结五年工作，我们清醒地认识到存在的不足。主要表现为：协商民主建设未能实现很好突破，民主监督力度还有待提升，委员主体作用发挥还有待加强。真诚希望全体委员和列席人员提出宝贵意见，共同把今后的政协工作做得更好。

五年履职实践给予我们许多重要体会。我们深切体会到，必须坚持中国共产党领导，争取党委重视、政府支持，才能有效履行职能，助推发展。必须把促进科学发展作为履职第一要务，才能和党委政府同心、同力、同向，有为有位，发挥更大作用。必须把团结和民主作为工作主题，才能把上上下下的思想统一起来，把大大小小的智慧集中起来，把方方面面的力量凝聚起来，为实现全面建成小康社会目标献计出力。必须把服务和维护群众根本利益作为工作出发点、落脚点，才能使协商更加有序，监督更加有力，参政更加有效。必须把开拓创新作为永葆生机的不竭动力，才能善于对工作中的实际问题进行深入思考，协调各方力量，实现履职实践新突破。

二、未来五年工作总体思路

县第十四次党代会深入分析了全县面临的重大机遇和有利条件，明确今后五年工作的指导思想、主要目标、总体要求、基本原则和重点任务，为全县工作指明方向、描绘蓝图。未来五年的总体思路是：高举中国特色社会主义伟大旗帜，以邓小平理论、“三个代表”重要思想、科学发展观为指导，全面贯彻落实党的十八大、十八届三中四中五中六中全会精神，统筹推进“五位一体”总体布局，协调推进“四个全面”战略布局，深入学习贯彻习近平总书记系列重要讲话和视察重庆重要讲话精神，切实增强“四个意识”，牢固树立“五大发展理念”，努力推进协商民主广泛、多层、制度化发展，认真履行政治协商、民主监督、参政议政职能。今后五年的工作重点是：围绕县第十四次党代会提出的2017年全面脱贫“摘帽”，2020年达到“四个实现”“五个全面建成”，2021年实现“五个进一步”的五年工作目标，遵循“七个基本原则”，突出“七个方面工作”，深入调查研究，积极协商议政，把广大委员和各界人士的思想统一到县委决策部署上来，把广大人民群众的智慧和力量凝聚到彭水发展大局上来，为限时打赢脱贫攻坚战、全面建成小康社会作出新的更大贡献。

三、2017年的重点工作

2017年，是实施“十三五”规划的重要一年，是脱贫攻坚的决胜之年，也是全面建成小康社会关键之年。新一届县政协要充分发挥智力密集、联系广泛、渠道畅通优势，突出团结和民主主题，更好协调关系、汇聚力量、建言献策、服务大局，为助推全县改革发展献计出力。

（一）坚持为正确履职把向导航。坚持围绕中心、服务大局，学习党的科学理论，贯彻执行党的路线方针政策，努力把党的指导思想、主张转化成思想政治共识。深入贯彻落实党的十八届六中全会精神，切实把全面从严治党要求落到实处。认真贯彻落实县第十四次党代会精神，遵循“七个基本原则”，做到政协工作始终为县委、县政府中心工作服务。坚决维护县委权威，服从县委领导，拥护县委决策部署，不折不扣完成县委工作安排，不折不扣组织实施县委批准的工作计划。政协党组要按照相关规定，增强党的意识，加强政治领导，强化“四个意识”，发挥好“把方向、管大局、保落实”重要作用。政协队伍中的共产党员，要严格遵守党的政治纪律和政治规矩，在履行职责中发挥模范带头作用。

（二）坚持为脱贫攻坚凝心聚力。脱贫攻坚已进入决战决胜阶段，县委号召全县上下横下一条心，以背水一战、决战决胜的勇气和坚韧不拔、勇往直前的斗志，打赢脱贫攻坚战。县政协要将“坐而论”与“起而行”有机结合，组织委员深入实际，走向基层，调研视察，建言献策，为持续推进产业扶贫、设施扶贫、教育扶贫、医疗扶贫、搬迁扶贫、社会扶贫建功助力。要既重“说功”又重“做功”，团结带领委员中的成功人士，行业领域带头人，为脱贫攻坚提供资金支持、项目支持、产业支持和技术支持，增强困难群众自身造血功能。要既当“监督员”又当“战斗员”，发挥好政协联系广泛优势，凝聚一切可以凝聚力量，倡导参加单位、广大委员、各界人士对照限时脱贫攻坚时序安排，献计出力，结对帮扶，为限时打赢脱贫攻坚战尽职履责。

（三）坚持为科学发展聚智筹谋。坚持县委想什么，县政协议什么，县政府干什么，县政协研什么，群众急什么，县政协帮什么原则，围绕县委提速推进城镇化进程、加快推进生态经济发展、持续加强生态文明建设、保障和改善民生、大力加强文化建设、深入推进民主法治建设等统一安排、部署，找准切入点，制定切实可行调研、视察、议政工作计划，选好课题，深入调研，有效议政，确保政治协商有水平、民主监督有影响、参政议政有价值，为促进经济社会发展献计，为顺利完成“十三五”计划目标筹谋，为全面建成小康彭水聚智。

（四）坚持为促进和谐建言献策。充分发挥人民政协团结面广、包容性大、代表性强特点，紧紧抓住人民群众最关心、最直接、最现实利益问题，倾听群众呼声，反映群众意愿，多做宣读政策、协调关系、释疑解惑、化解矛盾、理顺情绪、争取人心工作，真正成为县委、县政府联系各界群众纽带桥梁。积极拓展群众有序政治参与途径，畅通群众表达利益诉求渠道，巩固心齐气顺、风正劲足大好局面。始终坚持群众路线，牢固树立群众观点，思想上尊重群众、感情上贴近群众、工作上依靠群众，围绕民生民利保障和改善，咨政建言，献计出力，促进改革发展成果更多、更公平惠及广大群众。

（五）坚持为协商民主求实创新。充分发挥人民政协作为协商民主重要渠道、专门协商机构作用，利用协商形式多样、渠道畅通优势，深刻把握人民政协性质定位，坚持改革创新精神，推进协商民主理论创新、制度创新、工作创新。坚持把协商民主贯穿履职过程，不断提高协商民主制度化、规范化、程序化水平。组织委员参与重大项目研究论证，提出高质量意见建议。健全完善协商民主具体制度，更加规范有序提出协商议题、搭建协商平台、组织协商活动，不断提高协商实效。进一步健全协商界别工作制度，挖掘界别特色，激发界别特长，发挥界别在政协各项工作中的积极作用。进一步完善委员联络制度，发挥联络委联谊联络作用，搭建好委员履职尽责平台。进一步规范协商议题提出机制，加强政协协商与党委、政府工作有效衔接，主动把工作融入县委、县政府总体部署。进一步加大知情明政工作力度，做好协商前情况通报、调研视察，为协商活动提供有力支持。进一步健全协商成果采纳、落实、反馈机制，努力推进成果转化。

（六）坚持为自身建设提质增效。坚持素质、效率、效果优先，加强自身建设。突出界别优势，充分听取各界别声音，发挥各界别委员领域影响作用，行业带头作用。强化委员履职管理，健全学习培训、履职服务机制，充分利用调研视察、提出提案、反映社情民意、联络联谊、宣传表彰等方式，调动委员履职积极性。狠抓专委会建设，配齐配强班子，充实委室力量，完善调研视察、提办提案、联系界别、服务委员工作机制，为有效开展工作创造条件，搭建平台。强化机关管理，持续推进“学习型、服务型、创新型、效率型、和谐型”机关建设。注重县政协班子建设、干部培养、工作保障，不断提升机关服务能力、保障水平。严肃工作纪律和政治纪律，加强作风建设，完善各项规章制度，打造风清气正、团结和谐队伍。

站在新起点，宏伟蓝图催人奋进，面向未来发展，人民政协使命光荣。让我们紧密团结在以习近平同志为核心的党中央周围，高举中国特色社会主义伟大旗帜，在中共彭水自治县委坚强领导下，切实增强“四个意识”，牢固树立“五大发展理念”，凝心聚力，攻坚克难，不忘初心，继续前进，为限时打赢脱贫攻坚战、全面建成小康社会而努力奋斗！

大 事 记

1 月

4 日　县人大、县政协机关在新迁入的“两江”办公楼前举行升旗仪式。县委书记钱建超，县委副书记、县长刘峰，县人大常委会主任张福安，县政协主席胡勤俭等县领导参加升旗仪式。

是日　县委书记钱建超在靛水新城主持召开2016年一季度新城建设推进会。县委常委、副县长巩义胜到县煤管局调研，并对煤矿安全生产工作提出要求。

5 日　县委书记钱建超召开全县旅游工作现场推进会。

是日　县委副书记、县长刘峰到彭水工业园区调研。县委常委、副县长巩义胜陪同调研。

7 日　县委副书记、县长刘峰到大垭乡调研，督导脱贫攻坚工作。

8 日　中共彭水苗族土家族自治县第十三届委员会第八次全体会议在县委九楼会议室召开。全会听取和讨论了县委书记钱建超代表县委常委会所作的工作报告和关于2016年经济社会发展工作的讲话，县委副书记、县长刘峰关于2016年经济工作的讲话。

是日　市政府副秘书长杨宏伟带队来彭检查2015年度消防安全工作。县人民政府副县长裴国琪陪同并就全县2015年消防安全工作作汇报。

11 日　重庆市召开干部大会，传达学习习近平总书记视察重庆重要讲话精神。县委副书记、县长刘峰，县人民政府副县长裴国琪、任昌卜在彭水分会场参加会议。

是日　市检查验收组来彭调研2015年度脱贫攻坚工作并召开会议。县委副书记、县长刘峰汇报彭水脱贫攻坚工作开展情况。

12 日　县委书记钱建超赴高谷镇调研乡村旅游、集镇建设、脱贫攻坚以及全镇经济社会发展情况。县委副书记、县长刘峰到黄家镇、朗溪乡调研督导脱贫攻坚工作。

13 日　县委副书记、县长刘峰主持召开县第十六届人民政府第83次常务会议。会议审议了《彭水自治县人民政府2015年度述职报告（送审稿）》《彭水自治县实施城市规划建设（新城市政道路项目）征收集体土地补偿安置方案（送审稿）》《彭水自治县龙射烟叶工作站项目征收集体土地补偿安置方案（送审稿）》等文件，研究了团坝子水电站开发权依法收回、南渡沱乌江大桥及文庙郁江大桥排危整治、公务用车改革等事项。

是日　县政协主席胡勤俭率部分政协委员视察检察院、法院。

18 日　县委副书记、县长刘峰主持召开“彭水自治县国民经济和社会发展第十三个五年规划”编制咨询座谈会，邀请有关专家、市级部门处长，就“十三五”规划编制工作进行咨询座谈。

20 日　重庆市副市长陈绿平到彭水调研商贸物流和应急管理工作。县委书记钱建超，市政府副秘书长王毅，市商委主任周克勤，市煤管局局长方佳军，市政府应急办主任张邦平，县委常委、副县长巩义胜，县人民政府副县长庹云强陪同调研。

21 日　彭水自治县召开2016年春运道路交通安全视频会议。

是日　市政府召开全市煤矿安全暨关闭退出工作电视电话会议。

23～27日　彭水代表团出席重庆市第四届人代会四次会议，审议重庆市2016年政府工作报告、市人大常委会工作报告、市高级人民法院和市人民检察院工作报告。市人大代表、副市长刘伟，组织部负责人分别到彭水代表团参加审议。

28日　县委副书记朱高云主持召开全县领导干部电商培训大会。

29日　市发改委扶贫集团对口帮扶彭水工作座谈会在重庆召开，重庆市副市长刘伟出席会议并讲话。市扶贫办副主任黄长武，市发改委党组成员张国智及扶贫集团成员单位负责人，县委副书记、县长刘峰，县人民政府副县长任昌卜等参加会议。

31日　县委副书记、县长刘峰主持召开县第十六届人民政府第85次常务会议。会议听取了县人力社保局关于全县农民工工资清欠情况、县公安局关于当前社会治安工作情况、县安监局关于当前全县安全生产工作情况、县信访办关于当前信访稳定工作情况的汇报，研究了民族中学B校区和第一示范幼儿园建设资金调配、九黎文化旅游开发建设项目涉及重庆市天裕矿业有限公司国有土地使用权收回补偿、靛水新城客运中心滑坡治理等事项。

2　月

1日　彭水自治县召开中共彭水苗族土家族自治县第十三届纪律检查委员会六次全会第一次会议，总结2015年全县党风廉政建设和反腐败工作，研究部署2016年任务。

是日　县委书记钱建超主持召开2016年各界人士迎春座谈会。县委副书记、县长刘峰等县领导参加会议。

2日　县委书记钱建超主持召开2016年老干部迎春座谈会，县委副书记、县长刘峰向老干部通报了2015年全县经济社会发展情况。

2～3日　重庆市副市长刘伟率市检查组到彭水，检查彭水党风廉政建设“两个责任”落实情况并召开汇报会，看望慰问贫困党员和困难群众。

3日　2016年春节联欢晚会在县民族会场举行。县委书记钱建超，县委副书记、县长刘峰等县领导观看演出。

是日　县委副书记、县长刘峰看望慰问部分离退休干部。

县政协领导慰问高谷镇庞溪村、芦塘乡贫困户。

4日　县委书记钱建超率队看望慰问县人武部、县公安消防大队官兵。

是日　县委书记钱建超率县农委、县交委、县城乡建委等部门负责人到诸佛乡庙池村调研庙池农庄项目建设。

是日　县委副书记、县长刘峰到彭水火车站、重庆市交通行政执法总队高速公路第三支队、重庆高速公路集团有限公司东南营运分公司慰问春运一线的工作人员；到两江广场、城北汽车客运站、重百商场彭水店等地，就城区交通、环境卫生、安全工作等方面进行实地检查。

5日　县委副书记、县长刘峰率领县公安局、县公安消防大队等部门，到蚩尤九黎城开展消防安全检查。

是日　县委副书记、县长刘峰到县行政服务中心、县公共资源交易中心、县环保局、县规划局、县司法局、靛水街道等单位，看望慰问干部职工。

6日　县委书记钱建超调研部分重点工程建设情况。要求科学组织施工，加强质量管理，确保重点工程建设高效、科学、有序推进，确保把每项工程都建成精品工程。

是日　县委副书记、县长刘峰召开会议，专题研究农民工工资兑付事宜。

9日　召开彭水籍在外创业人士座谈暨招商推介会。

14 日　县委书记钱建超到岩东乡看望慰问基层干部群众，调研脱贫攻坚工作。

17 日　彭水自治县举行旅游消费专题讲座，邀请民盟中央文化委员会委员、中国旅游商品产学研联盟秘书长、中国特色旅游商品评选活动组委会专家组组长陈斌作专题辅导。

18 日　县委副书记、县长刘峰专题调研全县教育工作，听取县教委关于 2015 年教育发展、2016 年教育重点及春季开学工作汇报。

19 日　县委副书记、县长刘峰到四川眉山参加住建部支持农民工和农民进城购房工作座谈会。

22 日　彭水电子商务产业园开园暨 2016 年元宵电商营销活动启动仪式在靛水新城举行。县委书记钱建超宣布彭水电子商务产业园开园，县委副书记、县长刘峰为彭水电子商务行业协会授牌。

是日　县县委书记钱建超主持召开脱贫攻坚工作专题会议，总结 2015 年脱贫攻坚工作，审议 2016 年脱贫攻坚工作要点。

29 日　彭水自治县召开脱贫攻坚工作会议。县委副书记、县长刘峰就脱贫攻坚工作讲话。

是日　县委、县政府召开 2016 年全县农业农村工作会议，总结 2015 年农业农村工作，研究部署全县农村工作。

3　月

2 日　县委书记钱建超主持召开“一节一赛”专题会，审议各项节赛策划方案，部署“一节一赛”筹备工作。

3 日　重庆市扶贫办党组成员、纪检组长关力率市脱贫攻坚督查组到彭水，督导脱贫攻坚工作开展情况并召开汇报会。

是日　县委副书记、县长刘峰专题调研重点水利工程、长滩小学复建工程、马鞍溪水厂工程等建设情况。

8～9 日　重庆市卫计委爱卫处处长陈恳率市级专家组对彭水创建重庆市卫生县城进行复审。专家组宣布：彭水通过重庆市卫生县城复审。

9 日　市人大常委会研究室副主任蒋元文率调研组到彭水调研县乡人大工作和建设情况。

10 日　重庆市教委主任、市政府教育督导室主任周旭率队到彭水调研义务教育均衡发展工作。

15 日　彭水自治县在靛水新城电子商务产业园举行阿里巴巴农村淘宝彭水运营服务中心开业仪式。

16～18 日　县人大常委会副主任秦盛成率执法检查组对全县贯彻落实《食品安全法》情况进行了检查。

18 日　县委书记钱建超到县城交通重点项目施工现场调研项目建设推进情况。

是日　县委书记钱建超主持召开十三届县委第 97 次常委会议，审议《关于 2016 年农业农村工作的意见（送审稿）》《县人大常委会 2016 年工作要点（送审稿）》《2016・第五届中国乌江苗族踩花山节暨中国・彭水水上运动大赛总体方案（送审稿）》《重庆福冠投资集团有限公司整合调整方案（送审稿）》《彭水自治县广播电视有线经营机构中机关事业人员身份转换和安置工作实施方案（送审稿）》；通报赴台交流考察有关情况。

是日　“2016・爱在彭水・花漾爱情岩东游”开幕式在岩东乡举行。

21 日　县委副书记、县长刘峰专题调研渝怀铁路二线彭水段建设情况并召开现场办公会。

21～23 日　县人大常委会副主任鞠清洁率调研组调研《重庆市森林防火条例》贯彻实施情况。

22 日　市国土房管局和市巴渝民宿经营有限责任公司一行到彭水调研巴渝民宿开展情况并召开座谈会。

是日　县委书记钱建超率队调研老城片区房地产开发建设情况。

23 日　县委副书记、县长刘峰到 304 省道彭水段塌方路段检查指导抢修工作。

24 日　“2016 爱在彭水・凤凰花海极地游”开幕式在汉葭街道白溪社区举行。

24～25日　中央外办外管局局长陈立率调研组到彭水，详细了解精准脱贫工作开展情况，指导脱贫攻坚工作。

28日　彭水自治县召开2016年新型城镇化工作会议。

是日　召开2016年旅游产业发展大会，总结回顾“十二五”期间全县旅游工作，安排部署“十三五”期间和2016年旅游工作重点。

29日　彭水自治县召开中央外办对口帮扶彭水脱贫攻坚工作及“2016·第五届中国乌江苗族踩花山节”开幕式筹备工作会。

30日　县委副书记、县长刘峰代表县人民政府与重庆银行行长冉海陵签订精准扶贫合作协议。

4　月

5日　县委书记钱建超主持召开十三届县委第98次常委会议，审议《县委宣传思想工作领导小组2016年工作要点（送审稿）》《2016年全县非公有制经济组织和社会组织党建工作要点（送审稿）》《彭水自治县公交车规范改造工作实施方案（送审稿）》《彭水自治县人民政府与重庆国际投资咨询集团有限公司战略合作框架协议（送审稿）》《彭水自治县2016～2017年煤矿企业关闭退出工作实施方案（送审稿）》《彭水自治县农业项目财政补助资金股权化改革试点方案（送审稿）》；听取关于从2013年选聘大学生村干部中定向招考公务员和事业单位人员情况的汇报；研究干部人事有关事宜。

6日　中共彭水自治县委、县人民政府在平安镇召开脱贫攻坚工作片区现场会。

7日　中共彭水自治县委、县人民政府在绍庆街道召开脱贫攻坚工作片区现场会。县委书记钱建超作重要讲话，县委副书记、县长刘峰等县领导参加会议。绍庆街道、桑柘镇、鹿角镇、新田镇等12个乡镇、街道党政主要负责人，“一办十组”牵头部门负责人分别汇报脱贫攻坚工作开展情况。

11日　重庆市高级人民法院党组书记、院长钱锋到彭水调研。

12日　中共彭水自治县委、县人民政府在岩东乡召开脱贫攻坚工作片区现场会。

14日　县委副书记、县长刘峰率队调研全县旅游项目建设推进情况。

15日　县委书记钱建超主持召开十三届县委第99次常委会议，听取全县一季度经济运行情况汇报、全县一季度平安建设信访稳定及安全生产工作情况汇报以及关于陈小平、王汉敏等人涉嫌组织领导传销案有关情况汇报；审议《彭水自治县党政机关公务用车制度改革实施方案（送审稿）》《2016年全县干部教育培训工作要点及年度计划（送审稿）》《彭水自治县公务员平时考核工作实施方案（送审稿）》；研究全面推开群团改革工作和干部人事有关事宜。

20日　县体育馆举行第11届“能源杯”职工运动会开幕式。

是日　重庆市在建重点水利工程安全生产管理暨文明工地创建现场会在彭水自治县召开。

22日　第六届中国摩托艇联赛“太极水杯”重庆彭水大奖赛暨中美澳艺术滑水明星对抗赛举行新闻发布会。国家体育总局水上运动管理中心五部部长姚新培，中国摩托艇运动协会秘书长万红军，县委副书记朱高云，县委常委、宣传部长程途，县人民政府副县长邹迟，赛事营运机构北京今日影响投资管理有限公司、冠名赞助企业太极集团负责人参加发布会。新华社、中央人民广播电台、中央电视台、人民网、新浪网等近50家主流媒体参与报道。

是日　县委副书记、县长刘峰主持召开专题会议，专题研究云顶寺复建有关事宜。

26日　县委、县政府召开全县2016年驻村工作队队长暨挂职干部专题培训会。

27日　市扶贫办副主任黄长武率调研组到彭水调研教育精准扶贫工作。

28日　彭水自治县召开2016年防汛抗旱工作视频会议。

是日　市科委主任李殿勋到彭水调研创新发展战略实施情况并召开座谈会。

29日　全市薯类作物科技创新主题专项推进会在彭水召开。

5　月

4日　县委副书记、县长刘峰率队检查指导2016年高考备考工作并召开推进会。

5日　2016·第五届中国乌江苗族踩花山节暨中国·彭水水上运动大赛新闻发布会在重庆举行。市政府新闻发布处处长王亚，县委副书记朱高云，县委常委、宣传部长程途，县人民政府副县长邹迟，冠名赞助企业太极集团负责人参加发布会。人民日报（人民网）、新华社（新闻网）、重庆日报、华龙网等36家媒体对发布会进行报道。

是日　彭水自治县召开首届渝东南生态民族旅游文化节工作推进会。

市统计局局长蓝庆华率调研组到彭水调研脱贫攻坚工作。

6日　县委书记钱建超主持召开十三届县委第101次常委会议，传达学习全市乡镇领导班子和村（社区）“两委”换届工作会议精神以及关于换届工作相关文件；研究渝东南生态民族旅游文化节有关事项和关于推荐表彰重庆市优秀共产党员、优秀党务工作者、先进基层党组织有关事宜；审议《关于彭水自治县2015年乡镇（街道）、县级部门特色亮点工作申报名单》《2016年综合考核指标体系（送审稿）》；审议《2016年县政协重点协商、通报、视察、调研计划（送审稿）》《彭水自治县创建全国民族团结进步示范县实施方案（送审稿）》《彭水自治县龙虎水库工程政府和社会资本合作（PPP）项目合同（送审稿）》《大型原创话剧《怀清台》创作演出合作协议（送审稿）》。

是日　市供销社副主任张海清一行到彭水调研供销合作社综合改革推进工作。

12日　第六届中国摩托艇联赛“太极水杯”重庆彭水大奖赛暨中美澳艺术滑水明星对抗赛在乌江彭水县城水域开幕。国家体育总局水上运动管理中心副主任、中国滑水协会主席韩建国宣布开幕。

是日　国务院扶贫办党组成员、副主任欧青平率队到彭水调研旅游扶贫工作。市扶贫办党组书记、主任刘戈新，县委书记钱建超，县委常委、常务副县长谢胜陪同调研。

12～13日　市人大常委会副主任夏祖相率队到彭水调研农村脱贫攻坚工作。

13日　市水利局局长王爱祖率市委、市政府防汛组及地灾督查组到彭水，督查指导防汛及地灾防治工作。

13～14日　“全国百家新闻APP总编看彭水”采风活动在彭水举行。县委书记钱建超，县委副书记、县长刘峰与参加活动的市宣部、市网信办、华龙网的领导和媒体嘉宾进行交流，向媒体嘉宾介绍彭水旅游发展情况。

14日　第五届中国乌江苗族踩花山节在蚩尤九黎城开幕。

是日　彭水自治县召开文旅产业发展座谈会，就彭水文旅产业发展向专家学者广泛征求意见建议。县委书记钱建超出席会议并讲话，县委副书记、县长刘峰等县领导以及中国少数民族戏剧学会副会长、梅兰芳纪念馆馆长秦华生，大世界基尼斯总部理事会理事王以德等专家、学者参加座谈会。

16日　2016·第六届中国摩托艇联赛“太极水杯”重庆彭水大奖赛暨中美澳艺术滑水对抗赛闭幕。国家体育总局水上运动管理中心五部部长、中国滑水协会秘书长姚新培宣布闭幕，中国摩托艇运动协会秘书长万红军，中国滑水协会副秘书长朱志娜，县委书记钱建超，县委副书记、县长刘峰，县政协主席胡勤俭等县领导参加闭幕式并为获奖队伍和运动员颁奖。

18 日　美国 ABC 电视台《巴渝山城—美丽重庆》到彭水拍摄蚩尤九黎城，向世界展示彭水独特的苗族文化。

19 日　县委副书记、县长刘峰率彭水代表团参加第十九届国际投资暨全球采购会并参加相关签约仪式和洽谈会。县委书记钱建超出席“渝洽会”彭水馆展示活动。

20 日　2016“爱在彭水·香约平安”烂漫游开游仪式在平安镇举行。

21～22 日　彭水自治县举行 2016 中国乌江·彭水龙舟邀请赛。县委书记钱建超宣布开幕。县委副书记、县长刘峰，县政协主席胡勤俭，市总工会党组成员、副主席、经审委主任王平，北京今日影响体育投资管理股份有限公司总经理孟蕾等参加活动。

26 日　市政府安委会督查组到彭水督促、检查、指导安全生产工作。

28 日　彭水自治县召开义务教育发展基本均衡县办学基本标准专项督导情况反馈会，市专家组反馈了对县义务教育学校办学基本标准工作的专项督导意见。

6　月

1 日　彭水自治县在县民族会场举行 2016 年中小学生艺术活动月成果展暨庆祝“六一”国际儿童节文艺会演。

3～5 日　彭水自治县举行第六届房地产交易会。

12 日　县委副书记朱高云主持召开全县党政机关公务用车制度改革实施大会，安排部署县党政机关公务用车制度改革实施阶段工作。

13 日　酉阳自治县人大常委会副主任李应贵率考察组到彭水考察县文化旅游产业发展工作。

15 日　重庆市副市长陈和平率市政府调研组到彭水专题调研交通建设和城镇建设开展情况。

16 日　市文化委主任汪俊到彭水专题调研彭水文化遗产保护和文化旅游融合发展情况。

是日　市国土房管局党组书记、局长董建国率检查组到彭水调研巴渝民宿建设进展情况并检查地灾防治工作。

17 日　市人大常委会副主任杜黎明率市人大执法检查组一行到彭水调研彭水自治县《重庆市实施〈民族区域自治法〉办法》贯彻落实情况。

19～20 日　市水利局局长王爱祖率队到彭水指导防汛工作，并主持召开彭水、武隆、酉阳三县防汛工作会，共商乌江流域防汛方案。

21 日　县委书记钱建超主持召开扶贫专题会议，研究鞍子镇和善感乡现代农业总体规划。

22～23 日　重庆建工集团董事长魏福生率队到彭水考察，听取关于靛水新城规划的情况介绍，参观建工地产开发项目彭水·新嶺域样板示范区、凤升水库等。

是日　来自 24 个省级广播媒体的媒体人走进彭水，采访报道彭水生态建设的成效，集中推介彭水。

23 日　2016·爱在彭水·情定摩围体验游暨第三届摩围山篮球邀请赛在摩围山景区开幕。

23～24 日　中央外办副主任孔泉到彭水调研扶贫工作。

7　月

1 日　县委党校在迁入的靛水新校区举行升旗仪式。

是日　彭水自治县庆祝中国共产党成立 95 周年大会在县民族会场举行。

2 日　2016 海峡两岸及港澳地区户外挑战赛暨“爱无极限”重庆·彭水户外挑战赛在摩围山景区举行。国家体育总局对外交流中心副主任范江，重庆市体育局党组成员、副巡视员陈玉林，县人大常委会主任张福安，县委常委、常务副县长谢胜，县人民政府副县长邹迟参加开幕式。

6 日　重钢集团董事长、党委书记刘加才率队到彭水考察，就加快钢结构推广应用及产业创新发展等合作事宜进行交流座谈。

是日　彭水自治县人民政府召开2016首届渝东南生态民族旅游文化节工作推进会，就有关工作进行再细化、再部署。

7 日　2016首届渝东南美食节在蚩尤九黎城开幕，彭水、黔江、涪陵、南川、武隆、酉阳、秀山、石柱8个区县展销特色美食、展示民族文化。

是日　重庆网络广播电视联盟“魅力彭水”集中采访活动暨彭水手机台上线启动仪式在蚩尤九黎城举行。

渝东南生态民族旅游发展研讨会在彭水举行。市民宗委副主任向远道为彭水蚩尤九黎城国家AAAA级旅游景区授牌。

首届渝东南生态民族旅游文化节在蚩尤九黎城开幕。市政府副秘书长李世奎宣布开幕，市旅游局副局长秦定波、市文化委巡视员刘明华、市民宗委副主任向远道、市商委副主任刘天高，县人大常委会主任张福安、县政协主席胡勤俭、县委副书记朱高云以及全体在家县领导参加开幕式。

8 日　市政府副秘书长李世奎到摩围山调研旅游工作。

15 日　县委书记钱建超主持召开十三届县委第108次常委会议，审议《中共彭水苗族土家族自治县委常委会会议议题管理制度（试行）（送审稿）》《彭水自治县综合交通运输“十三五”发展规划（送审稿）》《彭水新城市政道路项目战略合作框架协议（送审稿）》《中国摩托艇联赛彭水站战略合作框架协议（送审稿）》《彭水自治县2016年度退役士兵及转业士官安置方案（送审稿）》。

18 日　县委副书记、县长石强到彭水工业园区实地调研企业发展情况，现场察看彭水工业园区北岸道路管网工程和P1路工程等北部新区管委会援建项目，听取了项目建设情况汇报。

20 日　市人大常委会副主任夏祖相率检查组到彭水，检查《重庆市邮政条例》实施情况。

21 日　“2016·爱在彭水·记忆梅子生态酒香追梦游”在梅子垭镇佛山寨开幕。

22 日　“2016·爱在彭水·多情善感开心游”在善感乡周家寨开幕。

27 日　彭水自治县人民政府召开征兵工作电视电话会议，对2016年征兵工作作出安排部署。县委书记钱建超率队看望慰问武警中队、中国人民解放军78088部队全体官兵。

是日　县委书记钱建超到汉葭街道白溪社区二组凤凰花海国际樱花悠乐园调研乡村旅游开发建设情况。

8　月

1 日　县委书记钱建超赴龙塘乡调研脱贫攻坚和换届工作。

11 日　市委群团改革第二督查组组长、团市委书记、党组书记周波率队到彭水，专项督查群团改革工作。

是日　县委书记钱建超主持召开2016年度议军会议，听取驻彭部队工作汇报，研究驻彭部队有待解决的问题。

12 日　县青少年活动中心举行暑期汇报演出。

15 日　市政府省部级离退休老领导到彭水考察。

16 日　县委书记钱建超赴诸佛乡、梅子垭镇和鞍子镇调研脱贫攻坚和换届工作。

17 日　县政协举行2016年“委员捐资助学”活动，29名贫困大学新生获得10位县政协委员共计14.5万元的爱心资助。

是日　市扶贫办主任、党组书记刘戈新率督导组到彭水，督导脱贫攻坚工作。

17～18 日　县政协组织部分县政协委员对交通建设情况进行集中视察，并召开交通建设专题议政会，就加快全县交通建设积极谏言献策。

是日　重庆市农综办主任唐双福到彭水调研

农业综合开发扶贫工作。

18日　市政府省部级离退休老领导调研旅游产业发展情况。

是日　彭水自治县召开2016年各界人士暑期座谈会，就如何推动彭水经济社会发展提出建议。

19日　县委书记钱建超主持召开脱贫攻坚工作专题会。专题研究打造脱贫攻坚示范点，建设美丽乡村，实现农旅融合发展，促进农民增收，助推全县脱贫攻坚工作取得新实效。

29~30日　重庆市副市长刘强率队到彭水调研脱贫攻坚及农业产业化发展情况并到绍庆街道阿依河社区6组勃希采摘园、润溪乡喜润烤烟专业合作社以及彭水椴木香菇专业合作社，实地了解产业发展、经营模式和带动贫困户增收情况。

31日　县委书记钱建超主持召开旅游产业发展领导小组会议，听取全县旅游产业发展情况汇报，分析存在的问题，安排部署工作。

9　月

1~2日　山东省聊城市·重庆市彭水自治县扶贫协作联席会在彭水召开。

2日　彭水自治县人民政府召开全县脱贫攻坚"百日冲刺"行动动员大会。

8日　彭水自治县人民政府举行"全县庆祝第32个教师节暨表彰大会"，表彰在教育战线涌现出的先进集体和个人。

是日　县委书记钱建超到彭水第一小学看望慰问教师代表。县委副书记、县长石强到彭水中学看望慰问部分教师。

13日　2016首届渝东南电商扶贫论坛在彭水举行。黔江、武隆、石柱、秀山、酉阳、彭水6区县参加论坛，各区县就电商扶贫工作作交流学习。

13~14日　市脱贫攻坚工作第二督查组到彭水，就彭水自治县贯彻落实中央、市委关于脱贫攻坚工作决策部署、贫困人口精准识别、群众对脱贫攻坚工作评价、脱贫成果巩固等情况开展督查。

20日　"2016·爱在彭水·放歌鞍子欢乐游"在鞍子苗寨盘歌堂开幕。

是日　2016彭水自治县"全国科普日"启动仪式暨第二届"科普杯"运动会开幕式在县体育馆举行。

22日　中国农业银行重庆分行党委书记、行长韩国强到彭水调研并召开座谈会，共商金融精准扶贫助推彭水经济社会发展事宜。

24~25日　2016中国·彭水国际苗族民俗文化旅游发展研讨会在彭水举行。

25日　国内首部旅游商业电影《寻找女神@娇阿依》在重庆解放碑映联万和国际影城举行首映礼。

27日　到重庆出席中欧人权研讨会的50多位专家和20多位学界人士到彭水考察民族经济、社会和文化建设情况。

27~28日　市政协及文史委杨恩芳一行到彭水调研历史文化遗产保护与开发利用。

28日　中国农业银行重庆分行与彭水自治县人民政府签署"十三五"时期金融服务战略合作协议，并启动金融扶贫示范区建设。

是日　2016年海峡两岸暨港澳地区水上户外挑战赛暨"爱无极限"重庆彭水水上马拉松大赛在乌江彭水县城水域开幕。

29日　庆祝国庆暨重庆市曲艺团送文化进苗乡综艺晚会在县城举行，庆祝中华人民共和国成立67周年。

30日　东门烈士陵园隆重举行烈士纪念日活动。

10　月

8日　县委书记钱建超深入鹿角、善感、双龙、石盘、万足等乡镇调研脱贫攻坚和换届工作。

9日　重庆市加快推进国土绿化暨退耕还林工

程现场会在彭水召开，研究部署新一轮退耕还林工作，全面提升国土绿化水平。

10 日　市人大常委会副主任张定宇率市人大常委会督导组到彭水，督导人大换届选举工作。

是日　县委书记钱建超主持召开县委中心组学习（扩大）会议，开展金融扶贫专题培训，旨在进一步提高全县各级领导干部对金融扶贫工作的认识，推进金融扶贫的能力和水平，为纵深推进脱贫攻坚奠定坚实基础。中国农业银行总监赵忠世、中国农业银行重庆市分行行长韩国强围绕金融扶贫作专题指导。

11 日　彭水自治县召开靛水新城建设现场推进会。

12 日　县委副书记、县长石强到大同镇、桑柘镇调研煤矿安全及关闭退出工作。

15 日　创建义务教育发展基本均衡县市级综合督导反馈会在县城两江会议室召开。

18 日　彭水自治县人民政府组织召开迎接中央环境保护督察工作推进会议。

是日　“2016·爱在彭水·浪漫爱情兴隆游”在高谷镇兴隆苗寨开幕。

19 日　主题为“精准扶贫 共享发展”的第四届中国民生发展论坛在人民日报社举行，彭水“七个着力”脱贫攻坚项目成功入选“2016 民生示范工程”。县委书记钱建超应邀参加论坛并做交流发言。

22 日　重庆红军历史陈列馆在黄家镇开馆。市委党史研究室主任徐塞声，参加活动。

11　月

2 日　黔江区委书记余长明率黔江区党政代表团到彭水，考察脱贫攻坚、旅游发展、城市建设、基层党建等工作。

是日　县委召开中心组学习（扩大）会议，市委宣讲团成员、市委党校教授张新华应邀作题为“以创新促发展谋未来”的主题宣讲。

3 日　彭水自治县召开金融扶贫工作推进会，对金融扶贫工作进行再动员、再部署、再落实。

4 日　重庆有线《全域重庆·风情彭水》栏目上线仪式举行。

10 日　县十六届人大常委会第三十六次会议召开，会议审议通过了《关于提请审议提名任命秦长春为县人民法院副院长、决定代理院长的议案》《关于提请审议调整县选举委员会组成人员的议案》《关于任命各乡镇选举委员会组成人员的议案》。会议还审议了县人大常委会主任会议关于提请审议陈敬红同志职务任免的议案，审议了县人民政府关于提请审议谢成红等同志职务任免的议案，表决通过相关人事任免事项。

16 日　县委书记钱建超主持召开党校建设及干部教育培训工作座谈会，听取党校建设情况汇报，研究党校建设事宜。

21 日　县委书记钱建超主持召开专题会议，研究部署马岩危岩地质灾害隐患综合治理事宜。

是日　县委书记钱建超率队调研彭水自治县教育发展情况。

22 日　国家园林县城创建初审工作考查组到彭水考查创建国家园林县城工作。

22～23 日　2016·中国中华蜜蜂产业发展大会在彭水召开。

23 日　党的十八届六中全会精神市委宣讲团宣讲报告会在彭水举行。县委书记钱建超主持会议并讲话。市委宣讲团成员、市委党校党史教研部副主任张健作宣讲报告。

24 日　重庆市交通行业渝东南片区安全会在彭水召开，渝东南片区各个区县分别汇报交通安全生产工作。

25 日　县委书记钱建超主持召开十三届县委第 124 次常委会议，审议县委十三届十次全会系列材料、《关于调整创建国家 A 级景区奖励标准的请示》《彭水自治县旅游业“十三五”发展规划（送审稿）》《关于加快蚩尤九黎城建设的意见（送审稿）》《关于进一步加强城市规划建设管理工作的实施意见（送审稿）》《彭水自治县“十三五”新型城镇化发展规划（送审稿）》。

28 日　市民政局调研组到彭水调研民政工作。

12　月

2 日　县委书记钱建超主持召开十三届县委第125次常委会议，审议《关于报请审定全县2016年主要经济指标预测及2017年经济社会发展计划指标建议方案的请示》《关于报请审定全县2017年重点项目策划方案的请示》《关于报请审定2016年财政预算调整草案的报告（送审稿）的请示》《市对县目标考核激励机制（送审稿）》等。

5 日　县委书记钱建超赴龙溪镇、走马乡调研。

14 日　县委书记钱建超主持召开十三届县委第128次常委会议，审议《政协彭水自治县第十届委员会委员、常委建议人选名单（送审稿）》《彭水自治县2017年脱贫攻坚决战誓师大会方案（送审稿）》《2016年度脱贫攻坚工作表彰方案（送审稿）》《关于进一步促进房地产市场平稳健康发展的实施意见（送审稿）》。

15 日　重庆市副市长谭家玲到彭水调研旅游产业发展情况。她要求，彭水要依托自然优势，发展生态旅游，赋予生态旅游丰富的民族文化内涵，实现文旅融合。

17 日　县委副书记、县长石强主持召开县政府第九次全体会议。会议审议了县十七届一次人代会提交的《政府工作报告（送审稿）》《关于2016年国民经济和社会发展计划执行情况及2017年计划草案报告（送审稿）》《关于2016年财政预算执行情况和2017年财政预算草案的报告（送审稿）》。

19 日　中国共产党彭水苗族土家族自治县第十四次代表大会在靛水新城召开。钱建超代表县第十三届委员会向大会作报告，市委第七督导组亲临现场指导。

21 日　中国共产党彭水苗族土家族自治县第十四次代表大会在靛水新城闭幕，会议选举产生新一届中共彭水苗族土家族自治县委和县纪律检查委员会，通过关于中共彭水苗族土家族自治县第十三届委员会报告的决议、中共彭水苗族土家族自治县第十三届纪律检查委员会工作报告的决议。

是日　中共彭水苗族土家族自治县第十四届委员会举行第一次全体会议，选举产生了中共彭水苗族土家族自治县第十四届委员会常务委员会委员：钱建超、石强、彭玉萍、程途、唐鹏程、何川、巩义胜、陶敏、罗道书、裴煜宇。会议选举钱建超为中共彭水苗族土家族自治县委书记，选举石强、彭玉萍为中共彭水苗族土家族自治县委副书记并通过了中共彭水苗族土家族自治县纪律检查委员会第一次全体会议关于县纪委常务委员会委员和书记、副书记选举结果的报告。

22 日　彭水自治县人民政府召开禁毒工作总结表彰会，总结2016年度禁毒工作，安排部署下一阶段禁毒工作，为全面推进彭水自治县新一轮禁毒人民战争再动员、再部署。

26～27 日　政协彭水自治县第十届委员会委员培训会举行。县委书记钱建超出席并讲话。

27 日　县委书记钱建超赴长生镇调研。

30 日　县委常委、常务副县长谢胜到各金融机构开展年终关账慰问，并代表县委、县政府向金融一线的工作人员致以新年问候。

县情总貌

基本概况

地　　理

彭水苗族土家族自治县位于重庆市东南部，处于武陵山区，居长江一级支流乌江下游。北连石柱土家族自治县，东北接湖北省恩施土家族苗族自治州利川市，东连重庆黔江区，东南接酉阳土家族苗族自治县，南邻贵州省沿河土家族自治县、务川仡佬族苗族自治县，西南连贵州省道真仡佬族苗族自治县，西连武隆县，西北与丰都县接壤，全县幅员3903.79平方千米。地处北纬28°57′~29°51′、东经107°48′~108°36′之间，东西宽78千米，南北长96.40千米，水陆边界线总长414.90千米。渝怀铁路、渝湘高速公路、319国道穿境而过。县城位于乌江、郁江交汇处，沿高速公路距重庆市主城区180千米、铁路216千米。县人民政府驻汉葭街道北门街33号，海拔245米。邮编：409600。代码：500243。区号：023。

历史沿革

彭水商周春秋属巴，战国属楚黔中郡，秦统一后延续之。西汉建元元年（前140年）置涪陵县，治所今郁山镇。东汉三国两晋南北朝历五百余年，县域隶属屡变。隋开皇十三年（593年）置彭水县，治所今郁山镇，属黔安郡。唐武德元年（618年）改黔安郡置黔州。至唐开元二十一年（733年），分江南道西部增置黔中道，为全国十五道之一，彭水为道、州、县三级治所驻地，除辖彭水、黔江等六县外，还统领数十羁縻州，其界北到今湖北建始，东到今湖南沅陵，南到今广西凌云，西到今贵州毕节，面积约29万平方千米。宋绍定元年（1228年），彭水隶属绍庆府（路），治所今绍庆街道，历143年，中经元（1217~1368年），至明洪武四年（1371年）绍庆府废后，彭水隶属新置重庆府。清乾隆元年（1736年），彭水改属酉阳直隶州。民国后，先属东川道，继属四川省，民国24年（1935年）隶属四川省第八行政督查区。1949年11月16日，国民党政权在彭水的统治结束。1950年1月，彭水属川东行署涪陵专区。1952年9月，属四川省涪陵专区。1983年11月，经国务院批准建立彭水苗族土家族自治县，次年11月10日正式挂牌成立，隶属四川省涪陵地区。1997年重庆成为直辖市，彭水隶属重庆市。自公元前140年置涪陵县（治所今郁山镇）至今，彭水建县历二千余年，更屡次成为道、州、县治所，历史悠久，人文荟萃，是国家西南版图的一方要地。

地质地貌

彭水的地质构造，属新华夏构造体系，位于

鄂黔隆起带向四川中台坳下降的斜坡上，东北属鄂黔台褶皱带，西南属大娄山褶皱带。地层分区上属黔北川南分区思南—酉阳小区。出露岩全系沉积岩。

彭水地域在1.5亿年前的大部分地史时期均为海洋所占据。从震旦系到侏罗系，在前震旦系变质岩基础上，接受厚达万米的巨厚沉积，在漫长的地质发展史中，经历多次不均衡的升降运动为主的构造运动。晚侏罗系到晚白垩世间的燕山旋回的宁镇运动，以水平挤压为主形成的老厂坪（石柱县境内）背斜、普子向斜、郁山背斜、桑柘向斜、筲箕滩（黔江境内）背斜等规模巨大的北北东向褶皱及筲箕滩、七梁子冲断层等伴生断裂。背斜出露水面，沿断层开始强烈的侵蚀。第三纪开始的喜马拉雅运动中，使县境普遍间歇性而又不均衡地抬升，造成郁山、马武（石柱境内）及太原、棣棠、三岔溪、诸佛、桐楼、大园（属鹿角镇）、龙塘、弹子岍（属汉葭镇）正断层和火石垭、龙洋（属润溪乡）、大垭、石盘逆掩断层以及筲箕冲断层等，形成彭水北北东向岭谷相间的原始地貌。现代地貌和土壤的形成过程亦随之开始。

彭水全境地势西北高而东南低，为构造剥蚀的中、低山地形。地貌类型复杂，“两山夹一槽”是彭水地貌的主要特征。地形地貌受北北东向构造控制，主要山脉呈北北东向延伸，成层现象明显，谷地、坡麓、岩溶洼地及小型山间盆地相间，逆顺地貌并存。各类地貌中丘陵河谷区占13.39%，低山区占52.88%，中山区占34.03%。

气　候

彭水属中亚热带湿润季风气候区，多年平均气温17.50℃，常年平均降雨量1104.20毫米，年均蒸发量950.40毫米，年平均气压978.60百帕豪巴，无霜期311天。总的气候特点是：气候温和，雨量充沛多集中，光照偏少云雾多，春来较早多夜雨，夏季炎热多伏旱，秋季凉爽多绵雨，冬无严寒少霜雪。无霜期长，具有典型的季风气候特征。早春季节，冷空气活动频繁，常有局部大风、冰雹；初夏常有连阴雨；盛夏多伏旱，常有酷暑；秋季多绵雨；冬季少雪无严寒，日平均气温都在0℃以上。

彭水气候立体差异大：海拔每升高100米，平均气温便递减0.46℃～0.55℃；年积温约下降200℃左右。年无霜期由沿江河谷的312天，递减到中山区的235天。年日照时数，低中山区受山脊和云雾阻挡，要比平坝约少1/4。

无霜期，海拔每升高100米就减少7天，作物生长期延长5～8天。平均初露期是12月19日，终霜期是2月11日，平均无霜期为311天，最长无霜期368天（1974年），最短无霜期272天（1972年），最晚出现于1952年1月8日，终霜日期最早终止日1973年12月15日，最晚终止日1985年3月5日。无霜期随着海拔高度的升高而缩短，低中山区（海拔1300米）无霜期要比沿江河谷丘陵区少30～40天，海拔500米以下无霜期要比海拔1000米以上多30天左右。

自然资源

【土地资源】 全县土地利用向农业用地倾斜，耕地随海拔的升高而递减，林地随海拔的升高而递增。土层薄、肥力低、质地黏重的中低产田土、低产园、低产林多，可开发改造利用潜力大。土地以亚热带山区黄壤为主，可分为6个土类，13个亚类，20个土属，54个土种，66个变种。（1）水稻土类。彭水属冲积性水稻土亚类。所占面积2386.67公顷，其中：灰棕潮土水稻土属1180公顷，黄色潮土水稻土属1206.67公顷。零星分布于乌江、郁江沿岸低阶地，小河流下游冲积坝子内。暗紫色水稻土亚类集中分布在普子向斜底部的普子（砂石）、龙射、走马、芦塘、乔梓、新田（新场）、鞍子等乡镇，最高海拔1400米。（2）潮土类。彭水有灰棕潮土属和黄色潮土属两类，所占面积分别为399公顷和2026.67公顷。分布于乌江、郁江沿岸低阶地及中山区的岩溶盆地，溪谷带、坝。（3）紫色土类。彭水只有中性紫色土1个亚类，面积3466.67公顷，均属暗紫泥土属。分布于普子向斜和青冈向斜底部的红层台状低山丘陵区及桑柘向斜两翼，呈不连续的环状和条带状。（4）黄壤类。为彭水主要土壤类，总面积12.89万公顷，其中：黄壤亚类7.56万公顷，分布在海拔250～1350米之间地带；灰化黄壤亚类7153.33公顷，分布于海拔800～1400米间的条岭状页岩低中山林区，在龙射、龙溪、走马、大垭、双龙、朗溪、善感等乡镇出露；生草黄壤亚类2.86万公顷，分布于海拔800～1400米岩溶低中山顶部和中上部的缓坡台地，东山盖、西山盖、石盘山以及七曜山、茅尖山等地；粗骨性黄壤亚类1.76万公顷，分布于条岭状页岩低山逆倾坡地带的太原、棣棠、高谷、大垭、朗溪、万足、岩东、迁乔、龙溪、走马、郁山（朱砂）、连湖、桐楼、诸佛、梅子垭、鞍子、善感、鹿角（大园）、双龙等乡镇。（5）黄棕壤类。总面积6062.20公顷，其中山地黄棕壤亚类3348.87公顷，生草黄棕壤亚类2713.33公顷。山地黄棕壤亚类分布于海拔1400米以上的中低山；生草黄棕壤亚类分布于海拔1350～1400米以上的岩溶中山顶部和缓坡地。（6）石灰岩土类。为彭水第二大土类，总面积1.78万公顷，其中：黑色石灰岩土亚类1020公顷，黄色石灰岩土亚类1.68万公顷。黑色石灰岩土亚类分布于石灰岩露头的区域或岩石缝穴及凹地；黄色石灰岩土亚类分布于岩溶低中山区的溶槽，溶斗和缓坡地带，在桑柘、新田、普子、龙射、平安、靛水等乡镇出露。

【动物资源】 彭水人工饲养动物30多种。陆生野生动物有552种。有国家重点保护野生动物：Ⅰ级黑叶猴、胡兀鹫和云豹；Ⅱ级有大鲵、红腹角雉、柳叶鸡、白冠长尾雉、红腹锦鸡、白腹锦鸡等28种；Ⅲ级动物及市级保护动物有灰狼、狗獾、野猪、草兔、豪猪、赤狐、貉、豹猫等138种。

【植物资源】 彭水植物资源比较丰富。有维管束植物188科840属2162种。按资源植物分为药用、观赏、实用、工业四类。其中，药用植物资源种类较多，有中草药植物1417种，以杜仲、厚朴、银花、黄连、党参、当归和天麻等最为著名；观赏植物资源349种，主要是被子植物；野生食用植物有153种；工业用植物287种，主要以乔林木为主。珍稀植物有猕猴桃、五倍子、野生大豆、红三叶、金橘、岩桑、辛荑、重阳木、银杏、红豆木、黄杉和杜仲。农作物主要有玉米、红苕、马铃薯、小麦、水稻、油菜、芝麻、棉花、烟草、魔芋、花生、辣椒等。经济果木主要有板栗、核桃、油桐、桃、李、杏、梨等50多种。

【矿产资源】 全县矿产资源较为丰富，主要矿藏有大理石、方解石、萤石、石灰石、重晶石、石膏、白云石、砂井盐、铁、铜、铅、锌、硫铁矿等三十多种。其储量重晶石、方解石均在100万吨以上，大理石5亿余立方米，萤石423万吨，白云石1亿吨以上。煤炭资源丰富，地下埋藏储量10066万吨，可开采量1918.20万吨。此外还有石油、天然气等。

【水资源】 彭水水资源丰富，乌江由东南向西横贯县境，境内流长64千米，有郁江、长溪河、芙蓉江、木棕河等大小支流20余条，过境水资源量特别大，但时间、空间分布不均，供需不平衡。水能资源蕴藏量274.36万千瓦，居全市首位，为重庆市能源基地县。

旅游资源

随着渝怀铁路、渝湘高速公路、国道319线“三改二”工程和彭西公路、彭务公路等建设开通，彭水将成为重庆市的“后花园”。彭水还是距离重庆直辖市最近的民族自治县，地处长江三峡、武隆芙蓉洞、仙女山、湖南张家界等旅游“极核”的中心地带，担负着旅游中转站的职能，在发展跨省、跨县联合旅游上具有难得的区位优势。

【中国·彭水乌江画廊旅游区】 原名中国·彭水乌江画廊水上休闲运动旅游区，位于县域西南中部，规划面积170平方千米。乌江，发源于贵州，全长1050千米，在涪陵汇入长江。彭水境内流长64千米，彭水电站、银盘电站建成蓄水后，高峡平湖，峡湖相连，青山绿水，风光秀美。乌江是诗画长卷，历史长河，风情走廊。舟行乌江，两岸山峦雄奇，一里一景，风光旖旎，有“天险乌江，千里画廊”之美誉。清代诗人梅若翁曾赞叹：“蜀中山水奇，应推此第一!”船游景区，起于万足码头，止于龚滩古镇，全长41千米，起点距县城10千米。千里乌江，百里画廊；如诗如画，时尚浪漫。万足到周家寨36千米属乌江画廊精品段。高峡平湖，峡湖相连，青山绿水，风光秀美。犀牛峡奇秀峻美，马峰峡雄奇险峻，庞公峡清幽娟秀，“不是三峡，胜似三峡”；万足湖风情浪漫，鹿角湖渔歌唱晚，洪渡湖炊烟袅绕，“不在西湖，宛若西湖”。游船途经万足湖、马峰峡、鹿角湖、庞公峡、洪渡湖、周家寨，推出“让爱起航”主题，组织摆手舞互动，品尝乌江鱼美味，真可谓人在船上坐，船在画中行，歌舞峡谷生，情在景中生。

【阿依河景区】 阿依河景区位于县南中部，居长溪河中下游，距彭水县城21千米。苗家人把善良、美丽、聪慧的女子称为“娇阿依”，阿依河因此得名。景区融山、水、林、泉、峡于一体，集雄、奇、险、秀、幽于一身，是全市乃至全国以喀斯特地貌为主的观光型、探险型、休闲型、民俗体验型河谷风景区。峡谷幽深，十里竹海，碧波鱼跃，风景绝美，享誉“全国民族文化旅游新兴十大品牌”“巴渝新十二景”，是“中国之美·十大自助游黄金线路”，被誉为“重庆生态旅游的后起之秀”。峡谷听音、竹筏放歌、碧潭戏水、浪遏飞舟、激情水寨、密洞寻奇、长廊寄情等产品深受广大游客喜爱，中国阿依河国际漂流大赛走向世界。徒步穿行，可观奇花异草，古藤老树；荡舟江上，可享激流险滩，惊涛碧浪；夜宿山寨，可品苗家美味，体验民族风情，是休闲观光、民俗体验、户外攀岩及水上运动的首选之地。

【摩围山景区】 摩围山位于县西南中部，居摩围山国家森林公园核心部分，距离县城30千米，属于彭水南部“百里乌江画廊”的中下段，总面积为1910.2公顷。摩围山海拔1394米（相对高度1170米），雄伟壮丽、直插云霄。著名诗人白居易曾赞叹“摩围山下色，明月峡中声”，形象描绘了摩围山及乌江峡谷的风光。景区内峰峦叠嶂、峡谷纵横，除有石林、绝壁、天坑、地缝、溶洞等地质奇观外，兼有漫山云雾、日出日落等天象景观和古树参天、千里碧海等森林景观；同时，具有深厚的历史、宗教文化背景。始建于唐代宗时期的“云顶古寺”仍存有石柱、石门、残墙、碑刻等遗迹。景区内植被丰富，森林覆盖率90%以上，负氧离子11万个/立方厘米，2016年10月，彭水摩围山景区获第二批“中国森林氧吧”称号。景区开发以养生度假为主题，成功开发飞云口、罗曼谷（爱情呐喊谷）、木屋村、石林、滑草、滑雪场等产品，精心建设养生酒店。木屋村中，有爱的小木屋和水晶房子。摩围山小木屋、水晶房子坐落在山林之中，屋中设有地暖，即使屋外天寒地冻在屋内也是如沐春风。

【郁山古镇文化旅游区】 郁山古镇位于县东北部，居郁江下游，距离县城45千米。因富有食盐、丹砂资源，早在5000多年前，苗族、土家族先民蚩尤部落、濮人等，取水提盐，采矿炼丹，创造了古老的盐丹文明，为彭水成为今渝黔湘鄂桂结合部的政治、经济、文化、军事中心奠定了坚实的基础。汉武帝建元元年（公元前140年）置涪陵县，属巴郡，治今郁山镇。之后，郁山先后成为县、郡、州治所地历时近千年，建制镇历史长达780余年，千年古镇名副其实。郁山古镇具有得天独厚的优势：历史悠久，具有5000年盐业开发利用史，先后为县、郡、州、道治所所在地；文化底蕴深厚，是以盐丹文化为核心的“黔中文化”的发祥地，具有独特的盐丹文化、城镇文化、饮食文化、建筑文化、民俗文化、流放文化；有很多文物遗址，唐废太子李承乾、唐大臣长孙无忌、宋代著名文学家、书法家黄庭坚先后流放于此，列入各级政府文物保护单位的有近十处，其中黄庭坚衣冠冢、唐太子李承乾墓、贺龙德政碑、古盐井都十分珍贵；郁山拥有优美的自然风光，境内有3条各具特色的河流（郁江、中井河、后照河）和一系列溶洞群，形成了青山、秀水、奇洞、怪石于一体的郁山风光带。

【蚩尤九黎城】 蚩尤九黎城位于县新城区东南角，乌江左岸，占地30公顷，总建筑面积59680平方米，是彭水自然风光与苗族历史文化的有机结合体。旅游景区分蚩尤九黎城、县游客集散中心和蚩尤部落三期工程，集苗族文化、旅游景区、游客接待于一体，打造“苗王神宫，九黎圣殿；苗族圣地，风情家园”的苗族主题文化旅游品牌，一期项目基本建成。蚩尤九黎城是中国最大的苗族传统建筑群，创下了数个世界之最：九黎神柱是世界上高度最高、直径最大、雕刻鬼神像最多的苗族图腾柱；九黎宫是世界最高最大的吊脚楼建筑体，世界最大的四合院建筑体，最奇特的楼中楼阁与楼中殿堂建筑集群；九道门是世界上建有最多朝门的苗族建筑景观。每年农历五月十一日，蚩尤九黎城举行世界最大蚩尤祭祀仪式。“祭祀仪式”演变成万人规模的“蚩尤大典”，活动上还有各种苗族非物质文化表演，苗族特色美食品尝等活动，是展现苗族文化的重要平台。

【鞍子苗寨】 鞍子苗寨位于鞍子镇，由石磨岩景区和罗家坨苗寨组成。石磨岩景区位于大池村，紧邻鞍子场，面积约2.5平方千米。景区属冰川时期留下来的石林，以石莲花为标志，造型千奇百怪，鬼斧神工，仙鹤嘴、埃及石狮、蓝鲸头、奥运火炬等栩栩如生。区内另有两座老式歌堂。罗家坨苗寨位于新式村，距离鞍子场7千米，山寨建在山坳中，长约2千米，全寨70余户300来人全是罗氏后裔。苗寨为国家第一批民族村寨保护项目，古色古香，风情醉人。世代生活在这里的罗氏子孙，住苗居、唱苗歌、跳苗舞、习苗俗、行苗礼，吊脚楼、火铺、鼎罐饭、三道茶……令人流连忘返。鞍子是重庆市“民歌之乡”，是民族文化品牌《娇阿依》的故乡，是乌江画廊上散发异域风情的神秘之地。一曲《娇阿依》，千年苗乡情。鞍子依托苗寨、苗族歌舞和奇石景观，打造苗族风情主题文化旅游品牌，推广“山盟海誓”“爱如磐石”爱情体验。

【乌江苗都】 古城彭水，三山拱卫，两江环流，依山傍水，错落有致。彭水县城历史悠久，是黔中文化的发祥地。城区有汉代汉葭县旧址，唐代黔州、黔中道、宋朝绍庆府驻地旧址，黄庭坚首建绿阴轩遗迹，贺龙的红三军司令部和刘邓大军设指挥部旧址等。建有纪念黄庭坚的山谷公园。乌江穿城而过，郁江、九曲河来此汇聚，七桥相连彩虹卧波，十公里滨江文化走廊，中国·彭水水上运动大赛靓丽纷呈，国际艺术划水大赛、中国摩托艇联赛时尚浪漫，堪称“黔州故地，武陵水城”。

【乡村旅游景点】 彭水旅游资源点众多，乡村旅游资源十分丰富，可谓七彩乡村，繁花似锦。新世纪之初，市民周末大多在郁江芦渡湖游玩。随后保家老营顶（俗称老人顶）桃树林成为踏春赏花好去处，“桃花山庄”应运而生，重庆、涪陵、黔江游客自发前来，车山人海，人流如织，赏花者日达万余人。2010 年前后，郁山成功打造“玉泉新村”，乡村旅游进入规模化发展。2012～2013 年，长生镇、岩东乡联合打造“长生花海”，善感乡成功打造周家寨，组织文化活动，乡村旅游经济蓬勃发展。“长生花海”，以天师教首领范长生故乡水田坝为中心，连接大河三坝、桃花山庄、绕旗坝、岍山坝，为四季自驾、纳凉避暑的好地方。周家寨，画廊新村，“一脚踏两省，一杆钓三县，一眼收美景”，上山穿越怪石迷宫，下河尽情抛竿垂钓，入户品尝苗家美食，是休闲度假好去处。黄家镇挖掘其深厚的红色文化，打造红色旅游。以中国工农红军第三军在彭水的驻扎地为载体修建的重庆红军历史陈列馆于 2016 年 10 月 22 日开馆。馆内展示当年红三军转战彭水留下的宝贵红军遗迹，其中“一张留言条”格外引人注目。

人口

截至 2016 年末，全县总人口 702949 人，合计 228564 户。其中非农业人口 203141 人，占 28.90%。从男女比例看，男性 376394 人，女性 326555 人，男女性别比为 115.26∶100。从年龄层次上看，18 岁以下 167439 人，占全县人口总数的 23.82%，60 岁以上老年人 120396 人，占全县人口总数的 17.13%，18 岁至 60 岁青壮年 415114 人，占全县总人口的 59.05%。

2016 年，全县净增人口 5336 人，其中人口自然增长 12538 人，迁入迁出变动减少 1279 人。全年新生婴儿 9954 人，死亡注销 3339 人，出生死亡互比为 298∶100；全年迁入人口 2584 人，迁出人口 3863 人，迁入迁出互比为 67∶100。

民族

彭水自治县是一个以苗族为主兼有土家族、蒙古族、侗族、满族等 11 个少数民族的自治县，少数民族占全县总人口的 64%，其中苗族 34.8 万人，土家族 9.8 万人，各民族分布居住在全县各乡镇、街道。彭水的苗族来源一部分是蚩尤的后裔，另一部分从今湖南泸溪发展起来的盘瓠部落迁徙而来。彭水苗族在全县各乡镇均有分布，主要集中在梅子垭镇、靛水街道、鞍子镇、新田镇、平安镇、诸佛乡、润溪乡等地。彭水土家族的先民为巴人，主要来自“八蛮”和“廪君”，并融入了其他民族。彭水土家族在全县各乡镇均有分布，主要集中在连湖镇、太原镇、龙射镇、普子镇、长生镇等地。彭水蒙古族分别聚居于今鹿鸣乡的向家村和太原镇的香树坝村，都姓张、谭，来源于元朝时南下征战的蒙古人。彭水侗族主要分布在诸佛乡境内，均属杨姓，来源于湖南芷江。彭水回族分布在棣棠乡和黄家镇一带，主要为马姓，为清代至民国时期零星迁入定居的。其他少数民族是新中国成立后调彭水工作或婚嫁进入彭水的。

宗教

彭水宗教主要有佛教和天主教。佛教东晋时期传入彭水，唐代建有名刹云顶寺、开元寺。到解放前，全县共有佛寺 153 处。2000 年 1 月，彭水县佛教协会成立。信教群众众多，皈依人员 400 多人。清代康熙四十三年（1704 年）天主教传入彭水。县天主教爱国会成立于 1991 年 10 月，截至 2016 年年底，接受洗礼的天主教教徒有 200 多人。截至 2016 年年底，全县共有宗教活动场所 1 个：天主教真原堂，在建宗教活动场所两个：云顶寺、高谷兴隆佛教活动点，宗教团体两个：县佛教协会、县天主教爱国会。

行政区划

截至 2016 年年底彭水苗族土家族自治县辖 3 个街道、18 个镇、18 个乡，即：汉葭街道、绍庆街道、靛水街道；保家镇、郁山镇、高谷镇、桑柘镇、鹿角镇、黄家镇、普子镇、龙射镇、连湖镇、万足镇、新田镇、平安镇、长生镇、鞍子镇、梅子垭镇、太原镇、龙溪镇、大同镇；岩东乡、鹿鸣乡、棣棠乡、三义乡、联合乡、石柳乡、走马乡、芦塘乡、乔梓乡、诸佛乡、桐楼乡、善感乡、双龙乡、石盘乡、大垭乡、润溪乡、朗溪乡、龙塘乡。设有59个居民委员会，237个村民委员会；下设237个居民小组，1785个村民小组。

土特产品

【晶丝苕粉】 用鲜红薯为原料，采用原始的加工工艺，全手工精致提炼而成。其色微黄或微黑，光亮透明，味道滋润爽口，口感绵软，光滑富有弹性。食用时，将粉丝用温水浸泡 5－10 分钟，再将泡过的粉丝放入沸水中煮 3－5 分钟即可。晶丝苕粉可作酸辣、凉拌、油炸或与鸡、鸭、猪蹄清沌，可与牛、羊、鱼肉焖烤，亦可与各种肉丝、肉片爆炒，食法多样。

【大脚菌】 大脚菌分黄褐色、白色。气味浓香，质地细嫩，汤色乌黑油亮，吃之清香爽口。主要产于彭水县黄家、朗溪等乡镇，属纯天然绿色食品，人工无法栽培。大脚菌生长在海拔 2000 公尺左右，生长期只有 2～3 天，每年生长 1 次（有些年份不生长）。大脚菌含有丰富的维生素和蛋白质，营养价值极高。对人体有滋补、降压、健脾、美容、调节新陈代谢、清热、预防妇科疾病等功效。被西欧国家誉为“山珍”菌王，是家庭食用、承办宴席、赠送贵宾的珍稀贵重佳品。

经济体制改革

【供给侧改革】 2016年，彭水自治县加快供给侧结构性改革，不断深化供需结构，增强经济社会发展的内生动力和整体活力。大力实施“三去一降一补”，取消审批项目104项，清理僵尸企业和空壳公司14家，完成21家煤矿关闭退出、淘汰煤炭产能136万吨，去除房地产库存24.33万平方米，为小微企业减免所得税160万元。

【投融资改革】 按照国家发改委相关文件规定，制定彭水自治县深化基础设施投融资体制改革试点工作方案，全面推行网上并联核准和备案，精简企业投资项目的审批程序。严格执行《关于印发重庆市PPP投融资模式改革实施方案的通知》（渝府发【2014】38号）和《关于稳步推进PPP投融资模式改革有关事项的通知》（渝府办发【2015】188号）等文件规定。创新PPP投融资模式，凤升水库和龙虎水库水利PPP项目正在加快建设。

【财税金融改革】 大力推进财政转移支付制度改革，划分收支范围，核定收支基数，核定乡镇体制补助基数，完善转移支付；健全金融服务体系，全县共有银行业金融机构8家，其中政策性银行1家、国有商业银行分支机构3家、重庆地方银行分支机构3家和村镇银行1家，金融机构组织体系初步形成。农村金融基础设施建设实现全覆盖；加大国有资本经营预算与一般公共财政预算的统筹力度，国有资本经营预算调入一般公共预算的比例提高到25%。

【城乡一体化改革】 健全城乡基本公共服务资源配置机制，将城乡基本公共服务资源配置纳入“十三五”规划和2016年度计划报告，加大向上争资力度，推进公共服务基础设施建设。常态化推进户籍制度改革，维护转户居民合法权益，进一步推动人口有序流动。探索信息化助推农业农村发展机制，推动相关产业与互联网技术深度融合。建立完善农村电子商务服务机制，建成县级快递物流仓储配送中心，完成物流信息服务平台建设；充分利用信息化新技术，提高农村科技服务水平，实现全县行政村光纤和4G网络全覆盖。

【政府职能转变】 进一步转变政府职能，加强金融风险防控，制定政府偿还欠款计划，建立政府信息公开制度，多渠道进行信息公开。通过彭水政府网、彭水手机报、彭水快报、微播彭水等多种形式加大涉企政策宣传力度，确保国家政策宣传到位。截至年底，以转变政府职能为重点，全面清理审核全县行政审批事项，精简行政审批事项136项。

经济社会发展

【概况】 2016年，在市委、市政府和县委的坚强领导下，全县全面贯彻党的十八大、十八届三中四中五中六中全会精神，深入贯彻习近平总书记系列重要讲话精神和视察重庆重要讲话精神，全面落实“四个全面”战略布局，坚持五大发展理念，大力实施创新驱动战略，着力推进供给侧结构性改革，“五化”统筹取得重大成效，“三区”发展更加协调，经济保持平稳健康发展，社会事业实现全面进步。

【生态经济平稳健康发展】 全年实现地区生产总值129亿元，同比增长10.5%。三次产业结构比由2015年的19.1:42.1:38.8调整为17.8:43.4:38.8，非农产业增加值占地区生产总值的比重达到82.2%，产业结构不断优化。旅游产业发展取得新突破。阿依河景区通过国家AAAAA级景观质量评审，蚩尤九黎城成功创建国家AAAA级景区，摩围山、乌江画廊国家AAAA级景区创建有序推进。着力实施市场营销，2016年，接待各类游客1700万人次，同比增长34%，实现旅游综合收入70亿元，同比增长33%。工业转型升级稳步推进。全年实现工业增加值34亿元，同比增长15%，规模以上工业总产值实现65亿元，同比增长16%。水电装机容量达到187.5万千瓦，太极水生产能力达1亿罐，清洁能源、健康食品工业总产值实现41.8亿元。特色效益农业平稳发展。全年收购烤烟27万担，生产食用菌2亿袋、红薯45万吨，养殖中蜂15万群、肉牛6.8万头、山羊10万只。农业新型经营主体不断壮大，市级龙头企业达到21家，县级龙头企业达到36家，农业专业合作社达到836个。

【经济发展动力持续稳定】 投资拉动有力。实施重点项目220个，完成固定资产投资175亿元，同比增长15%。渝怀铁路复线、凤升水库、龙虎水库、鹿角乌江大桥等一批重大基础设施项目开工建设，蚩尤九黎城核心景区、摩围山旅游环线等一批重大旅游基础设施建设项目全面完工，民族中学B校区、新城市政道路等新城重大基础设施项目加快实施，加快补齐全县基础设施短板。消费需求持续扩大。全年实现社会消费品零售总额59亿元，同比增长14%。电商经济发展迅速，紫苏油、晶丝苕粉等100余种农产品上线销售，全年实现电商交易额10亿元。商贸企业不断壮大，116家限额以上商贸企业中，年销售上亿元商贸企业达到4家，年销售超过500万元住宿餐饮企业达到2家。

【城乡发展】 新型城镇化进程不断加快，城镇化率达到34%。大力实施老城提质改造，完成棚户区改造8万平方米，老城美化亮化成效显著；提速新城开发，挂牌出让土地1309亩，17家机关事业单位入驻，新城人气加快集聚；加速蚩尤九黎城城旅融合，核心景区建筑主体全部完工，5月实现正式开园迎客。集镇建设进一步完善，着力打造两个全国重点镇和两个市级中心镇，主动吸纳和承接周边乡镇人口梯度转移。乡村建设进一步加快，改造C级危房3587户、D级危房900户，群众居住环境不断改善。

【脱贫攻坚成果】 大力实施产业扶贫、设施扶贫、教育扶贫、医疗扶贫、搬迁扶贫、社会扶贫，脱贫攻坚取得重大成效，实现40个贫困村、

13045户、46479人越线脱贫，贫困发生率降低至2.27%。深入实施产业扶贫，设立1亿元特色农业发展基金、3000万元产业发展担保基金，发放金融扶贫贷款12亿元。加快推进贫困村基础设施建设，有效解决贫困户出行难、饮水难等问题。深入实施搬迁扶贫，全年实施搬迁5580人，惠及贫困人口4500人。通过实施精准扶贫、精准脱贫，农村经济社会实现较快发展，农村常住居民人均可支配收入达到9400元，人民生活水平不断提高。

【生态建设】 牢牢把握“五个决不能”底线，坚守耕地、林地、森林“三条生态红线”，加强生态环境保护。实施石漠化治理3.1万亩、天保工程封山育林2万亩、森林抚育1.9万亩、新造林11万亩，完成87个农村环境综合连片整治，全年建成靛水文武社区、汉葭长溪村、诸佛乡诸佛村、龙塘乡双龙村等20个市级生态文明示范村；实施水污染防治和饮用水源保护，开展交通污染管控与工业废气治理，加强县城环境噪声专项整治等，环境保护成效显著。全年万元生产总值能耗下降3%，森林覆盖率达到53%，空气质量优良天数达330天，县城和乡镇集中式饮用水源水质达标率100%，乌郁两江地表水、次级河流水质稳定达标。

【深化改革】 加快供给侧结构性改革，取消审批项目104项，清理僵尸企业和空壳公司14家，完成21家煤矿关闭退出、淘汰煤炭产能136万吨，去除房地产库存24.33万平方米，为小微企业减免所得税160万元；创新政府投融资模式，有序引导社会资本投资建设，完成民间投资55亿元；继续深化国企改革，积极发展混合所有制经济；加快商事登记制度改革，全面推进“三证合一、一照一码”登记制度；全面完成党政机关公务用车制度改革。不断扩大对外开放，加强与山东聊城和合川的对口协作，形成共同发展的良性互动；深度融入武陵山片区区域发展，联合促进区域经济发展。

【社会事业发展】 教育事业取得新进展，推进义务教育均衡发展，完成13个“全面改薄”项目；高考累计上线4296人，教育教学质量不断提升。卫生事业稳步发展，县人民医院成功创建二甲医院，诸佛乡、鞍子镇等5所乡镇卫生分院竣工投用。文体事业加快发展，建成摩围山少数民族传统体育训练中心，完成新城体育中心（一期）建设，县文化馆成功升级为国家一级文化馆；国家级“非遗”项目《鞍子民歌》正式揭牌，文化遗产保护力度不断加大。社会保障事业进一步加强，城乡就业总体稳定，城镇新增就业5580人，城镇登记失业率3.29%，城镇居民人均可支配收入实现24500元，增长10%；城乡居民养老保险、医疗保险参保率分别达到93%、95%。扎实开展社会救助，发放各类救助资金1.36亿元。

机构领导名录

县级领导人名录

中共彭水苗族土家族自治县委员会

县委书记　钱建超　2016.01～2016.12
县委副书记、县长　刘　峰　2016.01～2016.06
石　强　2016.06～2016.12
县委副书记　朱高云　2016.01～2016.11
彭玉萍（女）　2016.12～2016.12
县委常委、常务副县长
谢　胜　2016.01～2016.12
县委常委、政法委书记
余建华　2016.01～2016.11
程　途　2016.11～2016.12
县委常委、统战部长
彭玉萍（女）　2016.01～2016.11
陶　敏（女）　2016.12～2016.12
县委常委、宣传部长　程　途　2016.01～2016.11
裴煜宇　2016.11～2016.12
县委常委、组织部长　何　川　2016.01～2016.12
县委常委、纪委书记　杨国祥　2016.01～2016.10
唐鹏程　2016.10～2016.12
县委常委、人武部长　肖　军　2016.01～2016.12
县委常委、副县长　巩义胜　2016.01～2016.12
县委常委　罗道书　2016.11～2016.12

彭水苗族土家族自治县人民代表大会常务委员会

主　任　张福安　2016.01～2016.12
副主任　鞠清洁　2016.01～2016.12
庹朝福　2016.01～2016.12
陈钱万　2016.01～2016.12
秦胜成　2016.01～2016.12
易　敏（女）　2016.01～2016.12

彭水苗族土家族自治县人民政府

县　　长　刘　峰　2016.01～2016.06
石　强　2016.06～2016.12
常务副县长　谢　胜　2016.01～2016.12
副　县　长　巩义胜　2016.01～2016.12
裴国琪　2016.01～2016.01
邹　迟　2016.01～2016.07
陶　敏（女）　2016.01～2016.12
任昌卜　2016.01～2016.12
夏　斌　2016.02～2016.12
庹云强　2016.01～2016.12
景晓明（挂职）　2016.01～2016.12
杨　强（挂职，县长助理）　2016.01～2016.12

政协彭水苗族土家族自治县委员会

主　席　胡勤俭　2016.01～2016.12
副主席　汪家生　2016.01～2016.12
冉启明　2016.01～2016.12
冉龙超　2016.01～2016.12
廖志华　2016.01～2016.12
程　清　2016.01～2016.12
梅小玫（女）　2016.01～2016.12
秘书长　何道信　2016.01～2016.12

县级机构负责人名录

中共彭水苗族土家族自治县纪律检查委员会 监察局

书　记　杨国祥　2016.01～2016.10
唐鹏程　2016.10～2016.12
副书记、局长　杨国洪　2016.01～2016.12
副书记　李文胜　2016.01～2016.12
曾春森　2016.01～2016.12
常　委　高曲云（女）　2016.01～2016.11
常委、副局长　钱文权　2016.01～2016.12
常　委　陈小珊（女）　2016.01～2016.12
邵瑞江　2016.01～2016.12
冉启超　2016.01～2016.12
副局长　冉　靖（女）　2016.01～2016.12

中共彭水苗族土家族自治县委组织部

部　长　何　川　2016.01～2016.12
副部长　张　军　2016.01～2016.12
赵江南（女）　2016.01～2016.12
陈　君　2016.01～2016.12
两新工委副书记　方德斌　2016.01～2016.12
电教中心主任　冉显东　2016.01～2016.12
民调中心主任　张晓兰　2016.01～2016.12
正科级组织员　晏其林　2016.01～2016.11

中共彭水苗族土家族自治县委宣传部

部　　长　程　途　2016.01～2016.11
部　　长　裴煜宇　2016.11～2016.12
常务副部长　韦　胜　2016.01～2016.12
副　部　长　张　波　2016.01～2016.12
赵学亚　2016.01～2016.12
秦中和　2016.01～2016.06

中共彭水苗族土家族自治县委统战部

部　　长　彭玉萍（女）　2016.01～2016.11
陶　敏　2016.11～2016.12
常务副部长　何　红（女）　2016.01～2016.11
副　部　长　李　振　2016.11～2016.12
冉雄伟　2016.01　～2016.12
杨　波　2016.01～2016.12
台办副主任　谢　勃　2016.01～2016.12

中共彭水苗族土家族自治县委办公室

县委办主任　罗远江　2016.01～2016.12
县委办副主任　冉茂鸿　2016.01～2016.12
县委办副主任、县委督查室主任
杨　新　2016.01～2016.12
县委办副主任、县信访办主任
李兆鹏　2016.01～2016.12
王建军　2016.11～2016.12
县委办副主任、机要保密局局长
许　平　2016.01～2016.12
县委办副主任　徐俊峰　2016.01～2016.12
县委办副主任　董永升　2016.11～2016.12
县委办副主任(挂职)
于子森　2016.08～2016.12

中共彭水苗族土家族自治县委研究室

县委研究室主任　徐俊峰　2016.01～2016.12
县委改革办〈县委法治办〉副主任
罗贵阳　2016.01～2016.12
县委研究室副主任　陈恒强　2016.01～2016.10
县委研究室副主任　王　宏　2016.01～2016.12

彭水苗族土家族自治县人民政府办公室

县政府办党组书记、主任
任孝云　2016.01～2016.12
县政府办党组成员、副主任
冯佑高　2016.01～2016.12
县政府办副主任　冉　旭　2016.01～2016.12
县政府办党组成员、副主任
周晓敏（女）　2016.01～2016.12

县政府办党组成员、县政府法制办主任
付　伟　2016.01～2016.12
县政府办党组成员、副主任兼县政府应急办主任
曹华东　2016.01～2016.11
县政府办党组成员、纪检组长
李　振　2016.01～2016.11
县政府办党组成员、副主任（兼）、县信访办主任
王建军　2016.11～2016.12
县政府办党组成员、副主任、县政府督查室主任
王雪松　2016.01～2016.12
（2016.11～2016.12兼县政府应急办主任）
县政府办党组成员、副主任（兼）、县政府信访办主任　李兆鹏　2016.01～2016.11
（2016.12公共资源综合交易中心主任）
县政府办副主任(挂职)
冯鹏飞　2016.01～2016.12
县政府办政策研究室副主任
廖秀华　2016.03～2016.12
县政府办政策研究室副主任
任　勇　2016.11～2016.12

彭水苗族土家族自治县人力社保局

局　　长　张国甫　2016.01～2016.12
副 局 长　梅绪权　2016.01～2016.12
王天云　2016.01～2016.12
党组成员、驻局纪检组长
钱　通　2016.11～2016.12
党组成员　沈华凡　2016.01～2016.12
王小琴　2016.01～2016.12
王胜洋　2016.01～2016.12
廖永鸿　2016.01～2016.12

彭水苗族土家族自治县直属机关工委

常务副书记　何桂友　2016.01～2016.07
张泽勇　2016.07～2016.12
副　书　记　向刚宗　2016.01～2016.12
纪工委书记　段利宏　2016.01～2016.10
吴国庆　2016.11～2016.12

彭水苗族土家族自治县机关事务管理局

局　长　谢德华　2016.01～2016.12
副局长　张知海　2016.01～2016.11
李　静　2016.01～2016.12

中共彭水苗族土家族自治县委机要保密局

局　长　许　平　2016.01～2016.12
副局长　艾曦东　2016.01～2016.12
督查员　袁　婧（女）　2016.01～2016.12
电子政务中心主任　马小飞　2016.01～2016.12

彭水苗族土家族自治县机构编制委员会办公室

主　任　王业培　2016.01～2016.11
傅江陵　2016.11～2016.12
副主任　李安方　2016.01～2016.12

中共彭水苗族土家族自治县委老干部局

局　长　傅江陵　2016.01～2016.11
何　红　2016.11～2016.12
副局长　周云琴　2016.01～2016.12
县老干部活动中心主任　黄兴军
2016.04～2016.12

中共彭水苗族土家族自治县委党校

党校校长　朱高云　2016.01～2016.11
彭玉萍（女）　2016.11～2016.12
行政学校校长　谢　胜　2016.11～2016.12
彭玉萍　2016.01～2016.11
社会主义学校校长
陶　敏（女）　2016.11～2016.12
常务副校长　黄江河　2016.01～2016.12
副　校　长　李泽茂　2016.01～2016.12
刘　勇　2016.01～2016.12

校务委员　伍北群（女）　2016.01～2016.12
　　　　　郑凤竹（女）　2016.04～2016.12

中共彭水苗族土家族自治县委县人民政府信访办公室

主　　任　李兆鹏　2016.01～2016.11
　　　　　王建军　2016.11～2016.12
副 主 任　刘在祥　2016.01～2016.12
　　　　　王海莉　2016.01～2016.12
　　　　　王建军　2016.01～2016.11
　　　　　杨忠辉　2016.11～2016.12
督查专员　张素芬　2016.01～2016.12
纪检组长　马　飞　2016.07～2016.11

彭水苗族土家族自治县工商业联合会

主　　席　游兴茂　2016.01～2016.12
党组书记　刘月红　2016.01～2016.12
副 主 席　王小平　2016.01～2016.06
副主席兼秘书长　向福兵　2016.01～2016.06
副 主 席　谢应奎　2016.01～2016.12
　　　　　陈智勇　2016.01～2016.12
秘 书 长　陈智勇　2016.07～2016.12
挂职副主席　何　林　2016.07～2016.12
副 主 席　陈爱华　2016.07～2016.12
　　　　　张幸福　2016.07～2016.12
　　　　　余家太　2016.07～2016.12
　　　　　杨昌洪　2016.07～2016.12
　　　　　廖小川　2016.07～2016.12
　　　　　李元仙　2016.07～2016.12
　　　　　王元碧　2016.07～2016.12
　　　　　程家琪　2016.07～2016.12
副 会 长　葛先萍　2016.07～2016.12
　　　　　李寅生　2016.07～2016.12
　　　　　曹怀滨　2016.07～2016.12
　　　　　杨小峰　2016.07～2016.12
　　　　　张小俊　2016.07～2016.12
　　　　　张力夫　2016.07～2016.12
　　　　　董长珍　2016.07～2016.12

彭水苗族土家族自治县总工会

主　　席　易　敏（女）　2016.01～2016.12
常务副主席　段茂淑　2016.01～2016.10
　　　　　孙德清　2016.11～2016.12
副 主 席　莫亚群　2016.01～2016.12
　　　　　杨国华　2016.01～2016.12
副主席（挂职）　肖　杰　2016.07～2016.12
副主席（兼职）　何　敏　2016.06～2016.12
副主席（兼职）　唐立硌　2016.06～2016.12

共青团彭水苗族土家族自治县委员会

书　记　王　洵　2016.01～2016.11
　　　　梁　潇　2016.11～2016.12
副书记　周晓琳　2016.01～2016.12
　　　　何　娟　2016.06～2016.12
副书记（挂职）　黄云芳　2016.06～2016.12
副书记（兼职）　王　欢　2016.06～2016.12
副书记（兼职）　姚耕容　2016.06～2016.12

彭水苗族土家族自治县妇女联合会

主　席　莫云香（女）　2016.01～2016.10
　　　　匡　琳（女）　2016.11～2016.12
副主席　王桂英　2016.01～2016.12
　　　　皮小坤　2016.01～2016.12
副主席（挂职）　王　欢　2016.08～2016.12

彭水苗族土家族自治县残疾人联合会

理 事 长　彭　华　2016.01～2016.12
副理事长　秦榜华　2016.07～2016.12
　　　　　谢直兴　2016.01～2016.12

彭水苗族土家族自治县科学技术协会

主　席　冉业凡　2016.01～2016.12
副主席　吴玉学　2016.01～2016.12
　　　　王贵兰　2016.01～2016.12

彭水苗族土家族自治县文学艺术界联合会

主席、院长　汪家生　2016.01～2016.04

党组书记、副院长　卫　洪　2016.01～2016.06

党组书记、主席、院长　秦中和　2016.06～2016.11

张传武　2016.11～2016.12

常务副主席、副院长　周健伟　2016.01～2016.06

副主席、副院长　周健伟　2016.06～2016.12

刘兴模　2016.01～2016.12

彭水苗族土家族自治县社科联

主　席　赵学亚　2016.01～2016.12

副主席　刘光文　2016.01～2016.12

杨　胜　2016.01～2016.12

冉业凡　2016.01～2016.12

张小俊　2016.01～2016.12

唐海彬　2016.01～2016.12

简文相　2016.01～2016.12

石发禄　2016.01～2016.12

彭水苗族土家族自治县群团活动中心

主　任　李育奎　2016.06～2016.12

副主任　何道会　2016.08～2016.12

彭水苗族土家族自治县公安局

党委书记、局长、督察长

夏　斌　2016.02～2016.12

政委　包　庆　2016.11～2016.12

党委委员、常务副局长

郑永东　2016.01～2016.12

党委委员、副局长　李方顺　2016.01～2016.12

陈大奎　2016.01～2016.12

梁晓鸿　2016.01～2016.12

党委委员、政治处主任

李继红　2016.06～2016.12

党委委员、纪委书记

胥呈波　2016.01～2016.12

党委书记、局长、督察长

裴国琪　2016.01～2016.02

政委　刘光辉　2016.01～2016.11

彭水苗族土家族自治县人民检察院

党组书记、检察长　陈天文　2016.01～2016.12

党组副书记、常务副检察长　黄治文　2016.01～2016.12

党组成员、副检察长　张清亮　2016.01～2016.12

陈昌凡　2016.01～2016.12

党组成员、纪检组长　覃成林　2016.01～2016.12

党组成员、政治处主任　罗季春　2016.01～2016.12

党组成员、职侦局局长　刘洪武　2016.01～2016.12

彭水苗族土家族自治县人民法院

党组书记、院长　曹天明　2016.01～2016.11

秦长春　2016.11～2016.12

党组副书记、副院长　冉隆川　2016.01～2016.12

党组成员、副院长　徐中和　2016.01～2016.12

副院长　陈　霞　2016.01～2016.12

党组成员、政治处主任　郭唐均　2016.01～2016.12

党组成员、纪检组长　胡振常　2016.01～2016.12

党组成员、执行局局长　庹德鸿　2016.01～2016.12

彭水苗族土家族自治县司法局

党组书记、局长　肖世成　2016.01～2016.12

党组成员、副局长　汪卫军　2016.01～2016.12

张　洪　2016.01～2016.12

侯洪才　2016.01～2016.12

党组成员、纪检组长　王小权　2016.04～2016.12

中共彭水苗族土家族自治县委政法委员会

书　记　余健华　2016.01～2016.11
　　　　程　途　2016.11～2016.12
常务副书记　陈卫东　2016.01～2016.12
副书记、综治办主任　田仕军　2016.01～2016.12
副书记　冉启怀　2016.01～2016.12
副书记、防邪办主任　王子兰　2016.01～2016.12
副书记（挂职）　王雪岭　2016.01～2016.12
综治办副主任　汪　盛　2016.01～2016.12
防邪办副主任　石　川　2016.01～2016.12
综治办副主任　杨　远　2016.01～2016.12

彭水苗族土家族自治县公安消防大队

大 队 长　卢元安　2016.01～2016.12
政治教导员　付伦贵　2016.01～2016.12

彭水苗族土家族自治县农业委员会

农工委书记、主任　代荣成　2016.01～2016.11
　　　　谭小华　2016.11～2016.12
农工委副书记　周小平　2016.01～2016.12
副 主 任　何昌均　2016.01～2016.12
　　　　谭　勇　2016.01～2016.12
　　　　唐宁敏　2016.01～2016.12
　　　　王建军　2016.01～2016.12
　　　　苏光华　2016.01～2016.12
纪工委书记　王友勤　2016.01～2016.10
农工委委员　邵启贵　2016.01～2016.12
　　　　李永凡　2016.01～2016.12

彭水苗族土家族自治县畜牧发展中心

党组书记、主　任　谭小华　2016.01～2016.12
　　　　刘卉红　2016.12～2016.12
党组成员、副主任　王　程　2016.01～2016.12
　　　　谢太侯　2016.01～2016.12
　　　　张乾鹤　2016.01～2016.12
党组成员、纪检组长　李　静　2016.01～2016.11

彭水苗族土家族自治县烟草专卖局（分公司）

党组书记、局长、经理　吴树成　2016.01～2016.12
副局长、工会主席　张泽波　2016.01～2016.12
副 经 理　代先强　2016.01～2016.12
　　　　唐晓渝　2016.01～2016.12
纪检组长　付茂林　2016.01～2016.12

彭水苗族土家族自治县林业局

党组书记、局长　刘汉中　2016.01～2016.12
党组成员、纪检组长　陈万志　2016.01～2016.12
党组成员、县森林公安局局长　傅家来　2016.01～2016.12
党组成员、副局长　赵乾琨　2016.01～2016.12
　　　　李　兵　2016.01～2016.12
　　　　董雄然　2016.01～2016.12

彭水苗族土家族自治县水务局

党组书记、局长　徐道东　2016.10～2016.12
　　　　谢成红　2016.01～2016.10
党组成员、副局长　周小林　2016.01～2016.03
　　　　宁环军　2016.01～2016.04
　　　　孙德昌　2016.08～2016.12
　　　　陈　红　2016.10～2016.12
副 局 长　王子剑　2016.01～2016.12
党组成员、纪检组长　庹小科　2016.01～2016.11
党 组 成 员　庹小科　2016.11～2016.12
　　　　邓文安　2016.01～2016.12
副 调 研 员　冉宇航　2016.01～2016.12

彭水苗族土家族自治县扶贫开发办公室

主　　任　吴　铁　2016.01～2016.12
党组书记、副主任　付卫强　2016.01～2016.10
　　　　贺守良　2016.11～2016.12
党组成员、纪检组长　谢成培　2016.01～2016.11
党组成员、副主任　陈恒强　2016.11～2016.12
　　　　陈维凡　2016.01～2016.12

彭水苗族土家族自治县经济和信息化委员会

党组书记、主任　李孝前　2016.01～2016.12
党组成员、副主任　焦辉平　2016.01～2016.12
　　　　　　　　梁光均　2016.01～2016.12
党组成员、纪检组长　杨忠辉　2016.01～2016.11
副主任　祝　娟　2016.06～2016.12
党组成员　谭国强　2016.01～2016.11

彭水苗族土家族自治县煤炭工业管理局

局　长　曹华东　2016.11～2016.12
　　　　刘卉红　2016.01～2016.11
副局长　周兴生　2016.01～2016.12
　　　　冯家林　2016.01～2016.12
　　　　罗胜缤　2016.01～2016.12

重庆烟叶复烤有限公司彭水复烤厂

厂　长　陶云辉　2016.01～2016.12
副厂长　付孝刚　2016.01～2016.12
　　　　钟文军　2016.01～2016.12

彭水苗族土家族自治县工业园区管委会

主　　任　巩义胜（兼）　2016.01～2016.10
谭祥平（兼）　2016.11～2016.12
常务副主任　张志鸿（兼）　2016.01～2016.12
副　主　任　陈昌华（兼）　2016.01～2016.12
　　　　　　李孝前（兼）　2016.01～2016.12
　　　　　　黄建明（兼）　2016.01～2016.12

彭水苗族土家族自治县工业园区实业公司

董事长兼总经理　张志鸿　2016.01～2016.12
副总经理　侯静莲　2016.01～2016.08
　　　　　陈德旭　2016.01～2016.12
　　　　　冉　剑　2016.01～2016.12
　　　　　冉青松　2016.08～2016.12
总工程师　廖志彬　2016.11～2016.12

彭水苗族土家族自治县商务局

党组书记、局长　匡　琳　2016.01～2016.11
　　　　　　　　邵江涛　2016.01～2016.12
党组成员、副局长　周应彭　2016.01～2016.12
　　　　　　　　　谢湖滨　2016.01～2016.12
　　　　　　　　　汤天应　2016.01～2016.12
　　　　　　　　　李海霞（女）　2016.01～2016.12
党组成员　杨家刚　2016.01～2016.12

彭水苗族土家族自治县供销合作社联合社

党组书记、主任　赵朝军　2016.01～2016.12
党组成员、副主任　陈　鹏　2016.01～2016.12
　　　　　　　　　陈启锋　2016.01～2016.12
　　　　　　　　　李远胜　2016.01～2016.12
党组成员、纪检组长　庹小容（女）　2016.01～2016.12

重庆市盐业（集团）有限公司彭水分公司

经　理　杨　熙　2016.01～2016.05
副经理　焦小洪　2016.06～2016.12

彭水苗族土家族自治县中阳天然气有限公司

总经理　邓国东　2016.01～2016.12
副总经理　江济田　2016.01～2016.12

彭水苗族土家族自治县工商局

局　　长　张文川　2016.01～2016.01
　　　　　刘　均　2016.02～2016.12
副局长　冉师旺　2016.01～2016.12
　　　　罗　竞　2016.01～2016.12
　　　　王子超　2016.01～2016.12
纪检组长　温安坤　2016.01～2016.12

彭水苗族土家族自治县规划局

局　长　李素芳　2016.01～2016.12

彭水苗族土家族自治县市政园林管理局

党组书记、局长　文元林　2016.01～2016.12
党组成员、副局长　熊　伟　2016.01～2016.11
向建国　2016.01～2016.12
王子贵　2016.01～2016.12
谢光远　2016.01～2016.12
孙德兵　2016.11～2016.12
党组成员、纪检组长　吴国庆　2016.01～2016.11
副调研员　熊　伟　2016.11～2016.12

彭水苗族土家族自治县城乡建设委员会

党组书记、主任　杨从勇　2016.01～2016.12
党组成员、副主任　曹　勇　2016.01～2016.12
党组成员、副主任、城乡规划建设执法大队大队长
陈　永　2016.01～2016.12
党组成员、纪检组长　张　力（女）　2016.01～2016.12
党组成员　李泽兵　2016.01～2016.12

彭水苗族土家族自治县国土资源和房屋管理局

党组书记、局长　严海林　2016.01～2016.12
党组成员、副局长　冉茂强　2016.01～2016.12
黄　恩　2016.01～2016.12
副局长　敖国娥　2016.01～2016.12
党组成员、纪检组长　王国江　2016.01～2016.11
党组成员、驻局纪检组长
王国江　2016.11～2016.12

彭水苗族土家族自治县环境保护局

局　　长　廖福保　2016.01～2016.12
副局长　崔锦洪　2016.01～2016.12
张绍云　2016.01～2016.12
罗　乐　2016.01～2016.12
姜　波　2016.01～2016.12
纪检组长　张维英　2016.01～2016.12

彭水苗族土家族自治县移民服务中心

主　　任　陈　红　2016.01～2016.11
段晓锦　2016.11～2016.12
副主任　李朝斌　2016.01～2016.12
张　浩　2016.01～2016.12
张德礼　2016.01～2016.12
党组成员　张　强　2016.01～2016.12

彭水苗族土家族自治县交通委员会

党组书记、主任　陈敬红　2016.11～2016.12
徐道东　2016.01～2016.11
党组成员、副主任　文　朴　2016.01～2016.12
严久林　2016.01～2016.11
党组成员、公路局局长　陈启军　2016.01～2016.12
党组成员、副主任　任　军　2016.01～2016.12
党组成员、运管所所长
苟　勇　2016.07～2016.12
党组成员、副主任　王　胜　2016.11～2016.12
党组成员、纪检组长　叶庆丰　2016.01～2016.12
副调研员　张达清　2016.01～2016.12

中国电信股份有限公司彭水分公司

总经理　曾善文　2016.01～2016.12
副总经理　黄美国　2016.01～2016.12
秦叙友　2016.01～2016.12

彭水苗族土家族自治县投资促进服务中心

主　　任　任小兵　2016.01～2016.12
副主任　李　兵　2016.01～2016.12
杨　胜　2016.01～2016.12
邓相宇　2016.01～2016.12
纪检组长　孟德学　2016.01～2016.12

彭水苗族土家族自治县旅游局

党组书记、局长　袁业国　2016.01～2016.12
党组成员、副局长　冉昌嵘　2016.01～2016.12
廖售吟（女）　2016.01～2016.12

冉润兴　2016.01～2016.06
党组成员、纪检组长　廖建军　2016.01～2016.11
党组成员、旅工委副书记
冉　伟　2016.01～2016.12

彭水苗族土家族自治县财政局

局　　长　王露波　2016.01～2016.11
谢成红　2016.11～2016.12
副局长　谢华鸥　2016.01～2016.12
李光奎　2016.01～2016.12
张维斌　2016.01～2016.12
纪检组长　廖秀敏　2016.01～2016.11
任孔奎　2016.11～2016.12
党组成员　廖秀敏　2016.11～2016.12

中国银行业监督管理委员会黔江监管分局彭水办事处

主　任　孙章龙　2016.01～2016.04
陈天旺　2016.05～2016.12
副主任　朱　毅　2016.01～2016.04
徐　竞　2016.05～2016.12

中国农业发展银行彭水苗族土家族自治县支行

行　长　彭　刚　2016.01～2016.12
副行长　罗宗成　2016.01～2016.12

中国邮政储蓄银行彭水苗族土家族自治县支行

行　长　徐立友　2016.08～2016.12
副行长　石正平　2016.11～2016.12

中国人民财产保险股份有限公司彭水支公司

总经理　田　涌　2016.01～2016.12
副总经理　赵应容　2016.01～2016.12
张世忠　2016.01～2016.12

彭水苗族土家族自治县发展和改革委员会

党组书记、主任　王传军　2016.01～2016.12
党组成员、副主任　姚　武　2016.01～2016.12
黄安平　2016.01～2016.12
邵　尉　2016.01～2016.12
副主任　程　清　2016.01～2016.12
党组成员、纪检组长　向寿龙　2016.01～2016.12

彭水苗族土家族自治县安全生产监督管理局

党组书记、局长　胡　宏　2016.01～2016.12
党组副书记、煤炭局长　刘卉红　2016.01～2016.11
曹华东　2016.11～2016.12
党组成员、副局长　徐中荣　2016.01～2016.12
陈远兵　2016.01～2016.12
张　玲　2016.01～2016.12
党组成员、纪检组长　陈泽胜　2016.01～2016.12
安监执法大队大队长　甘国平　2016.01～2016.12

重庆市食品药品监督管理局彭水苗族土家族自治县分局

局　　长　颜宇雄　2016.01～2016.09
副局长　冉茂波　2016.01～2016.12
张凌燕　2016.01～2016.12
纪检组长　严昌平　2016.01～2016.12

彭水苗族土家族自治县质量技术监督局

局　长　田永东　2016.01～2016.12
副局长　任永友　2016.01～2016.12

彭水苗族土家族自治县审计局

局　长　张和奎　2016.01～2016.12
副局长　廖建华　2016.01～2016.12
尤文锋　2016.01～2016.12
李昕屿　2016.04～2016.12
纪检组长　陈敬蓉　2016.01～2016.11

彭水苗族土家族自治县统计局

局党组书记、局长

尹雪梅（女） 2016.01～2016.11
杨祥奎 2016.11～2016.12
副　局　长 廖志华 2016.01～2016.12
党组成员、副局长 涂　勇 2016.01～2016.12
郭大波 2016.01～2016.12
党组成员、纪检组长 冉建华 2016.01～2016.11
党组成员、社会经济调查队队长
肖庆杰 2016.01～2016.12

彭水苗族土家族自治县国有资产管理局

局　　长 谢　胜 2016.01～2016.12
党委书记 王露波 2016.01～2016.11
副 局 长 王天发 2016.01～2016.10
任孔奎 2016.01～2016.11
王德金 2016.01～2016.12

彭水苗族土家族自治县科委

主　任 蹇廷超 2016.01～2016.11
何道信 2016.11～2016.12
副主任 陈　坤 2016.11～2016.12
余　波 2016.01～2016.12
谢刚俊 2016.01～2016.11
钱徽川 2016.01～2016.11

彭水苗族土家族自治县文化委员会

党组书记、主任 曾凡才 2016.01～2016.11
何念屈 2016.11～2016.12
党组成员、副主任 王世夏 2016.01～2016.12
刘洪生 2016.01～2016.12
副主任、县文化执法大队队长
吕中媚 2016.01～2016.12
党组成员、纪检组长 郑　勇 2016.01～2016.11

彭水苗族土家族自治县广播电视台

党组书记、台长 何念屈 2016.01～2016.11
刘将彬 2016.11～2016.12
党组成员、副台长 刘将彬 2016.01～2016.11
陈法能 2016.11～2016.12
党组成员、纪检组长 陈法能 2016.01～2016.11
副 台 长 王小玲 2016.01～2016.12
李大明 2016.06～2016.12

彭水苗族土家族自治县日报社

总 编 辑 张　波 2016.01～2016.12
副总编辑 温江华 2016.01～2016.12
廖凤莲 2016.01～2016.12
周青松 2016.11～2016.12

彭水苗族土家族自治县档案局

局　　长 任永松 2016.01～2016.12
副 局 长 吴向华 2016.01～2016.12
汪卫东 2016.01～2016.12
刘维红 2016.01～2016.12
党组成员 唐　茂 2016.01～2016.12
纪检组长 唐　茂 2016.01～2016.11

彭水苗族土家族自治县卫生和计划生育委员会

党委书记、主 任 代　鸿 2016.01～2016.12
党委副书记 冉启朝 2016.01～2016.12
党委委员、纪委书记 李泽漩 2016.01～2016.12
党委委员、副主任 蒲世海 2016.01～2016.12
邓登慧（女） 2016.01～2016.12
石发禄 2016.02～2016.12

乡镇街道负责人名录

汉葭街道

党工委书记 唐富学 2016.01～2016.12
办事处主任 王　胜 2016.01～2016.11
肖健康 2016.11～2016.12
人大工委主任 曾华平 2016.01～2016.12
纪工委书记 陈代文 2016.01～2016.11
朱哲旭 2016.11～2016.12
党工委副书记 陈代文 2016.11～2016.12

政法书记　苟　渠　2016.01～2016.12
武装部长　王　鹏　2016.01～2016.11
办事处副主任　朱哲旭　2016.01～2016.11
黄一轩　2016.11～2016.12
杨洪波　2016.01～2016.12
金应强　2016.01～2016.03
谢常辉　2016.04～2016.12
组织委员　陈飞宇　2016.01～2016.11
张红霞（女）　2016.11～2016.12
宣传委员　唐隆昌　2016.01～2016.11
吴相芬（女）　2016.11～2016.12
统战委员　王明芬（女）　2016.01～2016.12

绍庆街道

党工委书记　贺守良　2016.01～2016.10
曾林方　2016.11～2016.12
办事处主任　刘朝权　2016.01～2016.12
人大工委主任　周广平　2016.01～2016.12
纪工委书记　李胜贤　2016.01～2016.10
范其福　2016.11～2016.12
政法委书记　苏　兴　2016.01～2016.12
武装部长　周　强　2016.01～2016.10
谢泽滨　2016.11～2016.12
办事处副主任　张先顶　2016.01～2016.06
任紫胜　2016.01～2016.10
岳文才　2016.01～2016.11
王小平　2016.06～2016.12
谢泽滨　2016.11～2016.12
李　莉（女）　2016.11～2016.12
组织委员　刘小容　2016.01～2016.12
宣传委员　龚安定　2016.01～2016.12
统战委员　庹贞琴　2016.01～2016.12

靛水街道

党工委书记　冯久洪　2016.01～2016.12
办事处主任　钟兴云　2016.01～2016.12
人大工委主任　马万发　2016.01～2016.12
党工委副书记　王天栋　2016.11～2016.12
纪工委书记　范其福　2016.01～2016.10
李鸿章　2016.11～2016.12
政法书记　潘　峰　2016.01～2016.12
武装部长　陈　普　2016.01～2016.12
办事处副主任　谢常辉　2016.01～2016.02
王天栋　2016.01～2016.10
赵兴荣　2016.03～2016.12
王卫林　2016.11～2016.12
组织委员　赵兴荣　2016.01～2016.02
陈秋瑾（女）　2016.02～2016.12
宣传委员　何英杰　2016.01～2016.10
庹林祥　2016.11～2016.12
统战委员　王　旭　2016.01～2016.12

高谷镇

党委书记　任云义　2016.01～2016.12
党委副书记、镇长　邓小伟　2016.01～2016.12
人大主席　王建华　2016.01～2016.12
党委副书记　何英杰　2016.11～2016.12
纪委书记　代明华　2016.01～2016.12
政法书记、副镇长　谢成建　2016.01～2016.12
武装部长、副镇长　任　兵　2016.01～2016.12
组织委员　何江涛　2016.01～2016.12
宣传委员　王　勇　2016.01～2016.12
统战委员　邓　拓　2016.01～2016.07
王　勇　2016.11～2016.12
副镇长　张小龙　2016.01～2016.12

郁山镇

党委书记　庹华明　2016.10～2016.12
曾林方　2016.01～2016.10
镇　长　杨从永　2016.01～2016.01
金应强　2016.01～2016.12
人大主席　周卿民　2016.01～2016.12
纪委书记　冉茂兵　2016.01～2016.12

政法书记　伍贞洪　2016.01～2016.10
　　　　　吴　锐　2016.10～2016.12
武装部长　罗春华　2016.01～2016.12
副 镇 长　马培淑　2016.10～2016.12
　　　　　马晓春　2016.01～2016.10
　　　　　董民强　2016.10～2016.12
　　　　　王川源　2016.10～2016.12
组织委员　董民强　2016.01～2016.10
宣统委员　王川源　2016.01～2016.10
统战委员　吴相芬　2016.01～2016.10
党委副书记　马晓春　2016.10～2016.12
人大副主席　宁环彬　2016.10～2016.12
宣传委员、统战委员　刘庆彬　2016.10～2016.12

保家镇

党委书记　陈昌华　2016.01～2016.12
镇　　长　黄建明　2016.01～2016.12
人大主席　谭昭智　2016.01～2016.12
党委副书记　何振飞　2016.11～2016.12
纪委书记　李胜贤　2016.11～2016.12
　　　　　李鸿章　2016.01～2016.10
政法书记　彭万洪　2016.01～2016.12
副 镇 长　赵远川　2016.01～2016.12
　　　　　郁德洪　2016.01～2016.12
　　　　　谢成忠　2016.11～2016.12
　　　　　张　军　2016.02～2016.12
宣传委员　向国辉　2016.01～2016.12
组织委员　何　冀　2016.11～2016.12
　　　　　何振飞　2016.01～2016.11

黄家镇

党委书记　王迎春　2016.01～2016.12
镇　　长　冯佑峰　2016.01～2016.12
人大主席　傅光荣　2016.01～2016.11
　　　　　谢晓红　2016.11～2016.12
纪委书记　谢晓红　2016.01～2016.11
　　　　　邓春宏　2016.11～2016.12

政法书记　刘　强　2016.01～2016.11
　　　　　廖亚非　2016.11～2016.12
武装部长　任大玖　2016.01～2016.11
　　　　　陶西华　2016.11～2016.12
副 镇 长　任大玖　2016.01～2016.11
　　　　　廖亚非　2016.10～2016.12
　　　　　陈露萍（女）　2016.01～2016.12
　　　　　陶西华　2016.11～2016.12
组织委员　邓春宏　2016.01～2016.11
　　　　　叶腾秀（女）　2016.11～2016.12
宣传委员　廖亚非　2016.01～2016.11
宣传统战委员　罗远忠　2016.11～2016.12
党委副书记　陈飞宇　2016.10～2016.12

普子镇

党委书记　何成军　2016.01～2016.12
镇　　长　张国学　2016.01～2016.12
人大主席　肖成洪　2016.01～2016.12
副 书 记　曾庆强　2016.01～2016.12
纪委书记　赵渝东　2016.01～2016.10
　　　　　严昌怀　2016.01～2016.12
武装部长　谢泽滨　2016.01～2016.10
　　　　　任大玖　2016.11～2016.12
政法书记　严昌怀　2016.01～2016.10
　　　　　何　奎　2016.11～2016.12
副 镇 长　李孝勇　2016.01～2016.12
　　　　　郭唐敏　2016.11～2016.12
　　　　　宁胡江　2016.11～2016.12
　　　　　曾庆强　2016.01～2016.10
组织委员　李方红　2016.01～2016.12
宣传委员、统战委员　杨绪银　2016.11～2016.12
统战委员　杨绪银　2016.01～2016.10

连湖镇

党委书记　冉启康　2016.01～2016.04
　　　　　汪　艾　2016.05～2016.12
镇　　长　汪　艾　2016.01～2016.05

冉宗兵　2016.05～2016.12
人大主席　杨天川　2016.01～2016.12
专职副书记　方建禄　2016.11～2016.12
纪委书记　王　松　2016.01～2016.12
副镇长、政法书记　王信坤　2016.01～2016.10
钟　鹰　2016.11～2016.12
副镇长、武装部长　钟　鹰　2016.01～2016.12
周　清　2016.11～2016.12
副 镇 长　方建禄　2016.01～2016.10
刘君建　2016.11～2016.12
组织委员　刘君建　2016.01～2016.10
高　翔　2016.11～2016.12
宣传委员　周　清　2016.01～2016.11
蒲　媛　2016.11～2016.12
统战委员　蒲　媛　2016.05～2016.12

万足镇

党委书记　冉海洋　2016.01～2016.11
曾春森　2016.11～2016.12
镇　　长　胡　洪　2016.01～2016.12
人大主席　焦辉照　2016.01～2016.12
纪委书记　陈远家　2016.01～2016.12
专职副书记　张雪峰　2016.11～2016.12
副 镇 长　张雪峰　2016.01～2016.11
刘帮清　2016.11～2016.12
张国强　2016.01～2016.12
黄邦德　2016.11～2016.12
组织委员　刘昌勇　2016.01～2016.12
宣传委员　李秋亚　2016.01～2016.12
统战委员　李秋亚　2016.11～2016.12

新田镇

党委书记　肖健康　2016.01～2016.11
夏　均　2016.12～2016.12
镇　　长　张晓辉　2016.01～2016.12
人大主席　任永成　2016.01～2016.12
副 书 记　简银宝　2016.10～2016.12
纪委书记　盛　强　2016.01～2016.12
副镇长、政法书记　张直奎　2016.01～2016.12
副镇长、武装部长　王美洲　2016.01～2016.11
刘　辉　2016.12～2016.12
副 镇 长　刘伟洪　2016.01～2016.12
宣传委员　周宫平　2016.01～2016.11
宣传、统战委员　赵晓玲　2016.12～2016.12
组织委员　郑凤竹　2016.01～2016.05
简银宝　2016.06～2016.12
冉简乐　2016.10～2016.12
统战委员　简银宝　2016.01～2016.12

鞍子镇

党委书记　张传武　2016.01～2016.10
任　洪　2016.11～2016.12
镇　　长　简远成　2016.01～2016.12
人大主席　冉　洪　2016.01～2016.12
专职副书记　谢从奎　2016.11～2016.12
纪委书记　向　阳　2016.11～2016.12
谢从奎　2016.01～2016.11
副镇长、政法书记　罗　阳　2016.01～2016.12
副镇长、武装部长　张　波　2016.01～2016.12
副 镇 长　毛显华　2016.11～2016.12
组织委员　廖园桂　2016.11～2016.12
王显华　2016.01～2016.10
宣传、统战委员　陈兰萍（女）
2016.04～2016.12

平安镇

党委书记　张泽勇　2016.01～2016.07
任小林　2016.07～2016.12
镇　　长　任小林　2016.01～2016.07
邓　拓　2016.08～2016.12
人大主席　杨禄祥　2016.01～2016.11
李胜平　2016.11～2016.12
党委副书记　王　俊　2016.11～2016.12
纪委书记　何世光　2016.01～2016.05

苏远海　2016.06～2016.12
副 镇 长　张　宏　2016.01～2016.11
赵　洪　2016.01～2016.12
霍　宏　2016.01～2016.11
冯中银　2016.11～2016.12
王海平　2016.11～2016.12
组织委员　苏远海　2016.01～2016.05
宣传委员　王　俊　2016.01～2016.11
统战委员　赵晓玲（女）　2016.01～2016.11
宣传统战委员　杨显福　2016.11～2016.12

长生镇

党委书记　罗富安　2016.01～2016.12
党委副书记、镇长　刘方亮　2016.01～2016.12
人大主席　魏世乾　2016.01～2016.12
党委副书记　王国华　2016.11～2016.12
纪委书记　宁环明　2016.11～2016.12
政法书记、副镇长　徐昌明　2016.11～2016.12
武装部长、副镇长　王源韩　2016.01～2016.12
副 镇 长　冯进军　2016.01～2016.12
组织委员　夏　旭　2016.01～2016.10
李　燕　2016.11～2016.12
宣传统战委员　周权成　2016.01～2016.12
宣传委员　周权成　2016.01～2016.10
统战委员　徐昌明　2016.01～2016.10

龙溪镇

党委书记　庹华明　2016.01～2016.11
王　洵　2016.11～2016.12
镇　　长　杨小刚　2016.01～2016.12
人大主席　王德平　2016.01～2016.12
副 书 记　张　勇　2016.11～2016.12
纪委书记　董莹莹　2016.01～2016.12
政法书记　张　勇　2016.01～2016.11
焦辉忠　2016.11～2016.12
武装部长　冉卓鹏　2016.01～2016.12
副 镇 长　焦辉忠　2016.01～2016.11

李小林　2016.11～2016.12
组织委员　王明元　2016.01～2016.12
统战委员　蔡小聪　2016.01～2016.10
宣传委员　周兴奎　2016.01～2016.10
宣传、统战委员　蔡小聪　2016.10～2016.12

梅子垭镇

党委书记　文振华　2016.10～2016.12
杨秀举　2016.01～2016.10
镇　　长　刘胜平　2016.10～2016.12
文振华　2016.01～2016.10
人大主席　何群友　2016.01～2016.12
党委副书记　李继林　2016.10～2016.12
纪委书记　彭术娟　2016.10～2016.12
汪廷国　2016.01～2016.10
政法书记、副镇长　赵春生　2016.01～2016.12
任云川　2016.01～2016.10
武装部长、副镇长　任云川　2016.01～2016.12
李继材　2016.01～2016.10
副 镇 长　谢腾飞　2016.01～2016.12
陈小东　2016.01～2016.10
组织委员　文　科（女）　2016.01～2016.12
彭术娟　2016.01～2016.10
宣传统战委员　廖望光　2016.01～2016.12
宣传委员　谢腾飞　2016.01～2016.10

太原镇

党委书记　梁易华　2016.01～2016.12
镇　　长　徐　林　2016.01～2016.12
人大主席　李元锋　2016.01～2016.12
党委副书记　黄彩彩（女）　2016.12～2016.12
纪委书记　吴　维　2016.10～2016.12
副镇长、武装部长　严鸿彬　2016.01～2016.12
副镇长、政法书记　邓国际　2016.01～2016.11
副镇长、政法书记　汪远飞　2016.12～2016.12
副 镇 长　周　斌　2016.01～2016.12
组织委员　黄彩彩（女）　2016.01～2016.12

组织委员　刘　源　2016.12～2016.12
统战委员　冯万奎　2016.01～2016.12
宣传委员　赵春生　2016.01～2016.12
统战委员兼宣传委员　冯万奎　2016.12～2016.12

大同镇
党委书记　冉宇航　2016.10～2016.12
　　　　　孙德兵　2016.01～2016.10
镇　　长　冉宇航　2016.01～2016.10
　　　　　蔡晓荣　2016.11～2016.12
人大主席　徐登勇　2016.01～2016.12
纪委书记　辛光成　2016.01～2016.10
　　　　　余　飞　2016.10～2016.12
武装部长　张正明　2016.01～2016.12
政法书记　肖小江　2016.01～2016.12
副 镇 长　刘恩会　2016.01～2016.12
组织委员　肖　楷　2016.06～2016.12
副 书 记　夏　旭　2016.10～2016.12

鹿鸣乡
党委书记　李柏汝　2016.07～2016.12
　　　　　孙德昌　2016.01～2016.07
乡　　长　李伯汝　2016.01～2016.07
　　　　　陈大兴　2016.07～2016.12
人大主席　李胜平　2016.01～2016.10
　　　　　张　宏　2016.10～2016.12
纪委书记　李清勇　2016.04～2016.10
　　　　　陈恒伍　2016.01～2016.04
　　　　　何泽万　2016.10～2016.12
党委副书记　赵晓航　2016.01～2016.12
副 乡 长　李永秋　2016.01～2016.12
　　　　　赵晓航　2016.01～2016.10
　　　　　谢　均　2016.01～2016.12
政法书记　张　饶　2016.01～2016.12
武装部长　冉　训　2016.10～2016.12
　　　　　李永秋　2016.01～2016.10
组织委员　张朝霞　2016.01～2016.12

统战、宣传委员　黎家安　2016.10～2016.12
宣传委员　赵宇林　2016.01～2016.10
统战委员　冉　训　2016.01～2016.10

诸佛乡
党委书记　冯久林　2016.01～2016.12
乡　　长　刘胜平　2016.01～2016.10
　　　　　豆超琼　2016.10～2016.12
人大主席　周大义　2016.01～2016.12
副 书 记　陈继高　2016.10～2016.12
纪委书记　邓明斌　2016.01～2016.12
副 乡 长　冯　明　2016.01～2016.10
　　　　　陈继高　2016.01～2016.10
　　　　　廖志彬　2016.01～2016.10
　　　　　李兴西　2016.10～2016.12
　　　　　李　清　2016.10～2016.12
　　　　　张小兵　2016.10～2016.12
组织委员　段丽霞　2016.05～2016.12
宣传委员　李兴西　2016.01～2016.10
统战委员　唐　亮　2016.01～2016.10
宣统委员　谭银龙　2016.10～2016.12

走马乡
党委书记　刘华川　2016.01～2016.12
乡　　长　周清洌　2016.01～2016.10
　　　　　田银东　2016.11～2016.12
人大主席　王卫林　2016.01～2016.10
　　　　　王明海　2016.11～2016.12
纪委书记　张小凯　2016.01～2016.12
政法书记　李其泉　2016.01～2016.11
　　　　　胡秀江　2016.10～2016.12
专职副书记　李其泉　2016.11～2016.12
副 乡 长　龙文彬　2016.01～2016.12
　　　　　胡秀江　2016.05～2016.12
　　　　　周庆玖　2016.11～2016.12
组织委员　胡秀江　2016.01～2016.04
　　　　　郑富尹　2016.05～2016.12

统战委员　周庆玖　2016.01～2016.11
宣统委员　王灵宪　2016.11～2016.12

石柳乡

党委书记　余光明　2016.01～2016.12
乡　　长　陈忠均　2016.01～2016.12
人大主席　喻修田　2016.01～2016.12
专职副书记　王付全　2016.11～2016.12
纪委书记　黎家安　2016.01～2016.12
　　　　　张英安　2016.10～2016.12
副 乡 长　廖昌平　2016.01～2016.12
　　　　　张　勇　2016.10～2016.12
　　　　　王付全　2016.01～2016.10
　　　　　冉鹏飞　2016.01～2016.12
组织委员　吴胜娟　2016.04～2016.12
统战委员　朱国家　2016.10～2016.12

岩东乡

党委书记　杨祥奎　2016.01～2016.10
　　　　　田　燕　2016.11～2016.12
乡　　长　田　燕 2016.01～2016.10
　　　　　张知海　2016.11～2016.12
人大主席　张德文　2016.01～2016.12
专职副书记　卢策群　2016.11～2016.12
纪委书记　吴　锐　2016.01～2016.10
　　　　　谭继奎　2016.11～2016.12
政法书记、副乡长　谭勤华　2016.01～2016.12
武装部长、副乡长　田　川　2016.01～2016.12
副 乡 长　方义华　2016.01～2016.12
组织委员　冉宗兵　2016.01～2016.05
　　　　　卢策群　2016.05～2016.10
　　　　　徐　华　2016.11～2016.12
宣传委员　卢策群　2016.01～2016.10
宣传、统战委员　杨于桥　2016.11～2016.12
统战委员　杨于桥　2016.01～2016.12

润溪乡

党委书记　李育奎　2016.01～2016.06
　　　　　曾宪军　2016.06～2016.12
乡　　长　张先顶　2016.06～2016.12
　　　　　曾宪军　2016.01～2016.06
人大主席　谭书琼（女）　2016.01～2016.12
副 书 记　任武胜　2016.10～2016.12
纪委书记　毛云东　2016.10～2016.12
　　　　　王云其　2016.01～2016.10
副 乡 长　李真兵　2016.01～2016.12
　　　　　任武胜　2016.01～2016.10
　　　　　王　菲　2016.01～2016.12
　　　　　王云其　2016.10～2016.12
　　　　　向志勤　2016.01～2016.10
　　　　　朱远长　2016.01～2016.12
组织委员　张学成　2016.10～2016.12
　　　　　赵广周　2016.10～2016.12
宣传统战委员　孙　璐　2016.10～2016.12
统战委员　张学成　2016.01～2016.10
宣传委员　孙　璐　2016.01～2016.10

棣棠乡

党委书记　梁晓黎　2016.01～2016.11
　　　　　杨秀举　2016.11～2016.12
乡　　长　李小平　2016.01～2016.08
　　　　　王美洲　2016.11～2016.12
人大主席　谢　明　2016.01～2016.12
党委副书记　赵亚丽　2016.11～2016.12
纪委书记　李　波　2016.11～2016.12
　　　　　冯中银　2016.01～2016.11
副 乡 长　赵亚丽　2016.01～2016.11
　　　　　陈小波　2016.01～2016.12
　　　　　王云朴　2016.01～2016.12
　　　　　黄光川　2016.11～2016.12
组织委员　梁　潇　2016.07～2016.11
　　　　　王　伟　2016.11～2016.12
宣传委员　梁　潇　2016.01～2016.11
宣传、统战委员　龙桂林　2016.11～2016.12

乔梓乡

党委书记　唐　宏　2016. 01 ~ 2016. 12
乡　　长　陈光旭　2016. 01 ~ 2016. 12
副书记　豆东山　2016. 10 ~ 2016. 12
人大主席　陈红梅（女）　2016. 01 ~ 2016. 12
纪委书记　谢尚峰　2016. 01 ~ 2016. 12
武装部长、副乡长　向小东　2016. 01 ~ 2016. 12
政法书记、副乡长　陈文刚　2016. 01 ~ 2016. 12
副 乡 长　刘庆彬　2016. 01 ~ 2016. 11
　　　　　向坤春　2016. 11 ~ 2016. 12
统战委员　谢成忠　2016. 01 ~ 2016. 11
组织委员　谭继奎　2016. 01 ~ 2016. 11
　　　　　彭文全　2016. 11 ~ 2016. 12
宣传委员　杨红梅（女）　2016. 01 ~ 2016. 11
宣传统战委员　杨红梅（女）　2016. 11 ~ 2016. 12

龙塘乡

党委书记　朱中菊　2016. 01 ~ 2016. 04
　　　　　冉启康　2016. 04 ~ 2016. 12
乡　　长　支　海　2016. 01 ~ 2016. 12
人大主席　罗远书　2016. 01 ~ 2016. 12
党委副书记　罗文峰　2016. 11 ~ 2016. 12
纪委书记　庹征荣　2016. 01 ~ 2016. 12
副 乡 长　陈开合　2016. 01 ~ 2016. 12
　　　　　晏贞华　2016. 11 ~ 2016. 12
　　　　　李　鹏　2016. 11 ~ 2016. 12
　　　　　许碧川　2016. 11 ~ 2016. 12
　　　　　罗文峰　2016. 01 ~ 2016. 10
　　　　　况佳枚　2016. 01 ~ 2016. 10
组织委员　晏贞华　2016. 07 ~ 2016. 10
　　　　　熊建华　2016. 11 ~ 2016. 12
统战委员　晏贞华　2016. 01 ~ 2016. 10
宣传统战委员　陈　静　2016. 11 ~ 2016. 12

联合乡

党委书记　喻晓林　2016. 01 ~ 2016. 01
　　　　　杨从永　2016. 02 ~ 2016. 12
乡　　长　田银东　2016. 01 ~ 2016. 11
　　　　　王　鹏　2016. 11 ~ 2016. 12
人大主席　魏　群　2016. 01 ~ 2016. 12
副 书 记　代成川　2016. 10 ~ 2016. 12
纪委书记　李清勇　2016. 01 ~ 2016. 04
　　　　　汪常胜　2016. 06 ~ 2016. 12
副 乡 长　罗礼洋　2016. 01 ~ 2016. 12
　　　　　代成川　2016. 01 ~ 2016. 11
　　　　　肖世红　2016. 11 ~ 2016. 12
　　　　　朱国家　2016. 11 ~ 2016. 11
　　　　　葛先奎　2016. 11 ~ 2016. 12
组织委员　冉一涟　2016. 01 ~ 2016. 12
统战委员　葛先奎　2016. 01 ~ 2016. 11
宣传、统战委员　操　玲　2016. 11 ~ 2016. 12
宣传委员　操　玲　2016. 01 ~ 201210

芦塘乡

党委书记　王栋梁　2016. 01 ~ 2016. 07
　　　　　廖燕峰　2016. 08 ~ 2016. 12
乡　　长　廖燕峰　2016. 01 ~ 2016. 07
　　　　　周清洌　2016. 11 ~ 2016. 12
人大主席　何玉方　2016. 01 ~ 2016. 12
党委副书记　赵奎荣　2016. 11 ~ 2016. 12
纪委书记　赵奎荣　2016. 01 ~ 2016. 11
　　　　　张　俊　2016. 11 ~ 2016. 12
副 乡 长　魏光举　2016. 01 ~ 2016. 12
　　　　　罗名兵　2016. 01 ~ 2016. 12
　　　　　宁环兵　2016. 01 ~ 2016. 11
　　　　　龙　海　2016. 11 ~ 2016. 12
组织委员　张　俊　2016. 01 ~ 2016. 11
　　　　　袁　泉　2016. 11 ~ 2016. 12
宣传委员　何琴华　2016. 01 ~ 2016. 11
宣传、统战委员　陈洪川　2016. 11 ~ 2016. 12
统战委员　宁环彬　2016. 01 ~ 2016. 10

朗溪乡

党委书记　陈海洋　2016. 01 ~ 2016. 12
乡　　长　蒋廷昌　2016. 01 ~ 2016. 12
人大主席　刘小平　2016. 01 ~ 2016. 12
副 书 记　罗　坤　2016. 10 ~ 2016. 12
纪委书记　陈守明　2016. 01 ~ 2016. 12
政法书记　何泽万　2016. 01 ~ 2016. 10
　　　　　彭国平　2016. 10 ~ 2016. 12
武装部长　冉　雄　2016. 10 ~ 2016. 12
　　　　　宋廷友　2016. 01 ~ 2016. 10
副 乡 长　田小川　2016. 01 ~ 2016. 10
　　　　　宋廷友　2016. 01 ~ 2016. 12
组织委员　赵绪堂　2016. 10 ~ 2016. 12
　　　　　罗　坤　2016. 01 ~ 2016. 10
宣传委员　苏小蓉（女）　2016. 01 ~ 2016. 10
宣传统战委员　苏小蓉（女）　2016. 10 ~ 2016. 12
统战委员　彭国平　2016. 01 ~ 2016. 10

善感乡

党委书记　崔明伟　2016. 01 ~ 2016. 12
乡　　长　庹玉均　2016. 01 ~ 2016. 12
人大主席　艾立鸿　2016. 01 ~ 2016. 12
党委专职副书记　冯　勇　2016. 11 ~ 2016. 12
纪委书记　何小河　2016. 01 ~ 2016. 11
　　　　　李绍银　2016. 11 ~ 2016. 12
副乡长、政法书记　洪　江　2016. 01 ~ 2016. 12
副乡长、武装部长　宁环明　2016. 01 ~ 2016. 11
　　　　　　　　　谭海波　2016. 11 ~ 2016. 12
副 乡 长　刘恩华　2016. 01 ~ 2016. 12
组织委员　许　岩（女）　2016. 01 ~ 2016. 11
　　　　　唐　雪（女）　2016. 11 ~ 2016. 12
宣传委员　冯　勇　2016. 01 ~ 2016. 11
统战委员　谭海波　2016. 01 ~ 2016. 11
宣传统战委员　廖　皓　2016. 11 ~ 2016. 12

三义乡

党委书记　苟　勇　2016. 01 ~ 2016. 07
　　　　　李小平　2016. 08 ~ 201012
乡　　长　陈　卫　2016. 01 ~ 2016. 12
人大主席　冉茂堂　2016. 01 ~ 2016. 12
副 书 记　赵玉玲　2016. 11 ~ 2016. 12
纪委书记　李绍银　2016. 01 ~ 2016. 10
　　　　　冉开成　2016. 11 ~ 2016. 12
政法书记　侯小平　2016. 01 ~ 2016. 12
武装部长　冉开成　2016. 01 ~ 2016. 10
副 乡 长　李应方　2016. 01 ~ 2016. 12
组织委员　马小刚　2016. 01 ~ 2016. 12
宣传委员　陈昌怀　2016. 01 ~ 2016. 10
统战委员　赵玉玲　2016. 06 ~ 2016. 10
宣传、统战委员　陈昌怀　2016. 10 ~ 2016. 12

双龙乡

党委书记　张小洪　2016. 01 ~ 2016. 12
乡　　长　陈卫国　2016. 01 ~ 2016. 06
　　　　　黄　辉　2016. 08 ~ 2016. 12
人大主席　敖大明　2016. 01 ~ 2016. 12
党委副书记　谢　伟（女）　2016. 12 ~ 2016. 12
纪委书记　敖大明　2016. 01 ~ 2016. 10
　　　　　刘　涛　2016. 12 ~ 2016. 12
副 乡 长　廖石川　2016. 12 ~ 2016. 12
　　　　　黄　辉　2016. 01 ~ 2016. 07
　　　　　刘福奎　2016. 01 ~ 2016. 12
组织委员　谢　伟（女）　2016. 01 ~ 2016. 11
　　　　　凌征霞（女）　2016. 12 ~ 2016. 12
宣传委员　谢　伟　2016. 01 ~ 2016. 12
统战委员　吴家强　2016. 01 ~ 2016. 12
宣传、统战委员　吴家强　2016. 10 ~ 2016. 12

大垭乡

党委书记　尹承章　2016. 01 ~ 2016. 11
　　　　　赵中娅　2016. 11 ~ 2016. 12
乡　　长　罗　强　2016. 01 ~ 2016. 11
　　　　　周　强　2016. 11 ~ 2016. 12
人大主席　陈明江　2016. 01 ~ 2016. 12

副 书 记　王汉松　2016.11～2016.12
纪委书记　向福强　2016.01～2016.11
　　　　　朱元栋　2016.11～2016.12
副 镇 长　陈　勇　2016.01～2016.12
　　　　　冉　忠　2016.01～2016.11
　　　　　冉瑞然　2016.01～2016.11
　　　　　胡小平　2016.11～2016.12
　　　　　辛盈盈　2016.11～2016.12
组织委员　兰雪冰　2016.01～2016.11
　　　　　赵广周　2016.11～2016.12
宣传委员　王汉松　2016.01～2016.11
统战委员　朱元栋　2016.01～2016.11
宣传统战委员　陈小东　2016.11～2016.12

桐楼乡

党委书记　刘邦宪　2016.02～2016.12
乡　　长　刘邦宪　2016.01～2016.02
　　　　　张　倩　2016.02～2016.12
人大主席　冉　军　2016.01～2016.12
政法书记、统战委员　陈彦全　2016.01～2016.11
副乡长、武装部长　金小闯　2016.01～2016.11
副 乡 长　高　寒　2016.10～2016.12
　　　　　马培淑（女）　2016.01～2016.11
组织委员、宣传委员　高　寒　2016.01～2016.10
副书记　陈彦全　2016.11～2016.12
纪委书记　冉　军　2016.01～2016.10
　　　　　金小闯　2016.10～2016.12
政法书记、武装部长、副乡长
　　　　　龙宇　2016.10～2016.12
组织委员　匡　波　2016.10～2016.12
宣传、统战委员　任　伟　2016.10～2016.12

机关团体

党政机关

中共彭水自治县委

【县委全委会】 2016年1月8日，中共彭水苗族土家族自治县第十三届委员会第八次全体会议召开。全会听取和讨论了县委书记钱建超同志代表县委常委会所作的工作报告和关于2016年经济社会发展工作的讲话。县委副书记、县长刘峰，县人大常委会主任张福安，县政协主席胡勤俭等县领导参加会议。

9月29日，中共彭水苗族土家族自治县第十三届委员会第九次全体会议召开。全会深入学习贯彻习近平总书记系列重要讲话和视察重庆重要讲话精神，全面贯彻落实市委四届九次全会精神。钱建超同志讲话。

11月30日，中共彭水苗族土家族自治县委十三届十次全会召开。全会深入学习贯彻党的十八届六中全会和市委四届十次全会精神，系统部署我县全面从严治党各项工作。县委书记钱建超讲话。

12月9日，中共彭水苗族土家族自治县第十三届委员会第十一次全体会议召开。全会听取了县第十四次党代会筹备工作情况汇报，审议通过了提交县第十四次党代会的县委工作报告和县纪委工作报告，酝酿了十四届县委委员、候补委员和县纪委委员候选人预备人选，确定了出席市第五次党代会代表候选人预备人选。

12月21日，中共彭水苗族土家族自治县第十四届委员会举行第一次全体会议，选举产生了中共彭水苗族土家族自治县第十四届委员会常务委员会委员：钱建超、石强、彭玉萍、程途、唐鹏程、何川、巩义胜、陶敏、罗道书、裴煜宇。会议选举钱建超同志为中共彭水苗族土家族自治县委书记，选举石强、彭玉萍同志为中共彭水苗族土家族自治县委副书记，通过了中共彭水苗族土家族自治县纪律检查委员会第一次全体会议关于县纪委常务委员会委员和书记、副书记选举结果的报告。

【县委常委会】 2016年1月4日，县委书记钱建超主持召开十三届县委第91次常委会议，传达学习全市落实党委（党组）意识形态工作责任制座谈会精神、全市互联网建设发展会议精神以及市委四届八次全会精神；审议研究《彭水自治县2015年主要指标预测及2016年经济社会发展计划指标建议方案（送审稿）》《彭水自治县2016年重点项目策划方案（送审稿）》《关于县领导带队检查“两个责任”落实建议方案（送审稿）》以及中共彭水自治县委十三届八次全会相关事宜。县委副书记、县长刘峰，县领导谢胜、程途、何川、杨国祥、庹云强出席会议。

1月11日，县委书记钱建超主持召开十三届县委第92次常委会议，传达学习《习近平总书记视察重庆时的重要讲话》，研究部署贯彻落实意见；审议研究民主推荐干部（市管领导干部）有关事宜。

1月15日，县委书记钱建超主持召开十三届县委第93次常委会议，传达学习《习近平、李克强、汪洋同志在中央扶贫开发工作会议上的讲话》《习近平、刘云山同志在全国党校工作会议上的讲话》；听取彭水自治县公务用车改革准备情况汇报、关于开展2016年春节期间走访慰问贫困党员和老党员工作方案的汇报提纲和关于元旦期间作风建设明察暗访情况汇报；审议《县委常委会“三严三实”专题民主生活会整改方案（送审稿）》；研究干部人事相关事宜。

1月29日，县委书记钱建超主持召开十三届县委第94次常委会议，传达学习全市“两会”精神和市委市政府领导参加彭水代表团审议讨论时的讲话精神、2016年度市发改委扶贫集团对口帮扶彭水县工作座谈会精神、市纪委四届六次全会精神、全市组织部长会议和全市社会组织党的建设工作会议精神、全市统战部长会议精神；审议《彭水自治县2016年政府工作报告（送审稿）》《彭水自治县国民经济和社会发展第十三个五年规划纲要（草案）》《关于2015年财政预算执行情况和2016年财政预算草案的报告（送审稿）》《关于彭水自治县2015年国民经济和社会发展计划执行情况及2016年计划草案的报告（送审稿）》《县人大常委会工作报告（送审稿）》《彭水苗族土家族自治县人民代表大会立法程序规定（送审稿）》《县政协会系列材料（送审稿）》《县法院工作报告（送审稿）》《县检察院工作报告（送审稿）》《县委、县政府2016年工作要点（送审稿）》《县政协2016年工作要点（送审稿）》《县纪委13届6次全会系列材料（送审稿）》《县级部门党组（党委、党工委）和纪检组（纪委、纪工委）、乡镇（街道）党委（党工委）党风廉政建设主体责任清单（送审稿）》《2015年度平安建设和信访稳定工作表彰方案（送审稿）》；研究干部人事相关事宜。

2月14日，县委书记钱建超主持召开十三届县委第95次常委会议，传达学习《习近平总书记在重庆考察工作结束时的讲话》和1月29日中共中央政治局会议精神、中共重庆市委转发的《中共重庆市人大常委会党组关于加强区县乡镇人大工作和建设的若干意见》；专题研究平安建设工作和宣传思想工作。

3月8日，县委书记钱建超主持召开十三届县委第96次常委会议，学习毛泽东《党委会的工作方法》《中共重庆市委关于学习贯彻习近平总书记在中央政治局“三严三实”专题民主生活会上的重要讲话的通知》和中共中央办公厅、国务院办公厅印发的《关于三年来中央政治局贯彻执行中央八项规定落实加强作风建设措施情况的报告》、中共重庆市委办公厅、重庆市人民政府办公厅印发的《关于三年来市委常委会贯彻执行中央八项规定精神和市委实施意见落实加强作风建设措施情况的报告》，传达学习全市对台工作会议精神；审议《彭水自治县县领导和县级部门2016年党风廉政建设和反腐败分工责任制（送审稿）》《2016年度组织工作要点（送审稿）》《2016年新型城镇化建设的实施意见（送审稿）》《关于执行2015年度在职人员绩效奖金和离退休人员健康休养费问题的请示》。

3月18日，县委书记钱建超主持召开十三届县委第97次常委会议，传达学习中共重庆市委印发的《中共重庆市委常委会2016年工作要点》《中共中央关于加强党领导立法工作的意见》、中共重庆市办公厅、重庆市人民政府办公厅印发的《重庆市贯彻〈领导干部干预司法活动、插手具体案件处理的记录、通报和责任追究规定〉的实施办法》、中共中央办公厅转发的《中共中央组织部关于“三严三实”专题教育总结报告》、中共重庆市委印发的《中共重庆市委巡视工作实施办法》；审议《关于2016年农业农村工作的意见（送审稿)》《县人大常委会2016年工作要点（送审稿)》《2016·第五届中国乌江苗族踩花山节暨中国·彭水水上运动大赛总体方案（送审稿)》《重庆福冠投资集团有限公司整合调整方案（送审稿)》《彭水自治县广播电视有线经营机构中机关事业人员身份转换和安置工作实施方案（送审稿)》；通报赴台交流考察有关情况。

4月5日，县委书记钱建超主持召开十三届县委第98次常委会议，传达学习《中共中央关于郭伯雄严重违纪违法案及其教训的通报》、中共中央办公厅、国务院办公厅印发的《反恐怖主义工作责任制实施办法》、全市反恐工作电视电话会议精神和中共重庆市委组织部转发的《中共中央组织部关于学习贯彻习近平总书记重要批示精神加强党委（党组）领导班子建设的通知》；审议《县委宣传思想工作领导小组2016年工作要点（送审稿)》《2016年全县非公有制经济组织和社会组织党建工作要点（送审稿)》《彭水自治县公交车规范改造工作实施方案（送审稿)》《彭水自治县人民政府与重庆国际投资咨询集团有限公司战略合作框架协议（送审稿)》《彭水自治县2016－2017年煤矿企业关闭退出工作实施方案（送审稿)》《彭水自治县农业项目财政补助资金股权化改革试点方案（送审稿)》；听取关于从2013年选聘大学生村官中定向招考公务员和事业单位人员情况的汇报；研究干部人事有关事宜。

4月15日，县委书记钱建超主持召开十三届县委第99次常委会议，听取全县一季度经济运行情况汇报、全县一季度平安建设信访稳定及安全生产工作情况汇报以及关于陈小平、王汉敏等人涉嫌组织领导传销案有关情况汇报；审议《彭水自治县党政机关公务用车制度改革实施方案（送审稿)》《2016年全县干部教育培训工作要点及年度计划（送审稿)》《彭水自治县公务员平时考核工作实施方案（送审稿)》；研究全面推开群团改革工作和干部人事有关事宜。

4月25日，县委书记钱建超主持召开十三届县委第100次常委会议，传达学习习近平同志在中央政治局常委会会议审议“两学一做”学习教育方案时的讲话（节选）和刘云山、赵乐际同志在“两学一做”学习教育工作座谈会上的讲话；审议《关于在全县党员中开展“两学一做”学习教育实施方案及工作领域子方案、工作机构方案、工作会议方案（送审稿)》《关于建党95周年党内表彰及贫困党员慰问方案（送审稿)》《彭水自治县群团改革实施方案及县总工会、团县委、县妇联专项改革实施方案（送审稿)》《2016首届渝东南生态民族旅游文化节总体活动实施方案（送审稿)》；研究相关人员违纪问题和干部人事有关事宜。

5月6日，县委书记钱建超主持召开十三届县委第101次常委会议，传达学习全市乡镇领导班子和村（社区）“两委”换届工作会议精神以及关于换届工作相关文件，听取有关党委（党组、党工委）落实党风廉政建设主体责任情况汇报、2016·第五届中国乌江苗族踩花山节暨中国·彭水水上运动大赛筹备情况工作汇报；研究渝东南生态民族旅游文化节有关事项和关于推荐表彰重庆市优秀共产党员、优秀党务工作者、先进基层党组织有关事宜；审议《关于彭水自治县2015年乡镇（街道)、县级部门特色亮点工作申报名单》《2016年综合考核指标体系（送审稿)》；审议《2016年县政协重点协商、通报、视察、调研计划（送审稿)》《彭水自治县创建全国民族团结进步示范县实施方案（送审稿)》《彭水自治县龙虎水库工程政府和社会资本合作（PPP）项目合同（送审稿)》《大型原创话剧《怀清台》创作演出合作协议（送审稿)》。

5月18日，县委书记钱建超主持召开十三届县委第102次常委会议，审议研究《中共重庆市纪委关于征求对汪家生同志违纪行为处理意见的函》，县纪委出席了会议。

5月27日，县委书记钱建超主持召开十三届县委第103次常委会议，传达学习全市保密工作会议精神和全市加强扶贫领域监督执纪问责工作座谈会议精神；审议《彭水苗族土家族自治县人民政府与重庆天怡集团关于新城基础设施及公用设施项目战略合作框架协议（送审稿）》《关于进一步加强全县旅游宣传营销工作的意见（送审稿）》《县科协、县残联、县工商联专项改革方案（送审稿）》《彭水自治县群团组织挂（兼）职干部管理暂行办法（送审稿）》《彭水自治县群团改革财政资金保障方案（送审稿）》《关于建立中共彭水自治县委党的群团工作联席会议制度的通知（送审稿）》《中共彭水苗族土家族自治县委巡察工作实施办法（送审稿）》《关于公务员经商办企业情况的调查处理方案（送审稿）》《2016 年党政领导干部经济责任审计项目计划（送审稿）》《建党 95 周年表彰方案（送审稿）》。

6 月 3 日，县委书记钱建超主持召开十三届县委第 104 次常委会议，传达学习《中国共产党党和国家机关基层组织工作条例》《中共中央办公厅印发关于当前意识形态领域情况的通报的通知》和基层政法干警座谈会和政法部门负责人座谈会会议精神；听取“6·2”暴雨洪灾抢险救灾情况汇报，研究部署抗灾救灾工作。

6 月 6 日，县委书记钱建超主持召开十三届县委第 105 次常委会议，研究石强同志工作分工有关事宜和干部人事有关事宜。县委副书记、县政府党组书记石强，县委副书记朱高云，县领导何川、任昌卜出席会议。

6 月 21 日，县委书记钱建超主持召开十三届县委第 106 次常委会议，传达学习陈绿平副市长来彭调研精神和全市重点群体稳定工作会议精神，审议研究县第十六届人民代表大会第九次会议有关事宜；审议《部分群团机关机构编制方案和成立有关事业单位的通知（送审稿）》《彭水自治县庆祝建党 95 周年纪念活动方案和拟表彰名单（送审稿）》《彭水自治县党内关怀办法（送审稿）》《2016 首届渝东南生态民族旅游文化节嘉宾邀请方案（送审稿）》《彭水自治县工商联（总商会）第十三届换届工作方案（送审稿）》《新设县纪委派驻机构工作方案（送审稿）》。

6 月 24 日，县委书记钱建超主持召开十三届县委第 107 次常委会议，传达学习中央外事办调研组来彭调研指示精神和《中共中央办公厅关于部分人大代表、政协委员涉法涉罪问题问责情况及其教训的通报》《中共重庆市委办公厅关于印发〈中共重庆市委常委会会议议题管理制度（试行）〉的通知》；审议研究干部人事有关事宜。

7 月 15 日，县委书记钱建超主持召开十三届县委第 108 次常委会议，学习《论忠诚与老实—邓小平》《党员对党要忠实—陈云》；审议《中共彭水苗族土家族自治县委常委会会议议题管理制度（试行）（送审稿）》《彭水自治县综合交通运输“十三五”发展规划（送审稿）》《彭水新城市政道路项目战略合作框架协议（送审稿）》《中国摩托艇联赛彭水站战略合作框架协议（送审稿）》《彭水自治县 2016 年度退役士兵及转业士官安置方案（送审稿）》《2015 年度乡镇（街道）、县级部门领导班子和领导干部考核结果（送审稿）》；研究干部人事相关事宜。

7 月 20 日，县委书记钱建超主持召开十三届县委第 109 次常委会议，传达学习全市区县领导班子换届工作会议精神；听取全县半年经济运行情况汇报和全县半年平安建设、信访稳定、安全生产及法院、检察院工作情况汇报，审议研究关于收购农业银行彭水支行拟处置彭水卫生局等 98 户债权的请示、关于使用单一来源方式为基层医疗机构集中采购民盟中央条件性赠送多普勒彩超和 DR 的请示。

7 月 29 日，县委书记钱建超主持召开十三届县委第 110 次常委会议，传达学习习近平总书记 7 月 20 日在宁夏主持召开东西部扶贫协作座谈会上的讲话精神；审议《关于成立全县换届工作领导小组的通知（送审稿）》《彭水自治县关于 2016 年度非领导职务晋升工作的方案（送审稿）》和关于报请审定基础设施项目建设战略合作框架协议的请示；听取关于党组清理规范有关工作情况的报告。

8月11日，县委书记钱建超主持召开十三届县委第111次常委会议，传达学习全市区县委书记、区县长座谈会议精神和全市环保督察工作会议精神，研究部署贯彻落实意见；审议《彭水自治县“十三五”高山生态扶贫搬迁实施方案（送审稿）》《彭水自治县党政机关国内公务接待管理暂行办法（送审稿）》《彭水自治县跨部门车辆集中管理中心车辆管理暂行办法（送审稿）》。

8月19日，县委书记钱建超主持召开十三届县委第112次常委会议，学习传达全市“两学一做”学习教育工作座谈会精神、市扶贫办来彭督导脱贫攻坚工作座谈会精神；审议研究《关于报请审定彭水自治县“十三五”新型工业化发展规划的请示》《关于报请审定彭水自治县生态文明建设“十三五”规划的请示》以及相关人员处分事宜、干部人事相关事宜。

9月1日，县委书记钱建超主持召开十三届县委第113次常委会议，审议《彭水中业实业发展有限公司改革调整方案（送审稿）》《县社科联等6个群团专项改革方案（送审稿）》《关于加强政党协商的实施办法（送审稿）》《2016中国·彭水首届国际苗族民俗文化旅游发展高峰论坛方案（送审稿）》，研究《关于采取单一来源采购确定彭水自治县电子商务公共服务中心运营服务商的请示》；听取《关于开展公务员违规经商办企业问题专项清理工作情况及处置意见的报告》。

9月9日，县委书记钱建超主持召开十三届县委第114次常委会议，传达学习市委四届九次全会精神；研究关于召开县第十四次党代会有关事宜；审议《县委十三届九次全会筹备方案（送审稿）》。

9月14日，县委书记钱建超主持召开十三届县委第115次常委会议，研究确定县级班子和县纪委班子干部考察人选相关事宜。

9月22日，县委书记钱建超主持召开十三届县委第116次常委会议，研究确定县领导班子换届拟提拔人选和县纪委班子换届拟提拔人选、新进县纪委常委人选有关事宜，审议中共彭水自治县委十三届九次全会材料、县人代会换届选举工作有关事宜、落实全市环境保护专项行动工作有关事宜、《政协彭水自治县第十届换届人事安排工作方案（送审稿）》；《彭水自治县党政机关办公用房管理暂行办法（送审稿）》《彭水自治县金穗惠农精准扶贫贷款实施方案（送审稿）》《金穗惠农精准扶贫专项贷款合作协议（送审稿）》。

9月30日，县委书记钱建超主持召开十三届县委第117次常委会议，传达学习全市全面推开司法责任制改革工作动员部署电视电话会议精神，审议《2015年市对县考核奖励经费建议方案（送审稿）》《2016年市对县考核牵头单位专项工作经费建议方案（送审稿）》《关于深化全县供销合作社综合改革的实施意见（送审稿）》；研究关于撤销相关议事协调机构有关事宜。

10月28日，县委书记钱建超主持召开十三届县委第118次常委会议，传达学习党的十八届六中全会精神；听取赴京汇报衔接有关工作的情况汇报；审议《彭水自治县环境保护“党政同责、一岗双责”管理暂行办法（送审稿）》《彭水自治县人民政府、农行重庆市分行“十三五”时期金融服务战略合作协议（送审稿）》；研究干部人事有关事宜。

11月1日，县委书记钱建超主持召开十三届县委第119次常委会议，研究县委常委分工调整和市管领导联系乡镇（街道）有关事宜。

11月4日，县委书记钱建超主持召开十三届县委第120次常委会议，听取全县三季度经济运行情况汇报、全县司法体制改革进展情况汇报、全县三季度平安建设、信访稳定、安全生产工作情况汇报；审议《关于加强公共安全风险防控工作的实施意见（送审稿）》。

11月8日，县委书记钱建超主持召开十三届县委第121次常委会议，研究确定县委班子、县纪委班子、县政府班子、县人大班子、县政协班子和县法院院长、县检察院检察长提名候选人人选有关事宜。

11月11日，县委书记钱建超主持召开十三届县委第122次常委会议，审议研究干部人事有关事宜。

11月17日，县委书记钱建超主持召开十三届县委第123次常委会议，传达学习习近平总书记在十八届六中全会上的重要讲话、全国民族自治县打赢脱贫攻坚战全面建成小康社会经验交流会议精神；审议《县人大代表候选人初步建议方案（送审稿）》《彭水自治县加快煤矿关闭退出工作方案（送审稿）》《彭水自治县国有林场改革实施方案（送审稿）》《县纪委向县一级党和国家机关派驻纪检机构方案（送审稿）》；听取《公务员平时考核及规范公务通讯有关情况汇报》；审议研究干部人事有关事宜。

11月25日，县委书记钱建超主持召开十三届县委第124次常委会议，审议县委十三届十次全会系列材料、《关于调整创建国家A级景区奖励标准的请示》《彭水自治县旅游业“十三五”发展规划（送审稿）》《关于加快蚩尤九黎城建设的意见（送审稿）》《关于进一步加强城市规划建设管理工作的实施意见（送审稿）》《彭水自治县“十三五”新型城镇化发展规划（送审稿）》。

12月2日，县委书记钱建超主持召开十三届县委第125次常委会议，审议《关于报请审定全县2016年主要经济指标预测及2017年经济社会发展计划指标建议方案的请示》《关于报请审定全县2017年重点项目策划方案的请示》《关于报请审定2016年财政预算调整草案的报告（送审稿）的请示》《市对县目标考核激励机制（送审稿）》等。

12月5日，县委书记钱建超主持召开十三届县委第126次常委会议，研究确定十四届县委委员、候补委员和县纪委委员候选人初步人选以及研究出席市第五次党代会代表候选人初步考察人选。

12月8日，县委书记钱建超主持召开十三届县委第127次常委会议，审议研究关于县第十四次党代会筹备工作、县委十三届十一次全会系列材料、关于建议成立县第十四次党代会临时党委和党支部有关事宜和富民兴渝贡献奖候选人推荐工作；研究确定十四届县委委员、候补委员和县纪委委员候选人预备人选、研究出席市第五次党代会代表候选人初步人选。

12月14日，县委书记钱建超主持召开十三届县委第128次常委会议，审议《政协彭水自治县第十届委员会委员、常委建议人选名单（送审稿）》《彭水自治县2017年脱贫攻坚决战誓师大会方案（送审稿）》《2016年度脱贫攻坚工作表彰方案（送审稿）》《关于进一步促进房地产市场平稳健康发展的实施意见（送审稿）》。

12月18日，县委书记钱建超主持召开十三届县委第129次常委会议，研究关于召开县委十三届十二次全会有关事宜；通报十四届县委委员、候补委员和县纪委委员候选人预备人选；审议《关于2016年财政预算执行情况和2017年财政预算（草案）的报告（送审稿）》。

12月21日，县委书记钱建超主持召开十四届县委第1次常委会议，审议《关于进一步加强县委常委会自身建设的意见（送审稿）》《县委常委工作分工（送审稿）》《2017年县委常委值班安排（送审稿）》；研究关于举行县第十七届人民代表大会第一次会议的请示和关于召开政协彭水苗族土家族自治县第十届委员会第一次会议的请示。

12月29日，县委书记钱建超主持召开十四届县委第2次常委会议，传达学习市委四届十一次全会精神、全市环保机构监测监察执法垂直管理制度改革工作动员会议精神；审议县第十七届人民代表大会第一次会议系列材料、政协彭水苗族土家族自治县第十届委员会第一次会议系列材料、脱贫攻坚系列材料；通报市扶贫验收组对彭水县扶贫对象退出检查验收情况；听取彭水自治县

2016年房地产领域信访稳定突出问题形势研判有关情况汇报；审议《2016年度县领导带队检查全面从严治党责任落实情况工作方案（送审稿）》《关于开展2017年元旦春节期间走访慰问生活困难党员和老党员工作方案（送审稿）》。

彭水自治县人民代表大会及其常务委员会

【概况】 彭水苗族土家族自治县人大常委会位于绍庆街道下坝街38号（两江行政办公楼9～12楼）。县人大机关核定行政编制28名，事业编制8名，机关工勤编制4名，在岗职工43名，设县人大常委会办公室、县人大法制民族委、县人大财政经济委、县人大常委会教科文卫工委、县人大农业城环委、县人大常委会人事代表工委、县人大常委会预算工委、县人大常委会信访办。

【立法工作】 认真贯彻《宪法》《民族区域自治法》，坚持科学立法、民主立法，不断改进和加强立法工作，努力提高立法质量。审议通过《彭水苗族土家族自治县人民代表大会立法程序》，规范立法程序。积极参加市人大常委会开展的《重庆市环保条例（草案）》《重庆市大气污染防治条例（草案）》《重庆市立法条例（草案）》等重要地方法规的建议意见征集调研工作，针对性提出修改建议。认真开展全县公安交通管理执法工作、“六五”普法规划实施执行情况、民族宗教工作等专题调研，规范性文件备案审查上报7件次，备案审查14件次。

【人大监督】 听取和审议县人民政府关于2015年财政决算和2016年上半年财政预算执行情况的报告、关于2016年上半年国民经济和社会发展计划执行情况的报告、关于2015年度县级预算执行和其他财政收支情况审计工作的报告。听取和审议民族宗教工作、义务教育工作、农村电子商务工作、乡村旅游发展情况、退耕还林工作、人大代表建议办理工作、“六五”普法规划实施、公安交通管理执法、乡镇财政管理等工作情况的报告。组织开展了乡镇卫生院建设、《重庆市信访条例》贯彻实施情况、规上工业企业发展、金融运行情况、科技工作、市政基础设施建设管理等专题调研。贯彻落实全面依法治国战略部署，对贯彻落实《中华人民共和国食品安全法》《中华人民共和国环境保护法》《重庆市森林防火条例》情况开展执法检查。加强对预算的管理和监督，对县科委、县移民服务中心2015年预决算执行情况进行专项审查。对县人民政府落实精准扶贫工作专题询问审议意见和国有企业运营管理审议意见情况进行跟踪督查。

【依法决定重大事项】 根据中央、市委重大决策和县委的重要部署，针对全面性、根本性和长远性的重大问题和人民群众普遍关心的热点难点问题，依法行使决定权。围绕国民经济和社会发展计划、财政预决算，作出批准2016年度财政预算调整方案决定、批准2015年度财政决算决定。围绕促进新城建设，作出将新城控制性详细修编进行备案决定。围绕支持地方经济社会建设，作出同意将彭水自治县2016年异地扶贫搬迁、九黎城片区棚户改造、龙虎水库等9个项目政府购买服务资金纳入县政府财政预算决定。

【人事任免】 坚持任前法律知识考试、主任会议听取组织部门或“一府两院”的情况介绍、拟任命人员到会作供职报告和充分审议后无记名投票表决。全年开展人事任免97人次，其中任命和决定任命66人次，免职26人次，接受辞呈5次。制定《彭水苗族土家族自治县实施〈重庆市宪法宣誓实施办法〉细则》，组织县人大常委会任命、决定任命的国家机关工作人员进行宪法宣誓。

【代表工作】 通过以会代训、订阅报刊等方式，组织代表深入学习宪法、监督法、代表法等法律法规和人大业务知识。探索建立代表培训视频会议平台，拓宽培训渠道，增强代表培训的针对性和实效性。扎实开展代表联系选民、联系群众、向选区选民述职工作，促进代表积极履职。继续推进“密切联系群众，切实关注民生，全力助推发展”十二个一人大代表主题活动，及时宣传先进代表和先进典型。坚持建议办理专项督查和跨年度跟踪督办，着力提高建议办成率。督促“一府两院”办理县十六届人大八次会议建议 241 件，办结 215 件，占 89.21%，办结跨年度建议 26 件，办结率 100%。

【县乡人大换届选举】 成立以县委书记任组长，县人大常委会主任、县委副书记任副组长，有关县领导及相关部门主要负责同志为成员的人大换届选举工作领导小组，成立县选举委员会和选举委员会办公室、县乡镇人大换届选举工作联席会议，统筹协调县、乡镇人大换届工作选举有关事宜。换届中，全县登记选民 452276 人，县人大代表选举共划分选区 126 个，乡镇人大代表选举累计划分选区 649 个，换届选举县人大代表名额为 258 名，预留名额 2 名，实际分配名额 256 名；分配乡镇人大代表名额 1783 名，预留名额 10 名，实际分配名额 1773 名。确定 2016 年 12 月 16 日为代表选举日，当天选举产生县第十七届人大代表 256 名，选举产生新一届乡镇人大代表 1769 名。各乡镇新一届人民代表大会第一次会议于 2016 年 12 月 26 日前顺利召开，选举产生各乡镇人大主席 36 名，选举各乡镇人大副主席 3 名，选举乡镇长 36 名，选举副乡镇长 112 名。

彭水自治县人民政府

【概述】 彭水自治县人民政府由县长、副县长及县政府工作部门的主任、局长等人员组成，县政府实行县长负责制，县长领导县政府全面工作，分管领导按照分工负责处理分管工作，县政府工作部门主任、局长负责本部门的工作。县政府驻地汉葭街道北门街 33 号，履行经济调节、市场监管、社会管理和公共服务等职能。

【经济发展】 围绕“五位一体”总体布局和“四个全面”战略布局，着力“五化”统筹推进，促进“三区”协调发展，全力稳增长、促改革、调结构、惠民生、防风险，全县经济社会持续健康发展。2016 年，实现地区生产总值 128.7 亿元、同比增长 10.3%；规模以上工业增加值 28.3 亿元、增长 13.8%；固定资产投资 179.4 亿元、增长 18.1%；社会消费品零售总额 59.4 亿元、增长 14.3%；地方财政收入 29 亿元、增长 14.5%；城镇常住居民人均可支配收入 24482 元、增长 9.6%；农村常住居民人均可支配收入 9294 元、增长 10.8%。阿依河通过国家 AAAAA 级旅游景区景观质量评审，蚩尤九黎城创建国家 AAAA 级旅游景区，成功举办首届渝东南生态民族旅游文化节，接待游客 1718 万人次、增长 35.3%，实现旅游综合收入 74.8 亿元、增长 42.2%。建设太极健康食品产业园，稳定发展 36 家规模以上工业企业，实现利税总额 13.96 亿元、增长 18.4%。推进农业全产业链发展，红薯、烤烟、食用菌等特色产业质效提升，承办中华蜜蜂产业发展大会、全市退耕还林现场会，获农业类市级以上表彰 24 项。打造电子商务进农村综合示范县，行政村电子商务服务站点覆盖率达 60%，农村电子商务交易额达 12.8 亿元。以老城、新城、蚩尤九黎城为核心的新型城镇化进入新阶段，城市规划范围拓展到 30 平方千米，城市常住人口增加到 20 万人。引进建工、巨能等大型企业参与新城开发建设，开工房建 80 万平方米，集聚人口 2 万余人。推进老城中心客运站搬迁、水泥厂至蚩尤九黎城滨江路等重点工程，完成城市棚户区改造 8 万平方米，城市人居环境不断优化。建设 9 个农民新村，改造农村C级危房2467户、D级危房560户。提升基础设施互联互通水平，行政村通畅公路、自然村通达公路、光纤网络、3G网络实现全覆盖，解决2.9万人饮水安全问题。

【社会民生】 财力保障重点向民生领域倾斜，滚动实施民生项目，民生支出占一般公共预算支出的63%。大力实施产业扶贫、设施扶贫、教育扶贫、医疗扶贫、搬迁扶贫、社会扶贫等“六大扶贫工程”，完成40个贫困村整村脱贫，减少贫困人口46379人，全县贫困发生率由2015年的11.8%降至2.27%。加快推进民族中学B校区、新城第一示范幼儿园等重点项目，建成投用彭水二中，高考各批次上线率达98.7%。县人民医院成功创建“二甲”，推行基层医疗机构集团化管理，分级诊疗基层首诊率达72.9%。扩大“五大保险”覆盖面，城乡居民养老保险、医疗保险参保率分别达93%、95%。优化创业就业服务，城镇新增就业5732人，贫困高校毕业生就业率达100%，城镇登记失业率3.13%。群工系统受理事项办结率达98.9%，群众对已办结事项评价满意率达99.7%。深入推进平安建设和社会治理创新，“六五”普法教育、法律援助工作荣获全国先进，连续13年杜绝重特大安全事故，全县安全稳定形势持续向好。

【议事制度】 县政府实行县政府全体会议、县政府常务会议、县长办公会议、县长碰头会议、县政府专题会议制度。县政府工作中的重大事项，必须经县政府全体会议或县政府常务会议讨论决定。对紧急或突发性重大事件，来不及召开会议而又必须及时处理的，县政府分管领导协调处理后，及时向县长报告。

【全体会议】 县政府全体会议由县长召集和主持，一般每年召开1~2次，根据需要安排县政府办公室副主任、县政府法制办主任和有关部门、乡镇人民政府、街道办事处负责人列席会议。会议主要传达和研究贯彻上级重要指示和决定，讨论审议重要事项，部署全县全局重要工作。2016年，县政府共举行全体会议3次，主要审议《彭水自治县2016年政府工作报告（送审稿）》《彭水自治县国民经济和社会发展第十三个五年规划（草案）（送审稿）》《关于2015年国民经济和社会发展计划执行情况及2016年计划草案的报告（送审稿）》《关于2015年财政预算执行情况和2016年财政预算草案的报告（送审稿）》《县人民政府工作规则（审议稿）》《2017年彭水自治县人民政府工作报告（送审稿）》《关于彭水自治县2016年国民经济和社会发展计划执行情况及2017年计划（草案）的报告（送审稿）》《关于彭水自治县2016年财政预算执行情况和2017年财政预算（草案）的报告（送审稿）》等文件，研究推进改革各项工作、规范环保机构设置、落实环境保护责任等事项，统筹安排部署全县全局工作。

【常务会议】 县政府常务会议每月召开1~2次，由县长主持，县政府全体领导参加，县政府办公室有关领导和县政府有关部门主要领导列席。会议主要传达学习有关精神，听取有关工作汇报，讨论审议有关文件，研究议定有关事项，安排部署当前重点工作，并形成会议纪要。2016年，县政府共举行常务会议22次，传达学习习近平总书记视察重庆时的重要讲话、中央第五环境保护督察组督察重庆市工作动员会等有关精神。讨论审议《2015年度乡镇（街道）、县级部门经济社会发展实绩考核结果（送审稿）》《2016年县政府各部门重点工作目标（送审稿）》《彭水自治县2016年主要经济指标预测及2017年经济社会发展计划指标建议方案（送审稿）》《彭水自治县2017年重点及重大项目投资计划（送审稿）》等241个文件，研究议定南渡沱乌江大桥、文庙郁江大桥排危整治、县中医院新城分院建设、靛水新城客运中心滑坡治理等事项97件。

【办公会议】 县长办公会议不定期召开，由县长或者县长委托负责常务工作的副县长召集和主持，县政府全体领导参加，县政府办公室有关领导和县政府有关部门主要领导列席。办公会议主要听取有关情况汇报，讨论审议有关文件，研究议定有关事项，安排部署当前工作，并形成县长办公会议纪要。2016年未召开县长办公会议。

【碰头会议】 县长碰头会议不定期召开，由县长主持，县政府全体领导参加，根据会议主题通知县政府办公室有关领导和县政府有关部门主要领导列席。碰头会议主要讨论审议有关文件，传达学习有关文件精神，研究议定有关事项，安排部署当前工作，形成会议备忘录。2016年，共召开县长碰头会议2次，研究了工业园区征地拆迁、河堤工程等事项。

【专题会议】 县政府专题会议根据工作需要不定期召开，一般由县政府主要领导或分管领导召集有关部门领导召开。2016年，彭水自治县人民政府共召开专题会议81次，主要研究煤矿关闭、防汛抗灾、工业园区南岸防洪堤工程、渝怀铁路二线、新城建设等专项工作。

政协彭水自治县委员会

【概况】 政协彭水自治县委员会位于绍庆街道下坝街38号（两江行政办公楼）。内设办公室、提案委员会、经济委员会、科教文卫体委员会、农业委员会和办公室下属事业单位委员服务中心。自1980年12月成立以来，政协彭水自治县委员会历经37个年头、九届委员会。截至2016年底，第十届政协委员会已通过换届选举形成。

【政协定位】 认真组织学习习近平总书记在庆祝人民政协成立65周年大会上的讲话、市委第四次政协工作会议及县委政协工作会议精神。切实抓好中央、市委和县委系列重要文件学习、贯彻，深刻理解“懂政协、会协商、善议政”内涵实质，围绕中心、服务发展，讲真话、出实招、谋良策，推进协商民主广泛、多层、制度化发展。按照县委统一部署，认真开展党的群众路线教育实践活动、“三严三实”专题教育和“两学一做”学习教育，进一步增强共产主义理想信念，进一步增强中国特色社会主义道路自信、理论自信、制度自信，进一步增强政治意识、大局意识、核心意识、看齐意识。

【常委会议】 2016年，县政协共召开常委会议6次，由主席主持，副主席、秘书长、常务委员出席，机关各委室主任和专职副主任列席。会议主要传达学习有关精神，听取有关工作汇报，讨论审议有关文件，研究议定有关事项。2016年，县政协审议通过《2016年县政协重点协商、通报、视察、调研计划（草案）》，审议通过关于成立《彭水文史》期刊编辑部、成立政协书画院等相关事宜。

【主席会议】 2016年，县政协共召开常委会议7次，由主席主持，副主席、秘书长、常务委员出席，机关各委室主任列席。会议学习中央最新文件精神、审议县政协第九届委员会工作报告、审议优秀政协委员、研究政协换届工作事宜等。

【脱贫攻坚】 常委会认真贯彻落实县委脱贫攻坚决策部署，围绕产业扶贫、设施扶贫、教育扶贫、医疗扶贫、搬迁扶贫、社会扶贫视察议政，献计出力。组织专题视察5次，听取情况通报2次，形成视察议政专题报告报送县委，供决策参考。主席会班子成员带头走向基层、贴近群众，开展调查研究，倾听群众呼声，了解群众诉求，为困难群众办实事、解难事。组织相关部门、参加单位和委员，深入乡镇，进村入户走访调查500余人次，召开座谈会60余次，现场解决实际问题30

余件，协调解决资金、实物折合人民币1000余万元。贫困村阵地建设、通畅通达和饮水安全等基础设施得到明显改善，推动脱贫攻坚工作。

【决策献计】 坚持把助力“五化”统筹推进、“三区”协调发展作为工作重心，调研视察，议政建言。突出新型城镇化主题，深入乡镇调研视察15次，专题协商议政4次，听取相关单位工作通报4次，形成调研报告3篇，助推中小城镇建设。突出旅游产业化主题，深入蚩尤九黎城、摩围山、阿依河等旅游开发项目调研视察12次，形成调研报告4篇，协商议政5次，报送的《彭水自治县旅游项目建设调研报告》得到县委高度重视，相关建议得以采纳和落实，助推文旅商旅融合发展。突出新型工业化主题，深入太极水生产基地、页岩气勘探现场等项目调研视察11次，专题协商议政3次，助推清洁能源、特色产品加工。突出农业现代化主题，深入润溪烟草生产示范区、平安猕猴桃种植基地等农业产业基地调研视察20余次，形成调研报告8篇，协商议政6次，助推特色效益农业发展，一批意见建议得到有效吸纳，有力助推了相关工作落实。

【服务中心工作】 根据县委安排，政协班子成员分别担任劳动力资源开发、文明县城创建、郁山古镇开发、蚩尤九黎城文化植入、凤升水库建设、太极水生产、文学艺术联合等工作组和指挥部组长或指挥长，组织相关部门，认真负责完成所承担工作，取得明显成效。劳动力资源工作连续几年在全市名列前茅；文明县城成功创建；郁山古镇开发建设取得实质性进展；文学艺术联合工作连续8年获得全市先进；成功举办蚩尤文化研讨会；凤升水库建设被市水利局作为水利系统PPP合作示范工程；太极水品牌已成功叫响；发展改革、农业、统计等联系工作圆满完成目标任务，为推动全县经济社会发展作出积极贡献。

【凝聚力量】 坚持突出界别特色、发挥界别优势，突出“走正道、扬正气、助发展”主题，搭建“四个走进”活动平台，广泛传递委员正能量。五年来，各参加单位、界别委员小组开展调研视察、座谈讨论、联谊和公益活动180余次，组织委员开展慰问老党员、老复员军人、留守儿童、病残特困户和困难农民工活动18次。依托经济界别优势，走进企业，深化银企合作，帮助3家民营企业融资3000余万元。积极响应教育扶贫号召，倡导委员积极参与，组织委员开展捐资助学活动5次，30余名委员捐资60多万元，为160名贫困大学新生解决入学难题，受到社会各界广泛好评和点赞。

【提案工作】 牢牢把握提案工作全局性定位，以提高质量为基础，增强办理实效为目标，创新工作机制，突出协调配合，形成了广泛参与、联合办理、整体推进、协调高效运行模式。着力加强委员培训，坚持寄发提案选题指南，引导委员精心选题，深入调研，充分运用提案建真言、献良策。提案立案率达92.7%，办结率100%，满意率100%。

【发挥委员作用】 坚持与县委组织部、统战部形成协商一致意见，严把委员进口关，将政治素养高、参政议政能力强、社会影响力大、热爱政协工作的社会各界人士纳入政协组织。积极举办听政会、座谈会，为委员知情明政创造条件。鼓励引领广大委员深入实际、走向村社、贴近群众，广泛扎实开展“撰写一份提案、反映一条社情民意信息、参与一次调研、参加一次视察、出席一次协商议政、作一次主题发言”六个一活动。举办委员论坛2期、委员学习讲座2期。每年表彰优秀委员，激发委员干事创业激情。

【民主协商】 坚持围绕全县改革发展重点工作，制定协商计划，及时提请县委审定，抓好推进落实。积极搭建、充分利用全委会联组讨论平台，听取委员建言献策。坚持把开展专题调研、建言立论作为政协发挥优势、履行职能基础性工作，力求取得实效。坚持围绕大局、突出重点、贴近民生、抓住特色选题。主动将县委关心重视的城镇建设、旅游产业发展、医疗卫生改革、教育事业发展等事关发展大局和民计民生事项，纳入视察议政重点，深入开展调研，积极视察议政。

【文史工作】 积极组织搜集、撰写、校勘涉彭史料、“三亲”史料累计近800万字。编辑出版文史图书3册，在编文史图书4册，《彭水文史》季刊创刊号征编工作已完成。积极着手组织系列史志编修，《黔中道志》已成稿100余万字，正在协调相关工作；《彭水郁山志》已编撰80余万字，通过初次评审；《彭水政协志》通过专家评审，已付梓成书。史料征搜、研究工作，受到市政协学习文史委领导高度评价，作为典型在全市区县政协宣传推介。文史工作获得市政协征编合作项目特批奖补，文史资料《盛世黔州·书香彭水》获得全市文史参评一等奖。

【舆论宣传】 在全市“两会”期间，通过《重庆政协报》组织30个版面，对彭水经济社会发展取得成果进行宣传展示。根据县委安排，在《重庆政协报》组织8个版面，全面展示彭水自治县成立30年来，经济社会发展所取得成绩，起到宣传推介的良好效果。充分利用市县媒体，组织专版50余个，开辟专栏、专访，宣传委员120余人次。编发《政协动态》《政协调研》《政协通报》35期；向市县两级媒体报送图片、文字信息300余篇，采用100余篇，连续4年获得全市政协宣传通联工作一等奖、先进集体。

纪检监察

【概况】 中共彭水苗族土家族自治县纪委与彭水苗族土家族自治县监察局合署办公，实行一套工作机构，两个机关名称的体制，履行党的纪律检查和政府行政监察职能。委局现有行政编制34名、工勤编制1名、事业编制4名；设领导职数10名，其中县纪委书记1名、副书记3名、常委5名，县监察局设局长1名（由纪委副书记兼任）、副局长2名（1名党外副局长）。内设办公室、组织部、宣传部、党风政风监督室、信访室、案件监督管理室、第一纪检监察室、第二纪检监察室、第三纪检监察室、案件审理室等10个部室，下属县党风廉政信息中心1个事业单位。现有在职干部职工34人。

【责任落实】 县委带头履行好全面从严治党责任，专题研究党风廉政建设8次、分片区召开落实“两个责任”推进会5次，进一步传导压力。县委及时制定下发《彭水自治县落实党风廉政建设主体责任和监督责任清单》《2016年县领导和县级部门党风廉政建设和反腐败分工责任制》，着力构建起横到边、纵到底的责任体系。探索实行“两汇报两听取”制度，县委常委会、县纪委常委会分别听取4个单位党委（党组）主体责任和20个单位纪委（纪检组）监督责任情况汇报。严格责任追究，对履行主体责任不力情形严格进行责任追究，全年问责9件14人，给予纪律处分3人、诫勉谈话3人、通报批评7人、责令写出书面检查1人，2个单位党委、纪委写出书面检查。

【廉政教育】 加强和改进对领导干部行使权力的制约和监督，深化廉洁风险防控，坚持新提任交流领导干部廉政谈话制度并组织旁听职务犯罪案件庭审。对违纪典型问题通报曝光以案说纪，督促发案单位建章立制、堵塞漏洞，从源头上预防腐败行为发生，全年分别向涉案单位发出纪律检查建议书4份、监察建议书5份。加强党风廉洁宣传教育，编印《监督执纪“四种形态”学习读本》，举办“图说两项法规”漫画展、电视专题访谈，开展党内法规专题宣讲63场次，积极营造廉洁从政、崇廉尚俭的良好氛围。完成县廉政教育基地改版工作，立足本县、辐射周边，已接待县内外60个单位5000余人次。加强党风廉洁建设宣传和信息报送，有关稿件被中国纪检监察报采用5篇、重庆日报3篇，被市纪委有关刊物网站采用67篇（条）；被中央纪委采用信息2篇、被市纪委采用调研文章7篇。县纪委监察局“摩围廉韵”微信公众号及新浪、腾讯同名微博等影响力逐步提升。

【执纪审查】 2016年，县纪委监察局共受理群众信访举报392件次，立案56件，结案55件（含2016年遗留案件3件），给予党政纪处分64人，其中县处级5人、乡科级13人。坚持实施问题澄清机制，澄清23名党员领导干部信访反映不实问题。严肃审查纪律，落实纪律审查安全责任制，加强对执纪审查安全全过程的监督管理，确保了纪律审查安全。积极开展受处分人员回访工作，对中共十八大以来受到党政纪处分人员159人开展回访教育，全面掌握情况。认真开展发生在群众身边的不正之风和腐败问题专项治理，全年共查处侵害群众利益的不正之风和腐败问题22件，给予党纪处分14人、政纪处分2人、组织处理3人、移送司法机关3人，点名道姓通报曝光11件11人。梳理一批侵害群众利益问题线索，分3批次向21个乡镇（街道）集中交办35件，查实问题线索8件，给予纪律处分1人、组织处理3人、纠正问题3人，其他处理1人。

【作风建设】 牢牢扭住落实中央八项规定精神、纠治“四风”不放，打好作风建设“持久战”。组建2个常态化纪律督查组，由委局主要领导带队，定期不定期开展明察暗访，对不收手、不知止、规避组织监督以及隐形变异“四风”问题深挖细查，对发现的问题予以严肃处理。全年会同公安、税务等部门，开展作风建设监督检查30余次，核查公车100余台，并对各单位抓作风建设情况进行抽查，发现作风建设方面的问题30余个，共立案查处违反八项规定精神问题8件12人，给予党纪处分10人、政纪处分2人、组织处理2人、诫勉谈话1人，实施“一案双查”5件，问责9人。开展违规经商办企业行为专项清理，共清理出49名公务员（含参公人员）有违规经商、办企业情况，其中，28人被提醒谈话，5人被批评教育，9人被诫勉谈话，涉嫌违规情节较重的7人，已交办相关单位核实处理。加大通报曝光力度，对查处的违反中央八项规定精神的案件，分5次全部予以点名通报，持续释放执纪必严的强烈信号。

【体制改革】 持续深化“三转”，引导基层纪检监察干部适应全面从严治党新常态，遵循党章，回归本职，强化监督执纪问责，深化乡镇（街道）纪委（纪工委）落实“三转”要求，探索实行乡镇（街道）分片区协作工作制度，实行“交叉检查、交叉办案”，有效发挥基层纪检组织作用。强化县委巡察工作，自2015年启动以来，已完成三轮对10个单位的巡察，发现突出问题44个，移送问题线索9件，提出整改意见37条，已给予党政纪处分3人、组织调整3人。

组织工作

【概况】 截至2016年，彭水自治县共有基层党组织899个，其中党委49个，党总支57个，支部793个，党员总数20388人，其中女党员3330人，少数民族党员12282人，大专以上学历党员6424人。

【干部人事管理】 2016年是换届之年，县委成立10个乡镇换届工作考察组，分别赴全县所有乡镇（街道）和县级部门进行考察推荐，严格按照干部选拔任用程序，顺利完成乡镇领导班子换届，领导班子和干部队伍结构得到进一步优化，综合素质得到进一步提高，干部选任工作科学化水平得到进一步提升。全面完成“三超两乱”专项整治，共消化超配领导干部271名。其中，消化副处级领导20名、正科级领导45名；消化处级非领导职务干部33名、科级非领导职务干部173名。按照“突出重点，分批审核”“谁主管谁负责、谁审核谁负责”的原则，全面清理县管领导干部人事档案。全年共完成档案审核1455人，签字确认1368人。按照《关于县以下机关建立公务员职务与职级并行制度的实施意见》的规定，对全县符合晋升条件的32名干部进行职级晋升，其中晋升正处级干部20人，晋升副处级干部12人。有序开展非领导职务晋升工作，全年共晋升副调研员11名，主任科员68名。加强干部培养锻炼，提升干部综合素质，全年共接收挂职干部1名，选派到县外挂职4名，县内下派挂职干部41名。安置选调生23名。

【干部教育培训】 加强对干部教育培训工作的管理和指导，坚持在服务科学发展和干部健康成长的大局下谋划干部教育培训工作，针对发展需要与干部需求办班开课，系统开展党性教育。全年在县委党校举办各类培训班22期，培训各级干部2958人次。干部网络学院培训超额完成。

【干部监督管理】 对所有新提拔县管领导干部进行廉政谈话，对县扶贫办等13个单位的23名主要负责人进行了任期或离任经济责任审计。落实领导干部个人有关事项报告制度，集中收录处级干部个人事项报告502份，科级干部个人事项报告800余份。开展违规办理和持有因私出国（境）证件专项治理工作，扩大干部因私出国（境）登记备案范围，分级集中保管领导干部因私出国（境）证件，严格领导干部出国（境）审批，切实加强对出国（境）人员的审查和管理。

【人才强县战略】 坚持党管人才原则，不断拓宽引才渠道，着力引进各类优秀人才。全年面向社会公开招录公务员54名、事业人员362名，选聘大学生村干部32名，引进急需专业高层次人才29名，其中博士研究生1人，硕士研究生20人。

【考核工作】 按照“五化统筹推进，三区协调发展”的战略思路，将乡镇（街道）分为生态城市核心区、生态产业发展区、生态扶贫重点区，根据每个功能区的不同定位，差异化考核城乡建设及管理、特色产业发展和精准脱贫；按照“紧扣总体要求，凸显发展重点”的原则，对部门设置共性指标和个性指标进行分组考核，分组排名；将市考核指标进行分解落实，确保责任明确到人、问责有据可依，并与部门年度综合考核成绩有机挂钩，有效压实责任，传递压力，实现市对县考核与县内考核捆绑衔接、协调推进；将考核结果作为评价班子和激励干部的重要依据，切实发挥考核的导向、激励和约束作用，努力使考核成为激发干部活力、调动工作动力、提升发展潜力的长效机制。结合市对县民调工作要求，运用电话访问、入户调查等方式开展3次综合民意调查，2次群众安全感调查，并及时将调查情况反馈到相关责任单位进行捆绑考核，保证群众诉求得到解决。

【“两学一做”学习教育】 认真贯彻落实中央、市委和县委关于学习教育的部署要求，始终坚持问题导向，注重领导带头，覆盖全体党员，建立长效机制，有力有序有效地开展学习教育。县“四大家”领导班子、31名市管干部示范引领，135套县管班子、916名县管干部带头参加学习教育，886个党组织、20306名党员受教育，70万人民群众得实惠。

【党员队伍建设】 按照“控制总量、优化结构、提高质量、发挥作用”的总要求，全年共新发展党员148名，转正党员163名；在县委党校对

2016年度176名发展对象进行了为期4天的专题培训。通过对失联党员的调查核实、登记造册，共排查清理出失联党员443名，找回410名，复联率93%；排查出口袋党员12名，找回12名，复联率100%。会同县人大、政协、纪委、法检、公安等相关单位，排查违纪违法党代表和党员211人，及时将已受到刑事责任追究、行政处罚而未受党纪处分的43名党员转交县纪委处理。全覆盖开展党费收缴专项检查工作。利用远程教育、电化教育以及“七一”党建网等载体，切实抓好党员日常教育。注重党内关怀，为3593名老党员发放生活补贴资金545.028万元，“七一”期间走访慰问老干部、老党员和贫困党员2808人，发放慰问金60.85万元。

【村干部队伍建设】 顺利完成村（社区）“两委”换届选举，实现“素质更高、结构更优、能力更强、干劲更足”的预期目标。建立全县村级本土人才台账，对256个行政村（社区）各选派一名本土优秀人才，充实村干部队伍；按照村10000元/年，贫困村15000元/年、社区50000元/年标准，落实服务群众工作专项经费522万元，切实解决基层党组织工作经费不足的难题。认真做好在村（社区）干部中招录公务员工作，2名村（社区）干部进入公务员队伍。

【基层服务型党组织建设】 从严落实党建责任。建立基层党建工作例会制度，坚持开展党建经常性督查指导工作，健全完善“每月检查、季度通报、半年考核、年度评议”的党建工作督查机制。持续推进便民服务中心建设。县委先后召开2次专题推进会和13次流动现场会，开展5次专项督查，累计投入资金1.2亿元对村级便民服务中心进行提档升级。强力推广群工系统应用，对群众诉求多渠道受理、一口子交办，全年累计受理群众诉求11488件、办结率99.3%，满意率99.7%。统筹推进党建促脱贫攻坚。按照“二十字”好干部标准，选优配强乡镇（街道）党政正职，配备39名扶贫乡镇长助理。将全县55个贫困村纳入后进基层党组织整顿，实行县领导包村、部门结对、干部蹲点，全覆盖选派驻村工作队、第一书记、扶贫特派员、大学生村干部、本土人才，“一村一策”挂单整改。

宣传工作

【概况】 中共彭水苗族土家族自治县委宣传部位于彭水县汉葭街道鼓楼街34号（彭水县委办公楼5楼），县精神文明建设委员会办公室、县委对外宣传办公室、县委网络安全和信息化领导小组办公室（县互联网信息办公室）设在县委宣传部。核定行政编制18名、事业编制18名，内设办公室、理论科、宣教科、新闻科、宣传文化信息中心。

【理论工作】 组织县委中心组（扩大）学习会16次，各级党委（党组）中心组集中学习2000余次，发放《习近平总书记系列重要讲话读本》等学习资料5万余册。充分发挥3个市级学习型党组织示范点的示范效应，积极培育新的学习型党组织示范点。围绕党的十八届六中全会、习总书记系列重要讲话及市委四届九次全会等重点理论开展宣讲活动2000余场次。在“三微一端”开展理论推广工作，通过新媒体传播理论知识500余条。组织全县干部有针对性地开展理论研究活动，各级中心组成员撰写心得体会和理论文章500余篇。

【意识形态】 制定《党委（党组）意识形态工作责任制实施细则》和《关于未经批准举办意识形态类论坛讲座预警处置实施办法》《意识形态工作专项督查办法》等工作制度。明确党委（党组）书记为意识形态工作第一责任人；党委（党组）分管领导为直接责任人；党委（党组）成员根据工作分工，按照“一岗双责”要求，抓好分管单位的意识形态工作。构建起纸质报媒、传统电视、门户网站、手机报、数字报、微信、微博、APP、网络电视、电子阅报屏等“十位一体”的媒体发展新格局，牢牢掌握意识形态领导权话语权。

【宣教工作】 深化“做有梦想有追求的重庆人”主题活动，广泛开展梦想课堂、梦想沙龙、梦想驿站、梦想社区、“梦想100”人生规划大赛等“梦想”系列活动。建成社会主义核心价值观教育基地“红军街”；建设基层宣传思想文化工作创新示范点1个。深入开展“家风润万家”“我们的乡贤我们评”主题实践活动，1人获评“最美巴渝·感动重庆月度人物”。围绕重大活动、重要节庆节点，开展千万市民升国旗和做公益活动。建立户外公益广告工作联席会议制度、公益广告发布机制和督导工作机制。

【新闻工作】 围绕“两学一做”“一节一赛”“脱贫攻坚”“民生实事”等主题，推出410余篇稿件全方位展示全县经济社会发展取得的成就。在《人民日报》、中央电视台等中央传统媒体刊出宣传报道40条，在《重庆日报》等市级以上主流媒体推出专版12个。参与市委宣传部组织中央驻渝及市级主流媒体来彭采访5次，向市级以上媒体精准一对一提供新闻线索155条，举办市第三届“好记者讲好故事”第五片区赛活动。完成《人民日报》《求是》《重庆日报》《光明日报》《经济日报》等党报党刊发行指导任务。

【文艺工作】 加强文艺作品创作，《弯弯号》入围第十七届群星奖总决赛、“青花台屏”获市首届十大文博创意产品评选活动设计奖。大型歌舞诗《魅力渝东南》和大型室内实景剧《苗祖·蚩尤》成功上演。成功举办“一节一赛”和渝东南生态民族旅游文化节系列大型文化活动。开展“奉献人民·放歌巴渝”主题实践活动18场次。组织“深入生活、扎根人民”服务基层活动40场次。开展“中国梦·巴渝风”群众文化活动126场次。全面推进基层综合文化服务中心建设。通过物联网平台配送文艺服务下乡及辅导等200余场次。

【网信工作】 组织参与“长征路上奔小康”重庆全媒体“走转改”系列访谈重大主题宣传活动；推出“生态功能区建设”“一节一赛”“精准化扶贫”“学习贯彻十八届六中全会精神”等系列网上主题宣传，在人民网、新华网等中央新媒体宣传报道280篇。开展“清朗行动”“招聘网站严重失信”等专项整治行动，净化网络环境。手机报订阅用户达10.3万，APP下载装机用户达4.5万个，微信（微博）阅读人数达840多万人。上报原创网评文章70余篇，完成新闻跟帖3734条、微信跟帖1577条。连续8年获全市舆情信息工作先进单位。

【文明工作】 深化文明创建活动，2户家庭入选重庆“最美家庭”，1户家庭获“最美家庭”提名奖。在县内主流媒体刊播“讲文明树新风”公益广告9000余次，发布建筑围挡公益广告3000余平方米、T型户外公益广告25面、灯杆广告800余面。制订完善志愿服务工作考评办法，民间志愿者队伍达到510多支3万余人，重点开展了“党旗飘扬”“我们一起奔小康”等扶贫志愿服务活动。深入开展“身边好人”推荐评选活动，7人获评“重庆好人”。积极开展“九童圆梦行动”、“红樱桃”行动，帮助贫困儿童100多名。新建乡村学校少年宫3所。

【外宣工作】 确定彭水城市形象宣传文字、标识和图案。组织“全国百家APP总编看彭水”全媒体采风活动。2个少儿舞蹈入选2016重庆电视台春节特别节目；2组节目荣获重庆首届民间文化艺术之星大奖；电影《寻找女神@娇阿依》9月首映。圆满完成欧洲人权专家赴彭水考察活动。召开县级以上新闻发布会10场（北京1场，重庆3场），县委书记出席2场。县内推进“场镇新闻通报会”50场次。发布微博6616条、微信726篇，推荐“重庆微发布”转发18条。2人入围“逐梦他乡重庆人”，《重庆日报》、重庆卫视等同步刊播。

统战工作

【概况】 中共彭水苗族土家族自治县委统战部位于彭水县汉葭街道鼓楼社区34号（彭水县委办公室1楼），与彭水自治县台办、侨办、侨联合署办公。核定行政编制10名，领导职数4名，参公编制2名，工勤编制2名；内设机构3个（综合科、基层统战事务科、海外统战事务科），领导职数各1名（共3名）。2016年，有在岗干部职工12名。

【思想建设】 制定《统战工作领导小组工作规则》和《统战工作领导小组办公室工作规则》。组织统一战线成员和统战干部，学习中央、市委和县委一系列会议精神，引导广大统一战线成员进一步坚定理想信念和正确政治方向。组织50名党外干部赴重庆社会主义学院进行为期一周的理论培训和现场教学。

【民主政治】 建立建言“直通车”制度。党外代表人士根据调研掌握的情况，随时向县委统战部提出书面建言献策，县委统战部第一时间向县委、县政府领导直接呈报。完善建议意见反馈制度。对征集到的党外代表人士的建议意见专题报告县委，县委逐条落实责任单位、责任人，相关单位在规定时间内对办理情况进行回复。制定《政党协商实施办法》和《政党协商计划》，并按要求开展工作。认真贯彻落实《中共中央关于坚持和完善中国共产党领导的多党合作和政治协商制度的意见》和《中共中央关于进一步加强中国共产党领导的多党合作和政治协商制度建设的意见》。坚持召开迎春座谈会、暑期谈心会、双月座谈会等。

【服务发展】 积极组织党外代表人士围绕全县中心工作深入开展调查研究，形成有价值的调研文章25篇，开展集中服务社会活动8次。争取到民盟中央协调西门子公司为彭水自治县捐助医疗设备价值3000余万元。协调相关企业为彭水自治县贫困户捐赠羽绒服1000件，价值10万元。协调民盟江苏省委帮扶高谷中学，组织学生赴上海夏令营活动。组织医疗专家来彭水开展义诊和培训2次，受益人达800人左右。协调国家相关部委为彭水自治县阿依河景区升AAAAA级景区出谋划策。争取各类资金30余万元，用于海联卫生室、产业路等建设。扎实开展贫困村帮扶工作，为贫困村筹集资金130万元用于基础设施建设。争取泛海助学金250万元、重庆市福建商会“爱心点亮希望·助学行”大型公益活动捐款5万元，以解决贫困大学生的入学难问题。

【党外人士队伍建设】 完善党外代表人士信息库（122人）和党外知识分子人才信息库（97人），建立党外知识分子评价机制和党外代表人士个性化培养方案，对全县党外代表人士进行集中培训。以县知联会为平台，积极开展党外知识分子建言献策、服务社会和联谊交友活动。积极为党外干部健康成长搭建平台，政府组成部门中配备1名党外正职领导干部，在27个政府组成部门中配备16名党外副职领导干部，在法院、检察院各配备1名副职领导干部。

【非公经济发展】 与中国人民大学合作，组织非公经济人士走进高校举办“企业发展与创新研修班”1期；按季度举办“非公经济大讲堂”，邀请领导专家、学者讲形势任务、政策理论、经验理念，引导企业厘清发展思路、加快转型升级，推动了重庆纵深农业开发有限公司等6家会员企业规划上市。通过微信群聊等加强与商会会员企业和非公经济人士之间的直接交流。围绕精准扶贫，引导会员企业积极参与脱贫攻坚。以市工商联“万企帮万村”活动为契机，引导会员企业通过产业扶贫、捐赠扶贫、电商扶贫、结对帮扶、就业扶贫等方式助力脱贫攻坚。围绕双创主体，筹备成立“彭水青年委员会”。围绕换届之年，启动“非公有制经济人士综合评价”工作。结合彭水自治县实际，协同15个相关县级部门印发《关于加强和改进非公有制经济人士综合评价工作方案》。

【海外统战工作】 2016年，统战部门共接待张剑飞等一批有影响的华侨回乡创业。2016年3月，由县委书记亲自带领的少数民族旅游文化交流团赴台进行了为期一周的交流。6月，54名台湾少数民族同胞到彭水进行了参访。7月，多家台湾媒体到彭水自治县旅游景区拍摄，并制成宣传片在台湾相关媒体播放。10月，台湾《大陆寻奇》栏目组到彭水进行节目录制。

【民族宗教工作】 要求各宗教场所举办各类非日常性和大型宗教活动，必须事先申报审批，确定详细的方案，并会同公安机关、当地政府、工商、卫生等部门认真检查各项准备工作。成立县、乡镇两级宗教工作领导小组，建立以统战部部长为召集人，县委政法委、县委统战部、县民宗委等单位分工协作的宗教工作联席会议制度。年初向各乡镇下发《宗教工作责任书》，各乡镇安排一名领导分管宗教工作，强化对宗教工作的领导。建立由各有关部门参加的抵御渗透的工作机制、工作网络和信息网络。开展封堵查缴宗教类非法出版物活动，查缴宗教类非法出版书籍多本，保证社会文化安全。鼓励和支持宗教团体积极参与扶贫济残、捐资助学等社会公益事业活动。积极推进云顶寺复建协调工作。截至2016年底，云顶寺复建项目主体建筑建设已完成规划设计的80%，基础配套设施建设已完成规划建设的85%，文化建设规划设计已完成，绿化美化和亮化建设已在抓紧编制规划设计。民贸企业贴息工作取得突破。认定民贸民品企业56家，贷款余额达33000万元，实现贷款贴息446万元。积极做好少数民族青年才俊基金申报，对今年应届少数民族贫困大学生按照每年3000元连续资助3年的标准给予资助，全年成功申报213人，争取资助资金191.7万元。同时，积极开展“健康快车”活动，将筛选出符合治疗条件的150余人派送到酉阳进行了集中免费治疗。开展全县佛教文化遗址调查，共计发现寺观遗址400处，碑刻100通。开展少数民族特色村寨保护建设，已完成鞍子苗寨提档升级规划，按照“外部民族化，室内现代化”的要求正在进行室内装修；诸佛庙池特色村寨保护正在进行房屋风貌设计。开展民族文化进校园活动，争取中央、市级教育补助资金290万元在县域10余所学校开展民族文化进校园活动，确保优秀传统文化在中小学生中生根发芽。

人力资源和社会保障

【概况】 彭水苗族土家族自治县人力资源和社会保障局位于彭水县汉葭街道文庙街2号（彭二小对面），直属事业单位有彭水县社会保险局、县就业和人才服务局、县劳动保障监察大队、县军队转业安置办公室、县劳动人事争议仲裁院等5个事业单位。核定行政编制26名、事业编制110名，行政工勤编制2名；在岗行政编制20名，事业编制81名，行政工勤编制2名；机关内设办公室、政法法规和工伤认定科、公务员科、事业人事科、基金监督科、社会保险科、工资福利科、人力资源科、劳动关系科等9个科室。

【城乡就业】 2016年，全县城镇新增就业5727人，城镇登记失业人员就业2638人，就业困难人员实现就业737人，分别完成目标任务的154.8%、181.9%、184.2%，城镇登记失业率为3.13%，比市上控制指标低0.57个百分点。新增创业4582人，完成考核目标127.3%。开展就业技能培训1753人，发放扶持创业贷款6159万元，分别完成考核任务103.1%、162.6%。通过各种措施帮助彭水籍高校毕业生就业，就业率达95%，贫困高校毕业生就业率达100%。

【社会保障】 养老保险。职工养老保险：参保29578人，完成考核目标的133.7%；基金累计征收21944.59万元，完成考核目标的123%；享受待遇16564人，支付待遇32489.1万元。居民养老保险：参保236751人，完成考核目标的100%；基金累计征收1758.92万元，完成考核目标105%；享受待遇94717人，支付待遇12024.74万元。医疗保险。职工医保：参保35008人，完成考核目标的104%；基金征收17031万元，完成考核目标的112%；基金支出9912万元。职工医保大额补充保险：参保35008人，征收基金2653万元，基金支出118万元。居民医保：参保566233人，完成考核目标的99%；基金收入32251万元（其中：征收6304万元，完成考核目标的99%）；基金支出27066万元。工伤保险。参保34753人，完成考核目标的95.7%；基金征收1612.38万元，完成考核目标的101%；支付待遇2383.45万元。生育保险。参保18128人，完成考核目标的104.1%；基金征收444万元，完成考核目标的111%；支付待遇814万元。五是失业保险。参保24381人，完成考核目标的102%；基金征收648.8万元，完成考核目标的108.1%。通过对两定机构的日常稽核，追回医保本金32.55万元，收取违约金85.48万元，不予支付61.36万元；清退重复领取养老待遇2558人次403.5万元，确保基金安全高效运行。

【人事人才】 严把公务员“入口”，招录公务员（含参公）54人。管好“中间”，培训公务员39名。畅通“出口”，开除公务员4名。引进高层次紧缺人才34名（博士1名、硕士24名、985高校学士9名），公开招录事业人才365名，招聘“双特”教师49名，安置选派大学生25名，转业士官13名，遴选公务员（含参公）13人，选聘事业人员20人，招募“三支一扶”大学生31人。全年新增高技能人才101人，完成职业技能鉴定（颁证）951人；推荐初、中、高级职称评审共220人，工程类（非公人才）职称评审387人；专技人员公需科目培训7862人，6412人考试合格。接收2016年3名自主择业、2名计划分配和1名随调家属安置，对全县40名企业军转干部身份复核审查工作。调整413个事业单位岗位设置，中、高级职务岗位比例大幅增加，拓展基层事业单位工作人员晋升空间，签订聘用合同9218人次，辞退、解聘机关事业单位人员50人，申报工勤人员转岗8名。推行县以下机关公务员职务与职级并行制度，晋升正科级6人、副处级97人、正处级95人。开展综合管理类公务员非领导职务晋升工作，晋升主任科员68人、副调研员9人，副主任科员晋升备案工作有序推进。推荐国家和市级表彰奖励30批次70余人次，涵盖财政、发改、文化、市政、农业、科技等行业，经评选，获市级表彰先进集体12个，记集体二等功1个，先进个人24名，集体三等功1个。谢朝聘、罗文学同志被评为2015年度“重庆市人民好公仆”，推荐上报贺守良、袁业国同志参选2016年“重庆市人民好公仆”。在公务员队伍中形成“学先进、创先进、超先进”氛围，促进公务员干部队伍的素质提升。启动和推广全国自主择业军转干部工作信息平台运行工作。

【收入分配】 规范管理工资日常业务审批流程，简化机关事业单位工资审批及统发程序，于2016年4月起统一使用工资管理信息系统，实现了全县机关事业单位工资网络化管理，将人力社保部门工资审批与财政统发数据对接，提高了工资统发数据的准确度。按照市上统一部署，及时调整机关事业单位在职人员基本工资标准和增加离退休基本离退休费，完成机关在职及离退休职工艰边津补贴调标，同步统筹调整事业单位绩效工资水平，并在规定时间内全部兑现到位。2016 年，在职人员月净增资 326.6 元，离退休人员月净增资 239.12 元。办理日常工作调动工资手续 1255 人，认定工龄 186 人，审批一次性抚恤金 160 人、遗属生活困难补助 420 人，审批退休 265 人。牵头完成了国有企业薪酬制度改革目标工作任务。

【劳动关系】 充分发挥协调劳动关系三方机制的作用，加大劳动用工的监督管理力度，强化争议调处工作，促进劳动关系的和谐稳定。全年通过劳动监察，签订集体合同 63 份，覆盖企业 2305 家 23472 人；受理投诉案件 24 件，开展专项执法检查 5 大项 329 户，帮助 459 名民工追回工资 476.6 万元；受理劳动争议案件 604 件，结案 597 件，结案率 98.8%；受理工伤申请 388 件，结案 366 件，不予认定 14 件，不予受理 3 件，中止认定 6 件，驳回申请 3 件。

【信访维稳】 制订 2016 年信访维稳处置实施方案，建立信访接待、登记、转办、督查制度，严格实行重大信访事件领导三包制度，即包片、包案、包销。全年人社系统工作人员以“精准扶贫”为契机，结合“两学一做”，开展大下访 800 人次，公开接访、约访群众 3000 人次。全年市县信访交办件办结率 95.9%，未发生一起重大影响稳定事件。参加涉及工伤死亡赔偿突发事件调解处理 9 件、国家信访局督办案件协调 1 件、市局信访办组织的信访协调 1 次。

【依法行政】 复议诉讼：被行政复议件 2 件，维持 1 件，1 件仍在办理之中，涉及行政诉讼 45 件（含社保局 20 件），维持 35 件（含社保局 12 件）。撤销 1 件。法制宣传：以“社会保险宣传周”为契机，开展 2 次大型宣传活动、赴乡镇开展常规宣传 4 场次，发放宣传资料 4000 余份。建议提案办理：人大代表建议 6 件，主办人大建议 4 件，协办人大建议 2 件；政协提案 8 件，主办提案 6 件，协办提案 2 件。代表、委员满意率 100%。

【公共服务】 全年编撰《人力社保工作动态》12 期，刊发信息 32 条，被国家、市、县级媒体采用新闻 260 余篇次，报送高质量调研文章 1 篇，报送市、县政务信息 30 条、采用 13 条，按时完成县委、县政府约稿任务。全年累计收发文近 8000 件无积压，上报公文未被退文。保密工作制度健全，管理规范，未发生失密泄密事件。坚持领导亲自带班，职工 24 小时值班制度，值班电话和值班手机畅通。

机关党建

【概况】 中共彭水苗族土家族自治县直属机关工作委员会位于彭水县汉葭街道鼓楼街 96 号。该委核定行政编制 7 名，2016 年，有在岗干部职工 10 名，内设办公室和组织纪检科。

【机关党建领导协调机制】 形成县委常委直接负责—机关工委—机关基层党组织—机关党员三级领导、四级齐动的组织结构，理顺我县机关党组织的领导管理方式，实现我县机关党建统一领导，统一部署，统一考核；以协调机制为补充，打破条块分割，加强各县直机关协调和资源整合。要求每个机关党组织至少配备一名党建工作人员，形成一支专门党建工作队伍，配套专门物力规范基层党组织建设，保证党建活动有人组织，有经费支持，有场地开展。

【党建指导】 依据我县机关党建工作的实际情况制定《2016 机关党建工作要点》和 2016 年县直机关党建工作目标考核内容，理清全年工作思路，明确了全年党建工作方向。落实党建工作领导责任制，将一把手负责制、“一岗双责”、本单位全局工作同部署、同落实、同考核，主要领导做到党建工作亲自部署、重大问题亲自研究、重点环节亲自协调。树立“抓好党建是本职，不抓党建是失职，抓不好党建是不称职”的意识，杜绝出现党建工作脱离中心工作“两张皮”的现象。

【“两学一做”专题活动】 做好“两学一做”动员部署，于2016年4月底全县机关党组织动员部署完毕，各个单位成立专门学习教育领导小组，制订方案和学习计划。充分利用专题学习讨论、书记讲党课、民主生活会、专题活动等措施扎扎实实落实学习教育。抓牢抓实专题教育常态化。分类指导各机关党支部实施学习方案和学习计划，高质量进行集中学习讨论，把党员个人自学和组织集中学习结合起来；将专题教育融入日常工作，以学促行，以知促行，着力解决机关党员队伍存在的突出问题，引导广大党员在工作、学习和生活中发挥先锋模范作用。做好督导确保学习教育取得实效。带头落实好本单位专题教育实施方案，成立学习小组，保证参学率100%，对各单位学习开展情况进行全面的检查指导，定期对机关党组织的学习教育进行现场指导、督查检查，定期通报学习情况，将学习情况纳入年终考核内容。2016年，全县各机关共集中学习788次，参学率达100%，各县直机关积极组织观影、参观、演讲比赛等专题活动达到259次。

【党员清理排查】 细致深入开展党员排查工作，对231个党支部，3355名党员进行逐一排查，共排查出23名失联党员，1名口袋党员，全部处置完毕，摸清党员底数，理顺党员组织关系。重点做好12371党建信息平台党组织、党员信息的完善以及组织关系转接工作。

【党员发展与管理】 按照发展党员“控制总量、优化结构、提高质量、发挥作用”的总要求，充实壮大机关党员队伍，2016年新发展党员27名，转正党员48名，新增入党积极分子90名。

【党建主题活动】 将“两学一做”和建党95周年庆祝活动结合，组织举办以“我为党旗添光彩、立足岗位作奉献”专题演讲活动，75个单位150余人参与，在全县引起极大反响。开展贫困党员慰问活动，慰问贫困党员23人，共计发放慰问金6900元。产生一批先进基层党组织、优秀党务工作者和优秀党员，全年荣获县级表彰的县直机关先进基层党组织16个、优秀党务工作者16人、优秀共产党员36人。

【机关建设】 打造机关形象，立足工作岗位，建立健全管理制度和服务指南，规范机关办事服务、纪律制度，指明办事人员及流程方便群众办事，突出窗口单位，努力打造服务型机关。开展丰富多彩的支部生活，将理论书本学习、参观考察与开展球类、登山、摄影和舞蹈等文娱活动结合起来，打造健康向上的机关文化。充分发挥群团组织作用。选举成立县直机关工会联合会，结合群团改革，“红旗单位”评定，统筹整合党建、机关文化创建、群团等资源，改善福利，保障权利的作用，定期开展群团活动，保证每月至少一次群团活动。高度重视廉政文化建设。组织机关干部学习法律、法规，观看廉政教育警示片，参观廉政教育基地，规范机关管理，培养廉洁型干部，打造廉洁型机关。监督党员干部自觉贯彻执行党员干部从严治党规定，以良好的作风促进各项工作的扎实开展。

【党风廉政建设】 把党风廉政建设“两个责任”与党建工作同部署、同检查、同落实，明确责任主体和责任内容。学习落实《关于新形势下党内政治生活的若干准则》《中国共产党党内监督条例》《中国共产党问责条例》，用好党内监督这个武器，拉紧纪律这根高压线。严肃党内政治生活制度。深刻领会党中央提出的“四大考验”和

“四大危险”的危害性，通过强化理论武装，加强党性和道德教育。充分发挥民主集中制作用，不搞“一言堂”，促使党员干部自觉做到四个服从，形成单位合力，班子齐心的良好政治生态。实事求是开展“三会一课”，做到定时定人定量，做到有记录，有影像，按时保证质量开好民主生活会，广泛开展谈心谈话，用好用活批评与自我批评，将广大党员干部“四风”问题、“不严不实”问题抓小抓早。

【扶贫攻坚】 将党建工作、单位职责和扶贫攻坚这个大局三结合，找准切入点，同部署落实，发挥党建工作的龙头引领作用。专门抽调人员加入督导组，发挥好组长单位的职责，定期组织档案局、新农担保对大垭乡进行督导，深入走访贫困户，细致指导帮扶户的脱贫致富，共投入7万元资金改善了对口帮扶村便民服务中心办公环境。分类指导各基层党组织将结对帮扶与对口扶贫结合起来，全县75个单位和农村社区党组织结对共建率达到100%。

机关事务

【概况】 彭水苗族土家族自治县机关事务管理局位于彭水县汉葭街道鼓楼街34号（县委综合办公楼2楼），核定参公事业编制20名，在岗职工13名，内设综合科、资产科、接待科、事务科和节赛科等5个科室；下设二级局县机关后勤服务中心，核定事业编制8名，在岗职工7名。

【机关事务制度】 以全面深化改革为统揽，全面推进依法治县，健全机关事务管理体系。通过开展专题调研，多方征求意见，组织人大代表、政协委员积极建言修改完善，草拟适合县情的《彭水自治县党政机关国内公务接待管理暂行办法》《彭水自治县党政机关办公用房管理暂行办法》和《彭水自治县跨部门车辆集中管理平台和过渡性服务中心车辆管理暂行办法》机关事务工作管理相关办法，并呈送县政府常务会、县委常委会审议通过，以县委、县政府规范性文件印发，实现机关事务工作管理办法“零出台”的突破。

【苗乡接待新风】 充分挖掘特色乡村旅游资源，形成吃地方菜、住普通房，轻车简从等措施控制接待标准。全年共接待来宾168次，接待人次达3633人次，其中：省部级18次，厅局级42次，接待费用同比减少41.23%。优质高效地完成市委领导来彭视察调研工作的接待任务。同时还负责“一节一赛”、渝东南首届少数民族旅游文化节等大型活动以及市委考察组在彭期间的接待工作。

【办公用房管理】 终坚持统一规划建设、统一权属登记、统一调配使用、统一大中修专项维修、统一物业管理的“五统一”原则和“让老城减负、向新城转移”的工作要求，多措并举，着力实现国有资产的集中统一规范管理。对全县117个党政机关的办公用房进行全面清理和整改，全县党政机关办公用房基本符合相关规定；按照优化资源配置，盘活存量资产的要求，完成41个县级部门、19处办公楼的办公用房统筹调配工作。

【公务用车改革】 根据《重庆市党政机关公务用车制度改革总体方案》精神和县委、县政府工作部署，并按照“五集中”的工作方法，整个车改工作有序平稳开展。于6月底前完成取消车辆集中封停工作，保留车辆450辆，实际封停284辆，车辆封停后全县车改节支率达到7.28%，符合市上的有关政策规定；牵头组建完成跨部门车辆集中管理中心和过渡性车辆服务中心，制定下发平台和中心车辆管理暂行办法，有效保障公务出行和车改效果；在全市范围内率先启动车辆处置拍卖工作，严格按照政府采购程序完成车辆处置评估机构、拍卖机构、涂装改装机构、报废机构的确定。

【**绿色节能机构**】 全面实施《公共机构节能条例》《重庆市公共机构节能办法》，狠抓节能措施落实，不断完善规章制度建设。大力实施节能改造，深入开展节能宣传，营造良好工作环境。积极开展节能宣传周活动。活动期间共计设置展板15张，发放节能宣传画和宣传资料5000余份，接受群众咨询800余人次；进一步加强能源资源消耗统计工作。全县共有各类公共机构385个，建筑面积116.64万平方米，用能人数73482人次，人均综合能耗和单位建筑面积能耗比去年同期分别下降3.5%、2.5%。

机要保密

【**概况**】 中共彭水苗族土家族自治县委机要保密局位于彭水县汉葭街道鼓楼街34号县委办公大楼二楼。核定公务员编制5名，事业编制6名，在岗职工8名，内设密码通信科、保密科，下辖县电子政务中心。

【**规范建设**】 修订完善保密工作制度15个，修改保密工作台账表格14张，重新制发涉密文件运转登记表格，建立保密工作日常管理标准体系。

【**定密管理**】 指导机关单位建立定密责任制度，开展定密授权申请工作，纠正定密不当行为，全县明确定密责任人159人。

【**保密宣教**】 在3月和12月，组织开展保密知识街头宣传2次，发放保密宣传资料2000份；在党校主体培训班开设保密知识课程4期，共培训干部150余人次。

【**涉密人员管理**】 组织机关单位开展涉密人员分类确定和保密审查工作，全县共确定涉密岗位426个，涉密人员426人，相比确定前，涉密人员共减少397人。

【**高考保密**】 对高考试卷保密室的硬软件情况进行达标验收，对考务人员进行岗前保密教育，安排3名干部入驻各考点，全程参与试卷运送、发放、回收工作。

【**保密检查**】 4月，对10个市委电子政务内网接入单位就密码设备使用管理、资料建立情况等进行专项检查；6月，以有无违规发布、存储、传输涉密信息等为重点内容，对10余个单位进行抽查；7月，对部分县级部门和39个乡镇（街道）开展安全保密检查，重点检查计算机及网络保密管理情况；10月，通过自查和抽查的方式，对县内“金教”网、“金盾”网、“金财”网等9个国家重点骨干网络接入部分，从网络定性、制度管理、密级标识、违规连接等7个方面开展专项检查。共检查网络终端1026台，应用系统81个。

【**办公应用**】 利用三级服务网协同办公平台，为投资促进中心、县直机关工委开通自动化办公系统，提升办公效率。

【**网络整合**】 将三级服务服务网与金保工程二期网、医疗信息网、财政支付大平台、市电子政务业务网联网，并入人社局工资系统、办公系统，组织部公务员管理系统等，实现资源共享。

【**视频会议**】 新增党校大、小报告厅2个视频会议室，全年转接市到县、县到乡电视电话会议100余场次。

机构编制

【**概况**】 彭水苗族土家族自治县机构编制委员会办公室位于彭水自治县绍庆街道两江行政大楼4楼。核定行政编制6名（实有6人），内设综合科、机构编制科和督查科，下设副科级全额拨款事业单位县事业单位登记管理局，核定事业编制5

名（实有4人）。

【政府职能转变和机构改革】 推进群团组织机构改革。整合县困难职工帮扶中心、县青少年活动中心、县妇女儿童培训中心、县残疾人就业服务所职能职责，设立县群团活动中心。合理配置人员编制，承接市上“减上补下”行政编制1名、事业编制6名，调剂县级行政编制3名、事业编制8名充实到群团机构。相应调整基层群团工作机构，将乡镇（街道）党政办挂牌机构“党建办”更名为“党群办”。推进政府职能转变。全面完成2016年政府职能转变7项目标任务。适时完善有关部门职能职责，取消县土地储备中心“配合各金融机构管理土地收购和储备资金”职责，厘清环境监测、环境执法事权，撤销县人民政府驻重庆办事处机构。积极完善基层规划管理体制，根据重庆市编办《关于进一步加强区县规划管理职能完善规划管理机构的指导意见》，将乡镇（街道）综合办事机构“建设管理和环境保护办公室”更名为“规划建设管理环保办公室”，综合承担辖区内规划、建设、市政、环保等管理职责。配合做好县人民法院、县人民检察院、县审计局机构编制调整为市级统一管理后的机构编制划转工作。按期完成县编办管理的机关、群团组织和人民银行彭水支行统一社会信用代码赋码工作，以及事业单位法人换证赋码工作。

【行政审批制度改革】 出台《彭水自治县行政审批事项目录管理暂行办法》，加强行政审批事项目录的动态管理。结合推进行政许可标准化建设有关要求，及时承接市上下放和取消的行政审批事项，先后两次对全县行政审批事项目录进行了调整更新、公开。2016年，全县共有行政许可类审批事项共计277个大项、496个子项。及时清理非行政许可审批事项，对没有法律法规依据直接取消48项、有法律法规依据转为行政许可14项、调整为政府内部审批2项、调整为其他行政权力21项。认真清理行政审批中介服务事项，按要求对全县涉及的23项行政审批中介服务进行规范。对照《行政许可标准化指引（2016版）》“五个规范”要求，认真推进行政许可标准化工作。扎实开展权责清单清理规范工作，印发《彭水自治县行政权力清单和责任清单（2016年版）》。全县共保留行政权力4833项，其中县级部门和有关单位共有行政权力4619项，乡镇（街道）共有行政权力214项。

【事业单位分类改革】 为进一步提高公益类事业单位履职履责能力和服务水平，2016年，继续对139个公益类事业单位宗旨和职责任务进行完善。积极开展事业单位承担行政职能清理备案工作，对县属154个事业单位进行清理，清理出承担行政职能的事业单位共70个。其中，根据中央规定不纳入改革范围的事业单位2个，没有法定依据、部门自行委托承担行政职能的事业单位31个，有法律、法规、规章和中央有关政策规定为依据承担行政职能的事业单位20个、行政执法机构17个。经县编委研究，确定县机关事务管理局等20个事业单位纳入改革试点单位报市编办审定备案。稳妥实施县乡企审计服务所转企改制工作，并按有关规定和程序撤销县乡企审计服务所，核销其全部4名事业编制。启动事业单位法人治理结构试点工作，成立事业单位法人治理结构试点改革工作领导小组，制定印发《彭水自治县靛水街道卫生服务中心法人治理结构试点工作实施方案》。加强事业单位法人监督管理，规范事业单位法人年度报告公示，全年共办理事业单位法人设立登记10件，变更登记80件，补领登记7件，对200个事业单位法人年度报告进行公示。

【机构编制管理】 控编减编工作。优化整合机构，结合事业单位分类改革，整合减少事业单位9个（含5个群团机构），行政机构严格按市编办规定设置。严格执行编制总量控制制度，全县行政编制（含政法专项编制）均控制在市编办核定的总额内。结合政府机构改革和事业单位分类改革，核销事业编制14名，全县事业编制13315名（含群团机构改革市上划拨6名），全县事业编制未突破市编办核定的编制数。落实机构编制管控制度。认真执行“三个一”管理制度，健全完善部门协调约束机制，严格实行余编管理预警机制。保障人员编制使用需求。从严从紧保障公招需求，在保证“财政供养人员只减不增”的前提下，按照“分期分批、逐步到位、有序规范、保证急需”的原则，充分考虑事业单位人员结构和增减平衡，在余编范围内研究批复教育系统2017年公开招聘用编计划258名、卫生系统2017年公开招聘用编计划187名、政法专项编制用编计划52名；批复事业编制用编计划69名，用于引进高层次人才。

老干部工作

【概况】 中共彭水苗族土家族自治县委老干部局位于彭水县汉葭街道鼓楼街96号县委大院（政协原办公楼），县老干部活动中心（县老年大学）、关工委办公室设在县委老干部局。核定行政编制5人（其中：公务员编制4人，工勤编制1人），在岗职工3人（行政编制空缺2人），内设综合科、调研保健科。县老干部活动中心核定参公事业编制6人（含关工委编制1人），在岗职工4人（空缺2人）。

【老干部工作】 县委老干部局服务管理的离退休干部287人，其中：离休干部33人，原黔江地区批复享受副县级待遇退休干部27人，四大班子退休干部26人，落实渝委办发〔2007〕45号文件纳入服务管理副处级退休干部201人。坚持政治理论学习制度，每月15日、30日组织老干部政治理论学习，共计学习24次。坚持定期走访慰问离退休干部制度，开展5次大型慰问活动（元旦春节、五一端午、酷暑送清凉、国庆中秋重阳、寒冬送温暖），对异地居住的5名离休干部开展走访慰问1次，对“建初人员”开展3次慰问，对离休干部遗孀开展1次慰问，看望生病住院老干部60余人次，老干部逝世后看望慰问遗属11次，全年慰问1700余人次，共计发放慰问金95.7余万元；加大对特殊困难离退休干部的帮扶力度，共计发放特殊困难帮扶资金10万余元，为30多名有特殊困难的离退休干部解决实际困难。坚持参观考察制度，组织老干部县内参观考察3次。坚持情况通报制度，组织离退休干部召开座谈会3次，通报全县经济社会发展情况，听取意见和建议。坚持组织离退休干部参加重大活动和重要会议制度，部分离退休干部代表参加重要会议8次。做好离退休干部服务管理工作，落实好离退休干部生活待遇，离休干部的离休金按时足额发放率继续保持100%，医药费兑现率达到100%，组织开展健康体检和眼科义诊600余人次。积极引导老干部发挥正能量作用，组织离退休干部投身脱贫攻坚工作，离休干部张栋梁每年给帮扶户汪小红捐款2000元，资助其女儿就学。干部职工与35户贫困户结成对子，全年累计为田湾村帮扶资金13万余元，用于购置村委会办公设备、贫困户化肥农资等物品。全年接待老干部来访22人次，及时办结22人次。

【老年大学工作】 组织参加全市“庆祝中国共产党成立95周年暨纪念红军长征胜利80周年”离退休干部书画、摄影大赛，共收取作品68幅，评出县级获奖作品30幅；举办全县摄影展，选送6幅到市局参赛；组织参加全县“第四届踩花山节”万人同唱娇阿依和舞林大会活动；组织赴香港参加第五届“中国梦·夕阳美”国际中老年艺术大赛，荣获银奖；组织赴湖南花垣参加湘渝黔三省五县老体协、老年大学老年文体节目展示交流大会。

【“关工委”工作】 全县已建立各级“关工委”

组织535个，其中：39个街道（乡镇）、110个党政机关和企事业单位以及296个村、居（社区）都建立“关工委”组织，全县从事关心下一代工作的老同志达1000余人。县财政预算30万元，作为“中华魂”读书活动读本订阅费，订阅读本4万册，组织全县96所中小学校10万余名学生参加读书活动。开展组织征文比赛，推荐28篇优秀征文参加市级比赛，获得中学组二等奖5篇，三等奖7篇，小学组一等奖1篇，二等奖3篇，三等奖11篇。组织开展县级演讲比赛，选拔出8名优秀选手参加全市中学组和小学组的演讲比赛，获中学组二等奖1名，三等奖2名，小学组一等奖1名，二等奖2名，三等奖2名。动员“五老”和少年儿童参加“关爱明天、普法先行”老少书画大赛，选送的书画作品，获得少儿组书法二等奖1名、三等奖1名，绘画三等奖1名，优秀奖1名，五老组书法优秀奖1名。全县共有森林希望小学、彭水县第一小学、第二小学等8所中小学校申请创建了“零犯罪学校”。开展青少年普法教育，培训执法人员20余场次，建立法治宣传志愿者队伍和法制宣传教育讲师团，定期开展法制宣讲活动；搭建“五老”进校园宣讲平台，在中小学生中宣讲法律知识20余场次，组织中小学生开展“读法律书籍，当守法标兵”的系列活动，开展“万人学法知识竞赛”“书画比赛”等法治教育活动。

党校工作

【概况】 中共彭水苗族土家族自治县委新党校位于彭水县靛水街道五湖居委一组，占地面积48.3亩，建筑面积28897平方米，有报告厅、教学楼和学苑宾馆各一幢。报告厅建筑面积1944平方米，其中大报告厅可容纳394人，阶梯教室可容纳128人。教学楼建筑面积6787平方米，共7楼16间教室103间办公室。学苑宾馆建筑面积20166平方米，共12层，可容纳428人同时吃住，内有讨论室8个，地下停车位110个。运动场有篮球场1个，网球场1个，羽毛球场2个，乒乓球台7个，室外有停车位100个，学校建筑容积率0.90，绿化率48%。

县委党校为参照《公务员法》管理的县委直属单位，与县行政学校、县社会主义学校实行一套班子，三块牌子，人员经费均来自县财政预算拨款，公用经费由县财政按年拨付。学校内设行政科、教研科、培训科、后勤科四个科室。学校现有编制23人，教职工23人。教职工实行“两条腿”走路，9人参照公务员管理，14人走专业技术职称；15名专兼职教师中，研究生学历11人，副高职称3人，中级职称9人，初级职称2人。

【干部教育培训】 2016年，该校主体班培训7期，培训学员277人；专题班培训10期，培训学员956人；其他培训4期，培训学员1040人，共培训学员2273人。开展宣讲17次，受众3260人。在班次设置上分层分类，突出针对性。教学内容上强化素质与能力培养，开设经济、社会管理、传媒素养等前瞻性的教学专题和农业现代化、生态文明、旅游发展等结合彭水实际的专题。

【科研咨政】 修订和完善《科研成果和信息调研奖励办法》，形成有效的科研激励机制，全年在各级各类刊物发表理论文章共计43篇，其中公开刊物26篇，内刊17篇。获县科委决策咨询与管理创新计划项目课题立项4个，市委党校校级课题立项2个；完成1个市委党校校级课题，6个县级课题和5个校级课题。《乌江论坛》全年4期发行顺利。2016年向县委县政府报送《决策参考》6期。

【学术交流】 10月，在中共重庆市委党校黔江分校主办，石柱县委党校承办的渝东南片区党校系统第七届理论研讨会上提交论文8篇，获奖8篇。其中，一等奖1篇，二等奖2篇，三等奖5篇。

【人才引进与培养】 引进2名教师充实教师队伍。注重培养青年教师队伍，选派2名教师到重庆市委党校分别学习1个月，组织12名教师赴中国人民大学参加为期一周的“两学一做”的培训，3名校领导分别赴中央党校、中组部干教院和国家社会主义学院各学习一周。利用暑假组织教师进行实地调研，组织教师参加各种理论研讨会、教学竞赛观摩等。

信访工作

【概况】 中共彭水苗族土家族自治县委县人民政府信访办公室位于彭水县汉葭街道北门街31号。核定行政编制8名、事业编制8名、工勤编制1名，在岗职工17名，内设综合科、维稳科、群众投诉科、督查科和信访信息中心。

【干部接访下访群众】 突出抓好三级接访。县领导带头坚持“联乡访村入户”、定期接访下访群众，各乡镇（街道）、县级各部门保证每天有一名领导干部值班接待群众来访。县级领导接访下访群众560批次1171人次。做实“群众工作日”活动。结合党的“两学一做”活动、“村（居）民开放日”“赶场接访日”“群众工作日”等活动，各级领导干部自觉深入到各自联系的行政村和社区，倾听群众呼声、了解群众疾苦、收集社情民意、妥善化解矛盾纠纷，切实解决群众的实际困难，进一步做细、做实、做好群众工作。296个村、社区开展“群众工作日”活动3600余场次。坚持源头预防，继续推进“六个一批”工作，调研解决群众反映强烈、涉及面广、政策性强的群体性信访问题1件；综合施策加以教育转化，教育转化上访老户1户；每月开展一次“拉网式”矛盾纠纷排查调处，调处矛盾纠纷20件；对接访下访中掌握的群众生产生活中的实际困难，帮扶救助困难群众4099人；在干部接访下访中，听取群众意见建议，汇集吸纳社情民意401条。

【矛盾排查化解】 严格四级排查制度。健全县、乡镇（街道）、村居（社区）、县直单位（部门）“四轮驱动”、条块结合的矛盾纠纷排查工作体系，村（社区）每周二，乡镇（街道）和县级部门每月1日、16日，县维稳办每月20日为固定的“矛盾纠纷排查日”。做到定期排查和集中排查相结合，特别是在敏感时期、重大节日实行集中排查，确保辖区不漏单位、镇不漏村（社区）、村（社区）不漏组、组不漏户，并建好相应台账，把矛盾纠纷排查纳入常态化、规范化管理。全县累计排查化解矛盾纠纷5000余件；严格执行每月例会制度。各乡镇（街道）和县级部门每月定期召开矛盾纠纷调处工作会，分析研判信访稳定形势，研究落实重大矛盾化解责任、时限及稳控方案。全县共召开矛盾纠纷排查会议1000余次，排查出重大不稳定因素50余件；认真推行社会稳定风险评估制度。落实重大决策事项社会稳定风险评估，在重大决策实施前，评估主体对其合法性、合理性以及可能出现的不稳定因素进行评估，在分析论证的基础上，形成科学、客观、全面的社会稳定风险评估报告，做到“不评估不上会、不评估不决策、不评估不实施”，防止因决策不当损害群众利益。2016年，共对65个项目进行风险评估，暂缓实施3件。

【积案化解】 严格落实积案承包到人。突出问题由县委、县政府主要领导包案。并明确主办、协办单位联动办理。对市上交办的信访积案和县级自排信访积案，实行县级领导逐件包案，逐案落实“五个一”化解措施，实行网格化倒计时管理。每个月对积案化解进度进行督查通报。对排查交办的突出矛盾和信访问题，各级各有关部门通过专题研究、联合会诊、领导包案、带案下访、信访听证等方式，有效推进“案结事了”；深入推进积案办理促事解决。县信访办根据年初市上交办到我县的信访积案连同县级自排的积案报县信访工作联席会议研究集中交办到相关单位限时办结。

中央及市级日常交办的12件信访案件全部办结；县级自排交办的20件疑难信访问题也全部办结；国家信访局网上巡查交办信访件1件，已办结1件，市级日常交办的信访案件5件，全部办结；深入推进“3+1”专项治理活动。彭水自治县将非法集资、房地产开发、小区物业管理矛盾纠纷和拖欠民工工资作为信访突出问题进行专项治理。涉事单位会同涉事部门严格按照工作方案，落实工作措施，集中力量攻坚克难，开展化解工作。全面排查欠薪纠纷，依法处理和化解非法集资、小区物业管理等方面的问题，及时接谈上访代表，协调处理违法上访、严格落实化解责任、认真贯彻领导指示批示，较为妥善地处理好大量集体上访。

【基层基础建设】 加强信访维稳基础业务工作。做实网络和业务工作的“两个全覆盖”，实现横向上县信访办与县级职能部门和重点企业互联互通，纵向上与乡镇（街道）全线贯通。做到信访信息全录入、业务全流转、数据全交换、办理全公开。在乡镇（街道）广泛推行网上信访代理，强化网上信访和信访信息化工作水平。完善网上信访受理平台，为群众查询、评价信访事项办理情况提供便利条件；规范提升联合接访运行机制。申请原人大楼1～3楼用于县群众来访接待中心建设，建成联合接访中心、法律服务室、涉诉信访室和2间接访室，8月搬迁入住新的办公区域，实现一站式接待、一条龙办理、一揽子解决；进一步加强信访维稳干部队伍建设。围绕提升干部的综合素质和履职能力，切实加强对广大信访维稳干部的教育培训、岗位练兵、实践锻炼。

【规范信访秩序】 认真落实依法逐级走访要求，畅通信访渠道，引导群众依法逐级反映诉求，及时按《信访条例》相关要求受理、办理、反馈。进一步规范信访工作行为和秩序，同时将法律服务引入群众接待工作，教育引导群众依法、理性、有序地反映诉求。对在合法合理诉求解决以后仍无理取闹甚至聚众滋事、扰乱公共秩序的，依法进行严肃处理。

社会团体

工商业联合会

【概况】 彭水苗族土家族自治县工商业联合会（总商会）位于彭水县两江综合行政大楼三楼。现有303家企业会员，47个团体会员（其中39个乡镇基层商会，5个行业商会，1个青委会，1个异地商会，1个民营经济协会），会员总数3216个。群团改革及6月换届选举后，在2016年11月时有在岗在编职工9名，退休人员8人，其中主席（会长）1名，由非公经济人士担任，党组书记1名（兼常务副主席），副主席（副会长）18名（其中3名专职，15名为不驻会非公经济人士），设1个内设机构办公室。

【基层组织建设】 截至2016年年底，会员总数由2015年的3150个增加到了3216个，增速约2%，其中企业会员增长到303家。

【换届选举】 2016年6月29日至30日召开县工商联（总商会）第十三届会员代表大会，选举出主席1名，副主席、副会长18名，常委37名，执委73名，充实完善工商联（总商会）工作队伍。

【思想政治建设】 强化政治引领和思想引导，定期召开执常委会，组织非公人士认真学习贯彻中央、市县相关会议文件和习总书记系列重要讲话精神，时刻保持思想与时俱进。通过举办“非公经济大讲堂”和带领民营企业家进高校、统战干部进党校等方式强化工商联的桥梁纽带作用。通过“彭水工商联之家”“工商联系统学习交流群”微信群等，实时解析政策趋势、传达中央、市县有关精神，倾听会员心声等，真正强化工商联与会员之间的直接交流，拉近距离。深入开展以“守法诚信”为重点的非公有制人士理想信念教育实践活动，全面提升非公人士思想政治素质，切实增强非公人士道路自信、理论自信、制度自信以及自身对社会的信誉。开展“两学一做”学习教育，坚持正面教育为主，用科学理论武装头脑；坚持学用结合，知行合一；坚持问题导向，注重实效；坚持领导带头，以上率下；坚持从实际出发，分类指导。密切与民营企业和民营企业家之间的关系，也为全社会关心支持民营经济发展营造良好氛围。

【光彩公益事业】 通过产业扶贫、捐赠扶贫、就业扶贫等方式积极参与脱贫攻坚和光彩公益事业。2016年，参与扶贫的23家企业里，带动贫困户数1070户，5347人，已帮助脱贫人口数4877人。企业投资0.97亿元，捐赠1.5万元。

【服务会员】 搭建银企交流平台，促成以商会或会员“联保”等方式为20余家企业融资；通过“彭商”“智黔”商会下属实体投资公司帮助解决中小企业融资难问题；与县人社局、总工会联合开展企业管理人员业务培训、现场招聘等活动，进一步完善“三方四家机制”建设，开展维权服务，维护企业利益，构架和谐劳动关系。

【参政议政】 引导非公人士积极参政议政。2016年，择优向政协推荐政协委员28名，其中中共党员11人，党外人士17人。重庆市五丰劳务有限公司总经理王若玮、秋实商贸公司经理、文庙社区书记杨世彬、华亚建筑设备租赁站经理杨昌洪、绿荫律师事务所主任肖亚、新闻国旅彭水公司总经理张雪、私个协妇委会主任张小敏、重庆宏业医药有限责任公司工会主席张春兰、重庆市妇联兼职副主席、众怡生态养殖合作社理事长陈爱华、民爆公司总经理廖小川被评为县政协第九届委员会优秀政协委员。

总 工 会

【组织建设】 2016年，县总工会新建7个独立基层工会、3个工会联合会、4个基层联合工会，覆盖361个独立法人单位，发展会员11284人。其中：356家非公经济组织和社会组织建立工会，建会率达80%以上，发展农民工会员10647人。健全完善工会组织体系：强化乡镇（街道）和工业园区工会组织建设，在18个镇和3个街道建立总工会，在18个乡和工业园区建立工会联合会，强化辖区内工会组织和工会工作领导和管理；建立系统行业工会联合会，在教育、卫生计生、交通、建设、公安、国土、文化、农业等8大行业（系统）建立工会联合会，加强行业（系统）所工会组织和工会工作的领导和职工服务管理，行业（系统）工会联合会建会率达100%；建立县级机关工会联合会，县级机关单位实现工会组织全覆盖，进一步强化县级机关工会的组织领导和职工服务；强化村（社区）工会组织建设，加大农民工源头入会工作力度，建立村（社区）联合工会86个，配备工会干部队伍，强化农民工输出地源头入会和服务，维护农民工合法权益。推进基层“职工之家”建设，全面安排部署职工之家创建工作，组成2个督导小组，认真开展督导检查，严格职工之家检查验收。

【技能提升】 积极围绕推进生态彭水建设，广泛组织职工开展技能竞赛，着力打造“苗家工匠”职工技能提升品牌。举办全县卫生行业急救技能培训：县总工会积极协调，联手县卫计委共同举办了全县卫生行业急救技能培训班，邀请重庆急诊医学培训中心专家3人，采取理论授课与操作相结合的方式，对80余名基层医院学员进行成人双人基础生命支持操作、成人气管插管操作、创伤急救技术操作三个方面的专业培训，并对参训学员进行考核，提升急救技能水平。举办全县卫生行业急救技能竞赛活动：县总工会与县卫计委联合举办全县卫生行业急救技能竞赛，共有9个医院25名选手参加比赛，聘请重庆市急诊医学培训中心7名老师担任比赛评委，评选竞赛一等奖3名。组织开展生态保护区特色产品推介技能竞赛活动：在全县组织开展生态保护区特色产品推介技能竞赛活动，12个企业24名职工参加竞赛，各选手对各自企业的特色产品进行推广介绍，扩大企业产品知名度，提升选手推介技能水平。

【劳模工作】 开展全国和市级选先树优推荐工作，成功推荐评选全国工人先锋号1个，重庆市五一劳动奖状1个，重庆市五一劳动奖章1人，重庆市工人先锋号1个；推荐评选五一劳动奖章1人、五一劳动奖状1个、工人先锋号1个和优秀组织奖1名，充分发挥先进模范的示范引领作用。开展劳模关爱活动。县总工会举办了“五一”劳模座谈会，县委分管领导和县总工会领导班子与全体劳模共聚一堂，共话彭水工会改革和发展。积极组织县市级以上劳模8人参加全总和市总工会举办的劳模休养活动，组织劳模22人开展了县摩围山休养活动。组织全国劳模体检活动，按时发放省部级劳模体检费，及时与市总核对省部级劳模专项补助、特殊困难补助金，切实关爱劳模身体健康和生活困难。开展劳模创新工作室创建工作。县总工会积极推动彭水复烤厂依托全国劳模付孝刚、省部级劳模何德文、祝光成等先进模范人物创建彭水复烤厂劳模创新工作室，积极打造市级劳模创新示范工作室，为发挥劳模等先进模范人物的引领示范作用提供平台。

【宣传工作】 开展“中国梦·劳动美”主题教育系列活动：组织开展“中国梦·劳动美”—2016“劳模进校园”报告会。县总工会组织2名劳模走进思源实验中学、民族中学，以自身的感人事迹，向全体师生进行劳模精神宣讲，弘扬劳模精神。组织开展职工文化活动：以“职工点单”形式推动职工文化建设，建立了“以职工为主”的活动征求机制，通过职工点单、工会承办的形式，于2016年4月举办第11届“能源杯”职工运动会、5月举办2016·中国乌江彭水龙舟邀请赛，活跃职工文化生活；积极参加全市职工文化活动，县总工会积极组队参加2016年重庆市职工篮球联赛暨“山城双拥杯”篮球赛、“魅力巾帼·时代风采”女职工才艺表演赛等活动，提升彭水自治县工会组织影响和职工队伍形象；探索“工会+互联网”工作模式：县总工会积极依托“苗乡彭水”APP、微博、微信等媒体，协调加载工会服务功能和服务项目，拓展工会服务渠道。建立网站、微博，将工会工作和工会服务融入“彭水群团”公众号，并依托市总工会官方网站平台建立彭水县总工会子网站，完善相关服务板块内容，倾力打造工会网上服务职工群众平台。在全县职工中广泛宣传“渝工娘家人”微信公众号，工会会员关注率达81.6%。

【女工工作】 推进女职工组织建设：新建女职工组织14个，基层工会女职工组织均实现按期换届，并按规定要求配备分管领导和女工干部，全县已建会机关和企事业单位女职工组织覆盖率达到100%。实施女职工提质建功工程：推荐县人民医院（代建华）和龙须晶丝苕粉（葛先萍）参评市总“女职工创新工作室”活动，并获市总工会授牌；发挥“大学校”作用，提升女职工综合素质。举办女工干部培训班1期，培训女工干部60余人。维护女职工特殊权益：加强法制宣传，提升维权意识。在全县广大女职工中组织开展“女职工维权月集中行动”，深入街头、乡镇和企业广泛开展《劳动法》《劳动合同法》《女职工劳动保护特别规定》《工会女职工工作条例》等相关法律法规宣传，发放宣传资料5000余份，接待女职工法律咨询200余人次，举办纪念《女职工劳动保护特别规定》颁布实施3周年知识竞赛活动，提高广大女职工法制意识。实施关爱工程，保障特殊权益。组织慰问单亲困难女职工488人次，发放慰问金14.64万元；组织开展女职工权益保护专项集体合同签订活动，签订女职工权益保护专项集体合同62份，覆盖2718个企业，覆盖女职工8627人，签订率达到97.6%；全县动员组织131个单位4254名女职工参加“幸福重庆·玫瑰人生”女职工特殊疾病保险，投保金额达26.06万元。

【财务工作】 制定《彭水自治县乡镇（街道）、工业园区工会经费管理办法》，推进乡镇（街道）和工会园区工会财务工作规范化建设。加大工会经费征收工作力度，大力开展工会经费征收宣传活动，提高企事业单位自觉缴纳工会经费的意识。大力加强工会资产规范管理：建立完善工会资产管理制度，实行岗位责任制、目标责任制等规范化管理，层层负责，落实到人；规范工会资产管理，通过清查账目、盘点物资，做到账账相符、账卡相符、账实相符，确保工会资产不流失，促进资产的规范管理。

【经审工作】 实现基层工会经审组织全覆盖。加强本级审计审查，县总工会经审委对县总工会2015年度收支预决算和财务管理及经费收支进行审计，有效促进工会财务和资产的规范管理。加强对下审计审查，制定基层工会经审工作实施方案，对22个基层单位工会经费的征收、管理和使用进行务实审计，对存在的问题提出整改意见，并要求限期整改。强化经审队伍建设。积极组织各级经审干部参加市、县培训，提升业务素质和知识技能，提高工作水平。2016年，培训各级经审委员80人次。建立考核机制，县经审委将基层工会经审工作纳入工会综合目标考核。

共 青 团

【概况】 共青团彭水苗族土家族自治县委员会原位于彭水自治县汉葭街道鼓楼34号（彭水自治县委办公楼8楼），2016年12月搬迁至靛水新城党校。2016年6月，团县委按照县委群团改革方案，完成1正2副，1挂2兼领导班子配备。核定行政编制5名，内设综合部、办公室。

【专项改革】 明确乡镇（街道）团（工）委班子配备标准和待遇，健全村（社区）团组织，设村（社区）团支部书记1名，可由本土人才或村（社区）年轻村务专干兼任。专项改革后，常委、委员、代表中来自基层一线的人员比例分别不低于20%、40%、80%。联手总工会、妇联等群团组织进入群团活动中心、公共服务中心，且在电商产业园、工业园区、新城、蚩尤九黎城、阿依河景区打造基层群团服务点并依托乡镇（街道）公共服务中心、村（社区）便民服务中心、乡镇（街道）综合文化站、村（社区）文化活动室、养老服务站等党政阵地，组织组建群团服务点。指导县教委、县农委、县水务局等7个单位成立新的团组织。大力实施推进网上团支部建设工作，共建立网上团支部866个，吸纳团员11386名。

【思想引领】 “新彭水·新青年”微信公众号累计推送消息240余期；青年之声互动交流平台发布消息30余期，互动问答350余条，点击量达80余万次；县青少年活动中心编排的节目《苗娃闹春》登上2017年重庆春晚舞台。

【脱贫攻坚】 开展关爱农村留守儿童等帮扶慰问活动12次；开展“圆梦行动”资助贫困大学新生40人，发放资金20万元；青基会、江苏汇川技术有限公司投资30万元于三义乡建设的希望小学竣工并投用；“冬日阳光·温暖你我”新春关爱行动帮助1207名留守儿童实现新年梦想；开展“梦想驿站”活动，印发宣传资料1000余份，让群众进一步了解和参与脱贫攻坚工作；建立“12355”工作站，派驻法律和心理咨询志愿者接待农村留守儿童，收集相关诉求，积极提供援助。

【助力旅游】 与华龙网联合举办“爱在彭水·情定苗都——2016年‘中国爱情治愈圣地’体验季”活动。活动依托蚩尤九黎城、摩围山、阿依河和鞍子苗寨等旅游景点，分别在5·20、七夕、9·20三个时间节点，设计三个“一”系列活动，即：“一次邂逅·520相亲会”“一生约定·七夕鹊桥会”“一世承诺·山盟海誓苗家集体婚礼”。华龙网相关原创稿件被人民网、中新网、中国网、东方网、凤凰网、新浪等总网、地方频道及商业媒体转载，百度引擎搜索关键词“彭水集体婚礼”显示新闻达18500余条。

妇女联合会

【概况】 彭水苗族土家族自治县妇女联合会位于彭水县靛水新城党校（党校教学楼4楼），核定行政编制5名、在岗在编职工3名，领导班子配备成员1正2副1挂2兼，内设综合部、办公室。

【三大行动】 持续深入开展“巾帼促农”“巾帼建功”“巾帼兴业”三大行动。在多个乡镇开展“双学双比”技能比赛活动，比拼留守妇女技能，展现新时期农村妇女精神风貌；在各行业深入开展“巾帼文明岗”创建活动，扩大“巾帼文明岗”覆盖面，推荐县上5个巾帼文明岗组为市级巾帼文明岗；主动争取有关单位的支持，畅通妇女创业通道，联合县就业局向45名贫困妇女发放妇女小额担保贷款374万元，促进妇女就业创业。

【特色活动】 开展“三八”庆祝活动，表彰“三八红旗手”“平安家庭”“绿色家庭”“三八红旗集体”等先进集体和个人；以城乡便民服务中心“妇女之家”为主阵地，常态化、制度化开展寻找“最美家庭”“好婆婆好媳妇”“好家风好家训”活动；结合县“一节一赛”活动深入基层开展家风文明建设表彰活动；在村（社区）评选出“平安家庭示范户”“最美家庭”“好婆婆好媳妇”等先进典型。

【民生实事】 依托基层妇联组织及“妇女之家”加大对“两癌”项目的宣传，提高群众知晓率，对22名录入全国农村“两癌”筛查数据采集系统、4名列入重庆市民生实事救助名单的“两癌”患病妇女共26人，每人发放1万元救助金；开展留守妇女就业创业技能培训，联合新起点职业培训学校、就业局举办家政服务、养老护理等培训班，组织446名留守妇女参加培训。

【关爱服务】 打造“爱心童享·筑梦行动”品牌，在彭二小成立彭水自治县首个留守儿童关爱服务站，组织开展全校性科技、才艺培训2场；组织部分困境儿童和爱心妈妈到重庆参加“快乐成长营—关爱困境儿童假期培养示范活动”，开展困境儿童引导培养并对“爱心妈妈”进行能力培训；邀请专业团队为133名困境儿童、200余名爱心妈妈及监护人开展专业化的团训、个辅心理服务，实现困境儿童心理帮扶和监护人培训全覆盖；引入无锡市志愿者力量，募集物资2万余元，每月带领困境儿童开展一次主题活动。

【维权助民】 利用重大节日，在十字街、县委广场、部分乡镇组织开展平安家庭、维权知识等宣传活动，全年向广大群众发放各类法律宣传资料2万余份，接受群众咨询300余人次；依法为妇女群众提供更加优质、便捷、贴心的维权服务，充分发挥婚姻家庭纠纷人民调解委员会的作用，积极参与大调解工作，化解妇女群众矛盾纠纷16起；关注受侵害妇女儿童，将其纳入节日慰问计划，多次进行看望慰问，帮助多名受困儿童家庭落实危房改造、低保等待遇。

【精准扶贫】 为全县296个村（社区）争取财政资金296万元，用于开展留守妇女互助组工作、建设妇女儿童之家并以此为平台开展活动；向全县贫困妇女发放“母亲邮包”30个；向全县378户贫困妇女发放鸡苗26400只；与县卫计委共同实施“婴幼儿消贫行动及营养项目”，向6～24个月婴幼儿发放营养包；争取“贝因美与爱同行公益项目”，向全县712户贫困家庭发放价值约70余万元的奶粉。

【爱心助学】 对接市妇联积极争取春蕾圆梦行动资助金，向12名高一贫困女生每人发放3000元资助金，向5名应届女大一新生每人一次性发放4000元资助金；向4名大二女生每人发放6000元助学金；组织30余名无锡市社会爱心人士到我县部分贫困家庭、诸佛乡青灵村小进行走访，确定15个资助名额，给予每年每人1000元助学金，并为青灵村小捐赠净水设备以及学习用品。

【家庭教育】 通过购买社会服务的方式，培育家庭教育骨干队伍，做好家庭教育指导服务；从办公经费划拨5万元，聘请具有专业背景的导师、心理咨询师到各乡镇开展家庭教育知识巡讲，共计开展41场培训，参培人数10000余人。

【新媒体平台】 开通“彭水妇联”新浪微博官方平台、微信公众平台、头条号、企鹅号，开设创新、丰富的栏目，扎实做好网上服务，畅通网络妇情民意渠道；定期完善更新妇联网络宣传员、网络评论员队伍，加强妇联宣传力量，迅速传播妇联资讯；建立微信工作群、QQ 工作群，与各级妇联组织保持密切联系，线上共享资讯。

残疾人联合会

【概况】 彭水苗族土家族自治县残疾人联合会位于彭水县汉葭街道绸缎街 28 号附 2 号。核定编制 6 名，其中行政编制 5 名，机关工勤 1 名。在岗职工 13 名（其中：群团改革后，原就业服务所 4 人仍留单位从事原来的工作至今，临时工 2 名，纪检 1 名，班子 3 名，副调 1 名，办公室 1 名，机关工勤 1 名）。2016 年，群团改革后，内设办公室。

【群团改革】 按照全县群团改革总体部署，成立群团改革领导小组，制定《群团改革操作流程表》和《群团改革施工图》，梳理出“四化”问题清单，结合实际制定《彭水县残联专项改革实施方案》，经县改革办会审并报县委常委会审议通过（彭水委办发〔2016〕78 号）。《方案》强化残联班子建设，由原一正一副增设为一正二副和一挂二兼班子格局。原就业服务所 4 名编制和职能划转县群团服务中心，各乡镇（街道）残联工作统一归口到群团服务窗口。

【主要业务】 继续加强重性精神病人救治管理工作，全年免费救治精神病患者 360 人次（其中：入院 122 人，出院 94 人）。确保重性精神病患者 100% 得到救治，减轻患者家庭经济负担，维护社会稳定。免费实施白内障复明手术 300 余例，确保发现 1 例，手术 1 例，复明 1 人的长效工作机制。免费复查 0～45 岁肢体残疾人 56 人，对符合手术条件的肢体残疾人 29 人转介到黔江创友骨科医院实施免费手术，对 0～7 岁残疾人儿童 20 人转介到黔江民族医院进行康复训练，减轻残疾人家庭经济负担，恢复部分功能，圆了康复梦。免费安装大小腿假肢 28 例；免费验配成人助听器 50 例；发放各种辅助用品用具 310 余件，实施残疾人家庭无障碍改造 51 户。实施残疾人危房改造 38 户；开展农村残疾人实用技术培训 400 余人；培训各乡镇（街道）残联理事长及各村（居）专职委员 335 人；扶持残疾人种（养植）殖大户 3 户，兑现残疾人“两项补贴 5505 人，兑现资金 169.04 万元（其中：兑现一、二级残疾人护理补贴 3780 人，119.7 万元；兑现残疾人生活补贴 1725 人，49.44 万元，标准为：一级护理补贴 60 元/月，二级 50 元/月，生活补贴 50 元/月。资助残疾人大学生 3 人，1.5 万元。按 2000 元/年/人的标准资助在校残疾大学生 2 人；按 200 元/户标准慰问残疾人 400 人。广泛开展残疾人各项宣传活动，发放各种宣传资料 1200 余份，向市、县各类媒体报道信息 60 篇，选送作品参加 2016 年“筑构善行·共享芬芳”重庆市残疾人才艺大赛——毛线画《蚩尤九黎城》荣获工艺手工类二等奖。

【基础设施】 残疾人康复托养中心项目主体工程完成，已进入外墙装饰，场坪绿化方案等建设。

科学技术协会

【概况】 彭水苗族土家族自治县科学技术协会位于彭水县靛水新城（中共彭水县委党校教学楼 4 楼），核定行政编制 5 名、事业编制 1 名，在岗职工 9 名，内设办公室。

【核心价值体系】 围绕《市科协工作要点》和《全民科学素质行动计划纲要》实施的主体环节，以素质办名义制定出台《2016 年全民科学素质工作要点》。冉业凡成功当选中国科协九大代表。

【科普文化体系】 对乡镇（街道）、村（社区）开展“站栏员”建设，已有 5 个乡镇（街道）15 个村（社区）建好了标准的科普宣传栏；在河堡和鼓楼两个社区科普大学教学点，开办 45 期食品安全、健康保健等科普知识讲座；推广科普网络书屋、科普中国、科普V视的使用；购置安放4块《科普之窗》e站。

【农技协工作】 农村专业技术协会全年申请成立29家，注册登记完成6家；认真组织开展申报“科普惠农兴村计划”项目，巾帼散养土鸡协会和三义豪猪协会获国家级项目；利用市科协农科专家资源，为25家农技协技术需求提供服务；组织广大农技协参与当地产业精准扶贫工作。

【青少年科普】 深入推进青少年科技创新教育，与县教委合作，认真组织开展创新大赛、模型大赛、争当小实验家和宋庆龄少儿发明奖选拔赛等赛事活动，全年获市级一等奖34人、二等奖42人、三等奖64人；认真开展科技特色示范学校的创建工作，新命名郁山中心校和彭一中两所县级科技特色示范学校；邀请全国创新教育首席专家李昌旺到彭水开展创新教育专题培训教师2次；资助协会编辑出版《享受发明的乐趣——中小学创新发明读本》；精心组织青少年科技创新“县长奖”评选活动；举办首届科普夏令营活动，组织学生到重庆大学、重庆科技馆学习参观。

【企事业科协建设】 发动有条件的企业成立科协，服务企业科技创新；围绕科技创新和科普宣传，在企业开展“讲、比”竞赛活动；积极组织开展第四届“十佳科技创新能手”评选活动，对评选出来的10名创新能手以县委、县人民政府的名义进行表彰。

【科普惠民活动】 大力开展全国科普日、科技活动周、“三下乡”等品牌科普活动，累计发放科普知识书籍、期刊和宣传资料4万余册（份）；免费赠阅《农家科技》和《科普惠农》杂志3000余份；编辑出版《彭水县科普春联集锦》第二集；举办“迎新春三送科普”活动，送春联2000余幅。

文学艺术联合会

【概况】 彭水苗族土家族自治县文学艺术界联合会原位于彭水县县委办大楼201室（2016年11月28日迁至县委党校423室），内设科室一个（综合组联科）。黔中文化研究院内设三个科室（《黔中文化》编辑部、黔中文化研究室、蚩尤文化研究室）。县文联现在职人员4人；黔中文化研究院在职人员3人。

【干部培养】 推荐选举市文代会代表2人，县党代会代表1名，政协委员1名。2名干部提拔为中层干部。

【群团改革】 围绕全县工作重点和文联工作实际，成立专项改革领导小组，全面负责专项改革工作，并确立一名副主席领衔起草《彭水苗族土家族自治县文学艺术界联合会专项改革实施方案》（征求意见稿），向县级相关部门、人大代表、政协委员征求意见建议。后经3次讨论修改，县委常委会已审议通过。截至2016年年底，已按照方案从总体要求、职能职责、组织体系、方式创新、队伍建设、干部管理等方面改革完毕。通过改革，全面增强县文联自身建设，提高文艺工作科学化水平。

【工作亮点】 2016年，县文联坚持文艺“双百”方针、“二为”方向，坚持“三贴近”原则，认真履行联络、协调、指导、服务的基本职能，团结和带领广大文艺工作者，紧紧围绕县委、县政府中心工作大局，成效突出。少儿舞美基地建设稳步推进。2016年6月15日下午，2016重庆彭水新农村少儿舞蹈美育工程“少数民族舞蹈课堂”汇报演出在彭水自治县民族会场举行。中国文联舞蹈艺术中心综合部主任郑云珍，重庆市文联党组书记、副主席王超，重庆市文联副主席、市舞协主席毕富纯出席汇报演出。并对彭水少儿舞美工程开展工作予以充分肯定。郑云珍代表中国舞协向森林希望小学、郁山镇中心校“少数民族舞蹈课堂示范校”授牌。县文联被授予“少数民族舞蹈课堂”突出贡献奖，森林希望小学王婷、文化馆周维康、文联郭华等12名同志被授予重庆市优秀文艺志愿者。积极参加中国舞蹈家协会新农村少儿舞蹈美育工程十周年纪念征文活动。县文联干部职工率先垂范，组织郁山镇中心校、森林希望小学共撰写稿件168件，受到重庆市舞协充分肯定。联袂长江师范学院在鞍子镇建立“长江师范学院民间歌舞文化研究”创作基地。全力借助长江师范学院学术平台和创作优势，弘扬彭水民间歌舞文化，书写校地合作新篇章，为民间艺术业内专家学者提供宽松的学术交流场所和创作环境。承办首届渝东南旅游摄影作品展。展览共评选出入选作品200幅（组）、入展作品108幅（组），其中彭水自治县入展获奖作品25幅（人次）。承办蚩尤九黎杯书画摄影展。摄影展在蚩尤九黎城与社会群众和广大游客见面。一幅幅精美的作品，为推介“中国的蚩尤 世界的九黎”起到积极作用。举办黔中文艺采风活动。4月13日至15日，联合重庆市文艺创作中心举办黔中文艺采风活动。通过活动，为鞍子、梅子创作一批富有地方特色的民间歌曲，用艺术的形式点亮彭水淳朴的民族风情、优美自然风光、深厚的历史文化3张名片。重庆摄影拉力赛走进彭水。9月25日，2016重庆摄影拉力赛彭水站拉开帷幕，彭水牵手国内影像顶尖媒体《中国摄影报》。拉力赛作品现场点评、摄影创作讲座、作品评选，有力提高彭水广大摄影爱好者理论创作水平。支持“全域重庆 多情彭水”电视栏目建设。县九大协（学）会文艺工作者以高度的社会责任感，以爱彭水、宣传彭水为已任，积极支持“全域重庆 多情彭水”栏目建设，各位艺术家据创作特点借助营销载体充分展示所创作品。美协、书协、诗词学会、作协等协（学）会前期部分资料影视拍摄剪辑工作完成，并在重庆有线播出。探索基层文联文艺评论机制。争取重庆市市级文艺家协会的支持，邀请重庆市文艺评论家协会、重庆市音乐家协会在彭水自治县（12月10日至11日）举办重庆市少数民族（苗族）音乐作品研讨会，研讨会对彭水本土音乐人孔庆余、王树林、廖元德创作情况、所创作代表性作品，以及彭水本土音乐做学术研讨。研讨会开创彭水本土音乐评论先河，奠定彭水苗族音乐的理论基础。协（学）会文艺精品硕果累累，参展参赛捷报频传。积极支持各协（学）会会员开展文艺作品创作生产，弘扬时代主旋律，为人民放歌、创作紧扣时代脉搏的优秀文艺作品。

2016年，县音舞戏曲协会彭水老年大学乌江韵艺术团舞蹈队赴香港参加第五届“中国梦·夕阳美”国际中老年艺术大赛并获银奖；男声表演唱《弯弯号》入围第17届群星奖决赛并获优秀奖；“苗家兄弟”组合继参加《星光大道》选拔赛，进入重庆决赛后，参加中国西部山歌会再获“十佳歌手”称号；县民协组织参加渝东南民间工艺展销会；县美协、摄协联合县委宣传部开展重走长征路采风活动，创作作品100幅，举办专题汇报展，向建党95周年献礼；美协主席罗运生举办“爱我家乡 书画彭水”个人书画展；黄定波作品入展第六届重庆市美术作品展；县摄协王灵川、刘陵波等13名同志分别入围或晋升重庆市摄影家协会会员名单；县书协组织开展送万“福”进万家活动；县作协李德胜话剧剧本《怀清台》创作研讨会召开并被国家话剧院立项；作协会员阮洁入围2016《重庆晚报》文艺副刊年度人物；县电视艺术家协会会员尽职履责，讴歌彭水，在中央电视台用稿4件，重庆电视台播出80余件，重庆电视台其他频道百余件。

社会科学界联合会

【概况】 彭水苗族土家族自治县社会科学界联合会位于县靛水新城党校，核定编制2名（在岗2

名)，领导职数设主席 1 名（不占编制），依据《彭水苗族土家族自治县社会科学界联合会章程》规定，承担指导、管理、组织协调、服务、监督全县社团组织等任务。

【一届二次全委会】 2016 年 3 月，召开彭水自治县社科联一届二次全委会，学习贯彻中共中央《关于加强和改进党的群团工作的意见》精神，全面总结 2015 年全县社科工作的成绩和经验，分析存在的问题，为谋划、开展好 2016 年度全县社科工作奠定坚实基础。

【社科联改革】 根据相关文件精神要求，同步跟进改革进程，围绕保持和增强政治性、先进性、群众性，克服“机关化、行政化、贵族化、娱乐化”现象，推进县社科联改革工作。经过大量调研，结合市社科联的改革方案，县社科联形成《重庆市彭水县社会科学界联合会专项改革方案》(草案)，方案已经县委常委会通过。

【市级课题申报】 组织全县社科理论工作者参与开展 2016 年重庆市社会科学规划年度项目申报工作，组织上报 1 项重庆市社会科学学术活动项目《彭水苗族特色饮食文化研究》，并于 12 月 25 日组织召开专题研讨会，相关结题材料已上报；组织上报 4 项重庆市社会科学普及活动资助项目《苗族土家族日常用语评选与翻译》《苗族土家族日常用语手册编制和赠送》《文明礼仪进社区活动》《文明礼仪进学校活动》，其中《苗族土家族日常用语评选与翻译》课题历时近一年的走访、调研，于 11 月底结题申报成功并获市社科联 5 万元的资助。

【工作调研】 密切关注社会热点问题，筹谋系列社科理论调研，其中今年成功申报的“彭水蒙古族历史与文化研究”课题已顺利结项，并获市社科联 0. 8 万元的资金支持。

【理论研讨】 县社科联主席赵学亚撰写的论文《基层社科联能力建设》参加重庆市社会科学界联合会组织开展的征集加强基层社科联能力建设理论研讨会论文活动，并获优秀奖。3 月，县社科联在全县举办科普理论论文征集活动，共收到优秀文章 20 多篇，给经济社会发展提供决策参考。其中李伟华的《基于 Android 的防灾减灾科普知道宣传 APP 调查设计》和陈德奎的《关于农村地区中小学实施农业科普素质教育的思考》被评为重庆 2016 年度科普工作理论研讨会优秀论文。

【社科理论宣传】 围绕学习贯彻习近平总书记系列讲话精神，结合通俗理论读物《全面小康热点面对面》，定期组织名嘴下基层进行微宣讲，全县社科理论宣讲 100 余场次，听众累计达万人次。

【社团联络】 对县社科联联系的 21 个社团进行服务指导，多次对教育学会、卫生退休协会、退休教师协会等社科类社团开展的报告会、讲座以及其他社科类学术交流活动加以正确的引导和管理，防止错误思想言论的传播。

【社科普及】 开展社科理论“五进”活动，把社科理论知识送到企业、机关、学校、社区和农村。“社科宣讲进村寨”活动丰富多彩，多次组织社科工作者进山寨活动。迎新春写对联活动深入开展。2 月 2 日，县社科联组织 30 余名书法爱好者开展“金猴贺岁手写祝福”迎新春送对联活动。继续做好理论刊物《乌江论坛》季刊的编印赠阅工作(是年共编印了 4 期)。整合资源，充分发挥科普基地作用，确保各项科普活动顺利开展。

群团活动中心

【概况】 彭水自治县群团活动中心位于彭水县汉葭街道绸缎街 37 号，成立于 2016 年 6 月。是将县困难职工帮扶中心、县青少年活动中心、县妇女儿童培训活动中心、县残疾人劳动就业服务所4个事业单位整合，设立的正科级公益一类事业单位。核定事业编制21名，现在岗18名，内设办公室、职工服务部、青少年服务部（县青少年活动中心）、妇女儿童服务部、残疾人服务部、维权服务部、宣传信息部。

【服务群团改革】 联手总工会、团县委、县妇联打造郁山镇、保家工业园区、靛水街道靛水社区三级群团服务站示范点。牵头打造县行政服务大厅群团服务窗口。举办群团服务站建设培训会1场，为39个乡镇、街道，241个行政村提供建设经费12.5万元。"彭水群团"微信公众号累计推送群团组织活动消息100余条。编印发放群团改革手册20000余份。

【服务社会民生】 组织县级12家群团举办"群团改革"专题文艺晚会1场，参与群众1200余人。开展"四季帮扶活动"，帮助279名困难职工子女实现就业；发放助学金32.4万元，帮助108名困难职工子女圆梦大学；投入资金98.94万元慰问困难职工及劳模1332人；完成职工"法律援助"案件10件，结案率100%，为农民工挽回经济损失41.27万元。2016年，开展校外教育培训3000人次；组织公益活动12场次，受益青少年1000余人。争取财政资金296万元，专项用于关爱农村留守妇女和儿童；为15名"两癌"妇女每人发放慰问金1万元；组织446名留守妇女参加家政服务、养老护理等培训班。继续做好残疾人按摩人员技术等级评定，安排了43名残疾人就业，为250名农村残疾人开展实用技术培训，扶持8名残疾人成功创业。

人民武装和消防

人武工作

【思想政治建设】 深入抓好习主席系列重要讲话精神学习，着力开展改革强军主题教育和“两学一做”专题教育，突出党委机关抓深入，干部职工抓普及，不断打牢大家的思想政治根基。狠抓思想政治教育，每周班会集中传达学习相关文件精神，进行经常性思想教育，提高大家的思想觉悟和政治水平。参加黔江片区国防教育座谈会，得到军委国防动员部朱政委好评。

【应急应战能力】 严格落实战备制度，及时修订完善各类应急应战方案，搞好经常性演练。组织全县39个乡镇（街道）400余名民兵对摩托化机动、轻武器实弹射击、3000米武装越野、手榴弹投掷等科目进行联考联评，达到以考促建、以评促训的预期目标。加强县级120名应急民兵队伍建设。落实征兵工作，圆满完成征兵任务。

【党管武装】 认真落实党管武装制度，与地方相关部门始终保持和谐的工作关系。坚持每年召开1次议军会，2016年，县委书记主持召开1次部党委会，研究部署重要工作任务。积极支持县委关于推进贫困村整村脱贫工作，拿出5万元家底费对联系单位进行精准扶贫；多次组织扶贫组人员深入乡镇进行走访调研，听取群众呼声，搜集了解情况，汇总联系部门掌握的情况，研究解决具体问题的办法措施，促进扶贫工作落实。

【安全稳定】 坚持把安全教育融入到日常工作生活的点滴之中，让想安全、要安全成为干部职工自觉行动；严格执行制度规定，适时分析安全形势，坚持每天早点名；过细排查安全隐患，定期开展“个别人”摸底、物资经费使用、文电及涉密载体管理、人员交往情况等排查；加强驾驶员的管理，定期组织安全行车教育，严格落实军车出入审批制度，确保部队安全稳定。

人防工作

推进“一网四系统”建设，理顺指挥管理体系，建立完善战时组织指挥机构，人民防空工作运转有效。汉葭街道沙沱社区建成了“两防一体化”社区，投入资金8万元。“6.5”防空试鸣日正常鸣放，鸣响率达100%。

消防工作

【概况】 彭水苗族土家族自治县公安消防大队位于彭水自治县靛水街道张家坝，主要承担火灾预防和灭火救援等工作。其中，大队部主要任务以防火为主，主要负责建筑工程的消防审核和验收、公众聚集场所开业前检查，火灾隐患排查整治、日常消防宣传。下属1个沙沱消防中队，位于汉葭街道沙沱街，配备水罐消防车3台，泡沫消防车1台，抢险救援消防车2台，32米登高平台消防车1台，各类应急救援装备2211件套，主要负责火灾扑救、抢险救援、社会救助等工作任务。

2016年，全县共发生火灾37起，直接财产损失221.3万元，无人员伤亡，维系了连续16年生产经营场所、单位无亡人及较大以上火灾事故的良好局面。

【政治教育】 大队党委以改革强警和“两学一做”为主题教育贯穿全年，深入推进学习习近平总书记系列重要讲话精神，通过邀请专家辅导讲课、党委书记专题授课、领导干部推门听课、政工干部交叉讲课等方式，丰富思想教育形式，打牢部队思想根基；组织官兵以开展大讨论、撰写学习心得、参观教育基地等活动，1 名同志参加市消防总队优秀政治教员评选活动决赛获得第二名。在渝东南片区微电影、授课、知识竞赛系列比赛中，大队获 1 个一等奖，1 个二等奖，2 个三等奖。

【执勤训练】 实战化训练深入推进。扎实开展夏秋季节业务练兵和冬春业务训练，大队军政主官带头训练，带头抓预案修订和熟悉演练，全员参训参考，创新考核模式，考核结果纳入官兵绩效。大队在总队去冬今春业务训练考核中被评为优秀。在夏秋业务训练考核中，获得渝东南片区第二名，再次被评为优秀。战备基础规范高效。优化抗洪抢险编队、森林火灾灭火救援编队器材装备、人员配置；加强全勤指挥部力量建设，战备携行包、现场作战指挥部装备器材物资配备到位，战训基础工作日趋规范。部队管理规范有序。持续开展“两学两创”“条令条例学习月”“夏季百日安全防事故大检查”和“三松”问题专项整治活动，以“人车酒、黄赌毒、网电密”为重点，深入排查整治事故隐患，确保部队安全稳定。

【火灾预防】 全面落实消防安全责任。积极发挥政府主导作用，召开全县消防工作会，落实消防安全委员会联席会议、报告备案、工作督察制度。深入排查火灾隐患。加大对易燃易爆危险品场所、学校、福利机构、文物建筑等公众聚集场所的消防监督检查力度，共检查单位 2952 家次，发出《责令改正通知书》1624 份，督促整改火灾隐患 3667 条，查封场所 21 家，责令“三停”16 家，罚款 23.55 万元，拘留 1 人。深化消防宣传力度。深入推进消防宣传“七进”活动，采取“请进来、走出去”的方式，组织队站开放 47 次，发放宣传资料 5 万余份；充分运用新媒体，完成微博、微信“目标人群”邀请和注册，经常性向“目标人群”发送消防安全提示短信 4 万余条，努力提升群众消防安全常识知晓率。

法 治

政法委及综治

【概况】 中共彭水苗族土家族自治县委政法委员会位于彭水自治县汉葭街道鼓楼社区34号（中共彭水自治县委办公楼8楼），县综治办、县委防范办、县法学会设在县委政法委。核定行政编制17名、事业编制3名，在岗职工18名，内设政治处、办公室（国家安全科）、宣传教育科、执法督查科、群众工作科、基层建设指导科（流动人口协调管理科）。

【打击违法犯罪】 2016年，全县立刑事案件1690件，同比下降6.84%；破案927件，同比上升26.12%；打击处理498人，同比上升15.55%。受理治安案件7169件，查处7067件，查处率达98.58%，治安处罚6739人次。突出抓好社会治安重点地区排查整治，1个A级、4个B级挂牌整治地区刑事发案数同比下降52.35%，群众知晓率和满意度达90%以上，顺利实现摘牌目标。着力强化“渝安1号”打击整治专项行动，成功打掉公共场所聚众斗殴团伙4个，抓获嫌疑人49人，治安拘留17人，移送起诉32人，该项工作考核排名全市第13位、第三序列第2位。审结刑事案件304件，判处罪犯386人，其中：审结暴力犯罪案件56件，判处罪犯89人；审结侵财犯罪案件91件，判处罪犯117人。年度审判质效考核排名全市第4位。接收社区矫正人员240人，对在册的319名矫正人员全面落实GPS定位管理等措施，实现了无脱管、漏管发生。

【预防化解社会矛盾】 坚持减存量控增量，常态化开展干部下访接访，县级领导接待群众560批次、1171人次，解决群众诉求532件。常态化开展重大事项社会稳定风险评估，评估涉稳事项65件，暂缓实施3件。扎实推进信访积案化解，市级交办的12件积案和县级排查交办的20件积案全部办结。健全矛盾纠纷多元化解机制，建立完善人民调解、行政调解、司法调解“三调”联动等系列机制，切实筑牢社会稳定“第一道防线”。全县各级调解组织受理并成功调处民事纠纷1.17万件、医患纠纷44件。着力规范信访秩序，成立依法处置非正常上访工作协调领导小组，明确各部门职责任务；共处理违法上访人员9人次，教育训诫重点群体牵头人及非访人员44人次，处置重大不稳定事件7起，遏制违法上访案事件上升势头。

【公共安全监管】 着力强化生产安全，持续深化大排查大整治，共检查企业5472家次，排查一般安全隐患8437项、整改8413项，整改率达99.7%。2016年，全县共发生生产安全事故8起、死亡10人，占市政府下达死亡控制指标的66.7%，连续13年杜绝重特大事故。着力强化食品药品安全，全面开展食品生产行业无证经营专项清理，检查经营户1.6万户次，督促办证1495户，持证率达96%。着力强化交通安全，深入推进“打非治违”等整治行动，查扣非法营运车辆55辆，罚款70余万元，检查船舶950艘次，清理“三无”船舶5艘。着力强化地质灾害防治，对排查出的489处隐患点逐一落实监测力量和措施，处置灾情、险情 109 起，搬迁撤离群众 698 户、4179 人，实现“零伤亡”目标。着力强化应急管理，修编完善 136 个应急预案和度汛方案，编制 18 类突发公共事件现场处置流程图，成功处置“6·2”暴雨洪涝灾害等突发事件。

【加强基层建设】 靛水和润溪 2 个派出所建设正有序推进，龙射中心检察室已正式挂牌运行，第五人民法庭建设进入装修阶段，9 个司法所完成规范化建设。投入近 300 万元实施的背街小巷视频监控建设项目已完成验收。投入 120 余万元为政法综治基层单位新配备 34 辆电瓶巡逻车、37 辆警用摩托车。

【夯实基础工作】 清理流动人口 1.5 万余人、出租房屋 2000 余户，办理公证 1132 件、司法鉴定案件 318 件，提供法律援助 783 件，帮助受援人挽回经济损失 1120 万元。12 月 15 日，彭水自治县就“完善‘一体化’大综治工作体系”主题在全市深化平安建设暨社会治安综合治理创新工作会议上作经验交流发言。

公　安

【概况】 彭水苗族土家族自治县公安局位于彭水县靛水新城，内设机构 45 个，其中：派出所 23 个，警种及后勤科室 22 个。2016 年，新招录民警 26 人，调入民警 4 人，调出民警 26 人，退休 7 人。全年按照组织程序完成中层干部岗位调整 15 人次，民警岗位调整 55 人次。

【廉政建设】 2016 年，彭水自治县公安局制定下发《2016 年党风廉政建设和反腐败分工责任制》和《2016 年党风廉政建设和反腐败工作实施意见》，进一步明确广大党员干部的目标任务及职能职责。4 月 29 日，县公安局召开党风廉政建设动员部署会议，县局党委书记与党委委员、党委委员与各分管联系单位分别签订党风廉政建设责任书，各单位民警、辅警向单位领导签订党风廉政建设承诺书，进一步巩固党政“一把手”亲自抓、各级执行落实、纪委监督的工作格局。

【党风建设】 2016 年，彭水自治县公安局把学党章党规、学习近平总书记系列讲话、做合格党员的“两学一做”专题学习教育活动作为全年党组织建设的重中之重，以巩固拓展党的群众路线教育实践活动和“三严三实”专题教育的成果。全年开展党课教育 56 次，专题学习 110 次。4 月 18 日，县公安局以“两学一做”学习教育为契机，在全局开展以树正气、树新风、树形象、进千家万户为主题的“三树一进”活动。全年新吸收预备党员 8 名，预备党员转正 6 名，年末在编党员民警 296 人，占全局民警总数的 65.49%。

【巡防管理】 2016 年，县公安局继续完善“特警屯点、交巡警巡线、派出所控面、专业公安守站、武警联勤联动”的巡逻防控网络。落实特警“三人快反小组”24 小时武装备勤，建完 20 支共计 147 人的专职巡逻队伍开展常态公开巡逻，抽调机关警力组成机动力量在重大节假日、敏感时期支援街面防控，整合特警、交巡、派出所、反扒队、专职巡逻队力量，坚持公开巡逻与便衣巡逻、流动巡逻与定点守护、人力巡逻与视频巡查相结合。全年处置各类街面群体性、突发性事件 45 起，打架斗殴、寻衅滋事 38 起，抓获打架斗殴、寻衅滋事人员 138 人，救助自杀人员 4 人，缴获管制刀具 46 把、仿真枪 3 把。

【治安管理】 2016 年，县公安局继续推进社会面治安防控网、重点行业和重点人员防控网、村社防控网、单位内部防控网、信息网络防控网等五张网建设，构建完善全县治安防控体系。截至 2016 年底，全县建设完成背街小巷视频监控镜头 371 个，组建 20 支社区专职巡逻队伍，建设完成

43个社区警务室，落实72名社区民警融入2025个综治网格。全年立可防性案件331件，同比下降2.93%；立八类刑事案件60件，同比下降1.64%；通过社区网格提供线索破案打击91人，占全年打击人数的41.64%。

【便民服务】 2016年，县公安局全面落实“一证办”、实施持居住证申办出入境证件和推行微信预约办理服务等便民新举措，针对办证高峰推行“中午不休息、下午延时、节假日值班”的“错峰服务”，开通24小时急事急办绿色通道，将普通护照、往来港澳通行证和往来台湾通行证的办证时限缩短为7个工作日，持证办理往来港澳通行证、往来台湾通行证签注的办证时限缩短为5个工作日。

【交通管理】 2016年，县公安局强化路面交通隐患排查整治，对全县急弯、陡坡、桥梁、隧道等交通事故易发路段分道路、分点段开展常态巡查、每月梳理、及时整改。全年共排查道路交通安全隐患143处，上报110处，跟踪落实整改49处，自行整治隐患点33处，安装减速拱900米，安装安全警示标志标牌510块。彭水自治县连续4年未发生重特大道路交通事故。

【消防工作】 2016年，县公安局策动县委县政府投入447万元专项资金用于全年消防目标重点任务建设。鹿角、连湖两个政府专职消防队建成后，全县规划的八个政府专职消防队全面建设完成。全年共检查单位3657家次，发现火灾隐患4677处，督改火灾隐患4640起，下发《责令改正通知书》2052份，查封22家，责令停产、停业、停止施工等“三停”挂牌整改单位18家，罚款26.9万元。全年发生火灾36起，直接财产损失93.02万元，营救被困人员25人，保护和抢救财产2331万余元，连续保持16年无亡人及较大以上火灾事故。

检 察

【概况】 彭水苗族土家族自治县人民检察院位于彭水县绍庆街道滨江社区38号。院内设办公室、政治处、监察室、公诉科、侦查监督科、职务犯罪侦查局、职务犯罪预防科、控告申诉检察科、民事行政检察科、刑事执行检察科、研究室、法警队、案件管理科、技术科等14个科室，下设郁山检察室、龙射检察室等2个派出机构。共有政法编制73个，工勤编制2个，有政法干警65人，工勤人员2人。

【刑事检察】 受理审查逮捕案件126件193人，批准逮捕98件139人；受理移送审查起诉案件331件466人，起诉288件391人，有罪判决率100%。

【查办和预防职务犯罪】 立案查办职务犯罪案件9件11人，其中大案8件，要案1人。侦查终结10件12人，移送审查起诉10件12人。发出预防建议2件，提交年度预防报告1份，受理并接受行贿犯罪档案查询306余次，到9个单位开展职务犯罪预防。与县扶贫办联合制定《惠农扶贫领域预防职务犯罪实施意见》，建立完善惠农扶贫项目资金数据库。

【诉讼监督】 监督立案13件，监督撤案3件；依法纠正漏捕2人，纠正漏诉5人，均获有罪判决。依法不批准逮捕26人、不提起公诉12人。提出量刑建议288件。办理在押人员控告申诉11件，建议对3名严重违反社区矫正管理规定的矫正对象收监执行，帮助在押人员追回价值5万余元违法扣押款物。开展集中清理判处实刑罪犯未执行刑罚专项检察，依法监督纠正5件5人。开展财产刑执行专项检察活动，对1004件刑事案件的财产刑执行情况进行逐案清理。受理控告、申诉、举报案件线索43件；受理刑事申诉案件4件。办理申请民事行政监督60件，其中支持起诉17件，办理不服法院裁判案件1件。

【机制建设】 联合司法局制定《律师参与化解和代理涉法涉诉信访案件工作办法（试行）》，律师参与接待信访案件17件次，参与化解刑事申诉案件2件；制定《合适成年人参与未成年人刑事案件诉讼活动的意见》，成立未成年人办案小组，开展“检校共建”巡演活动，积极预防未成年人犯罪。建立完善检务公开工作机制，公开程序性案件信息384条、终结性法律文书310份，对社会关注的批捕案件开展公开审查。健全规范司法行为常态化机制，制定《案件质量评查办法》《检察官执法档案实施办法》。严格落实司法责任制，细化权力清单、责任清单、审批流程和责任追究，强化案管、纪检监察等部门的监督责任。

【司法体制改革】 落实“1+5+5”司法责任制度，强化业务部门监督管理的主体责任，运用统一业务应用系统加强对办案工作的实时监督和动态管控。规范开展人员编制、固定资产市级统一管理工作。开展检察官单独职务序列等级确定及检察官助理、书记员单独职务序列套改工作，45名干警参加职务套改，其中检察官22名、检察官助理22名、书记员1名。开展检察官、检察辅助人员绩效考核工作，成立绩效考评委员会，做好绩效考核奖金分配。

【司法规范化建设】 对重点部门、重点问题、重点环节深入开展司法规范化排查工作，针对司法不规范问题建立整改台账，明确整改责任领导、责任部门及整改时限，实行问题整改“销号”制，确保每项司法不规范问题整改到位。

【检察业务培训】 组织安排干警参加上级院和县委举办的培训56人次2240学时；制订《全员岗位大练兵活动的实施意见》，举办首届法官、检察官、律师辩论大赛，开展优秀法律文书评比活动，举办检察长示范庭、检察骨干观摩庭。开展政法系统队伍建设“素能提升年”活动。开展示范庭观摩庭、法律文书评比、案件汇报与答辩等岗位练兵活动。

【干部培养】 提起人大任命6名检察员；定向培养1名硕士研究生，3名干警退离工作岗位；提拔3名中层干部，为2名干警落实了职级待遇。

【基层基础建设】 在龙射镇设立派驻基层检察室。在黵水新城修建办案技术用房、预防职务犯罪警示教育基地主体工程完工。

法　　院

【概况】 彭水苗族土家族自治县人民法院位于彭水县汉葭街道渔塘社区8号，现有14个内设机构和5个人民法庭。2016年，共有正式在职干警109人。司法责任制改革以来，首批31名入额法官已遴选产生。2016年，受理各类案件8345件，审（执）结7688件。各项工作取得新的突破，审判质效位列全市第四位，被市高法院表彰为“审判执行工作先进法院”，全院4个部门、32人次获县级以上表彰，民事审判二庭、执行局被四中法院记集体三等功，财务统计工作、队伍建设工作被市高法院表彰为先进单位，执行局被市高法院、市人力资源和社会保障局表彰为先进集体，司法宣传工作被最高人民法院通报表扬。

【刑事审判】 审结一审刑事案件304件，判处罪犯386人。依法严惩暴力犯罪，审结故意伤害、强奸、聚众斗殴等犯罪案件56件，判处罪犯89人；依法对178名轻微刑事案件被告人适用非监禁刑。审结未成年人犯罪案件31件，指定辩护律师34人次，判处缓刑和单处罚金25人。审结该类案件33件，调撤率90.91%，兑现赔偿款212.92万元。刑事审判工作被市高法院表彰为“刑事审判条线工作先进法院”。

【民事审判】　审结一审民事案件2518件，结案标的额1.71亿元。维护人身权益，审结交通事故、医疗损害案件307件。促进家庭和睦，审结婚姻、抚养、赡养、继承等婚姻家庭纠纷案件1155件。坚持劳动者权益保障与促进企业发展并重，审结劳动争议案件555件。服务城乡统筹发展，审结农村土地林地承包经营、权属流转、农资购销、农产品加工等案件12件。民事审判工作被市高法院表彰为“民事审判条线先进法院”。

【商事审判】　审结一审商事案件2328件，结案标的额5.45亿元。依法维护金融秩序，审结信贷、证券、保险、信用卡纠纷等案件307件。促进房地产市场健康发展，审结房地产类纠纷案件55件。服务供给侧结构性改革，协助清理“僵尸”企业，依法裁定重庆升辉物业开发有限公司、重庆三恒生物工程有限责任公司破产。规范引导民间借贷行为，审结民间借贷纠纷案件775件，涉案金额1.52亿元。

【行政审判】　审结一审行政案件89件，行政赔偿案件1件，审查非诉行政执行案件18件。运用协调、和解手段促进“官民”矛盾实质化解，行政案件撤诉率30%，服判息诉率73.81%。推动落实行政机关负责人出庭应诉制度，出庭应诉率40.58%。助力依法行政，全年向行政机关发出司法建议7份，建议回复率及被采纳率达100%。

【执行工作】　执行结案2428件，同比上升71.11%；执行兑现金额1.93亿元，同比上升60.80%。实行集约化管理，将网络查控、执行公开、案款支付等事务性工作确定专人统一负责办理。强化执行威慑，将494名“老赖”纳入失信被执行人名单，对55名被执行人实施司法拘留，对3名被执行人以拒不执行判决、裁定罪追究刑事责任。实施执行救助，依法发放执行救助金94.5万元，救助符合条件申请执行人140人。

【司法为民】　积极开展家事审判改革试点工作，婚姻法庭审结案件287件。防范家庭暴力，保护妇女儿童人身安全，首次颁发人身安全保护令。强化人民法庭工作，充分发挥人民法庭地处一线、贴近群众的优势，人民法庭审结案件1295件。积极开展“脱贫攻坚”工作，加强涉农涉贫法律宣传，为重点扶贫项目、重大合同签订提供法律咨询，努力防范脱贫工作中的涉诉风险，全年发放宣传资料1062份，提供咨询意见7条，落实帮扶资金5万元。

【司法改革】　稳妥推进司法责任制改革，严格分类管理，按照员额法官、审判辅助人员、司法行政人员分类，分别确定36%、51%和13%的人员配置比例，首批31名入额法官已遴选产生。完善审限跟踪与预警机制，全年未发生违法超审限现象。推进审判资源结构性调整，实施案件繁简分流，简易程序适用率为75.81%，小额诉讼程序适用率为93.92%。整合诉前、诉中财产保全职能，成立民事财产保全中心，自6月15日成立以来年内办结保全案件145件。

【审判队伍建设】　加强思想政治教育，认真开展“两学一做”学习教育，深入学习十八届六中全会精神，严明政治纪律和政治规矩，引领干警牢固树立“四个意识”特别是核心意识、看齐意识，始终在思想上政治上行动上与以习近平同志为核心的党中央保持高度一致。注重提升队伍素能，搭建干警交流平台，举办青年法官论坛，开展裁判文书评比和技能竞赛；注重提升调研能力，全年5篇理论文章被国家级报刊采用，1个市级重点调研课题申报成功并结题验收合格。狠抓纪律作风建设，健全完善法院内部人员过问案件追责制度，实施全员廉洁约谈，全年没有发生干警违法违纪案件。

司法行政

【概况】　彭水苗族土家族自治县司法局位于彭水县靛水街道靛水社区3组新城公安大楼3号楼。主要有法制宣传、人民调解、社区矫正、安置帮教、法律援助、律师管理、公证管理、司法鉴定管理、基层法律服务管理等职能职责。内设办公室、组织人事科、基层科、矫正局、宣教科、律公科、法制科7个行政科室，下属法律援助中心、公证处、矫正帮教管理服务中心3个事业单位，39个基层司法所，辖5家律师事务所、8家法律服务所和1家司法鉴定所。有政法专项编制68人，事业编制12人，工勤编制1人，社区矫正社会工作者编制39人。2016年，有在岗职工110人，其中政法专项编制63人，事业编制12人，工勤1人，社区矫正社会工作者34人。

【普法依法治理】　“七五”普法启动。县委、县政府批转了“七五”普法规划，县人大常委会审议通过普法决议，各乡镇（街道）、各有关部门根据文件要求积极行动，“七五”普法全面展开。“谁执法谁普法”普法新格局完善。健全完善“谁执法谁普法”普法责任制，明确74个县级部门（行业）、39个乡镇（街道）普法主体责任，并根据普法责任上报2016年度普法计划，实现了普法责任清单全覆盖。普法形式多样。创建村组院坝会、微信说“法”、大型法治宣传活动等“本土化”普法宣传载体，实施“网格普法”“分类普法”“按需普法”，为群众提供点对点、面对面的法治宣传和法律服务。重点对象普法教育持续强化。首次组织82名新提任领导干部参加了行政案件和职务犯罪案件庭审旁听，领导干部法治教育持续深化。开展“关爱明天、普法先行”“法律知识一站到底”“青少年模拟法庭”等青少年法治宣传教育实践活动，开展重点地区、特殊人群法治宣传256场次，开展学校周边法治宣传311场次。法治文化氛围浓厚。以案释法典型案例库初步建立，印制“谁普法谁执法”典型案例汇编100册；全年举办各类主题法治宣传活动2606场次，营造浓厚的法治氛围。基层依法治理推进。全县296个村（社区），“民主法治村”已达到296个，创建率达100%，全县普法依法治理面达100%，基层民主法治建设水平得到巩固和提升。

【人民调解】　加强人民调解质量建设。2016年3月，分5组深入基层对全县乡镇、村居（社区）3652名调解员进行集中培训，大大提高基层人民调解员的业务水平和工作技能。加强人民调解信息化建设。大力推行安装“巴渝和事佬”APP，534名人民调解员成功安装并注册。发挥专业化调解优势。彭水自治县医调委直接或指导调处重大疑难医患纠纷46件，比去年同期增加246%，远多于周边区县及全市平均数量，成功调解46件，成功率达100%（其中重特大死亡纠纷25件，当事人要求赔付1259.34万元，经调解最终赔补偿金额532.99万元）。调处各类矛盾纠纷。各乡镇（街道）、村（居）、专业性调委会按照“调防结合，以防为主”的工作方针，围绕社会热点、难点问题，主动介入劳资、医疗、物业等重点领域。2016年，全县354个人民调解组织共受理矛盾纠纷11706件，调处成功11706件；防止民转刑案件55起，防止群体性事件79件。

【社区矫正和安置帮教】　推进社区矫正信息化和规范化建设。顺利完成新版社区矫正信息管理系统在彭水县的试点工作，为全市社区矫正管理工作开拓创新积累经验；全面推行APP管理系统，成功实现报到、监督、发布接收信息智能化。严格落实社区矫正执法考评办法和矫正帮教管理服务中心管理规定，规范化水平持续提升。加强安全管控。2016年对17名违反管理规定的社区服刑人员进行警告；对7名严重违反规定的社区服刑人员提请裁定撤销缓刑，收到较好的警示效果。全县在册社区服刑人员316人，矫正期间重新犯罪率处于全市最低水平。规范社区矫正档案管理。开展“抓档案，促管理”活动，有效提高社区矫正档案管理水平。在11月重庆市司法局组织的全市社区矫正专项执法检查中，得到市局领导的肯定。推进安置帮教工作。认真开展刑满释放人员基本信息的录入、核实，落实“五帮一”帮扶措施。2016年，累计衔接刑满释放人员562人，安置562人。落实临时救助6人，推荐就业5人，落实医疗救助1人，落实特困人员供养1人，安置率100%，帮教率100%。

【法律援助】 推进法律援助制度改革。认真贯彻中办、国办《关于深化法律援助制度改革的意见》和市委、市政府《关于完善法律援助制度的实施意见》，出台彭水自治县贯彻实施意见，法律援助改革工作稳步推进。法律援助宣传力度加大。升级“12348”法律援助咨询专线，全县范围内开展法律援助宣传166场次，现场解答咨询1000余人次。拓展法律援助服务网络。在全县296个村（社区）设立法律援助联络点，并配备1名法律援助宣传员。采取“集中+分散”方式，组织全县法律援助工作站、点326名工作人员进行法律援助业务培训。降低法律援助门槛，始终坚持“应援尽援、应援优援”原则，使法律援助惠及更多的老弱病残、农民工、妇女儿童等弱势群体和低收入困难群众。将务工、医患、劳动报酬、社会保障等涉及民生领域的案件作为法律援助受理重点，拓宽法律援助“绿色通道”，多渠道开展便民利民服务，力求做到申请快捷化、审批简便化、服务全程化。2016年共受理援助案件648件，办结法律援助案件755件（办结案件数包含2015年受理的案件），比去年同期增长33%，为受援人挽回经济损失960.48万元。

【法律服务】 推进律师制度改革。深入贯彻中办、国办《关于深化律师制度改革的意见》和市委、市政府《关于深化律师制度改革的实施意见》，起草彭水自治县《关于进一步深化律师制度改革的实施意见》，律师执业权利保障不断巩固和加强。修订完善《彭水自治县律师事务所百分制考核办法》，强化执业管理。2016年，共代理诉讼案件1866件，办理非诉讼法律事务365件，担任政府部门和企业法律顾问299家。建立健全律师参与化解和代理涉法涉诉信访案件制度。选派5家律师事务所19名律师参与全县各级政法部门涉法涉诉信访接待处理，接待信访群众100人，代理涉法涉诉信访案件1件。公证处充分发挥公证预防纠纷、化解矛盾、保障权益的规范作用，为全县新城开发建设、项目征地拆迁、脱贫攻坚、高山生态扶贫搬迁等保驾护航，共办理各类公证事项1132件，同比增长80.83%。推进人民监督员制度改革。组织2批次16人参加市局行政执法和人民监督员培训，人民监督员参加检务活动6批次15人次，有效促进司法公正。有序推进司法鉴定管理体制改革。健全完善司法鉴定机构许可登记相关规定，积极开展鉴定服务，有序开展“诚信规范、执业为民”主题活动。2016年，共办理司法鉴定业务309件，同比增长6%，业务收入47.36余万元，采信率达100%。

【基层基础建设】 基础建设顺利推进。全县司法所业务用房、工作设施设备齐全，在各乡镇（街道）人口密集处设置司法所指引标识，全面完成司法行政业务专网的连接。2016年，已完成9个司法所的新一轮规范化建设。基层工作力量充实。圆满完成34名社区矫正社会工作者招录和补录任务，充实基层队伍力量。考评体系更加科学合理。完善《基层司法所工作经费管理办法》《基层司法所日常工作考核管理办法》《基层司法行政工作考核办法》等制度机制。

经济

农业

综 述

【概况】 彭水苗族土家族自治县农业委员会位于彭水自治县绍庆街道阿依路99号，经2001年、2007年、2009年、2015年4次政府机构改革，整合原农办、农业局、农机局、农综办、乡镇企业局、种子公司等单位职责组建。现内设7个行政科室、4个直属事业单位（其中正科级事业单位1个，副科级事业单位3个），现有职工99人。

2016年，全年粮食播种面积127.21万亩，同比增长0.4%；油料播种面积21.45万亩，同比增长6.1%；蔬菜播种面积16.43万亩，同比增长1.7%。全县粮食总产量32.29万吨，同比增长1.9%（其中：夏粮产量8.60万吨，同比下降0.2%；秋粮产量23.69万吨，同比增长2.1%）。油料总产量2.63万吨，同比增长7.8%；蔬菜总产量33.25万吨，同比增长6.2%。

【农业机械化】 2016年，推广各类补贴农用机具3033台，兑付补贴资金267.035万元，受益农户达2822户。

【农村能源建设】 完成巩固退耕还林成果太阳能热水器项目计划任务700台，在岩东乡河坝村实施农村能源综合示范项目（在岩东乡河坝村1组和2组公路沿线安装太阳能路灯）。

【农业综合开发】 2016年，开展生态综合治理1.89万亩，配套建设排水沟渠5.95千米、人行耕作便道39.3千米、机耕道10.5千米、蓄水池32座、管网5.45千米、人行桥和机耕道桥各1座，以及挡土墙、沟渠过桥、沉沙池等田间农业基础设施。

【农产品质量安全检测】 制订农残快速检测工作方案，配备26套快速检测相关仪器设备分发26个乡镇，并对相关负责人在县农委快检实验室进行统一培训，已在10个乡镇正常开展农药残留物快速检测工作。

畜 牧 业

【概况】 彭水苗族土家族自治县畜牧发展中心位于彭水自治县汉葭街道环城路319号。县畜牧发展中心内设办公室、财务科、畜牧科、兽医科、法规科等5个科室，下设县动物卫生监督所、畜牧技术推广站、动物疫病预防控制中心3个事业单位。内设机构核定参公事业编制26名，下属事业单位核定事业编制32名。领导职数设主任1名、副主任3名，纪检组长按规定配备。

【畜牧生产】 2016 年，全县出栏生猪 57 万头、肉牛 6.8 万头、山羊 10 万只、家禽 260 万羽，蜜蜂保有量 10.1 万群；禽蛋 8000 吨、蜂蜜 1000 吨、肉类总产量 6.2 万吨，培育新型农业经营主体 10 个，实现畜牧业产值 15.2 亿元。

【规模养殖】 年出栏 50 头以上的生猪规模场 280 个，年出栏 10 头以上的肉牛规模养殖场 132 个，年出栏 30 只以上的山羊规模养殖场 571 个，年保有量 10 群以上的蜜蜂规模场 1086 个，年出栏 1000 只以上的家禽规模场 81 个。

【项目建设】 产业项目建设全面完成。全面完成 3 个种羊场、23 个山羊标准化养殖场、95 个山羊适度规模养殖场、1 个中蜂种场、5 个标准化示范场、100 个适度规模庭院养殖场（户）、5 个肉牛标准化规模养殖场项目的建设工作，并将项目补贴资金兑现到位。完成 2 个生猪人工授精体系建设、7 个 2015 年生猪调出大县奖励资金项目的建设工作。基地建设抓紧推进，完成生猪标准化场建设、肉牛标准化场建设、山羊标准化场、中蜂产业项目、规模养殖场粪污治理等项目投资 11733 万元，完成全年计划投资的 102.3%。

【动物防疫】 完成全年春秋防工作及日常免疫工作，确保免疫密度、圈舍面达 100%，免疫效果监测合格率达 70%以上，全县无重大动物疫病发生；严格动物调运备案管理和隔离观察措施，启动口蹄疫、猪瘟、猪蓝耳病、禽流感血清、山羊小反刍兽疫抗体检测、瘦肉精快速检测和动物疫病病原学分析工作。全年完成禽流感 5390 份，新城疫 4830 份，口蹄疫 14252 份，猪瘟 5676 份，猪蓝耳 4813 份，小反刍 7753 份，布病 16589 份的血清学监测工作，夯实防控基础，保障辖区内动物疫情的清净。

【畜产品安全监管】 加强饲养环节监管和屠宰环节监管工作。保证进场生猪耳标佩戴率、产地检疫证明出证率 100%，生猪屠宰率达 100%。合格产品验讫印章盖印率和机打产品检疫证明出证率 100%；生猪产品销售率 100%，病死猪无害化处理 100%，定点屠场全年屠宰生猪 42343 头，屠宰环节电子监控实现全覆盖。加强瘦肉精监测工作，从规模场和屠宰场抽检生猪“瘦肉精”监测 32 份，结果全部为阴性。同时还加强对屠宰环节瘦肉精检测，共抽检生猪屠宰场尿样 54 份，结果全部阴性。加强检疫监管执法工作，流通环节调运动物监管率达 100%，检查规模养殖场（户）等 105 个，抽查肉品市场、超市、冻库、学校食堂等 8 次，全年无一例不安全猪肉上市，动物产品安全上市率达 100%。

【中华蜜蜂产业发展大会】 由中国养蜂学会、彭水自治县人民政府、国家蜂产业技术体系饲养与蜂机具功能研究室共同主办的，以“发展中蜂产业，助推脱贫攻坚”为主题的“2016·中国中华蜜蜂产业发展大会”，于 11 月 21 日至 23 日在彭水自治县隆重召开。出席会议的有中国养蜂学会理事长、蜂体系首席科学家吴杰研究员，中国养蜂学会副理事长、秘书长陈黎红研究员，以及福建、山东、北京等 10 多个省市的大学或研究所的 29 位蜂业教授、研究员，与来自北京、浙江、陕西等 13 省市的 213 位蜂业领导、专家、学者。

【扶贫工作】 根据贫困户实际情况，因地制宜，规划落实投资小、见效快、可持续的适度规模中蜂产业项目 100 个，山羊产业项目 100 个，投入项目资金 400 万元。协助各乡镇、街道引进生猪、山羊、家禽、中蜂等畜禽良种。对贫困村的贫困户加养殖技术培训和指导，全年共培训指导 5200 人次。

烤　　烟

【概况】　彭水苗族土家族自治县烟草专卖局（分公司）成立于1983年，设有14个科（室），6个烟叶工作站，有在岗职工417人。2016年，共实现主营业务收入10.7亿元，同比减少2.27%。上缴税金2.1亿元，同比增长13.34%。生产经营指标排名全市烟草系统区县单位第11位。

【烟叶生产】　2016年，彭水自治县共签订烤烟种植合同4127份，涉及24个种烟乡镇，129个行政村，签订合同面积10.8万亩，户均规模26.2亩。由于多次发生暴雨、冰雹等自然灾害，造成2.78万亩烟田遭受严重灾害。全年最终收购烟叶25.7万担，完成计划的95.2%，较上年增长约13个百分点，实现烟农收入3.02亿元，烟叶税6644万元，公斤均价23.5元，均较上年略微增长，户均收入7.32万元。所收购烟叶销往全国8家卷烟工业企业。

【专卖管理】　2016年，彭水自治县烟草专卖局共计查处涉烟行政处罚案件190起，占重庆市局下达任务数的243.6%。查获违法卷烟1877.6条，烟叶20吨，案值39.52万元，占市局下达30万元的考核任务案值的132%，罚没款12万元，与上年相比，案件个数、案值和罚没款均翻番增长。在工作中，坚持重点案件与日常巡查相结合，充分发挥烟草联合打假机制作用，始终保持烟草打假高压态势，连续破获“11.11”“12.1”两个国家局假烟网络案、“10.15”国家局烟叶网络案，以及“8.25”“10.10”两个市级网络案，总案值近700万元。

林　　业

【概况】　彭水苗族土家族自治县林业局位于彭水县汉葭街道环城路140号，单位核定总编制数136个，其中行政编制27个，机关工勤编制2个，事业编制107个（其中参公编制10个）。2016年末，实有114人，其中行政编制20人，事业编制94人（其中参公编制3人，专业技术人员32人，管理人员24人，工勤人员35人）。县林业局内设综合科、项目财务科、造林绿化科、森林资源管理科、森林防火科5个科室。县林业局下属二级局机关1个，即县森林公安局，直属事业单位7个，即县林业科技推广站、县森林病虫害防治检疫站、县林业调查设计大队、县林木种苗站、县林业综合执法大队、县造林绿化管理站、县国有林场，其中县林业综合执法大队为参公事业单位。

【造林绿化】　推进退耕还林工程。全年完成退耕还林7万亩，累计完成20万亩，依托新一轮退耕还林工程新建和巩固经济林基地14.8万亩，覆盖贫困村96个、3945户、12090人，带动农户增收2.15亿元。选择适合彭水立地条件的青脆李、核桃等优良品种，成片栽植、规模打造，强化管护，初步建成平安—鹿鸣，岩东—长生两个经济林示范带和高谷农旅融合示范园。在全市林业工作会上，彭水自治县作为全市退耕还林先进区县在会上作交流发言。完成“两园”建设。在平安镇建成引种对比试验园100亩和特色产业示范园200亩，主要栽植从四川天府新区引进的葡萄、梨子、桃子、车厘子等大苗，为县建设产业基地、加快产业脱贫工作提供科技保障。其他重点工程建设。完成森林抚育3万亩、石漠化治理1.82万亩（人工造林0.52万亩、封山育林1.3万亩）、天保工程封山育林2万亩。建成各类苗圃1100亩，产苗量达1500万株。打造县级义务植树示范基地。在全市率先实行责任包片实施制度，每个县级部门承包5～20亩责任片，连续实施3年，由各责任单位自行负责造林和管护。聘请重庆市林业规划院编制方案，在靛水新城体育中心后面规划县级义务植树基地1000亩。截至2016年底，已完成造林

900 亩，共植树 3.56 万株，主要栽植米径 3～5 厘米的香樟、桢楠、红枫、紫薇等等景观树种大苗，成活率高达 95% 以上，实现“造一片、活一片、成林一片”目标，为后续升级打造城周森林公园奠定良好的基础。

【林业产业】 基地建设。巩固和新建高标准特色产业基地 39 个、油茶产业基地 1 万亩，完成 10 户森林人家建设，启动岩东乡河坝村、善感乡石盆村、绍庆街道阿依河社区等 3 个绿色新村建设。在汉葭街道初步建成香椿芽加工厂，完成保家镇 200 亩、龙溪镇香椿芽 1100 亩香椿芽产业基地的抚育管理工作，在石柳乡建设竹柳生物质能源林基地 1500 亩，该基地正在开发山桐子、元保枫、豆腐柴等特色产业项目。森林旅游产业。继 2000 年申报获批茂云山国家森林公园后，已会同相关部门和企业在园区建成阿依河、摩围山景区，启动阿依林海森林公园建设。2016 年，阿依河和摩围山景区分别接待游客 110 万人次、60 万人次，比上年同期增长 19%、50%。企业培育。新培育林业新型经营主体 18 个，其中注册新建公司 7 家、专业合作社 5 家、有 6 家企业被重庆市农委批准为重庆市农业龙企业。2016 年，全县共有林业新型经营主体 157 个，其中涉林企业 50 家、专业合作社 90 个、种植场 8 个、大户 9 个。项目申报。成功申报总投资 3.1 亿元伏羲产业园基地，特色林业产业项目 3 个，项目投资 3.2 亿元。

【资源保护】 严防森林火灾。全面落实森林防火责任制，完善森林防火基础设施建设，加强摩围山、插旗山、睡美人山等重点林区的防火工作，杜绝重特大森林火灾和人员伤亡事故发生，全县森林火灾受害率始终控制 0.3‰以下。严防乱砍滥伐。通过开展各项规范整治专项行动，严厉打击乱砍滥伐等破坏森林资源的违法犯罪活动。共查处涉林行政案件 132 件，案件查处率 100%，全年侦破森林刑事案件 15 件，案件侦破率 100%，罚没收入达 1100 万元。严防违法征占用林地。大力开展非法征占用林地清理排查专项行动，坚决制止和从严查处各类非法占用林地行为，强化林地使用质量管理，促进县林地资源保护、管理和合理开发利用。严防森林病虫害。通过强化监测、执法和除治工作，斩断疫源疫病传播链条，切实防治以松材线虫为主的林业有害生物，无公害防治率达到 100%、测报准确率达到 95%、种苗产地检疫率达到 100%、林业有害生物成灾率为零，未发生松材线虫病疫情。加强自然保护区工作。围绕县上统一部署，对自然保护区内的矿山进行全面清理，共清理出非煤矿山 61 家、煤矿 13 家、探矿权 6 家、重点项目建设 12 个、30 个临时采石场。关闭 27 家临时采石场，涉及自然保护区的 12 个重点项目已停工建设，并已立案处罚。完成茂云山自然保护区和七曜山自然保护区总体规划调整的前期工作，其中茂云山自然保护区总体规划调整方案已通过市林业局、市环保局评审，待市政府审批行文；七曜山自然保护区总体规划调规方案已通过市林业局评审。

【林业改革】 推进国有林场改革。认真贯彻落实全市国有林场改革工作推进会和《中共重庆市委、重庆市人民政府关于印发〈重庆市国有林场改革方案〉的通知》（渝委发〔2016〕15 号）精神，广泛深入宣传国有林场改革的重要性、目标任务及相关政策等，并组建专门班子起草《彭水县国有林场改革实施方案》，先后通过了县政府第 98 次常务会、县委第 124 次常委会审议。《实施方案》明确县林场改革目标任务：到 2020 年，国有林场森林面积突破 10 万亩大关，森林覆盖率保持在 96% 以上，公益林比例保持在 75% 以上。集体林权改革稳步推进。全年共办理林权证纠错、变更登记 65 本，共补发林权证 85 户、91 本，发证面积 520 亩。全县分山到户率达到 99.25%，林权发证率达到 99.2%，林权证准确率达到 99.8%。采取“公司＋担保机构＋林农小额信贷”模式，共发放林权抵押贷款4.72亿元，其中企业用林权抵押贷款2.76亿元，农户直接用林权证进行抵押1.96亿元。改革林业项目管理制度。凡是业主参与退耕还林工程实施的，必须在第一次资金拨付前向当地政府缴纳保证金，乡镇（街道）必须出具收取保证金的收据，作为拨付现金补助的必要依据。保证金在退耕还林实施后第5年退还，退还金额按照国家林业局验收合格面积的比例计退，合格面积低于85%的不予退还，转用于不合格面积的补植和管护。

农村水利

【概况】 彭水苗族土家族自治县水务局为县政府工作部门，主要负责履行全县水利规划、建设和管理，水资源的合理开发利用和保护，防汛抗旱，水土保持，农村中小水电建设管理，大中型水库移民后期扶持等职能。全局共有编制143名，实有在编工作人员120名。机关内设办公室（县防汛抗旱指挥部办公室）、规划财务科、水务基建科（安全科）、水利科（河道科、县节约用水办公室）、水资源水保科（县水土保持办公室）等5个职能科室；下设县水务工程管理中心1个正科级财政全额拨款事业单位，县防汛抗旱指挥中心、县水务综合执法大队、县大中型水库移民后期扶持办公室等3个副科级财政全额拨款事业单位，保家水务站等15个正股级财政全额拨款乡镇基层水利服务站；其中，县防汛抗旱指挥中心、县水务综合执法大队2个事业单位纳入参照公务员法管理。

【水利民生实事】 2016年，在55个贫困村实施农村饮水精准扶贫工程363处，完成投资2793万元，解决2.965万农村人口（其中贫困人口1.7153万人）的饮水难问题。加上2015年在60个贫困村实施的437处农村饮水精准扶贫工程，累计实施工程800处，完成投资7573万元，解决6.83万农村人口（其中贫困人口3.55万人）的饮水安全问题。整治山坪塘262口，新增恢复蓄水量5.38万立方米，新增恢复灌溉面积3.64万亩，同时解决11557人（其中贫困人口1112人）的抗旱水源问题。

【重点工程建设】 争取市级以上补助资金和专项建设基金3亿元，完成固定资产投资80000万元。库塘水源工程。三江口水利枢纽工程于2016年2月25日实现下闸试蓄水，9月30日首台机组发电上网试运行，启动蓄水安全鉴定、水库蓄水验收工作等竣工验收准备工作。凤升水库大坝填筑至821.2米高程，调水工程进场路通车，隧洞开挖进尺2000米，大坝堆石区填筑155万立方米。龙虎水库进场道路通车、导流洞全线贯通，复建路施工完毕，完成大坝左右坝肩开挖和二级边坡支护，启动引水隧洞和渠系工程建设。吴家湾水库完成水库坝体基础开挖，溶洞及大坝砼浇筑3000立方米，大坝浇筑1000立方米，引水隧洞开挖340米。茨竹湾水库库区土石方开挖38万立方米，迷水岩隧洞开挖300米，取水洞开挖630米，管道安装650米，溢洪道土石方开挖6000立方米。摩围山水库完成坝基验收及廊道基础砼浇筑1500立方米、溢洪道消力池边墙砼浇筑400立方米、固结灌浆600米，帷幕灌浆600米。完成余家堡水库勘察设计公开招投标工作，完成雷公水库施工招投标。黄荆水库、永丰水库、红光水库、春光水库有序推进。肖家沟、鸡鸣山等2座病险水库已完工验收。防洪保安工程。2016年，靛水、郁山、高谷实施的4个抗旱应急引调提水项目及抗旱应急备用井项目基本完工。岩东乡替溪沟周家坝水毁河堤修复工程全面完工，龙溪灯光、联合乡、梅子镇等乡镇水毁河堤修复工程主体完工，预计2017年2月底全面完工。完成2013和2015年度山洪灾害非工程措施竣工验收和普子水位站测流能力建设项目完工验收。郁江长滩段防洪护岸工程和县城防洪护岸综合整治工程民政局连接段桥梁工程主体工程基本完工。鞍子防洪排涝工程隧洞开挖1220米，隧洞支护1170米，排洪渠开挖240米。靛水防洪排涝工程主洞开挖及喷锚1600米，完成支洞开挖及喷锚300米。靛水新城乌江滨江段防洪护岸综合治理工程启动征地拆迁、施工电源工程、施工招标等主体工程施工准备工作。保家特色工业园区堤防工程左岸上游段河堤1180米完工，右岸河堤完成1100米基础开挖和挡墙基础浇筑。后灶河重点河段综合治理工程走马、龙溪段全面完工，郁山段基本完工。诸佛江鞍子何家坝至善感段综合治理工程隧洞开挖752米，箱涵浇筑70米。诸佛江鞍子何家坝至善感段综合工程（何家坝段）新挖河道长440米，疏浚河道747米。普子河清水河段综合治理工程主体工程基本完工。长溪河重点河段治理工程龙塘段主体完工。城乡供水工程。完成万足自来水厂改扩建工程初设（代可研），润溪乡樱桃自来水厂工程完工厂区部分，正在安装引、供水管道；县城第二自来水厂工程完成清水池、沉淀池、加氯加药房、加压泵站和反冲洗泵站等主体工程；郁山自来水厂正在开展财政评审和启动招标工作。面上水利项目。完成高谷大青移民新村示范工程、鹿角镇鹿角居委公路硬化工程、善感乡石盆村公路硬化工程等移民后扶项目的竣工验收。2016年新田新场小流域国家水土保持重点建设工程有序推进。完工大灌区（2015～2016年）项目主体工程，建设渠道26.24千米。水利能源项目。路溪滩电站大坝浇筑完成70%、引水隧洞掘进完成85%、隧洞衬砌完成30%、前池完成浇筑40%、完成管道槽开挖、厂房完成基础验基。滴水塘电站完工投入试运行。

【防汛抗旱工作】 全面落实防汛抗旱行政首长责任制，建立健全防汛抗旱组织机构，确保防汛抗旱工作有力有序开展。加强应急队伍建设，组建各级防汛抢险队伍118支2600人，组织5支重点防汛应急队伍开展了冲锋舟驾驶等培训和救援演练，切实增强防汛应急抢险能力。全力应对险情汛情，先后组织召开7次紧急会商会，科学应对“6.2”“6.26”“6.30”“7.18”等暴雨洪涝灾害，保证广大群众生命安全，将财产损失降到了最低。

【水务行业管理】 严格水行政执法，依法征收涉水规费189.2万元，加大水事违法案件的查处力度，注重水事案件的调解工作，共计立案查处涉水案件28件，维护正常水事秩序。强化水利安全隐患排查整治，共排查一般安全隐患516个，整改516个，隐患排查治理信息统计按期上报率100%，无重大安全隐患。县水质检测中心每月对22个水功能区（含乌江、郁江）进行水质监测，并及时报送监测成果，水质达标率100%。狠抓信访维稳工作，办理市长信箱转办件12件，县信访信息系统转办件27件，接待群众6批次60余人次。

扶贫开发

【概况】 彭水苗族土家族自治县扶贫开发办公室位于彭水县汉葭街道高家台居委43号，内设综合科、项目科、社会扶贫科和资金监督科等行政科室，下设有直属事业单位彭水县信息化扶贫服务中心1个。单位行政编制8人、工勤编制1人、事业编制14人，现有行政在岗人员11人、工勤在岗人员1人、事业在岗人员8人。

【争资引资】 争取到位财政扶贫资金13246万元，超年初计划96.69%。

【脱贫攻坚】 合力攻坚。组建39个脱贫攻坚督导组对应督导帮扶39个乡镇（街道），为39个乡镇（街道）分别选派一名乡镇长（街道办事处主任）助理，调整充实115个驻村工作队力量，形成由领导小组牵头抓总、“一办十组”整合资源、乡镇街道责任主体、督导组督导帮扶、扶贫助理联络协调、驻村工作队组织实施的“六位一体”

脱贫攻坚工作责任体系，集中优势力量资源推进脱贫攻坚。为贫困村分别选派一名副处级干部任驻村工作队队长、一名第一书记、一名驻村扶贫特派员、一名大学生村干部、一名本土大学生村干部、一批工作队员，充分发挥基层党组织在脱贫攻坚工作中的核心作用，建立村干部待遇正常增长、工作绩效挂钩、脱贫责任倒逼机制，将所有贫困村党支部纳入后进整顿范畴，落实“一支一策”整顿措施。完善长效机制。建立完善政策延续、长效救助等机制，对特困户、五保户、病患致贫家庭、优抚对象、残疾人家庭以及“三留守”人员等特殊困难群体，有针对性地落实低保、医保、临时救助等“兜底”保障；强化常态督查，39个脱贫攻坚督导组每月赴乡镇（街道）开展督导工作，县委督查室牵头，县委组织部、县政府督查室、县扶贫办等部门配合，每季度组织开展脱贫攻坚工作专项大督查；建立科学长效的扶贫脱贫考核机制，进一步突出重点、加大权重，分类明确三大功能区扶贫关键任务，联系帮扶部门年度考核与扶贫脱贫工作相捆绑，并与各乡镇、街道和驻村工作队分别签订了目标责任书，实行3年任务2年倒逼和扶贫脱贫工作“一票否决”制度。出台《关于精准扶贫精准脱贫实施意见》，制定教育、交通、饮水、医疗、基础设施等13个精准扶贫实施方案。基础建设改善。2016年，彭水自治县共整合各类扶贫资金121328万元，全县投入基础设施建设资金50490万元。完成通畅公路400千米，通达公路600千米，维修整治公路230千米，全县实施人行便道建设1500千米；建设完成55个贫困村实施的363处农村饮水精准扶贫工程，安排1000万元在23个非贫困村实施农村饮水安全巩固提升工程50处，解决1.24万人（其中贫困人口1126人）的饮水安全问题。健全社会保障。争取教育专项资金4.2亿元，完成固定资产投资3.9亿元，全面消除城乡学校D级危房，学校互联网覆盖率达100%，实现完小及以上学校“班班通”全覆盖。免除城乡低保户、建卡贫困户、孤儿、残疾儿童等4098人学前教育保教费、补助生活费，资助资金377万元；落实义务教育非寄宿学生中的建卡贫困户补助资金94万，惠及学生1849人。全部免除贫困户家庭子女住校费；落实贫困家庭子女国家助学金982万元，惠及学生9568人；实施生源地大学生助学贷款5698人、贷款合同金额4119.92万元；统筹各类资助大学生2020人次，其中低保户213人次、建卡贫困户1086人次、其他特殊困难户721人次，累计资助金额948.8万元。为60个贫困村配备乡村医生，实现全县每个贫困村至少有1个标准化村卫生室和1名乡村医生。全县65岁以上6万余人（其中：留守老年人3万余人）老人进行免费健康体检、健康状况评估、健康指导并建立健康档案、后续健康服务指导等；落实乡镇（社区）卫生院、村卫生室医务人员对体检的6万余名老年人及12579名特（慢）病患者、716名重（特）病患者，实施家庭医生签约服务；医疗卫生专项扶贫基金补助金额达310.43余万元，惠及建档立卡贫困患者5879人（7018人次），将符合条件的12677名建档立卡扶贫对象纳入农村低保。

【扶贫搬迁】 实施财政专项扶贫搬迁5596人。其中，搬迁贫困人口4516人。

【技能培训】 累计培训贫困人口1.18万人次，帮助6658名贫困家庭人员实现就业创业。

【乡村旅游】 建成鞍子苗寨、平安花海、长生度假乐园等23个乡村旅游示范点，成功举办了7次乡村旅游活动，年接待游客从351万人次增加到1300万人次，旅游综合收入从10亿元增长到52.6亿元。

工 业

综 述

【概况】 彭水苗族土家族自治县经济和信息化委员会，为县政府工作部门，主要负责全县工业和信息化发展工作。单位位于彭水县两江桥政府行政大楼4楼。内设科室6个即办公室、投资与规划科、经济运行科、中小企业科、信息化科、环境资源科。核定委机关行政人员编制18名（其中：主任1名，副主任3名，纪检组长按规定配备）。2016年，实有干部16人（其中，配备领导干部6名即：主任1名，副主任3名，纪检组长1名，党组成员1名）；核定机关工勤编制2名，实有机关工勤2名。经信委下属事业单位情况。彭水自治县节约能源监察中心。核定编制8名（其中：事业编制7名，工勤人员编制1名）。实有职工6名（其中：事业人员4名，专技人员1名，工勤人员1名）。彭水自治县经济和信息化委员会综合执法大队。核定编制14名（其中：事业编制13名，工勤人员编制1名）。实有职工11名（其中：事业人员10名，工勤人员1名）。

【节能降耗】 全县规模以上企业综合能源消耗量19.6万吨标准煤，万元产值能耗0.31吨标准煤，同比下降3.1%。

【信息化建设】 全面完成信息化集约搬迁及调试工作。通信网络全覆盖，实现296个村（居委）光纤全覆盖和39个乡镇（街道）4G通信网络全覆盖。移动、电信和联通等三家运营商新建3G基站144个、4G基站523个，全面完成市级下达的目标任务。

【安全稳定】 切实履行“党政同责、一岗双责”和“三个必须”的要求，强化红线意识，以“大排查、大整治、打非治违、百日攻坚”专项行动为契机，对重点行业、重点领域、重点部位、重要节点等安全生产进行专项整治，坚持隐患排查常态化机制，企业履行主体责任落实有力，有效防范和遏制较大以上事故的发生，获评安全生产达标单位。

工业经济

2016年，37家规模以上企业累计完成工业总产值63亿元，同比增长12.6%。工业增加值31.4亿元，占全县GDP的24.3%，规模以上工业增加值增速排全市第一。审核上报升规企业13家次，国家统计局审核入库2家。形成以清洁能源、健康食品、特色轻工、矿产品深加工为主体的产业集群，四大产业集群实现工业总产值46.4亿元，占全部规模以上工业总产值的73.7%。

煤炭工业

【概况】 彭水苗族土家族自治县煤炭工业管理局位于彭水县两江行政综合办公大楼2楼，属县人民政府一级参公单位。内设6个科室和县煤炭信息调度中心1个正股级事业单位，核定参公编制18名，全额拨款事业编制8名。2016年，全局实有在编人员19人，其中：参公事业编制14名，事业编制5名。

【产业发展】 彭水自治县煤炭资源较为丰富，全县共发现郁江煤田、桑柘煤田、普子煤田、冷竹矿点等煤炭矿产地4处，煤田地质构造比较简单，属二叠系上统吴家坪组煤层，煤层厚度多在0.4～0.90米，属薄或极薄煤层，煤层倾角有近水平煤层，或倾斜～急倾斜煤层，相对瓦斯涌出量较小。2016年初，有煤矿公司5家，矿井18对（其中国有煤矿2对，乡镇煤矿16对），分别分布在桑柘、普子、芦塘等8个乡镇，共计从业人员2000余人（乡镇煤矿从业人员1700余人）。根据国务院印发《关于煤炭行业化解过剩产能实现脱困发展的意见》（国发〔2016〕7号），重庆市人民政府办公厅《关于进一步加强煤矿安全生产加快煤矿退出工作的通知》（渝府办〔2016〕34号），2016年12月31日前，关闭退出9万吨/年及以下产能的16个乡镇煤矿及2个国有煤矿，具体为：普子一号煤矿、普子二号煤矿、普子三号煤矿、朱山洞三号煤矿、天坪堡煤矿、回笼煤矿、环石墙煤矿、乔地湾煤矿、朱家湾煤矿、三义煤矿、杉木沟煤矿、同心煤矿、黄金堡煤矿、洞沟煤矿、富兴煤矿、棣棠煤矿和郁江煤矿、桑柘煤矿。目前仅剩国有两江能源公司芦塘煤矿，生产能力为30万吨/年。

【原煤生产】 2016年，全县原煤产量29.95万吨，产值1.1亿元，煤炭产值比2015年下降2.4亿元。

【安全生产】 2016年，全县未发生1起煤矿生产轻重伤事故，煤矿安全生产形势比较稳定。

【教育培训】 2016年，乡镇煤矿安全全员培训742人次，职业病危害防治知识培训750人次，特种作业人员培训160人次，职业技能鉴定87人次，班组长培训39人次，把自救器列入全员培训内容，做到人人过关。

【职业危害】 职业病防治工作已完成职责划转，纳入煤矿建设；煤管局采取补贴与煤矿出资的方式，邀请重庆市煤矿职业病医院到彭水县乡镇煤矿对从业人员进行职业健康体检，参加体检200余人。

【应急救援】 煤矿应急救援体系日趋完善，开展应急执法检查，推动煤矿企业落实应急管理主体责任，参与县应急救援联合演练，加强应急准备，提高应对事故灾害的能力。

【获奖情况】 被重庆煤监局黔江办事处评为“2016年度煤矿安全监管先进集体”；被彭水自治县人民政府评为“2016年度煤矿安全生产工作先进集体”。

食品工业

2016年，县食药监分局围绕“放管服”促进食品产业发展，优化食品审批流程，提高行政许可时效，严格执行法定许可条件、程序及时限要求，严把准入关口，营造公平竞争的市场环境，有力促进辖区食品产业健康快速发展。2016年，新发展食品生产企业2家，食品销售经营者1073家，餐饮服务经营者354家，到2016年底，全县共有食品生产企业30家，食品销售经营者2405家，餐饮服务经营者1131家。

烟草工业

【概况】 2016年，彭水复烤厂共加工烟叶63.175万担，综合出片率65.6%，片烟装箱含水率合格率100%、打后片烟含杂率合格率（二三类）100%、打后片烟含杂率合格率（一类）100%、打后大中片率合格率99.55%、打后叶中含梗合格率99.67%、打后梗中含叶合格率率100%，成品水分一次性检测合格率为99.27%。

【拓展加工市场】 建设营销队伍，稳定加工市场。由副厂长钟文军牵头，成立市场营销工作领导小组，中层管理人员为组员，分别担任十个工业厂家的客户组长，负责该工业企业在厂期间的所有业务，实施一对一的精准服务。强化对客户组长、客户服务组、值班长/工艺值班长、操作工等的教育培训，提升与客户的沟通能力，以及加工工艺、设备、质量等方面的知识，建立目标考核机制，切实提升客户服务水平。推行“争红星、排位次、创优秀班组”活动，将客户服务工作与班组考核挂钩，切实提升生产一线的客户服务能力。解决质量短板，提升加工质量。强化关键工序质量控制，实施工艺质量管理“六到位”：人员培训到位、检测设备保养到位、检测过程规范到位、工艺纪律考核到位、生产过程监管到位和质量分析到位，全方位加强对关键工序的管理（投料、计量、预处理、打叶、烤片、打包工序等），确保产品质量合格。分类管控质量指标，严格实施一、二、三类指标检测标准，在开烤前的客户座谈会上，聚焦客户关注的重点指标，全力满足客户需求。下大力气解决质量短板问题，针对去年质量短板问题，重点解决成品片烟烟碱变异系数不达标的问题，以及成品片烟水分变异系数偏高的问题。加大检测力度，重点对入库后加工前原料、库内成品的检测，充分运用好检测结果。严格质量考核，加大质量事故责任追责力度。提升服务水平，满足客户需求。细心经营客户关系，做好客户服务后勤保障工作，快速反应并落实客户提出的需求，确保客户在厂“加工放心，生活舒心”。

【行业管理】 挖掘设备潜能，降低生产能耗。提升设备信息精细化管理能力和设备状态精确预测能力，培训相关人员。提升设备精准维修能力和设备精心保养能力，并推行修旧利废。较2015年相比，2016年，淡季检修自主维修备件等节约119万元。科学调度物流，合理利用仓储。统筹做好原辅材料、物流运力、商业协调、成品发运等方面的衔接工作，合理安排仓储，提高仓库利用效率。科学制订生产计划，合理安排烟叶整选，减少中转频次和中转费用。建立健全各类影响时间、工时产量、故障率等指标体系，完善换厂、换级、周保等特殊时段管理标准，提高有效生产时间。梳理岗位流程，减少劳务用工。按照流程最短、效率最高原则，对控本降耗增效关键点、潜力点进行深挖细查，切实做到精算、严管、细抠，逐步减少自由裁量空间，重新审视现有生产加工流程、员工岗位作业流程的科学性和合理性，逐岗核查工作量，合理优化用工。开展技术创新，控制资金投入。持续组织开展QC活动、“小改小革”活动，提升设备的利用效率。加强后勤管理，杜绝铺张浪费。利用精益工具，提升工作效能。加强对现有精益管理工具应用的思考，把6S、TPM、目视化、看板管理等工具充分应用并发挥最大效能，促进成本管控。

【安全工作】 落实责任目标分解。2016年，严格落实安全生产主体责任和“党政同责、一岗双责、失职追责”的要求，于5月层层签订《安全目标责任书》，共签订责任书123份，将安全工作细化到岗位，做到岗位安全责任覆盖率达100%。开展员工安全教育培训，员工安全教育合格率100%。开展应急预案演练，做到应急演练开展率为100%。狠抓隐患排查与整改，共开展各类安全检查15次，开展安全自查12次，防汛专项检查3次，消防专项检查2次，共查出各类安全隐患147项，下达《隐患整改通知书》34份，整改率达100%。落实安全重点工作的开展。开展安全岗位达标工作，对淡季设备检修、委外项目施工作业等的实施，坚持从计划、实施、验收全过程参与，未发生任何安全事故。强化内部治安管理，定时巡查18个安全管理重点和要害部位，对危险化学品、特种设备、厂内交通、信息网络、职业安全健康等进行综合监管。每月一次对视频监控、安防系统进行维护保养，对 GPS 进行抽检抽查，对消防监控系统实行日查、周查和专项检查相结合。

工业园区建设

【概况】　彭水工业园区于 2006 年 1 月经重庆市人民政府批准成立，位于彭水自治县保家镇鹿山居委 1 组，规划总面积 7.6 平方千米，首期启动实施了 4.3 平方千米。园区管委会设主任 1 名（县领导兼任），副主任 4 名（常务副主任 1 名，兼职副主任 3 名）。园区实业公司配备董事长兼总经理 1 名，副总经理 3 名，总工程师 1 名，内设综合部、人力资源部、产业发展部、资产财务部、土地管理部、工程管理部、物业管理部、安全环保部共 8 个部室和洁安物业公司、泰安实业公司 2 个子公司，负责园区建设经营管理。实业公司在岗人员 83 名，其中，领导 5 名，县国资局派驻人员 16 名，招聘人员 59 名，劳务派遣 3 名。

【招商引资】　园区始终把招商引资作为园区经济发展的支撑点和主抓手，从先期单一的行政招商发展到现在的以商招商等多种形式，基本实现实体经济、总部经济齐头并进的招商局面。全年签约项目 10 家（落地 4 家），招引总部经济平台及单户企业 26 家。

【产业发展】　截至 2016 年 12 月，共有入园实体企业 37 家（纳入园区统计），投产企业 25 家，规模以上企业 16 家，实现工业总产值 30.68 亿元，同比增长 16.74%；工业增加值 9.2 亿元，同比增长 36.7%；规模以上工业产值 26.76 亿元，同比增长 19.36%；实现销售产值 29.78 亿元，同比增长 24.76%；支柱产业中，以概丰服饰、亿友鞋业、际华 3539 为龙头的服装、制鞋类产业，实现产值 6.03 亿元，占园区总产值的 2%；以太极集团、尧舜酒业为龙头的饮料制造产业，实现产值 4.98 亿元，占园区总产值的 16%；以好川薯业、那之味食品为龙头的农副食品加工产业，实现产值 4.09 亿元，占园区总产值的 13%。

【资产运营】　园区实业公司累计资产总额 15.56 亿元，国有资产保值增值率 103.58%；资产负债 10.67 亿元，负债率 68.6%；国有资本经营预算完成 4000 万元；上缴税费金 8074.71 万元；营业总收入 4785.29 万元；年度利润 2722.49 万元；实现融资 10.02 亿元，其中，已放款 3.02 亿元；争取专项资金 300 万元。

【项目建设】　竣工完成制鞋产业园的供水管道安装等续建工程；完成园区北岸堤防工程重大设计变更；启动北岸防洪堤二标段建设并完成 1235 米基础开挖及埋石混凝土挡墙约 26000 立方米；完成北岸 P1 路路基填筑、水稳层浇筑，即将进行路面硬化；完成科技孵化楼 A 区车库地坪施工；完成南岸桂园路道路硬化工程设计及招投标；完成保家水文站改建方案。

【征地拆迁】　获取市政府批准农用地转用土地 812 亩；完成北岸 41551 平方米房屋拆迁，兑付拆迁补偿款 7037 万元；完成北岸剩余征地农转非 20 人的参保工作，解缴社保资金 56 万元；调处因征地拆迁引发的各类矛盾纠纷 30 余起，维护社会稳定。

【安全监管】　每月召开企业安全生产工作例会，每季度召开平安形势分析会，加强政策宣传；建立健全安全生产各项制度、台账；签订目标责任书，层层分解责任；加大安全监管和安全隐患排查整改力度。全年出动安全检查 267 人次，检查生产作业场所 92 次，查出隐患 238 个，督促整改隐患 238 个，开展 1 次安全知识演讲活动。

【环境保护】　工业园区污水处理厂正式投入运营，实现工业企业污水达标排放；加大环卫保洁力度，改善人文环境；完善环境监管体系，严控高耗能、高污染、产能过剩行业入园；开展宣传活动1次，张贴标语65条，发放环保知识小册子100余册。

【企业服务】 组建企业服务机构，建立“一对一”服务机制；及时帮助企业解决各种困难，为企业建设和发展寻求对策，搭建平台；加大招工力度，解决入园企业招工难题；加强治安巡查，为企业创造安全稳定的生产经营环境。

商　业

综　述

彭水苗族土家族自治县商务局位于彭水两江桥综合行政大楼3楼，于2009年12月整合县商委、县外经委、县粮食局的职能职责组建，内设办公室、市场体系建设科、市场运行调节科、外经外贸管理科和粮油管理科5个职能科室，以及外派劳务服务中心、商务执法大队和粮油质量检测站3个事业单位。

2016年是“十三五”开局年，商贸流通工作在县委、县政府的精心指导和大力支持下，在市商务委的业务指导下，在县级各部门的密切配合下，县商务局全体职工精诚团结，坚持以党的“十八大”重要思想为指导，扎实开展“两学一做”专题教育活动，积极采取有效措施，千方百计促消增收，全面推进商贸流通工作在新常态下的发展，商贸工作运行良好，发展成效显著。

工业品商业

全县发展商业网点26662个，解决就业人口21.93万余人，其中批发网点2359个，零售网点14989个，餐饮住宿网点9314个。在家用电器、建材、汽车、住房、旅游等消费热点的带动下，消费市场保持良好的运行态势，实现社会消费品零售总额59.4亿元。

副食品商业

招引入驻大型商场2家；新建特色商场4家、特色商店4家，努力打造“龙须晶丝苕粉”“紫苏油”等名特优新农副产品品牌；完善乡镇农贸市场和城区菜市场建设，实现了全覆盖。积极探索“电商+旅游+扶贫”的农村电商发展模式，打通“工业品下乡、农产品进城”双向流通渠道，努力打造电子商务进农村示范县建设，积极培育电子商务消费新热点，确保电子商务进农村上一个新的台阶。电商产业园入驻企业达到10余家，建成村级电子商务服务站点177个，开通乡镇村邮政物流线路7条，快递进村约720余万件，培育30家本地电商平台，推动紫苏油、晶丝苕粉等近100种农特产品上线营销。

饮食服务业

洋芋饭、蒸源堂、一步到位、景和苑、大脚菌炖鸡等特色餐饮进入美食街。打造四钻级酒店、四叶级绿色饭店各1家，中型酒店32个。提档升级2条美食街、1条特色型夜市街；建成农家乐示范村1个，培育农家乐集聚区2个。培育农家乐达300余家，评定星级农家乐12家，全县达123家，其中四星级农家乐1家，三星级农家乐18家；建成阿依河农家乐示范村1个，培育下塘、阿依河农家乐集聚区2个。

供销商业

【概况】 彭水苗族土家族自治县供销合作社联合社位于彭水县汉葭街道街道石嘴街120号，成立于1952年。现社机关在职工作人员25人（其中参公事业人员15人、事业人员6人、总公司聘请人员4人）。在职干部中，中共党员15人，大专以上文化程度的干部共13人，占52%，其中研究生1人；社领导班子成员5人，副处级领导干部3人，副调研员2人，科级干部2人，一般干部5人。

【供销商业】 2016年，系统实现销售额124006万元，农产品经营额90056万元；引领发展农民专业合作社128个，入社农户665户，带动农户4450户；深入调研，起草综改《实施意见》（代拟稿），广泛征求意见建议，几易其稿，于9月20日通过县政府第97次常务会审定形成送县委常委会送审稿，并于9月29日中共彭水苗族土家族自治县委常委会审议并原则通过《关于深化全县供销合作社综合改革的实施意见（送审稿）》，10月13日以彭水委发〔2016〕97号文件，正式全面出台县委、县政府支持供销合作社综合改革的财政、土地、资产管理等系列政策；着力开展示范社创建活动，县财政安排特色效益专项资金200万元，以改革创新的精神，按照县政府要求，围绕全县农业主导产业以自愿股份合作方式，共培育农业专业合作社示范项目12个、股权化试点项目13个，将黔中道紫苏种植专业合作社作为国家级示范社培育推荐并获批农业部全国示范社，将印洁辣椒种植专业合作社、渝佳清脆李种植专业合作社作为中华全国供销合作总社全国示范社推荐并获批供销系统全国示范社；组织农民专业合作社理事长就合作社组织管理、财务管理、品牌建设和市场营销、示范建设等进行专题培训2期，参训农民专业合作社理事长200余人，进一步提高合作社的规范化和组织化程度，加强合作社内部自律，促进示范社创建，为合作经济组织发展壮大奠定基础；社属重点企业“彭峰农资公司”的农资经营网点达到200余个，除覆盖全县39个乡镇外，还辐射到邻近的黔江、务川等区县，全年售储备销售各类化肥5万吨；恢复重建黄家镇等4个基层供销社，全县累计达12个，初步恢复为农服务网络；建成苏宁易购中华特色彭水馆建设项目，“供销e家”彭水运营中心项目已获审批，并建成彭水供销旗舰店，在扶贫专区上线运营，建设村级电子商务服务站23个。启动供销、保税跨境电商第一批网店建设，完成50个服务站点布局和授权并开展第一期专题业务培训。各电商平台主推龟池大米、郁山晶丝苕粉、黔中道紫苏油等特色农产品销售，“寻遇苗乡”彭水区域公共品牌已注册登记。同时，争取县级财政专项资金，牵头开展彭水自治县甘薯制品战略咨询和B2B跨境电商平台建设，为彭水自治县特色农产品跨境探索海外销售市场新路；组建县农民合作社服务中心，解决合作社建账难、核算难、报税难等实际困难，开展农村合作经济组织财务代办、市场主体的注册登记、项目编制等相关业务，为126家合作社提供代记账、报税等相关服务；在市供销合作总社综合业绩考核中荣获一等奖。

粮油商业

2016年，发放农户科学储粮彩钢仓5000套，全县已累计发放18000套；完成1348吨县级储备粮轮换工作；全面完成市政府下达两年内完成新增地方粮食储备任务6500吨，同时，向市商务委争取到2万吨粮食仓库建设计划，切实保障粮食安全。强力推进加油站、点建设，加大对成品油、液化石油气的储存力度和对市场的监测力度，全县共建设了加油站22座，加油点5个，石油液化气经营点36个，确保市场供应稳定。

盐　业

【概况】 2016年，盐业彭水分公司按照“坚定信心、迎难而上、落实规划、推动发展”的工作总基调，围绕“外抓产品和用务创新增加有效供给，内抓精细管理全面提升企业软实力”两条主线，紧紧围绕重集“4335”发展改革任务，以适应市场的理念、勇于创新的思路、扎实有效的举措、真抓实干的作风，制定和完善本单位各科室的工作目标及绩效考核办法，增强适应性、改进完善经营的商品结构，增强盈利、改进完善物流配送流程增强成本控制。2016 年，实现盐商品销售 2695 吨，其中口盐 2688 吨（多品种盐 592 吨），占年计划 2550 吨的 100%；非盐商品共计销售 1241 万元（其中白酒销售 120 万元，家用日化销售 84 万元，粮油销售 303 万元），占年计划 1200 万元的 100%。

【产品结构调整】 2016 年，对产品结构进行大幅度的调整，追求高附加值的盐产品及利润较高的非盐产品。推广钙盐、低钠盐、天山湖盐、精纯盐等多品种上市，重点把开拓市场放在经营工作的首位，在县城及各区乡进行了集中宣传工作。将增加企业效益和总销量的粮油、日化、白糖等商品经营作为主攻方向，采取科学、灵活的经营方式，确保企业经营盈利能力和规模得到了提升。丰富销售举措，采取召开客户答谢会及订货会的方式，争取产方政策，让客户享受最大利润，实现公司和客户双赢的目的，增进客户与公司之间的感情。通过近一年的调整，实现品种盐销售和效益的双提升，企业经营效益得到稳步增长，职工从“效益优先、兼顾规模”的经营方针上看到企业发展的希望，增强奉献企业的信心。

【安全环保】 抓好企业内部经营活动中各种安全事故的防范工作，做好人员及 8 小时工作外的各种安全教育和防范措施。加大全年各个重大节日期间的安全检查工作，对重点经营场所、出租房屋及经营门市部进行安全检查，教育和提示相关人员切实做好安全防范工作。做好车辆及销售人员全年市场产品配送工作中的安全防范工作，杜绝全年无车辆及出行人员安全事故发生。做好单位商品库存保管、货款及资金回笼等安全管理工作，要求单位财务及销售人员及时将货款存入公司账户，做好公司经营各种货款的清缴催收工作。严格按照集团公司的合同管理办法，着手维修整治了沙沱经营仓承重柱裂丝排危工作，确保公司的财产不受损失，职工人身的安全得以保障，增大公司风险防控能力。

天　然　气

【概况】 彭水苗族土家族自治县中阳天然气有限公司位于县城，成立于 2002 年 10 月 25 日，主要从事天然气业务发展及天然气经营、燃气具销售、维修和燃气工程建设安装，现有资产 4200 多万元，年销售收入 2300 万元。公司现有天然气储配气站一座，位于彭水自治县鱼塘社区，占地 3.5 亩，储气设施有中压露天储罐 65 立方一座，720 埋地储气管线 260 米，共计储气能力 4800 立方米。运气车辆 3 台，运载能力 12000 立方米/日，日均用气量约为 12000 立方米/日。

【经营情况】 县城铺设聚乙烯 PE 110、90、76 各型管网约 30.7 千米。其中 110 管网 10.8 千米，90 管网 12.6 千米，76 管网 7.3 千米。管网从配气站起沿主要街道两侧人行道敷设，辐射范围包括：江北片区南到沙沱丽豪大厦，北到法院香江豪园沿线，下到商贸园、学坝黔龙地产开发范围；江南片区，南到新质监局，北到滨江新城乌江明珠两江广场一带。经过 10 余年的发展，现已发展民用天然气用户 16000 余户，中小商业用户 230 余户。随着目前的发展势头及居民对天然气的进一步认识，到 2020 年用户数有望突破 2.5 万户。

城乡建设

城乡规划

【概况】 彭水苗族土家族自治县规划局位于彭水新城公安大楼2号楼2楼。成立于2008年5月，为县城乡建委下属二级事业单位，2011年调整为建委下属的一级事业单位。2015年，经县编制委员会《关于县规划局宗旨和职责任务的批复》（彭水编发〔2015〕51号）确定为县城乡建委举办的正科级公益一类事业单位，主要负责本行政区域内的城乡规划制定与修改、城乡规划实施、建设项目的规划管理和测绘管理工作；领导职数为1正3副，内设办公室、编制科、管理科、测绘科，核定事业编制15名。截至2016年底，领导职数3名；全局职工15人，其中在编9人、借调2人、临聘4人。

【城乡规划编制】 推进城乡规划编制全覆盖。牵头完成《城乡总规实施情况评估报告》《县域基础设施规划》《县域生态空间管制规划》《智慧彭水顶层设计》《美丽山水城市规划》《城区控规全覆盖深化》《新城城市设计》《新城道路交通综合规划》《新城管网综合规划》《新城海绵城市专项规划》《新城绿地系统规划》《新城城市综合防灾规划》《郁山历史文化名镇保护规划》《郁江大桥方案设计》《水上运动比赛看台建设方案》《南门洞改造方案》《120个村域现状分析及规划指引》17个专业专项规划方案，完成靛水新城规划区的1：500地形图补测、彭水自治县地下管线普查测绘工作和辖区地图市场大检查，配合完成地理国情普查数据校核，投入经费757万元。统筹协调市政、交委、水务局等6个行业主管部门，配合完成《彭水自治县“十三五”城乡生活污水处理设施建设专项规划》《彭水苗族土家族自治县综合交通运输“十三五”发展规划》《县域水资源管控及水利设施布局规划》《彭水工业园区产业发展与企业布局总体规划（修编）》《彭水县域城镇天然气设施及管网规划》《彭水县域河道岸线保护及利用规划》《彭水县“十三五”物流业发展规划》7个专业专项规划。

【城乡规划管理】 深入推行阳光规划，依法加强规划信息公开公示，最大程度保障群众知情权、参与权和监督权。全面强化城乡规划管理人员业务素质培训，组织开展乡镇（街道）规划管理机构业务培训2次，推广发送农房建设标准图集资料80余套，将39个镇（乡）街规划管理责任及履职情况纳入每年督查考核内容。按照“统一、精简、高效”的原则，完成行政权力清单清理和网上行政审批事项梳理，积极实施联办联审、审批协调、跟踪推进等服务机制，报建环节实行一个窗口接件、一次性告知、一站式集中办结，全面规范运行网审法定流程，提高行政审批效率。依法核发各类建设工程规划许可，办理选址意见书155件、拟用地面积728.81万平方米、建设用地规划许可189件、用地面积456.56万平方米，建设工程规划许可110件、总建筑面积211.67万平方米，竣工规划核实确认书69件、总建筑面积149.48万平方米。认真落实部门审查、专家审查和规委会决策制度，开展首席规划师咨询16次，咨询项目27个，点评意见26件，顺利筹备召开县规划委员会议5次，审议全县重大规划、重要建设项目 34 件次。

城区管理

【完善基础设施】 加强城区主次干道市政设施维护管理，实施民族风情一条街、红军渡至公路小区等路段道路设施改造，累计维修、改造车行道 4901 平方米、人行道 3820 平方米，市政道路设施完好率达 96% 以上；新建、改造雨污管网 1100 米，疏通管网 1900 余米，市政排水设施完好率达 100%；市场化管护城区 18 万平方米公共绿地，扦插三角梅插条 2 万余株，刷白城区及出入口行道树 8000 余株，补植树池麦冬 3000 余平方米，重大节假日期间在城区广场、节点摆放各类时令花卉共计 40 万盆。

【精细城市管理】 创新环卫管理模式，实行财政和国有企业多元化投资方式，将城区进出口通道沿线纳入市政管理范围，环卫保洁面积达到 202 万平方米；加大城区道路保洁、机扫、冲洗和清运力度，城区干净度和市民满意率大幅提升；开展执法亮点评比工作，规范南门农贸市场周边和县医院旁通道市容秩序，搬迁河堡农贸市场，市容环境更加整洁有序。

【改善生态环境】 积极向上争取项目资金 2438 万元，征收城镇生活垃圾处置费 247.8 万元、污水处理费 442.2 万元，超额完成年度目标任务，为美丽彭水建设铆足后劲；按照三级处理模式全面开展农村生活垃圾治理，启动 17 个乡镇垃圾中转站运行，日均收集处理农村生活垃圾 46 吨，有效治理 69% 的行政村生活垃圾；开工建设县城污水处理厂二期工程和 11 座乡镇污水处理厂，将乡镇污水处理厂全面移交市环投集团统一运营管理，正常运行的乡镇污水处理厂从 2015 年的 4 座增至 27 座，基本完成环保突出问题整改任务。

【强化宣传引导】 借助主流媒体聚焦民生短板，多形式、多渠道宣传市政管理工作，全年共计宣传报道 96 篇次，社会各界群众对市政工作更加理解支持；通过市民城管通 APP 和 12319 城市管理服务热线，受理市民投诉 153 件，媒体曝光实现零目标；认真办理人大建议及政协提案 75 件，办结率、回复率、满意率均达 100%，获 2016 年度先进单位。

公用事业

【实施民生工程】 坚持“想群众所想，急群众所急”，有序推进郁江大桥拆除重建，提前竣工乌江大桥加固改造工程；按照城市公共厕所建设标准，新建城区公厕 3 座、改建 1 座，并落实专人管理，积极打造舒适的如厕环境；启动城区 7 条背街小巷及 1 条污水沟整治，有效改善人居环境；实施城区节点绿化改造工程，启动河堤护坡增花添色工程，栽植苗木 10 万余株，撒播草花 2 万余平方米，新增绿地面积 2.7 万平方米，为创建国家园林县城打下坚实基础；按照城区景观照明规划，高标准新建路灯 340 盏、楼宇灯饰 9 栋，在 2016 年度下半年市对县城市管理专业暗查考核中，灯饰照明排列渝东南片区第一名。

【数字城管建设】 利用数字化城市管理平台，共享公安高清视频终端 750 余个，实行定网格、定职责、定标准，推广市民城管通 APP，利用数字化城市管理平台，受理 12319 服务热线、市政舆情及 114 阳光政务案件 153 件，结案率达 100%。

【行政审批许可】 实行行政审批一站式服务、一窗式受理、一网式办理，累计办理行政审批案件 483 件，行政审批案卷合格率达 100%；依法办理一般程序执法案件 3 件，执法案卷评查合格率达 100%，实现执法错案率零目标。

建筑业

【项目建设】 2016年，扎实推进重点项目建设，实现在地建筑业总产值17.5亿元，完成年初计划的134%，同比增加19.51%；完成开发投资13.25亿元；新开工房建120万平方米（其中新城新开工房建80万平方米），竣工面积20.39万平方米；9月底成功申报为重庆市地下综合管廊建设第二批试点城市，项目总投资8.6亿元，总长13.68千米，新城38号路开挖管廊1.5千米，完成投资3700万元；新城海绵城市建设完成本底资料调查，专项规划编制完成；签订征收补偿协议4.442万平方米，实物安置164户，货币化安置19户，新开工安置房405套；完成规费收取73410620.7元。

【建筑管理】 强化建筑市场管理。办理施工许可29个，建筑面积853690.14平方米，合同造价121273.759万元；对全县的建筑业资质进行换证年审。全县一级企业5家，二级企业16家，三级及部分劳务企业40余家全部换证完毕；审批上报一级建造师40余人，二级建造师200余人；备案招投标项目42个，投资金额约123375.8万元；强化勘察设计管理。审查38个项目，总投资271817万元；新建居住建筑执行《居住建筑节能50%设计标准》，执行率达100%。

【质安监管】 质量安全监管形成高压化态势。成立2个建筑施工安全生产“两防”“大排查大整治”和“百日攻坚”专项工作组，组织检查人员576人次，检查企业和工程项目217个次，打击非法违法行为45起，责令限期改正20起，责令停工整改5起，处罚款1万元1起，各工地从业人员平安卡刷卡率达到100%，有力震慑非法违法生产经营建设行为；持续开展住宅工程质量常见问题和工程质量通病专项治理；竣工备案住宅工程5项，分户验收覆盖率和合格率均达100%，减少住宅工程投诉问题。

【违建整治】 加大违法建筑的整治力度，新增违法建筑得到有效遏制。立案131件，在建违法建筑做到及时有效的处置，处置率达100%，拆除违法建筑60余次，拆除面积约3500平方米；加大建设项目监管力度，立案12件。结案11件，没收违法收入101.33万元，收缴罚款202.48万元，没收实物11283.64平方米；切实加大乡镇违法建设监管力度，发出《责令停止违法行为通知书》5份。

国土资源和房屋管理

【概况】 彭水苗族土家族自治县国土资源和房屋管理局（以下简称彭水国土房管局）系自治县人民政府的工作部门，内设4科1室，下辖1个正科级公益一类事业单位，5个副科级直属公益一类事业单位，1个副局级参公单位，1个股级公益性二类自收自支事业单位和1个正股级公益一类自收自支事业单位，10个片区国土房管所；2016年末，有职工206人（含劳务派遣人员19名）；设局机关党委1个，下设基层党支部委员会6个，共产党员99名，设局机关纪委1个。

2016年，彭水国土房管局以深入贯彻落实党的十八大、十八届三中四中五中六中全会精神为主线，深入贯彻习近平书记系列重要讲话和视察重庆重要讲话精神，以助推“五化”统筹推进、“三区”协调发展战略为目标，以深化国土房管领域改革为动力，以提高资源配置质量和效益为中心，全面落实从严治党主体责任，扎实开展“两学一做”学习教育，尽心尽责保障发展，主动作为、勇于担当、克难攻坚，为城市建设提供资源、资金保障。

【国土规划管控】 全面启动全县土地利用总体规

划调整，编制完成10个村的村级土地利用规划，扎实开展国有土地基准地价调整和土地市场动态监管平台处置；严格规划符合性审查，完成28个民生工程和重点工程用地规划符合性审查报批；规范土地规划局部调整，完成21个（2386亩）项目土地利用总体规划局部调整方案编制和审查报批。

【耕地保护】 耕地保护纳入乡镇（街道）主要领导任期内目标考核，落实耕地管护专项资金328万元，聘请296名耕地管护员；全面启动全县永久性基本农田划定工作，城周永久基本农田划定成果已通过市级审核，实现全县耕地保护面积106660公顷，基本农田保有量73330公顷。

【土地开发整理】 认真落实最严格的耕地保护制度和节约集约用地制度，编制完成“十三五”土地整治规划；加强农村土地田水路林村综合整治和高标准基本农田建设，全年新增耕地指标3918亩；总投资94000000元建成高标准基本农田3.77万亩。通过连续开展土地整理，改善农业种植条件，增加有效耕地面积，促进农业增效、农民增收，为新农村建设注入生机和活力。

【巴渝民宿示范】 为打造高标准、高品质且富有生态内涵、民宿特色的体验式平台，带动建卡贫困农户脱贫致富。积极争取重庆巴渝民宿公司支持，在万足镇廖家村美人窝、润溪乡樱桃井村黄地峡、靛水街道大厂村等开展巴渝民宿项目试点，3个项目共惠及建卡贫困户39户152人，此项工作得到市国土房管局通报表彰。

【建设用地复垦】 积极盘活农村存量资源，助推精准化扶贫进程。全年新开工复垦项目2500亩，备案入库1515亩；交易地票1560亩，成交金额3.01亿元；当年到位资金3.1亿元。

【争资立项】 完成固定资产投资9.89亿元，向上争取地灾治理、廉租房、高标准基本农田建设等专项资金1.21亿元。

【用地保障】 综合运用好用活各类用地政策。全年取得新增建设用地指标3167亩；取得农转用和土地征收批文3248亩，为“五化”统筹推进、“三区”协调发展提供坚实的用地保障。

【土地市场配置】 坚持净地、熟地出让原则，由局领导分别带队，以现场办公、上门服务、简化报批程序、缩短审批时间等方式，为用地单位解难题、办实事。全年供应经营性土地3016亩（其中新城795亩），征收土地出让金14.6亿元。同时用好用活土地储备新政策，新储备土地536亩；积极筹措贷款还息955万元，实现融资6770万元，有效助推新型城镇化建设的资金瓶颈。

【精准扶贫】 深入龙射镇大地村、银木村开展帮扶调研，通过上项目、拨资金、提思路，帮助解决村民的实际困难。投资620万元，实施龙射镇大地村等9个贫困村土地整治项目9个2.48万亩；投资736万元，实施龙塘乡石院村内等8个贫困村扶贫补助项目8个，有效改善贫困村生产生活条件；出台建卡贫困户“四个优先”复垦政策，包装建卡贫困户复垦项目15个734亩，涉及1030户4678人，交易建卡贫困户地票259亩，涉及430户1556人，兑付建卡贫困户地票资金712户2309万元。

【国有土地上房屋征收】 加大棚户区改造力度，全年征收国有土地上房屋1.6万平方米，兑现安置补偿1.02亿元；依法保障被征收人的合法权益。

【依法保障被征收群众合法权益】 深化集体土地征收工作流程，全年征收集体土地3158亩，兑现征收补偿3.7亿元；清理审查上报1982年至2007年期间政府性项目用地应转未转征地农转非漏报人员3230人，参加失地农民养老保险935人，兑现安置补助及养老保险1.42亿元。

【地质找矿】 《彭水自治县第三轮矿产资源规划》获得市国土房管局审批，全年完成新设采矿权1宗，延续登记25宗、变更登记5宗、注销登记6宗和审核重点建设项目附属工程19个，征收采矿权价款41万元。

【地质灾害防治】 筹集140万元，建成地灾灾害应急指挥中心；成功处置灾情险情109起，累计搬迁撤离4179人；投资6750万元实施绍庆片区综合治理项目建设，启动汉葭片区地灾综合治理项目，启动联合乡马岩危岩地质调查和专业监测工作，全年完成搬迁避让120人，连续10年实现地灾“零”伤亡目标。

【房地产去库存】 出台彭水县房地产去库存实施方案，全年批准商品房预售许可31.42万平方米，举办两届房交会共销售各类房屋15.5万平方米，成交金额7.89亿元，全年销售各类商品房36.2万平方米，商品房均价4382元/平方米，同比下降11%。

【不动产统一登记】 筹资830万元，购买960平方米的不动产登记中心办公用房，将建立和规范有序的不动产登记服务窗口，可在2017年4月30日前投入使用。4月4日顺利实现上线登记发证，全年办理各类不动产登记业务9846件，收取登记费126万元，交易服务费294万元；完成农村房屋登记业务1105件，办理房屋抵押权登记459次，抵押金额9400万元，此项工作在全市国土房管系统推进会上作经验交流。

【住房公积金】 全年归集住房公积金1.8亿元，提取1.2亿元，81%用于住房消费，发挥住房公积金政策性金融和资金撬动作用。

【保障性住房】 摇号配租公共租赁房296套，累计入住2676户，入住率100%，发放租赁补贴102万元，发放率达100%，住房保障工作得到市局通报表扬。

【执法监察】 健全完善“源头控、动态查、群众报、快速处、重典治、共同管”综合防控机制。全年制止各类违法行为600余起，立案查处违法案件76件，关闭煤矿10个，强制拆除违法建筑4000余平方米，卫片执法检查连续6年实现零问责零约谈，立案查处76件，查处率100%；“谁执法谁普法”工作代表县政府接受市普法办的检查并获得肯定，建立的土地执法共同责任机制得到市政府领导上报表扬。

【信访稳控】 健全完善信访排查机制和工作流程图，开展征地农转非、失地农民养老保险、安置房建设、物业小区管理、宅基地复垦和房地产去库存等专项治理，全年成功处置澳华广场安置房、广电小区安置房超面积、黔龙阳光延期交房、两江片区安置房超期过渡以及房地产领域债权纠纷等18件疑难信访案件，为县委政府排忧解难。处理各类信访案件287件，实现无越级上访现象发生。

【安全生产】 健全完善“党政同责、一岗双责”“谁主管、谁负责，谁分管、谁负责”和“管生产必须管安全、管行业必须管安全、管业务必须管安全”责任体系，扎实开展矿产资源“打非治违”专项行动，实现安全事故“零”目标，安全生产工作连续8年被县人民政府授予“先进单位”。

【物业管理】 认真开展物业管理知识培训，促使物业企业的服务管理水平得到有效提高。全年办理物业备案 14 件 49.56 平方米，缴存物业维修资金 11715000 万元，累计缴存 1.1 亿元。

环境保护

【环境问题整治】 以迎接中央环境保护督察为契机，深入开展环境保护专项行动，按照“属地管理、分级负责”“谁主管谁负责、谁审批谁负责”原则，围绕长期得不到有效解决、中央及全市环境保护督察关注的重大突出环境问题等方面开展自查自纠。成立以县政府主要领导任组长、县政府各相关分管领导为副组长、县环委会各成员单位负责人为成员的县环境保护突出问题整改工作领导小组；召开环境保护突出问题整改工作动员部署会议，印发《关于分解落实环境问题整改任务的通知》（彭水环委〔2016〕14 号），提出整改要求，明确整改时限；实行“日盘点、旬督察、旬通报”的工作制度，定期对各乡镇（街道）和县级有关部门开展督察指导，确保工作落实到位、问题整改到边。2016 年，自查出来的 30 项问题已基本完成整改。

【环保行政执法规范】 严格执行建设项目“环评”和“三同时”制度，对选址与规划不符、布局不合理，超过污染物总量控制指标、影响生态环境，不符合环境法律法规、国家产业政策，群众反映强烈的项目坚决不予审批，切实从源头控制污染。严格执行《重庆市排污权出让收入管理办法》《重庆市排污权交易规则》，核发办理排污许可证 94 家，依法依规征收排污费 450 余万元，完成那之味等 12 家企业排放权交易，交易金额 252838 元。出台《彭水自治县环境保护行政执法与刑事司法衔接工作实施办法》等环境保护执法配套工作机制，强化部门联动执法，从严从重查处环境违法案件，全年查处环境违法案件 28 起，查处金额 130 余万元。

【农村面源污染治理】 严格实施《彭水自治县畜禽养殖污染防治规划》，扎实推进农村畜禽养殖污染治理，取缔搬迁禁养区内畜禽养殖场 1 家，实施规模化畜禽养殖场污染治理项目 4 家，完成 1.9 万余头存栏生猪当量污染治理设施工程整改。强力推进市委市政府民生实事，积极开展农村面源污染治理，争取中央资金 2100 万元，市级补助资金 420 万元，实施行政村农村环境连片整治项目 99 个，新建 12 座污水处理厂（站），配置垃圾收运车 33 辆，垃圾转运设备近 5000 套。

【生态环境质量改善】 深入开展“蓝天、碧水、宁静、田园、绿地”五大环保行动，扎实推进县城燃煤、噪声等专项整治，着力提升水、气、声等环境质量。全年共计监测 310 天，优良天数 303 天，超标 6 天，无数据 1 天（因空气自动升级改造无数据 48 天，移交第三方监测无数据 8 天），优良率 97.7%。空气中可吸入颗粒物年平均浓度达到二级标准同比下降 3.1%，二氧化氮年平均浓度达到二级标准。县城及乡镇集中式饮用水源地水质达标率均为 100%，乌郁两江及次级河流水质均满足地表水Ⅲ类水质标准（郁江等部分水域符合Ⅱ类水质标准）。县城区域环境噪声、功能区噪声交通干线噪声年平均值均在国家限定标准内。

【生态环境安全保障】 强化重点排污企业日常动态检查，定期开展环境安全隐患大排查、大整治，累计检查企业 332 家次，完成隐患整改 9 家次；强化辐射安全和固危废监管，全县 46 家辐射使用单位执证率 100%；88 家医疗机构的医疗废物实行统一收集，送往黔江医疗废物处置中心无害化处置；强化环境风险防范全过程监督，编制 5 个政府环保类应急预案、1 个工业园区和 15 家重点工业企业应急预案在全市突发环境事件风险评估及预案系统中备案，开展全县突发环境事件应急演练，与武隆、黔江等周边区县建立健全了大气污染和流域联防联控机制。全年未发生环境污染突发事件。

村镇建设

推进村镇建设，完成农村 C、D 级危旧房改造 4492 户；建设诸佛庙池等农民新村 9 个，其中成功申报市级农民新村 3 个；优化 2 个市级中心镇建设；完成 4 个传统村落申报；成功申报保家镇为特色农业小镇；有序开展农村人居环境整治，成功申报 1 个改善农村人居环境市级示范片整治项目，争取上级资金 450 万元，按设计方案启动建设；全面完工“为民办实事”项目。

移民安置

【概况】 彭水苗族土家族自治县移民服务中心位于彭水自治县绍庆街道滨江社区两江桥行政办公楼（325）。核定行政事业编制 10 名，在岗职工 15 人（其中正式职工 12 人，借用 1 人，临聘 2 人），离退休 1 人，内设办公室、计划财务科、安置迁建科和政策法规科。

【为民服务】 乌江彭水水电站建设征地移民安置工作顺利通过市级技术竣工验收。乌江银盘水电站移民搬迁安置规划修编取得重要进展。已将县城防护堤遗留问题纳入修编报告中进行解决，可以解决资金 5500 万元（其中县城防护堤 1、2 标段遗留问题解决 5000 万元，3 标段高架桥与县城河堤一期工程连接段遗留问题解决 500 万元）。精心组织，认真实施，全面完成银盘水电站工矿企业、码头、通信、电力、广播电视、库周交通的货币补偿和专业项目复建工作。新滩滑坡治理工程已竣工验收。县城防护加固工程和 1 至 4 标段已竣工验收并结束结算审核工作。高谷移民新集镇和滨江居民点配套设施工程已全部验收、投入使用。高谷陈家居委 1 组库岸滑坡影响区房屋搬迁安置已基本结束。银盘水电站淹没（影响）占地移民房屋产权证办理涉及相关费用和移民二次搬迁补助费已获得市移民局批复。芙蓉江浩口水电站坝前移民搬迁安置已经完成，争取 20 余万元资金维修库区 6 千米公路，助推库区移民搬迁顺利启动。乌江彭水水电站库区鹿角镇移民休闲步道项目已获市移民局批复。乌江彭水水电站移民专项资金涉及的 9 个审计问题已全部完成整改。对照国家验收移民工作标准，集中收集、整理移民档案，实现了移民分户档案全复印、全扫描、全数字。累计为新田镇河门村解决对口帮扶资金 20 万元（含赠送价值 2 万元的办公设施设备），夯实脱贫硬件基础。深入走访慰问受灾群众，解决 3 万元的救助资金（物资），帮助群众渡过生产生活难关。协助贫困群众搞好生产自救，全力弥补自然灾害带来的损失和影响。抓好移民工作领域安全稳定、综合治理工作特别是汛期地灾防治工作。移民档案、资金管理、产业规划等工作齐抓共管，做到两手抓、两不误、两促进。

靛水新城建设

2016 年，共取得用地指标 1000 亩，出让土地 795 亩，取得用地批复 1464 亩，开工房建 80 万平方米，新入住人口 8000 人，开工房地产项目 2 个，竣工投用项目 7 个，新搬迁入住单位 8 个，累计入住单位 18 个，兑付征地拆迁补偿款 2.2 亿元，完成投资 28 亿元，化解征地拆迁和施工秩序等矛盾纠纷 260 多件次，安全事故、非法上访实现“零”目标，社会形势稳定可控，脱贫攻坚、综合治理、机关管理等工作取得新进展。

【新城规划】 坚持规划龙头引领。按照“现代之城、未来之城、品质之城、魅力之城”的城市定位，进一步完善新城控制性详细规划、城市设计及相关专项规划。其中，新城控制性详细规划和城市规划已通过县人大常委会审定、备案。强化规划执行监督。全程参与新城项目规划的设计、审定，并组织相关单位审定后再送县规划局审查，切实把牢项目规划方案设计审查，提高城市规划品质。

【供地保障】 土地报批。协调县国土局、城投公司，加大土地报批力度，全年取得38号道路、天然气储备站、党校、中医院、体育中心、汉元抵债地块等项目农用地转用和土地征收批复面积共1464亩。重点保障市政道路、新城党校、中医院、民族中学、天然气储配站等重点基础设施、环保、民生项目用地。征地拆迁。协调县国土房管局、靛水街道、县城投公司等单位各司其职，扎实推进征地拆迁工作，全年共征收土地371.22亩，签订房屋拆除协议198户，拆除房屋141户，搬迁坟墓173座，分配统建住房179套、安置1000余人，有序保障项目用地需求。

【纠纷调解】 牵头各单位采取倒排工期、挂牌督战、责任清单、阶段考核的方式，集中全力化解各种矛盾纠纷，排除施工干扰。在攻坚克难中，发扬“钉子”精神，练就了“磨穿鞋子、磨破嘴皮子、晒黑膀子、激活脑子”的苦战实战作风，探索出“六个一线”的工作方法。即：把县委政府决策建设新城的方向、目标、态度宣讲到一线；把法律法规政策宣传到一线；把调查研究深入到一线；把信访接待落实到一线；把现场办公安排到一线；把问题解决到一线。公安局、靛水街道、靛水派出所强力维护施工秩序，对违法阻工行为予以依法打击，全年共调处纠纷260多件次，教育训诫200多人。全年无一人到县、赴市、进京上访，无一项目因阻工而停工，无质量安全事故发生。

【交付情况】 2016年，续建县残疾人康复中心、县社会福利中心、县法院业务用房、县检察院业务用房、县电子商务园、县气象局业务用房、县体育中心、县公安消防大队业务用房、靛水派出所业务用房、县委党校业务用房、张家坝安置房、靛水安置房、新城防洪排涝工程、县中医院医技楼、县公安交巡警大队及车管所业务用房、农贸市场、38#道路1标段、民族中学B校区、人行彭水支行业务用房等项目20个，新建电力公司运检营销中心、重庆建工房地产、鑫沃房地产、外环连接道、示范幼儿园、张家坝防洪隧道、38#道路3标段等项目7个。其中，县电子商务产业园、县体育中心、靛水派出所、县委党校业务用房、靛水安置房、张家坝安置房、农贸市场、38#道路1标段等8个项目已建成投用，县法院业务用房、县检察院业务用房、县气象局业务用房、县公安消防大队业务用房等4个项目即将建成投用，全民健身中心、文化中心、花阶广场、水体、法检两院景观、公共服务中心等项目已经规委会评审。

【招商引资】 按照“50%土地与50%现金”的招商方式，着力招商力度、改善投资环境、优化服务，成功引进重庆建工、红星美凯龙、天怡集团等企业投资新城。重庆建工房地产项目实现投资3.6亿元，10栋房屋主体全面施工，其中13、15号楼已于2016年12月15日成功开盘售房；鑫沃房地产项目实现投资5.1亿元，6栋楼房及商业用房已达到预售条件。其中鑫沃.世纪城地产项目被重庆市房地产开发协会评为“2016年度重庆市房地产开发品质标杆项目”，结束了彭水自治县房地产无品质项目的历史，城市形象得到进一步提升。

【社会综合管理】 强化新城水电供应，保障项目施工需求，并协调县交委下调公交车票价，增加公交车班次，同时协调市政局加强市政环卫保洁，提升城市管理水平。协调资金调度，补齐资金“短板”，保障征地拆迁、项目建设基本需求。依法稳妥处理汉元退场工作，汉元公司退场处理工作已实现全面移交，正在办理二类费用的审计结算工作。及时协调处理“企业欠薪、政府欠款”

的双欠工作，督促各施工企业按时兑付民工工资，协调相关单位兑付征地拆迁安置补偿款 2.2 亿元，化解各种矛盾纠纷 260 多件次，全年无非法上访、集访等事件发生，新城社会稳定可控。

交　通

【概况】　彭水苗族土家族自治县交通委员会位于彭水自治县汉葭街道文庙社区48号（机关在县交委办公楼8、9楼），设5个内设机构：办公室、计划财务科（县交通战备办公室）、建管科、运输科（县交通应急管理办公室）、组织人事科。核定行政编制13名，机关工勤编制2名。县交委共有6个下属部门。县公路局位于彭水自治县汉葭街道沙坨社区56号，设5个内设机构：综合科、政工人事科、建设管理科、养护生产科（挂安全科牌子）、财务科；下属6个机构：汉葭、黄家、新田、保家、龙射、郁山6个公路养护中心。核定事业编制171名，在职职工143人。县港航管理处加挂彭水苗族土家族自治县地方海事处、彭水苗族土家族自治县船舶检验处牌子，位于彭水自治县汉葭街道文庙社区48号（县交委办公楼5、6楼），设6个内设机构：综合科、港航管理科、海事监督科（挂安全科牌子）、运政管理科、船舶检验科、政策法规科。核定事业编制33名，在职职工26人。县路政管理大队位于彭水自治县汉葭街道文庙社区48号（县交委办公楼7楼），设5个内设机构：综合科、路政管理科、政策法规科、路政一中队、路政二中队。核定事业编制30名，在职职工25人。县道路运输管理所位于彭水自治县汉葭街道文庙社区48号（县交委办公楼4、5楼），设5个内设机构：综合科、运政管理科、安全运输科、汽车维修管理和车辆技术管理科、政策法规科。核定事业编制30名，在职职工25人。县交通工程质量安全监督局位于彭水自治县汉葭街道文庙社区48号（县交委办公楼3楼）。核定事业编制13名，在职职工11人。县交通信息中心位于彭水自治县汉葭街道文庙社区48号（县交委办公楼10楼）。核定事业编制4名，在职职工4人。

【交通现状】　全县拥有铁路里程68.00千米（渝怀铁路），在建67.00千米（渝怀铁路二线），公路里程5574.95千米。按行政等级分：高速公路65.00千米（渝湘高速），在建高速17.00千米（黔石高速），国道183.98千米，省道502.63千米，县道204.81千米，乡道381.48千米，村道4237.05千米；按技术等级分：一级路（高速公路）65.00千米，二级路175.21千米，三级路113.21千米，四级路3876.99千米，等外级公路1344.54千米。乡镇通畅率、行政村通畅率、撤并村通达率、小组通达率均为100%，公路路网密度以国土面积计算为142.83千米/百平方千米，以人口数量计算为81.98千米/万人；水路里程288.00千米。

【交通固定资产投资】　全年累计完成交通固定资产投资44亿元，同比增长25.7%。

【交通重点项目】　编制完成《彭水自治县综合交通运输“十三五”发展规划》及系列子规划。争取市交委补助资金2.80亿元，为全县交通发展提供有力保障。县城至阿依河旅游公路、彭石公路升级改造工程、郁山旅游公路建设完工，完工沙沱换乘枢纽主体工程；彭丰二级公路一标段路基工程完工，二标段开展路基工程施工；水泥厂至九黎城滨江路、鹿角乌江大桥、朱家嘴大桥、乌江四桥复线桥、鹿角乌江大桥开工建设。

渝怀高铁经重庆市、贵州省、湖南省，线路

起于重庆市境内重庆站，经重庆东、南川、武隆、彭水、黔江、酉阳、秀山、松桃，止于湖南省凤凰县境内拟建的张吉怀铁路凤凰站。线路正线长度468.50千米。其中，重庆市境内403.60千米，贵州省境内31.30千米，湖南省境内33.60千米。全线总投资836.90亿元，重庆境内投资720.20亿元。2016年已完成预可研编制。

彭西高速路线主要控制点为起点G65高速公路、靛水、新田、周家寨、龚滩、丁市、终点酉沿高速公路。路线全长约108.00千米，路基宽25.50米，双向四车道，估算总投资约180亿元，工期4年，预计2020年6月建成通车。2016年已完成可研编制。

渝怀铁路勘界的土地全部调查完毕，征收红线内集体土地503.09亩，完成任务100%，清理坟墓164座，兑现土地"两费"及坟墓补偿564.18万元；勘丈房屋面积94523.23平方米，已签订协议366户，签协议面积78084.37平方米，按面积计算已完成82.61%，兑现房屋补偿款9572.22万元，已拆除房屋173栋；征收临时用地670.10亩，兑现青苗补偿费207.83万元，征收临时用地上的房屋2104.67平方米，兑现补偿金额150.10万元。共计兑付征地拆迁费用10673.64万元。地方配套的站前广场及设施工程项目初设方案已经县规委会通过，正在进行施工设计，完成用地勘界和实物调查工作，拆迁房屋协议签订79.78%，已支付土地房屋征拆资金755.80万元。

黔石高速公路（彭水段）项目建设，按照勘界红线内完成征地908.49亩，占计划量的100%；红线内房屋全部丈量完毕，面积29612.51平方米，采取集中和入户的方式与农户签订房屋拆迁协议；完成临时用地勘界222.80亩，已调查分户213.08亩，已启动土地报批工作。

【交通脱贫攻坚】 在已实现的4个100%的基础上（即：建制村100%实现通畅、撤并村100%实现通达、村民小组100%通路、2015年脱贫的村100%开通农客），继续与各乡镇（街道）对接，全面摸清交通扶贫底细。2016年，下达通畅公路建设计划1001.00千米、通达公路及公路维修整治计划1007.00千米，实际完工村通畅400.00千米、村通达600.00千米，公路维修整治全部完成，安装波形护栏200.00千米，60个脱贫村全部通客运。基本破解全县交通制约瓶颈，解决"八难"中的出行难问题，有效改善农村交通条件。截至2016年，帮助8万余人摘掉"穷帽子"。

【交通运输工作】 全年完成客运量844.00万人，旅客周转量51036.00万人千米，货运量251.00万吨，货运周转量26156.00万吨千米。积极应对"网约车"合法化对运输市场的冲击，整顿出租车行业的运行秩序，确保运输市场和社会层面的稳定。新开行农村客运线路3条，投放客车4辆，实现5个行政村通行客车的工作目标（超额完成市交委下达的4个行政村的通客车任务）。兑现落实全县428辆（其中农村客运车辆354辆、公交车74辆）客车的燃油补贴资金共935.00万元。政府投入120.83万元为农村客运车辆购买农村客运保险。

【农村客运】 全县共有农村客运线路107条，客运车辆347辆；客座位5376座。其中：县城至乡镇共有线路42条，客运车辆167辆，客座位3083座；县城至行政村共有线路26条，客运车辆63辆，客座位867座；乡镇至乡镇共有线路16条，客运车辆57辆，客座位522座；乡镇至行政村共有线路17条，客运车辆45辆，客座位550座；行政村至行政村共有线路6条，客运车辆15辆，客座位354座。形成以县城至乡镇，乡镇至乡镇和乡镇至行政村的运输网络，方便农村居民的出行。全县296个村（社区）中已通客车279个。

【城市公交改革】 为不断优化城市公共交通环境，给市民提供方便快捷、安全舒适的城市公交。

经提交县委、县政府常务会议研究同意，对全县城区18条公交线路共57台公交车实施改革，实现所有公交车由国有客运公司经营的目标，督促公司及所属驾乘人员认真履行法定公益义务，全面落实70周岁以上老人免费乘坐公交车政策和其他乘车优惠政策，加大公交车违法违章行为的查处力度，促进公交车运行稳定、规范、有序。截至2016年12月，全县公交线路已增至23条，投入运行车辆85辆4259客座位，设有调度亭2个，停靠站点106个；拥有出租车223台。

【水运建设】　全县现有水路288.00千米，乌江五级航道67.00千米，郁江107.00千米，普子河17.00千米，芙蓉江26.00千米，诸佛江60.00千米，木棕河11.00千米。重点抓好专项整治和各季节性水上交通安全专项整治，实施生命安全保障工程，为全县每艘自用船免费配发救生衣2件；组成调研组专程前往黔江、酉阳、秀山等区县，行程800余千米，对各河流汛期应急救援点的确定进行了现场查勘，落实10个救援切入点，并制订各个救援点的应急路线和应急措施，为汛期水上交通应急救援工作打好基础；完成万足海事码头竣工验收，建成县城（四楞碑）水上应急救援基地，为乌江彭水电站以下银盘电站库区水域应急救援工作夯实基础。全县形成以港航管理处为中心，以基地为支撑，4个站为前沿（县城站、万足站、保家站、连湖站）的水上交通安全网格化管理模式。

【公路管护养护】　实行养护承包制，落实乡镇（街道）对农村公路管养的主体责任。对全县4000多千米农村公路实行政府买保险政策。扎实开展“道路清洁工程”和“农村公路养护年”活动。全年机械设备清扫桥梁21056.00米、清扫隧道73802.00米，清理油污路面8500.00米。全年养护巡查1100人次，安全隐患排查133人次，巡查里程达9803.00千米。完成路面灌缝9225.00米、挡墙修复28处2078.53立方米、路面龟裂处治8376.00平方米、路面坑槽修复9303.00平方米、路基沉陷整治2802.00平方米、标线补画304.00平方米、防滑治理1793.00米，行道树粉刷184.00千米。完成国、省道32座6400.00米桥梁栏杆涂装工作。修复桥梁栏杆202.00延米、修复隧道人行道板68.00延米、修复桥面破损60余平方、更换伸缩缝66.00米。落实了大中修制度，投入资金690余万元，完成危桥、岩脚隧道、公路路基边坡垮塌桩板墙、道班房等维修整治。

【道路应急抢修】　积极开展防灾减灾工作，加强水毁抢修，全年清除水毁塌方28000余立方米，应急抢险53次，夜间抢险13次，处理隧道油污8次，应急抢险出动车辆及设备143车次，出动人员388人次，保障公路畅通。开展农村公路养护监管巡查648人次，组织清理各类坍方51228.60立方米，修复水毁路面1133.33平方米、沥青和水泥路面1448.53立方米、路基缺口7855.07立方米、路肩38.18立方米、排水沟442.56立方米，开挖路基30.00立方米，整治涵洞3道、桥梁2座，排查处置安全隐患229处。

【行政执法】　开展执法人员的法律知识培训，加大公路红线控制区内违法建筑修建打击力度。聘请公路沿线各乡镇、街道社区居委会负责人为路政协管员，坚决制止乱修乱建和乱堆乱放行为，实行了中队片区责任制管理。办理行政许可案件22件，查处路政案件26件，拆除违法建筑2处，清理公路乱堆乱占共765处、4560.00立方米，恢复公路护栏3298.50米，上路巡查2799人次，出动车辆732次，查处案件率全部结案。检查道路运输企业500余家次、客货车辆12000台次，查处纠正违法违章行为为895项次，查扣非法营运车辆73台。加大驾培市场和维修市场的规范管理力度，督促指导驾校实行“先学后付”模式培训学员。

清理规范交通行业行政权力项目事项189项，

全面完成网审平台网络接入工作，对51项行政审批项目（港航处27项、运管所9项、路政大队12项、计划科2项、工程科1项）进行核对清理并进行网上行政审批业务。

严格落实领导干部接访群众制度，接访群众300余人次，接访事项102件次，100%进行回复，群众满意度达100%。全年收到并受理信访案件83件，全部办结。

【安全管理】 全面落实“党政同责、一岗双责”实施办法，开展道路运输安全、水上交通安全、公路畅通、交通在建工程等四个专项整治活动，全年排查并整治安全隐患501处。对G319线、S202线、S209线、彭务公路以及农村公路重点地灾隐患进行集中整治，消除安全隐患114处，累计投入建设资金约1000余万元。交通安全态势总体稳定，实现全年无交通运输安全责任事故和水上交通安全死亡人数“零”目标。

开展行业安全整治，筑牢安全基础。全年共排查和治理公路安全隐患186处，其中清理悬石6处计1450.00立方米，波形护栏补缺安装26800.00米，安装安全防撞墩42个，处理枯萎行道树83根，清理路障106处，处治路面坑凼1560.00平方米，查处运输管理一般安全隐患102项，检查桥梁、隧道2600余座次，完成6座危桥和3座危隧整治。检验船舶34艘次，839.00总吨，1687.80千瓦，555客位。圆满完成中国乌江苗族踩花山节、蚩尤祭祀大典、九黎庙会、2016年渝东南生态民族旅游文化节及节假日安全运送旅客任务和“水上摩托艇大赛”“端午龙舟赛”等水上安保工作任务。

【交通质监】 共发出通知46份，共计排查重大安全隐患3处，整改3处；一般安全隐患43处，整改43处，行政处罚5次。深入开展“两防”专项行动检查共出动车辆10车次，出动人员30人次，深入施工现场进行两防安全隐患排查，共排查安全隐患6处，整改6处，查处违章行为15次，纠正15次。

信息业

邮　政

【概况】 中国邮政集团公司重庆市彭水自治县分公司位于县汉葭街道绸缎街35号，现有从业人员188人，内设机构为三部一室（综合办、市场部、渠道运营部、金融部）经营范围、函件、集邮、包裹、报刊及各类邮政代理业务。

【经济效益体系】 2016年，全分公司员工面对复杂多变的内外部形势和激烈的市场竞争，上下同心，按照上级战略部署，内掘潜力，外拓空间，扎实推进企业发展，不断增强管控能力，促进企业提质增效，较好地完成全年主要工作目标，实现“十三五”的良好开局，2016年，累计完成业务收入4904.73万元，完成市分公司目标（4436万元）的110.57%，完成片区分公司目标（4494万元）的109.14%。同比增长970.27万元，同比增幅达24.66%，高于全市增幅3.02个百分点，高于片区增幅4.41个百分点，片区内进度排名第一，增幅排名第一。

【安全生产】 安全生产和风险防控持续强化。严格落实安全责任制，高度重视安全防范和教育工作，强化邮件、资金、信息网、车辆、枪弹和员工等安全管理，切实做好安全生产各项制度的落实和检查工作，加强对经济护卫队素质提升，对枪支使用要领、警戒动作规范等进行培训，进一步提高经济护卫队的专业技能和战斗力。全年无安全责任事故发生。

【通信能力建设】 全年建设项目8个：网点装修改造项目黄家支局，已建成投入使用；九黎城、乌江画廊主题邮局装修完工并投入使用；共计建设完成电商运营中心1个、电商仓配中心1个、电商体验中心1个、电商网点38个；全年新增ATM机3台、大堂式ATM机3台；更换ATM机4台；持续优化投递网络建设，逐步增强终端服务能力，新安装智能包裹柜8台，累计完成15台，自提点建设完成5个；建成户外媒体广告1处，新增邮运车辆1辆。新城局房建设已完成选地、用地审核、环境评估、土地勘测定界等环节，力争在2017年主体建设完工。

电　信

【服务水平提升】 夯实基础管理工作，以网络资源管理为抓手，推进精确化管理，努力实现日常管理规范化；加强专业部门管理，提升分公司的执行能力，为服务客户提供精细化的服务载体。以大服务理念统筹服务工作，将客户感知、客户体验作为服务工作的出发点和落脚点，以客户需求为目标，以客户满意为标准，统筹服务工作，广泛听取社会各界的评价，提升服务水平。

【服务地方】 加大工作力度，加强工程管理，加快4G基站、光纤到户工程等通信网络建设进度，保证用户高速宽带的全县覆盖。推进党政网电路、阳光政务平台、农村信息田园、iTV信息化社区和信息化学校等工程建设。支持地方重点工作建设，搞好通信设施的迁复建，继续推进乡村旅游网络建设。搞好节日和重大活动通信保障。

【规范工作】 完善专业管理相关的流程、制度，赋予支局落地执行的权利，并在执行过程中负责支撑、检查等工作。充分赋予专业部门员工的办事能力，专业部门的绩效考核与对支局的支撑服务能力直接相关。规范工作流程，推进生产经营工作的制度化、规范化、法制化和信息化，提升管理水平。

移 动

【概况】 中国移动通信集团重庆有限公司彭水分公司（简称彭水移动）内设综合/党群纪检部、建设维护部、市场部、集团客户部四个职能部门，在汉葭街道设有自营厅1个，全县其他营业厅共计120余个，覆盖全县所有乡镇。分公司现有员工106人，其中在岗党员21人，占比19.8%。平均年龄34岁，员工队伍相对较年轻化。本科65人，员工本科及以上文凭占比为61.32%，整体文化素质较高。

【网络建设】 2016年，彭水移动坚持以“一G两线”的“一G”为宗旨，以大投快建为第一抓手，以严控质量严管安全严肃廉洁为首要准则，圆满完成彭水境内城区、乡镇全覆盖，共计覆盖241个行政村，推进彭水分公司4G市场的全面发展，为彭水民用通信事业做出重大的贡献。全年新建4G基站535个。彭水移动拥有4G基站共有911个，2275个小区，驻地网新建2.5万线，专线新建161条，共计1561条。拥有驻地网户线资源7.5万线，资源利用率达到29.5%。

【经营策略】 2016年，彭水移动秉承坚持发展与管理并重，抓管理、强制度、促生产，积极响应政府号召，不断完善全县网络基础建设、4G建设、信息化建设，在重大活动及自然灾害的通信保障等工作上，也切实做到认真负责，深入基层，狠抓落实，取得突出贡献，得到县委、县政府的一致认可，被当地政府评为“先进单位”“值得信赖企业”等。

市场拓展：加快4G发展，强化领先优势；提升两个份额，拓展增收空间；提升营销、网络IT能力，强化运营支撑保障；增强协同管理水平，推进低成本高效运营；营造良好的内外环境，确保企业健康发展。

质量提升：彭水移动秉承“网络质量是通信企业生命线”的理念，与时俱进、开拓创新，持续保持4G网络的领先优势，持续深化集中化运维体制改革，持续完善基于客户感知的端到端业务质量保障机制，着力构建内容网络运营体系，着力构建有线宽带维护支撑体系，确保网络整体竞争优势。

【经营业绩】 2016年，彭水移动通信服务用户持续保持在31万户左右，全县移动用户普及率61.28%，其中，4G用户到达16万户，移动用户市场份额73.8%，全年通信服务收入2.1亿元，保持行业领先地位。

对外开放

对外贸易

2016 年，全年实现外贸进出口总额 1830 万美元，同比增长 18%；利用外资项目 2 个，实际利用外资 107 万美元，同比增长 7%；实现服务外包 160 万美元，同比增长 22%。

经济合作

【概况】 彭水苗族土家族自治县投资促进服务中心位于彭水自治县汉葭街道办事处北门街 33 号（县人民政府办公大楼 7 楼）。核定编制 11 名，领导职数设主任 1 名，副主任 3 名，纪检组长按规定配备。2016 年，领导职数为 5 人（主任 1 名，副主任 3 名，纪检组长 1 名），内设机构领导职数设科长（主任）3 名；在编职工共 11 名，内设办公室、招商一科、招商二科三个职能科室；主要负责统筹、协调、指导全县招商引资工作。

【招商引资】 2016 年，共策划包装项目 113 个，完成全年目标任务的 113%；达成签约和投资意向项目 56 个，完成目标任务的 112 %；落地项目 34 个，完成目标任务的 113%；全年实际利用内资 481800. 55 万元，同比增长 20. 2%。

招商项目策划。已有 113 个项目入库。宣传推介，牵头参加重庆第五届房博会，广泛推介彭水旅游产业和新城地产；参加成都糖酒博览会，考察近 10 家食品生产企业，推介彭水地方特产；建立短信微信平台，拓宽招商信息发布渠道和客商联络渠道。积极拓宽招商渠道。着力推进驻外招商联络处筹建工作，北京、上海、广东和福建 4 个联络处组建完成并正式开展工作；建立近 100 家大中型企业、700 余名企业家的客商资源库并定期联络。实施“走出去，引进来”招商战略。组团参加韩国首尔国际食品展览会；先后赴广州、东莞、成都和上海等地开展“点对点”招商活动；赴湖北省来凤考察并引进凤头姜系列食品加工项目入驻园区；中铁、中建、中环、天怡等 10 余家大型企业来彭就彭西高速、新城基础设施建设项目等进行实地考察和深入洽谈，其中天怡和中环达成战略合作框架协议；韩国新泉产业园区会长罗汉洙一行应邀到彭水对农业项目进行考察，就紫苏叶销售和优质蔬菜种植达成初步合作协议；新加坡客商来彭考察，就紫苏油研发、生产及销售项目达成合作协议；上海雄九集团与纯真农业公司就薯类产业深加工项目达成合作协议。组团参加第 19 届“中国（重庆）国际投资暨全球采购会”和“中国国际投资贸易洽谈会”。彭水自治县申报的市级重点项目红星美凯龙家居购物中心以及紫苏产品研发生产和销售、凤头姜系列食品深加工、阿依林海和诸佛乡现代农业等 4 个区县项目正式签约，总投资超 10 亿元。接待客商 200 余批次 1200 余人到彭水实地考察，广泛宣传彭水，提高对外知名度和影响力。

【政策招商】 9 月 9 日，证监会发布《关于发挥资本市场作用服务国家脱贫攻坚战略的意见》（证监会公告〔2016〕19 号，以下简称《意见》），这是证监会党委落实《中共中央国务院关于打赢脱贫攻坚战的决定》（中发〔2015〕34 号）和中央扶贫开发工作会议精神的重要举措。县投资促进服务中心抢抓机遇，主动出击，多管齐下，卓有成效。截至12月底，上海红星美凯龙家居集团旗下的重庆红星美凯龙企业发展有限公司、重庆红星美凯龙影业发展有限公司、重庆爱琴海购物广场商业管理有限公司等3家企业以及麻辣大哥（重庆）有限公司、重庆威康思雄贸易公司已经注册彭水；重庆远秋科技有限公司、重庆万事兴汽车服务有限公司等企业已在开展注册前期工作。

【投资服务】 整合行政资源，由县领导牵头，落实牵头部门和责任单位对2014年新签招商项目从签约、选址、工商注册，直至投产、后续服务实行“一包到底”；按意向促正式，正式促落地，落地促投产的原则，分别落实责任单位、责任领导和责任人，实行全程跟踪服务；对部分重大项目，分别组建工作专班，力促项目落地；定期不定期召开协调会、座谈会、现场办公会，衔接相关部门协调解决游乐园、大理石加工、农业产业等多个项目施工难、融资难、审批慢等问题。

旅　游

【概况】 彭水苗族土家族自治县旅游局位于彭水绍庆街道两江桥行政综合楼，成立于2000年，彭水苗族土家族自治县旅游景区管理委员会成立于2012年，与县旅游局合署办公。旅游局核定行政编制9名，机关工勤编制1名；县旅游局领导职数设局长1名、副局长2名；内设3个行政科室，内设机构领导职数3名。设旅游综合执法大队、旅游服务中心2个副科级一类事业单位，县旅游局现有工作人员39名。

【产业发展】 2016年，县委、县政府高度重视旅游产业发展，围绕“五化”统筹推进，“三区”协调发展战略，着力推进旅游产业化，以推进旅游供给侧结构性改革和发展全域旅游为契机，突出“民族、生态、文化”特色，实施“旅游+”战略，抓项目促进产品开发、抓品牌促进形象提升、抓营销促进市场拓展、抓监管促进环境改善，全县旅游经济呈现持续健康发展良好态势。2016年，全县完成涉旅投资43.14亿元，同比增长67.2%；累计接待游客1718万人次，同比增长35%，其中过夜游客300万人次，旅游景区接待游客265万人次，旅行社组团游客29.2万人次；旅游综合收入74.8亿元，同比增长42%。

【旅游产品】 2016年，全县旅游品牌建设工作成效显著，取得突破性进展。蚩尤九黎城成功创建国家AAAA级旅游景区；阿依河顺利通过国家AAAAA级旅游景区景观质量评审，正式进入国家盘子，列为创建国家AAAAA级旅游景区预备名单；摩围山、乌江画廊创建国家AAAA级旅游景区，鞍子苗寨、平安花海、兴隆苗寨创建国家AAA级旅游景区有序推进。彭水自治县入选重庆市第一批市级全域旅游示范县创建名单，阿依河景区获“中国最美自驾游目的地”“2016重庆十大人气景区”称号，被评为市级平安示范景区，摩围山景区获得“中国森林氧吧”“环渝地区最受网友欢迎自驾游目的地”称号，阿依河、摩围山景区均获评“全国十佳文化生态景区”“全国生态文明景区”称号，两江假日酒店被授予“四叶级绿色饭店”称号。

【旅游行业管理】 2016年，全县旅游行业管理安全有序，游客满意度逐步提升。整顿和规范旅游市场。全面贯彻落实《旅游法》《彭水苗族土家族自治县旅游条例》，持续加强旅游市场监管，依法规范旅游经营者和旅游者的行为，开展文明旅游引导，全县旅游环境不断改善，景区实现和谐有序、文明健康发展。抓好旅游安全生产工作。加强旅游安全日常监督检查，落实企业安全主体责任，开展旅游行业安全大检查、从业人员安全培训，组织森林防火、水上交通等旅游安全应急演练，全年无安全事故发生。提升旅游行业素质。

推进精细化管理，强化服务技能提升，全年累计培训旅游从业人员500余人次，提高旅游行业服务质量和服务水平，树立旅游行业的良好形象。

财　税

财　政

【概况】 彭水苗族土家族自治县财政局位于彭水汉葭街道鼓楼社区绸缎街新世纪4楼，内设办公室、预算科（加挂“彭水自治县政府债务管理办公室、基层财政科”牌子）、国库科、行财科、经建科、农业科（加挂“彭水自治县农村综合改革领导小组办公室”牌子）、社保科、监督检查科（加挂“会计科”牌子）、综合科（加挂“企业科”牌子）、采购科（加挂“行政事业单位国有资产管理科、彭水自治县罚没财物管理办公室”牌子）等10个科室，下设国库支付中心、投资评审中心、金融发展中心等3个局属单位。核定行政编制27名、事业编制73名（其中参照公务员管理53名）、工勤编制3名，在岗职工86名。

【预算执行】 2016年，面对复杂严峻的经济形势，全县财政部门认真贯彻落实中央、市、县决策部署，牢牢把握稳中求进主基调，实施积极的财政政策，充分发挥财政职能作用，有力推动全县经济社会持续健康发展。2016年，全县辖区财政收入350741万元，增长16.0%。全县地方财政收入289728万元，增长14.5%。其中：一般公共预算收入139358万元，增长11.8%，同口径增长16.2%；政府性基金预算收入142364万元，增长14.1%；国有资本经营预算收入8006万元，增长128.7%。一般公共预算收入中，税收收入82500万元，下降0.1%，同口径增长6.2%；非税收入56858万元，增长35%。全县本级财政支出687729万元，增长16.2%。其中：一般公共预算支出519981万元，增长14.3%；基金预算支出160860万元，增长20.4%；国有资本经营预算支出6888万元，增长117%。

【市级补助】 加强政策对接衔接，注重主动汇报申报，积极争取上级财政转移支付政策，加强财力统筹平衡，提升财政保障能力。全年争取到位市级补助资金371178万元、增长7.4%，争取到位政府债券资金139000万元、增长26.4%。

【基础设施及配套项目财政投入】 充分发挥财政推动经济的积极作用，认真落实积极财政政策，加大财政投入，促进经济平稳较快发展。筹措资金77591万元，支持通达公路、安装波形护栏等交通项目建设，城镇污水管网、城乡市政基础设施、农村环境连片整治、垃圾收运系统等项目建设，以及新城基础设施、体育中心等重点项目建设；安排奖补资金10400万元，支持煤炭行业化解过剩产能；投入资金6500万元用于旅游产业发展等项目；安排商务发展资金1850万元，支持会展经济、电子商务等发展。

【民生财政投入】 调整优化支出结构，加大社会事业投入，着力保障和改善民生，财政累计投入民生领域资金327600万元，占一般公共预算支出的63%。加大教育投入。实现教育支出118038万元，大力支持彭水三小、彭水四小、长滩小学等综合楼改扩建项目，全面促进教育资源均衡发展，扎实推进农村薄弱学校改造和义务教育阶段营养改善计划。加大社会保障投入。实现社会保障与就业支出53725万元，用于全面落实城乡低保等政策，健全完善医疗保障、救助、补助等新型保障制度，大力支持创业就业。加大医疗卫生投入。实现医疗卫生支出52464万元，强化社区公共卫生服务功能，深入推进基层医疗机构基本药物制度改革，促进基本公共服务均等化等。加大文化事业投入。实现文化体育与传媒支出5725万元，稳步推进基层文化、体育基础设施建设，支持体育赛事、旅游活动开展，促进公益文体事业健康发展。加大公共安全投入。完成公共安全支出24837万元，全面落实信访维稳、村（居）运行保障和网格化管理、专职巡逻队等社会化管理服务经费，确保社会和谐稳定。加大农林水投入。完成农林水事务支出108591万元，全面落实强农惠农政策，加大农村基础设施建设、农田水利投入力度，扶持特色农业做大做强，促进农民增产增收。加大精准脱贫投入。累计拨付资金66120万元专项用于115个贫困村建设，推进整村脱贫。注重发挥金融扶贫职能，发放金穗惠农精准扶贫贷款14175户70752万元，发放“三权”抵押融资贷款3094笔30000万元。

【财政改革】 预算体制改革。严格执行《预算法》，完善预算编制体系，细化预算编制内容，切实减少财政代编，着力提高部门预算年初到位率；实行财税收入预期管理；树立绩效预算理念，探索财政资金使用绩效与预算安排挂钩；强化预算执行管理，大力压减预算追加，预算约束力不断增强；制定乡镇分税制财政体制方案。推进预、决算公开。加大财政预、决算信息公开力度，除涉密部门和资金外，部门预决算和“三公”经费决算公开范围扩大到63个，实现部门全覆盖。推进国库集中支付和税收制度改革。全面实施非税收入电子改革，推进“营改增”等税制改革，不断完善税收征管机制，推广多种申报纳税方式，推行财税库银横向联网缴税和POS机划卡缴税，切实提高办事效率、服务能力。严格债务风险管控。贯彻落实《国务院关于加强地方政府性债务管理意见》（国发〔2014〕43号）等规定，强化政府债务管控，严格债务限额管理，全年新增政府债券31000万元，置换存量政府债务108000万元，偿还其他政府性债务15000万元，年末政府债务余额347577万元，继续保持绿色可控。

【财政监管】 注重盘活财政存量，强化专项资金整合，累计消化财政结转结余存量资金13000万元。积极开展财政绩效评价，累计评价重点项目9个。注重政府采购结果导向，推进政府采购信息公开，创新监管方式，引导政府采购市场有序竞争，实现政府采购支出11300万元，节约率达9.6%。扩大财政投资评审范围，累计完成评审项目97个，审减金额6600万元，综合审减率10%。注重审计结果运用，狠抓财政监督检查，查堵管理漏洞，加强业务指导，开展18个乡镇（街道）、20个县级部门财务专项检查，清理违规发放公休补贴和生育津贴，切实提高财政财务管理水平。

国家税收

【经济概况】 2016年，彭水苗族土家族自治县（以下简称彭水县）完成地区生产总值128.69亿元，同比增长10.3%，三次产业结构为19.6:41.4:39.0；规模以上工业增加值28.30亿元，同比增长13.8%；完成固定资产投资179.87亿元，同比增长18.4%；实现社会消费品零售总额59.37亿元，同比增长14.3%；财政总收入35.07亿元，同比增长16.0%，其中税收收入8.25亿元，同比下降0.1%；年末全县金融机构各项存款余额182.71亿元，贷款余额165.82亿元。

【地方政府支持国税工作】 2016年，县领导多次到县国税局调研指导，充分肯定国税部门在“营改增”试点改革、深化国税地税征管体制改革等各项工作中取得的成绩，研究解决国税部门经费、税收综合改革、组织收入等工作中遇到的困难。

【税收收入情况】 2016年，县国税局组织入库税收收入7.21亿元，同比增收1.79亿元，增长32.9%，超额完成重庆市国税局和彭水自治县政府年度收入目标任务，收入总额列全市第31位，渝东南第3位，增速快于全市平均增速7.2个百分点。分税种看，国内增值税4.21亿元，比去年同期增收13234.3万元，增长45.8%；国内消费税4445.4万元，同比增收1204.2万元，增长37.15%；企业所得税2.06亿元，同比增收3410.6万元，增长19.88%；车辆购置税4995万元，比同期增收25万元，增长0.5%。

【税收法治】 组织全局职工参加全县法治理论知识考试，切实增强干部职工法治观念，提升运用法治思维和法律手段解决税收执法问题的能力和水平。

【税收政策落实】 2016年，县国税局严格按照应收尽收、应退尽退、应抵尽抵的要求，认真落实小微企业、西部大开发等税收优惠政策，享受小微企业优惠政策实际受惠面达100%，有18户企业享受西部大开发政策，减免税额8164万元，完成汇算清缴结算退税、政策性退税2648万元，通过留抵、多缴税额抵欠197万元。“营改增”工作井然有序，成立由主要领导任组长的“营改增”工作领导小组，下设核心业务、技术支持、宣传报道、后勤保障工作组，顺利完成数据清理、税户迁移、发票开具、申报征收、监控分析等系列工作任务，全年实现入库四大行业“营改增”税款10057万元，与“营改增”初期预测的10000万元基本吻合。

【税种管理】 及时将符合条件的“营改增”试点纳税人登记为一般纳税人并纳入增值税发票新系统，全年纳入升级系统的纳税人达838户，其中增值税一般纳税人354户、小规模纳税人484户；完成企业所得税汇算1002户，同比增长20.5%，汇算面达99.8%；对所得税零申报企业、连续3年亏损企业、减免税优惠等重点风险事项全面核查，共计核查529户企业，调增应纳税所得额1188万元，补缴所得税55万元，滞纳金近2万元，全年共计入库企业所得税20566万元，同比增收3410万元，增长19.9%，成为年度税收的重要增长点。

【纳税服务】 召开8次专题会议，研究落实《纳税服务规范2.2版》，及时跟踪反馈推行情况，确保取得实效。完善国地税共建办税服务厅，全面实现“一窗全办”的国地税联合办税新模式，确保国地税费的及时足额征收，全年累计征收地方税费450余万元。“营改增”后联合办税大厅新办税务登记1960户，个体户374户，单位纳税人1554户，外埠纳税人报验登记635户。扎实推进纳税人满意度调查工作，将31项调查指标落实到具体责任人，切实加强组织领导和跟踪督办。围绕“聚焦营改增试点，助力供给侧改革”主题，开展税企恳谈会、“营改增”纳税人专项培训等税收宣传活动，与县地税局联合建立“彭水税务”微信公众号，及时推送30余条税收政策信息，强化税收宣传效应。

【税收征管】 注重专业化团队管理、数据质量和税收情报管理，加大风险防控力度，累计清理欠税垃圾信息、疑点数据信息、“营改增”迁移信息等各类垃圾数据3万余条；清理2013年至2015年车辆购置税疑点数据75条，按照要求设置9个出口退税管理岗位，及时开展已备案企业分类管理工作，深入出口退税企业进行“点对点”的税收政策辅导；成功代扣代缴境外企业在境内从事增值税应税服务增值税款近万元，成为“营改增”后首笔境外应税服务增值税项目。

【税务稽查】 开展药品与医疗器械、商业批发与零售、电信、交通运输等行业发票检查自查工作，查处企业6户，查处非法发票220份，涉及发票金额1408万元，罚款26万元。严格涉税举报案件管理，共受理涉税举报3件，立案检查1件，查结1件，接受协查3件，按期回复率达100%，根据受托发票线索立案检查1件，罚款23万元。

【信息化建设】 以全面“营改增”试点改革和金税三期优化版上线为突破口，做好增值税防伪税控设备发行和金税三期优化版上线前后各项技术保障工作，先后投入新计算机55台。

【财务管理】 强化预算管理，提高预算执行效率，严控“三公”支出，全年会议费、公务接待费较上年大幅下降。积极配合第三方审计公司做好新办公楼竣工财务审计，积极开展国税系统基本建设和财务事项自查自纠工作，稳步推进公务用车制度改革，全面完成单位公务卡清算、注销工作，优化资金管理，强化资金监管，进一步强化财务内控机制建设。

【执法督察与内部审计】 按照“权责一致、责任到人”的原则，共签订《税收执法责任书》65人次，促进税收执法行为规范化；认真开展税收执法督察，充分利用税收信息化平台做好检查前的案头分析，选准督察的重点和突破口，提高工作效能，将税收执法督察工作与其他税收工作有机结合，实现资源整合、成果共享，避免重复检查。对在主要领导离任审计、市局执法效能监察和税收执法督察中发现的4个问题，及时召开专题会议制定整改措施，对市局下发的50条税收执法疑点进行核查，核查率100%，均在规定期限内整改完毕。

【后勤管理】 全面“营改增”试点改革、金三期优化版上线等一系列急难险重的改革任务对资源的需求和消耗巨大，后勤工作面临严峻的考验，县国税局坚持厉行节俭的原则，保障攻坚部队不为“小事”分心，并经多方协调，安装专用变压器，保障用电安全，节能效率提升约60%。

【税收科研】 全年共组织调研文章17篇，其中2篇被《重庆税务》采用，撰写各类“营改增”分析35篇，其中《房地产开发行业“营改增”政策效应分析》《建筑业增值税管理难点及对策探析》被市局采用，前者被以市局名义上报总局。

地方税收

【概况】 2016年，彭水苗族土家族自治县地方税务局围绕重庆市地方税务局“1234”总体工作要求，着力抓收入、强管理、建队伍、优服务，切实发挥地税职能作用，顺利完成各项工作任务。现有内设职能科室7个：办公室、政策法规科、税政管理科、收入核算科、征收管理科、人事科、监察室；下设1个稽查局、2个城区税务所、3个乡镇税务所和1个办税服务厅。在册在编86人，其中公务员77人，工勤人员9人；退休人员30人；临聘人员7人。

【税费收入完成情况】 2016年，共组织税费收入115952万元，同比减少收入2923万元，下降2.46%，其中：税收收入完成66658万元，剔除“营改增”因素同口径增长13.25%；社保费完成435647万元，同比增长7.6%；工会经费完成172万元，同比下降22.87%。税收收入中：中央级完成9323万元，同比增加收入2272万元，增长32.23%；区县级完成57，329万元，同比减少收入9487万元，下降14.19%。

【税收收入特点及分析】 主要税种升降分呈。2016年，营业税完成14812万元，同比下降43.89%；企业所得税累计完成8474万元，同比增长28.43%；个人所得税累计完成5536万元，同比增长7.43%；房土两税大幅增长，分别完成2989万元、8643万元，分别增长40.79%、67.08%，共拉动税收收入增长6.5个百分点；耕占税累计完成6281万元，同比增长10.12%；契税累计完成5752万元，下降32.44%。行业贡献交替引领。2016年，建筑业完成15085万元，同比下降39.7%；房地产业税完成8393万元，同比下降43.72%；金融业完成3465万元，同比下降35.86%；电力、燃气及水的生产和供应业完成4806万元，增长163.63%；批发和零售业完成12591万元，增长40.745%；居民服务业完成12668万元，增长29.38%；公共管理和社会组织1174万元，增长68.92%，为行业税收多样化注入活力。国有投资公司税收增势强劲。2016年，缴纳税款21820万元，税收占比32.73%，剔除营业税后税收占比42.09%。一次性因素税收入库较大且占比高。2016年，一次性因素税收入库20236万元，同比增加1145万元，税收占比30.36%。纳税大户仍然发挥着主导作用。年纳税500万元以上的25户，入库税收42480万元，占比63.73%；年纳税1000万元以上的14户，入库税收35253万元，占比52.89%。

【税收法治】 规范重大案件审理，推行减免税集体审批管理制度，加大执法过错责任追究、税收违法案件处罚力度。不断深化行政审批，开展规范性文件清理，梳理出行政权力8大类84项，并取消的46项税务行政审批事项。与酉阳土家族苗族县地方税务局联合开展交叉执法督察，对督察查出的6项29条问题认真进行整改。

【税收政策落实】 严格执行各项税收优惠政策及社保费新政助推中央供给侧改革，切实减轻企业负担，着力推动企业发展，全年落实各项税收优惠政策4499万元，享受覆盖率达100%。

【税种管理】 建立税种管理台账，扎实开展“所得税挖潜增收专项行动”“欠税追缴专项行动”“土地增值税专项清算”和“房屋、土地税源专项清查”四个专项，2016年，汇算清缴企业288户，汇算应补缴企业所得税4463.95万元，年所得12万元以上个人申报790人，清理补缴税款17万元；追缴欠税8396万元；补缴房产税148.9万、土地使用税102.61万及滞纳金23万。

【税收征管】 开展征管税收大清理，对全县15764管户的基础数据进行核实，清理修改异常数据10424条。组建风险管理团队，统筹税收风控任务，实现扎口管理。2016年，应对风险任务188条，入库税款及滞纳金1700万元。加强纳税申报评估，全年催报808户，催缴53户；对3955户纳税人进行了纳税信用等级评定，对评定的8户A级纳税人重点纳税辅导，对517户D级纳税人加强监督管控。

【纳税服务】 与彭水苗族土家族自治县国家税务局联合共建办税服务厅，实现“一窗一人一机一系统一POS”的服务模式；推行“全市通办”、电子税务局、简并征期和减少资料报送，建立邮政战略合作机制和“二维码”一次性告知等制度，满足纳税方便快捷办税要求。2016年，电子税务局推广1761户，全县18个邮政网点委托代征税款77.8万元。加强纳税辅导，开展纳税人座谈会2次、满意度调查1次，有针对性采取改进服务措施。主动融入地方经济发展，落实一名局领导和37名党员干部参加对接帮扶，筹集资金和物品共计7万余元；撰写调研报告、列席政府常务会务和招商引资协调会，积极为地方经济社会发展建言献策。

【税收宣传】 以实施《深化国税、地税征管体制改革方案》为引领，紧紧围绕“服务改革 服务大局”主线和“诚信纳税 铸就发展”主题，加强与彭水电视台和彭水日报社深度合作，开展专题宣传报道。同时采取信息简报、12366 短信平台、展板、组织宣传队等形式进行宣传，扩大税收宣传覆盖面。2016 年，信息简报被市局和县级媒体采用 51 篇。

【社保及代征规费管理】 加强社保费政策宣传，提高缴费人缴费意识。强化部门协作沟通，定期开展联席会，全力配合扩面征收。健全社保费信息传递制度、重点费源动态监控制度、社保费收入分析制度、非正常户认定等制度，突出督查催报、定期开展欠费公告，切实提升征缴质效，征缴率达 99%。

【税务稽查】 以重点税源案为抓手，以查账软件为依托，强化稽查力度。2016 年立案查补入库 477 万元，是市局计划 430 万元的 111%，是去年同期的近 7 倍。成功查处县国税局成立以来最大的偷税案，查补入库 230 万元。

【行政后勤管理】 严格执行“三重一大”制度，完善议事决策规则。制定《机关内部管理办法》，对公文运行、会议召开、宣传报道、公务用车、安全稳定、应急处理等进行规范完善；以市局巡察工作为契机，着力劳动纪律、办公环境、纳税和执法服务等整改。加强平时考核和绩效考核的全程管理，强化政务督查，形成规范有序、运转高效的内部管理机制。2016 年，被市局评为“绩效管理标杆单位”。

【财务资产管理】 加强部门预算和决算，规范财务管理；修订《财务管理办法》，严格控制“三公”经费支出，全面落实中央八项规定、党政机关厉行节约反对浪费条例，完善公务接待制度；加强基建管理，开展超标办公用房整治；完善财务制度，加强财务监督，严防财务风险。

【干部人事管理】 深入开展“面向新征程、地税再创业”大讨论、大调研活动，鼓舞士气，提振精神。严格落实《干部任用条例》，推荐正科级领导 1 名，选拔年轻中层干部 5 名，推荐挂职副所长 2 名，开展 2 次轮岗交流，科所长岗位交流 16 人，一般干部轮岗 41 人，队伍活力得到增强。

【教育培训】 深入开展“岗位大练兵、业务大比武”活动，80 名干部分 2 批次赴重庆大学开展全员培训，17 名干部被市局确定为岗位能手。积极培养专业化人才，共有 2 人通过初级会计考试，1 人通过中级会计考试。

金 融

银行监管

【概况】 中国银行业监督管理委员会黔江监管分局彭水办事处位于县汉葭镇河堡街1号（农行彭水支行办公楼7楼），在岗职工2名，其中主任1名、副主任1名。主要负责对辖区内银行业金融机构的日常监督和管理工作，维护辖区银行业安全稳健运行。截至2016年，辖区内共有8家银行业金融机构，分别是农发行彭水支行、工行彭水支行、农行彭水支行、邮储银行彭水支行、重庆农村商业银行彭水支行、重庆银行彭水支行、三峡银行彭水支行、彭水民泰村镇银行。

【业务数据统计】 截至2016年12月31日，辖内8家银行业金融机构存款余额182.00亿元，较年初增长28.47%；贷款余额165.82亿元，较年初增长24.95%；存贷比为91.10%；不良贷款余额25716万元，不良率1.55%；总资产250.26亿元，全年利润19601万元。

【支持地方发展】 督导各银行机构以“三区协调发展、五化统筹推进”为引领，持续优化信贷结构。全年累计投放贷款109.7亿元，收回贷款76.67亿元，净投放33.03亿元。同时，继续推行小微企业“手牵手、一对一”帮扶机制，确保法人机构全面完成小微企业信贷目标任务。小微企业贷款余额78.72亿元，较年初增加3.51亿元，增长4.67%。

【“三农”服务】 继续深化“三农”金融服务，大力推进精准扶贫、精准脱贫。农行彭水支行发放“金穗惠农精准扶贫”贷款7亿多元，惠及建卡贫困户1.4万多户，并在全市率先推出金穗（烟叶）快农贷产品，以及金穗e融平台；农发行彭水支行发放涉农贷款12亿元；重庆银行彭水支行拟在3年内发放扶贫贷款30亿元；民泰村镇银行自主推出“精准扶贫贷”产品，执行基准利率下调10%～20%。辖内涉农贷款余额137.03亿元，在总贷款余额中占比达82.63%，较年初增加27.45亿元，增幅25.05%。

【不良贷款处置】 督促各行加大不良贷款监测、预警及催收。截至12月31日，辖内银行机构不良贷款余额25716万元，比年初减少15038万元；不良率1.55%，比年初下降1.52个百分点，顺利实现“双下降”。

【员工管理】 以“员工行为管理深化年”为契机，对银行内部员工行为开展巡查督导，重点检查银行工作人员“八小时以外”行为活动，排查有无参与民间借贷、洗钱、非法集资、泄露信息、私售飞单、资金“掮客”交易和“冲贷”等违法违规行为。召开辖区案防工作会议，组织签订案件防控暨安全保卫工作责任书。春节、国庆节等重要节日前，会同县公安部门召开辖内银行机构安保工作会议；对辖内银行机构开展节前安全检查和安全评估验收工作。

【监督检查】 履行法人机构属地监管职责。强化市场准入监管。对彭水民泰村镇银行绍庆支行营业场所进行现场审查，该支行已于11月17日开业。配合分局职能部门做好现场检查等工作。做好重点工作的提示跟踪和走访督导。

【宣传金融知识】 持续开展送金融知识进学校、进社区、进村镇等公众教育活动，结合重庆银监局“金融知识进万家”、县域“防非打非宣传月”及“消费者权益保护”等专项宣传活动提升公众金融知识和防诈骗能力。

人民银行

【存贷款规模】 2016 年，中国人民银行彭水自治县支行全辖各项存款余额 1827074 万元，比年初增加 401914 万元，增长 28.2%；各项贷款余额 1658211 万元，比年初增加 331153 万元，增长 24.95%。截至 12 月末，保险公司保费收入 38479 万元，比去年同期增加 8468 万元，同比增长 28.22%；保险赔付支出 10851 万元，比去年同期减少 340 万元，同比降低 3.03%。

【国库经理】 组织国库会计核算，及时准确办理预算收入的收纳、报解、支拨和退付，保证国家预算执行和财政资金高效运行。截至 2016 年 12 月 31 日，共计办理缴款书业务 157779 笔（其中 TIPS 业务 115117 笔），金额 385337.89 万元；预算拨款业务 32867 笔，金额 781776.03 万元；退库业务 187 笔，金额 3533.76 万元；更正业务 382 笔，金额 419784.98 万元；累计入库中央级收入 55945.92 万元，市级收入 5066.67 万元，县级收入 289727.78 万元。累计办理调拨收入入库金额 222930 万元，计付国库存款利息 151.16 万元。国库监督退回不合规缴款书 5 笔，金额 2420 万元；发现并纠正不合规拨款业务 4 笔，金额 2414 万元。持续把国债销售和国债下乡工作作为拓展农村地区居民投资渠道和金融扶贫工作的重要抓手来抓，在区县国债销售市场普遍低迷时期仍取得了显著成效。2016 年，共销售国债 4123.9 万元，其中乡镇销售 945 万元，占比 22.92%，其国债销售额和乡镇国债销售网点覆盖率居一区三县前列。

【发行基金】 2016 年，共计调拨发行基金 12 次，其中：调出金额 933085 仟元，调入金额 604800 仟元。累计办理出入库金额 5318942 仟元（其中办理出库金额 2725487 仟元，入库金额 2593455 仟元）；为商业银行办理出库金额 1792402 仟元，入库 1988655 仟元，发行基金投放与回笼相抵后，净回笼 196253 仟元。

【支付结算管理】 深化农村支付服务环境建设综合试点工作。督促重庆农商行彭水支行和邮政储蓄银行彭水支行大力推广手机银行，农行彭水支行大力开展集融通、融资、融智、融商为一体的“四融”平台建设，使广大农民“足不出村”就能够在家门口享受到银行提供的金融服务，预计年底将建成 100 个“四融”平台。推广“农村电商＋银行卡助农取款服务”融合发展模式。与淘宝、神州买卖提、邮政局等企业人员开展座谈，对农村电商服务点人员开展支付结算等金融知识培训，依托邮政局 58 个农村电商服务点开展助农取款服务。至 2016 年 11 月，已完成 22 个电商服务点与助农取款服务点的融合。推动建设农村金融综合服务站。与县金融发展中心联合发文，拟对全县 55 个贫困村建立农村金融综合服务站。第一批 3 家“农村金融综合服务站”分别在阿依河、新田乡团结村、大同镇太平村挂牌成立，为边远农村居民就近提供小额现金存取款、账户查询、汇款、刷卡消费等支付结算服务，进一步提升贫困农村地区基本金融服务整体水平及质量。依法履行账户管理行政许可职能，扎实做好账户管理的审批、备案等基础工作，促进金融机构公平竞争、合规化经营。2016 年，共计受理账户行政许可 2663 例，依法作出行政许可 2663 例，其中：共依法开立基本户 1215 户、临时户 21 户、预算类专户 27 户；变更 1080 户，撤销 320 户。推广非现金支付结算工具。促进金融 IC 卡在旅游、小区门禁等行业的应用。推动三峡银行电视银行、重庆农商行“互联网 +”手机扫码支付等新型支付方式发展。

工商银行

【概况】 中国工商银行股份有限公司彭水支行位于县汉葭街道文庙居委 202 号。2016 年 4 月 15 日内设机构由 1 部 1 室调整为 2 部 1 室，撤消原综合金融业务部，新设业务发展部、综合办公室，保留支行营业室；有物理网点 2 个，自助银行 4 个；2016 年末在册正式员工 40 人。

【主要业务指标】 2016 年年末，各项贷款余额 25. 17 亿元，比上年增长 1. 32 亿元，比同期增长 1. 32 亿元。其中公司贷款余额 18. 83 亿元，比年初增长 1. 32 亿元，个贷余额 6. 34 亿元，比年初增长 5. 5 万元。各项存款余额 9. 53 亿元，比年初增长 0. 64 亿元，日均余额 8. 44 亿元，比年初增长 0. 45 亿元，比同期增长 0. 59 亿元。其中储蓄存款余额 5. 78 亿元，比年初增长 1. 19 亿元，比同期增长 1. 19 亿元，日均余额 5. 32 亿元，比年初增长 0. 73 亿元，比同期增长 0. 85 亿元；公司存款（含保证金、同业）余额 1. 71 亿元，比年初和同期增长 0. 37 亿元，日均存款 1. 17 亿元，比同期减少 0. 17 亿元；机构存款余额 2. 04 亿元，比年初减少 0. 93 亿元，比同期减少 0. 93 亿元，日均余额比年初减少 1. 01 亿元，比同期减少 0. 15 亿元。

【业务发展】 储蓄存款增势良好。余额 5. 78 亿元，比年初增加 1. 19 亿元，比同期增加 1. 19 亿元；日均 5. 32 亿元，比年初增加 0. 73 亿元，比同期增加 0. 85 亿元。个金重点产品销售良好：基金销售 669. 33 万元、理财产品销售 1. 09 亿元、保险产品销售 2980. 8 万元，均比同期有较大增长。

农业发展银行

【概况】 中国农业发展银行彭水自治县支行位于彭水自治县绍庆街道河堡街 1 号。支行于 1996 年 12 月挂牌成立，由办公室、信贷业务部、会计结算部三个内设部门组成。现有在职员工 17 人，劳务派遣用工 4 人。主要职责是按照国家的法律、法规和方针、政策，承担国家规定的农业政策性金融业务（主要办理粮、棉、油收储、加工，农业和农村基础设施、水利设施建设等信贷业务），代理财政支农资金的拨付，为农业和农村经济发展服务。

【业务发展】 截至 2016 年 12 月 31 日，该行各项贷款余额 25. 88 亿元；各项存款余额 9. 91 亿元；实现利润 3963. 81 万元；不良贷款继续保持为零。贷款投放和信贷规模均创历史新高。全年累计投放贷款 12. 43 亿元，同比多投放 4. 76 亿元，增幅 62. 17%。年末各项贷款余额 25. 88 亿元，比年初增加 8. 99 亿元，增长 53. 22%，均超额完成全市“三个千亿”下达该行的目标任务，在全县金融行业中贷款净增处领先地位，自 2016 年 3 月获得县政府表彰的“2015 年度全县财税金融国资审计工作先进集体”称号以来，保持良好发展态势。同时，向 7 个重点建设项目投入农发基金 2. 72 亿元，农发基金余额 5. 03 亿元。年末存款余额、日均余额创历史最高。各项存款余额 9. 91 亿元（未含存入市分行 2900 万元保证金存款），较年初增加 5. 62 亿元，增长 131. 06%。存款日均余额比 2015 年增加 4. 85 亿元，增幅 249. 34%。中间业务稳健发展。全年实现中间业务收入 16. 93 万元。完成外汇国际业务 4. 62 万美元。

【重点业务】 该行围绕市分行“三个千亿”目标，抓住“贷款发展、存款组织、化险强基”三项百日行动和“国际业务”百日行动机遇，攻坚克难，砥砺奋进，不断加大对“三农”等重点领域和薄弱环节的支持力度。全年共获批项目5个，获批金额29.63亿元，完成全市“三个千亿”目标任务下达该行23亿元的128.83%。截至年末，已批待放贷款额20.88亿元。“三项百日行动”期间累计投放7笔计7.35亿元，完成投放任务2.7亿元的272.22%，投放额在全市分支行中排名第6位，投放笔数全市最多；并完成水利贷款和PSL贷款投放。“三项百日行动”期间获批项目2笔、金额16.134亿元，完成任务14亿元的115.24%。在做好县储粮库存监管和轮换工作的同时，全年重点支持堤防工程、农民集中安置房、人居环境改造、棚户区改造和易地扶贫搬迁等项目建设，向7个重点建设项目投入农发基金2.72亿元。通过这些项目的实施，得以有效促进当地农民增收致富，改善农民生活生产条件，推动当地经济发展。

【扶贫业务】 通过整合各方资源，把该行职能优势、资源优势用到精准帮扶上，截至年底，已获批32.63亿元，实现签约总额的40.8%。着重从四个方面抓好金融扶贫：一是整合物资捐助对口扶贫村达7.8万元；二是投放扶贫贷款突出支持县贫困地区扶贫开发与基础设施建设达25.83亿元；三是投放农发基金提供县域贫困地区重点建设项目资本金支持达5.03亿元；四是开展金融扶贫示范点创建工作。

【内控管理】 始终坚持全面内控管理，多措并举管控风险。全面开展风险排查、廉政风险防控及内部控制试评价工作。通过内控评价，肯定了全行内控机制健全。确保全年无重大安全责任事故和上访事件、经济刑事案件的发生。

邮储银行

【概况】 中国邮政储蓄银行彭水自治县支行位于县汉葭街道绸缎街3号。该支行于2008年1月9日正式挂牌成立，该支行由综合管理部、个人金融部、公司业务部3个部门组成。下辖十字街营业部和乌江港湾支行、车站支行两个二级支行。全行员工61人。该支行开办公司存贷款、供应链金融、现金管理、票据；个人零售类贷款、消费类贷款、小企业贷款；个人储蓄存款、中间业务等银行业务。

【业务发展】 2016年，完成收入4963.52万元，完成年预算进度的95.5%，欠预算进度绝对值234.11万元。个人业务完成收入1294.09万元，完成预算进度97.23%，欠预算进度绝对值36.91万元；信贷业务完成收入2255.68万元，完成预算进度78%，欠预算进度绝对值636.32万元。公司业务完成收入1448.98万元，完成预算进度绝对值148.61%，超预算进度482.75万元。

【案件防控】 截至2016年底，全辖无资金案件和重大资金安全事件发生。

【主题活动】 2016年，开展各类金融知识宣传活动共计15次、开展“银企对接会”“客户答谢会”等主题活动，9月7日，彭水支行营业部创建“百佳网点”。

【业务培训】 组织员工开展业务操作培训、消防知识培训、规范化服务培训、保险业务培训、警示教育、等各类培训50余次。

【支农工作】 根据县域经济实际情况，以支农为重点，充分利用邮政网络点多面广优势，广泛开展营销宣传，大力发展乡镇小额贷款；加强政府沟通合作，做好再就业贷款营销及发放工作；根据实际情况，适时调整信贷结构，重点向“两小”业务倾斜，促进信贷业务效益的稳步增长。

【安保工作】 加大安保投入，强化安全基础设施建设；加强信息化建设，建立健全安防监测、防控体系；强化预案演练，提升员工应急处理能力。全年共组织各类防抢、消防安全演练3次。

【服务质量建设】 坚持“以市场为导向、以客户为中心”经营理念，努力提高服务水平和效率。加强营销工作，成立营销小组，加强理财、国债、基金、保险、信用卡、代收付等业务营销工作。

【检查监督】 广泛开展业务自查、审计检查、风险排查等活动，掌握潜在风险，适时加强控制。定期开展安全保卫工作检查，对存在问题的网点、部门限期整改并上报整改情况。不定期抽查前台人员业务操作，及时纠正不当操作和错误操作。

民泰银行

【概况】 重庆彭水民泰村镇银行位于县城小转盘，是经中国银行业监督管理委员会重庆监管局批准，由浙江民泰商业银行联合重庆中业投资集团有限公司共同出资设立的一家具有独立法人资格的新型农村金融机构，创立于2012年5月。有行长1名、副行长2名、在岗职工80名，内设综合管理部、风险合规部、市场管理部、运营财务部、审计部、营业部、业务拓展一、二、五部等部门，下辖汉葭支行、保家支行、郁山支行、绍庆支行4个支行。

【业务发展】 截至2016年末，资产总额为7.3亿元，各项贷款余额3.8亿元，较上年增长9.76%，余额客户1146户，户均32.94万元。其中小微企业贷款占比90.53%，涉农贷款占比96.5%。负债总额6.8亿元，其中各项存款余额6.1亿元，较上年增长48.76%。全年日均存款4亿元，较上年增长56.52%。

【工作亮点】 创新产品，优化服务。为提升农户金融需求可获得性，在制度和产品设计上大胆创新，通过优化流程、简化手续，不断提高与个性化客户金融需求的匹配度，拉近金融服务与不同层次客户的距离，使农村金融服务惠及更广大的乡镇、惠及更多的人群。

定期存款利率在央行基准利率上上浮45%，最大限度提高农户定期存款收益；推出“金百合”存款产品，可按年支付利息，结合“大小百合”存款产品，实现客户利益最大化。2016年10月25日，芯片卡正式上线运行，切实提高银行卡的用卡安全。

满足多元化的贷款需求。2016年，相继新推出了短期便民小额小企业贷款和精准扶贫贷款等两类贷款产品。100万元（含）以内的小微企业贷款，无需提供企业财务报表，大大简化小微企业贷款的办贷手续；通过人民银行的扶贫再贷款发放的精准扶贫贷款，以不超过央行年期基准利率，并对建档立卡贫困户贷款在基准利率基础上下浮10%或20%，大大降低农户的融资成本。在小微企业续贷方面，专门制定“续贷易”贷款产品。针对小微企业过桥资金贵、还本压力大的难题，提供“续贷易”产品对接，开办无还本续贷业务，尽力解决“过桥难、冲贷贵”的难题。

保　险

人寿保险

【概况】 中国人寿保险股份有限公司彭水苗族土家族自治县支公司（简称：县人寿保险公司），下设综合管理部、个险销售部、团体业务部、银行保险部、客户服务中心5个管理部门。公司在全县各镇乡设有营销服务网点7个（郁山、保家、高谷、靛水、鹿角、桑柘、黄家）。现有劳动合同制员工22人、派遣员工2人、代理人249人，与工行、农行、农商行、邮政等渠道建立广泛的代理合作关系，合作网点26个。

【拓展业务】 2016年，公司聚焦效益，加大业务结构调整力度，加强队伍建设，发挥保险资金融通功能。保费结构调整快，全年续期保费4055万元，在总保费中的占比为44%；短期意外险保费在短期险中的占比为11%。年期结构更合理，公司实现10年期及以上首年期交保费642万元，在期交业务中占比达到60%，同比增长60%。公司交纳企业所得税277万元，被县国税局和地税局联合评为“纳税信用A级纳税人”。加强队伍建设，缓解就业压力，个险渠道组织开展增员特别行动，在全县以项目组运作的方式进行集中增员，全年累计新增代理人124人。充分利用保险资金融通的功能，通过保单质押方式，全年为有创业激情，为缺乏资金的客户提借贷款400万余元。

【保险业务】 进一步拓展小额农村人身保险、外出务工人员保险、计划生育保险、老龄保险等“广覆盖、交费低、保障高、买得起”的农村保险。全年实现总保费收入9165万元，比上年同期增长22%，市场份额领先；新单保费4052万元，首年期交保费1073万元，10年期交保费642万元，短期险保费1058万元；分别完成全年预算目标的100.95%、71.45 %、94.49 %、84.66 %。

【品牌服务】 组织开展国寿客户节和多项VIP服务项目，促进了客户资源积累；首次使用E创客推出“滴滴国寿 旋风获客”活动，不断开发完善业务支持和业务处理系统，大力推广国寿E家、E门店、云助理、微信公众号、客户经营平台、营销员信用评价等系统。

【理赔】 全年累计给付金额4473.32万元，其中长险死亡伤残给付395.88万元，年金给付148.81万元，医疗险给付118.95万元，满期给付3544.5万元，短期险赔款259.18万元。

财产保险

【经营情况】 2016年，中国人民财产保险股份有限公司彭水支公司经营取得显著成绩，实现保费收入4770.68万元，同比增长686.68万元，增幅18.19%；综合赔付率57.91%，同比下降1.34个百分点；综合费用率35.93%，同比上升10.76个百分点；综合成本率93.3%，同比上升9.43个百分点。实现表列利润（不含社保）259.03万元。车险实现保费收入2856.27万元，同比增长458.2万元，增幅19.11%。车险赔款1308.52万元，综合赔付率52.69%，综合费用率41.09%，综合成本率93.78%。商非保费收入1697.28万元，其中重大项目、重要渠道保费收入1630万元，其他分散型业务60余万元，整体同比增长271.58万元，增速19.9%。政策性农业保险保费收入264.85万元，同比增长5.22万元，增速1.92%，赔款399.95万元，同比下降29.48万元，综合赔付率135.2%，综合费用率2.77%，综合成本率137.97%。

【人才兴司】 2016年，彭水支公司招聘新员工11名，年龄在20～30岁，均为大学专科及以上学历，为公司带来新的理念，提升公司活力。

【服务制胜】 2016年，彭水支公司理赔分部严格按照上级公司要求开展客户服务工作，签单中心严格按照公司礼仪标准规范自己的着装、言行，设置大堂经理，专人轮岗，业务部门也将客户服务工作作为常态工作来抓，提升员工服务意识。

太平洋保险

【机构】 中国太平洋人寿保险股份有限公司重庆市彭水支公司成立于2002年2月。机构内设总经理室、综合部、服务营销部、团险业务部、个险业务部，有从业人员 11 人。

【拓展业务】 通过公司业务员、保险营销员、微信、网络销售模式，保费规模逐年上升，覆盖全县所有乡镇。

【保险业务】 开展人寿保险、健康险、意外险、团体意外险、学生险、建工险、乘意险等保险业务。2016 年，保费收入 2500 万。

中华保险

【机构】 中华联合财产保险股份有限公司重庆分公司彭水支公司成立于2007 年 9 月 28 日，机构内设综合部、业务部、客户服务部等部门，现有员工 13 人。

【拓展业务】 公司通过车商渠道、银邮渠道、业务员直销、网络、电话营销等模式，保费规模逐年上升，业务范围覆盖全县各乡镇。

【保险业务】 主要从事财产保险、责任保险、法定责任保险、信用保险和保证保险、农业保险、其他财产保险业务、短期健康保险和意外保险、上述保险业务的再保险业务。2016 年，保费规模 1690 万元，承保利润 360 万元。

【理赔】 2016 年，理赔案件 790 件，理赔支出 942 万元。

经济管理

固定资产投入

2016年，全县固定资产投资1798689万元，同比增长18.4%。

按构成分，建筑安装工程投资1594327万元，同比增长16.6%；设备工器具购置投资64548万元，同比增长125.1%；其他费用投资139814万元，同比增长13.8%。

按区域分，跨区项目投资81343万元，同比增长71.5%；县内项目投资1717346，同比增长16.7%。

按三次产业分，第一产业投资124361万元，同比增长24.9%；第二产业投资119360万元，同比增长13.4%；第三产业投资1454968万元，同比增长13.4%，其中，房地产开发投资62388万元，同比下降12.7%。

重点项目建设

2016年，应开复工重点项目220个，实际开复工160个，开复工率72.73%。其中：续建项目应复工55个，实际复工46个，复工率83.64%；新建项目应新开工165个，实际新开工114个，开工率69.09%。

安全生产监督管理

【概况】 彭水苗族土家族自治县安全生产监督管理局位于彭水新城公安大楼三号楼3~4楼，有办公业务用房使用面积1005平方米，建筑面积约1271平方米（其中办公室27间，会议室、考试室、拓展室等7间）；两江行政办公大楼4楼设置高危行业监测监控平台138平方米。局机关下设办公室，安全监督管理一科、二科（县安委办）、三科（县打非办）；下属3个全额拨款公益一类事业单位：县安全生产监察执法大队、县安全生产宣传与信息调度中心、县安全生产培训与应急救援指挥中心。

局机关有正式干部职工47人，其中行政编制11人（含工勤1人）、事业编制36人（含参公23人、工勤6人）。取得国家注册安全工程师1人、重庆市注册助理安全工程师20人。

【主管领域】 危险化学品从业单位28家，其中生产企业2家、储存经营企业26家（含加油站23家）。烟花爆竹批发企业2家，零售网点245家。非煤矿山55家，其中生产企业27家（地下矿山7家），在建28家（地下矿山19家）。

【安全责任】 制定出台《安全生产督查考核办法》《安全生产通报曝光办法》《安全生产警示约谈办法》《安全生产追责问责办法》《安全生产“一票否决”办法》5个办法，全县安全生产工作步入规范化、程序化。各级各部门严格“三级五覆盖”，全面落实安全生产“党政同责、一岗双责”责任制和“三个必须”要求；各生产经营单位严格“五落实五到位”，全面落实安全生产主体责任。11个综合督查考核组、15个专项安全工作领导小组和3个暗查暗访组，严格“四不两直”，突出重要节点、阶段性重点工作，务实开展常态督查暗访、专项督查。对排查出的风险问题，建立风险清单，跟踪督办、限期办结；对“严格不起来、落实不下去”的典型案例，实施通报曝光、约谈警示。共下发《督办通知》28期，制作暗查暗访专题视频2期，警示约谈单位10个。从严季度考核，采取“平时检查”与“集中实地检查”相结合的考评方式，科学评价，注重导向，把存在问题纳入下季度考核内容，倒逼责任与措施落实。共表彰先进单位92个、先进企业31个、先进个人146人。

【安全基础】 强化基层。在郁山镇、桑拓镇、大同镇安监办开展安全监管能力标准化建设试点，补充配备专业执法装备、完善执法业务用房。坚持“一专多能、一队多用、平战结合”，落实专项资金430万元，组建安全生产应急管理、应急指挥、应急救援“三支队伍”，提升应急响应能力。夯实基础。以供给侧改革为抓手，调整产业结构，关闭县烟花爆竹厂转型为经营企业；关闭16家年产9万吨乡镇煤矿。继续推行“融资租赁”打破资金“瓶颈”，新安装道路“生命工程”200千米，超出市上下达计划150千米。完成乌江大桥加固改造。投入447万元集中整治火灾高危单位31个、火灾隐患点34个。提升基本功。继续实施“安监人员素质提升工程”，建立安监系统干部职工在职学历教育平台，鼓励监管人员参加安全监管相关专业教育培训，对35名新进安监人员进行执法资格培训。对39个乡镇（街道）基层网格员开展安全生产法律法规知识培训，着力解决安全监管怎么做、做什么。开展专项应急演练42场次，提升应急救援的针对性、科学性，做到快速反应、先期控制，有效处置。

【企业主体】 标准化建设。从计划、执行、检查、处理等各环节形成常态循环，实现安全管理、操作行为、设备设施、作业环境标准化。完成工贸企业安全生产标准化创建4家，建设工贸行业安全技术服务体系示范样板企业3家。全面启动93家职业卫生基础建设及复评工作，达到合格以上标准86家，达标率92.5%。对已达标的18家危化生产企业和经营单位开展标准化“回头看”，对包茂高速公路中石化高谷南北对站、清平南北对站4家危化从业单位开展标准化复评。对26个在建施工工地实施建筑施工安全标准化考评。隐患排查治理。开展企业安全生产主体责任强化年活动，分行业制定安全隐患风险清单，推行企业安全生产“日、周、月”排查制度，照单排查、分级监管，做到“三清三进”，堵塞安全漏洞。共检查生产经营单位5472家次，排查一般安全隐患8437项、整改8413项，整改率达99.7%。

【政府监管】 执法检查。推进依法行政，强力从严治安，科学编制年度安全生产监督检查计划，严格执行安全生产检查诊断、行政处罚、整改复查“三部曲”，与重庆美高科技有限公司、中煤科工集团重庆研究有限公司签订《技术支撑服务协议书》，每季度邀请专家对全县非煤矿山和烟爆危化企业开展执法检查，建立问题清单，实行限期整改、上限处罚、顶格问责。共检查生产经营单位5023个次，行政处罚374.2万元，责令停产整改57家，关闭非法违法生产企业42家。打非治违。突出交通、建设、消防等22个重点行业（领域），持续开展每月1~2个重点行业（领域）集中专项治理，做到“七有、六到位、五抓好”，集中力量解决突出问题。累计检查重点行业企业820家次，下达责令整改令140余份，警告350余次，责令停产停业10家次。整合力量，建立联合执法机制，抽调36人组建4个道路交通联合执法检查组，分片区开展联合执法专项行动。查处道路交通违法行为12425起，现场纠违8475起，下发执法文书8215份，行政处罚208.17万元，暂扣证照51个，暂扣机动车辆128辆，行政拘留2人。抽调人员集中开展烟爆危化“打非治违”，在汉葭、普子、大垭、石柳、鞍子等重点乡镇（街道）设置13个烟爆危化“打非治违”检查站；出台《彭水自治县危险化学品烟花爆竹安全生产领域打非治违举报奖励办法》，充分调动全民参与打非治违的积极性，盯死看牢烟爆危化运输、储存、经营等各个环节。共出动1580人次，查获非法储存窝点39处，收缴各类产品14020件，行政拘留9人，刑事拘留2人，兑现举报奖励经费10.75万元。

【社会参与】 宣传教育。以报刊、网络、电视为平台，以安全生产月、安全知识“十进”“安康杯”为载体，以宣贯《安全生产法》《职业病防治法》《重庆市安全生产条例》为主要内容，策划实施“十个一”宣传活动，广泛深入宣传，培育全民安全意识。对8个重点行业（领域）和14家规模以上企业员工开展安全生产相关法律法规宣讲，在彭水电视台和《彭水日报》分别开办安全生产专题、专栏，印发《市民居家安全手册》15万份，开展“十万在校学生安全第一课”、安全在我心中书画美术大赛、“百人讲安全、千人听安全”；在县级以上新闻媒体发布各类新闻消息351篇，正确舆论导向，传递安监“正能量”。安全阵地建设。积极推进“平安农机”等安全阵地建设，典型示范，引领辐射，共建共享，全员参与。建成1个“平安农机”示范乡镇（双龙乡）、5个“平安农机”示范村（居）（双龙乡马岭村、小平村、龟池村，鹿鸣乡龙田村、向家村）。

食品药品监督管理

【概况】 重庆市食品药品监督管理局彭水苗族土家族自治县分局位于彭水绍庆街道滨江社区滨江路C6栋，加挂彭水苗族土家族自治县食品安全委员会办公室牌子，对全县生产、销售、餐饮环节的食品安全和药品、医疗器械、化妆品、保健食品的安全性、有效性实施统一监督管理。分局机关内设办公室、综合科、法制监督科、行政审批科、食品监管一科、食品监管二科和药品监管一科、药品监管二科共8个科室；下设汉葭、绍庆、靛水3个街道直属所及36个乡镇食药监所。

【基层机构规范化建设】 按照全市食品药品基层监管机构建设标准，贯彻“四明确、四保障、四公开、四统一”的基本思路，推进全县基层食品药品监管机构规范化建设，全面实现基层食品药品监管机构的外观形象、内部装饰、公用物品、对外宣传设施、专用执法装备等规范统一，完成39个乡镇（街道）食药监所的规范化建设工作。

【食品快检室建设】 建成标准化的食品快速检测室39个，配齐专业食品安全检测人员，配备可对粮食及其制品、肉类、食用油等30个食品大类，对农兽药残留、重金属、甲醛等60余个项目指标进行有效检测的食品快速检测设备。

【联动监管】 充分发挥县食安办综合协调能力，组织县公安、农委、畜牧、卫生、工商、食药监等部门多次开展联合执法行动，形成食品药品安全监管齐心协力、联动有力、协调有序的监管合力，开展学校食堂及周边食品、注水牛肉、美容美发场所等专项整治行动21次，联合公安、农委、畜牧等相关部门开展联合检查12次，向公安机关移送违法犯罪线索1起。

【培训及宣传】 全年组织基层监管执法人员和村（社）协管员业务培训11期，培训460人次，组织食品生产经营企业负责人、食品安全管理员、化妆品安全知识等专题培训13期，培训从业人员1700余人。开展综治宣传月、315消费维权、法制宣传月、12331主题日、食品安全宣传周、安全生产月等宣传活动，发放各类宣传资料2万余份，接受群众咨询1000余人次，向广大社会群众宣传食品药品安全知识，提高消费者的知法、懂法、用法意识，并且畅通“12331”食品药品投诉举报电话，受理办结投诉举报44起，积极引导社会群众有序参与，保障自身合法权益不受侵害。

【食品药品监督抽检】 实施食品药品安全监督抽检1796批次，地产产品覆盖率100%，合格率98.29%，实施食品快速检测656组，合格率98.78%。针对监督抽检（快检）不合格的产品，立即启动产品控制，不合格产品后处置完成率达100%，食品药品生产经营跟踪复查合格率100%。

【食品药品安全监管】 深入开展白酒、植物油、蜂蜜产品、生湿面制品等食品的专项整治；针对农村地区、城乡结合部等薄弱区域，开展药品购销、取缔游医药贩、打击违规药品宣传等药品专项整治；针对学校食堂及周边食品经营单位等高风险场所，开展春秋两季开学专项治理工作，全面排查食品安全隐患。2016年，共出动执法人员8230人次、执法车辆2120辆次、开展联合检查整治行动12次、检查食品药品生产经营企业3.42万户次，责令整改1803户次，责令停业29户，立案查处违法违规行为142件。

【无证经营专项整治】 针对日常监管死角盲区，特别是旅游景区、校园周边、车站码头、农贸市场、城乡结合部等重点区域，对食品许可进行全面清理，通过提升食品持证（备案）率，严把食品经营准入门槛，消除监管死角盲区，实现食品安全监管工作全覆盖。督促食品无证经营单位提交申请1427家，持证率由原来的64%提升至96%。其中，学校食堂持证数从原来的68家上升为182家，达到100%，是原来的2.5倍；食品超市持证率从16.49%上升至100%，是原来的6.25倍，确保重点区域的食品安全许可率明显提升。

【化妆品安全示范街】 按照“落实责任、夯实基础，创新机制、示范引领、依法监管、规范管理”的总体思路，采取“七抓”的有力举措，实现化妆品示范街内所有化妆品经营使用单位所售的化妆品注册备案率由原来的30%上升到95%；所售化妆品索证索票及台账建立率由10%上升到95%，所售化妆品索取产品检验报告或合格证明达90%；所售化妆品按相应仓储条件保存达100%；量化评级均在B级以上；群众满意度由以前的不知情到满意率达100%。通过发挥示范店、示范街的引领和辐射作用，带动全县60%的化妆品经营使用单位达到规范化管理的要求。此项工作得到国家食药监局药品化妆品监管司领导及市食药监局表彰。

物价管理

2016年，县发改委充分发挥价格监督检查职能，不断加强市场监管，维护市场价格稳定。及时有效地处理各类价格矛盾，全年共接到价格举报、投诉、咨询等41件，其中投诉28件、咨询13件，主要集中在交通运输、停车收费、医药、旅游、公安、水价等项目，均已办结。完成对市物价局移交教育收费案件的审理处罚工作，3家被处罚学校均已将多收费用（共计113.98万元）上缴国库。市场价格监管。密切关注元旦、春节、清明、“五一”、端午节等重大节假日市场价格秩序，加强对生活必需品、商贸、旅游、交通运输等领域价格监管，防范价格异常波动。组织价格执法人员，向县内各商场、超市、车站、景区等单位发放提醒函，提醒各单位保持节日期间市场价格稳定。专项检查。按照市物价局统一部署，先后完成涉企收费专项检查、药品价格专项检查、涉农价格与收费检查、商品房销售明码标价专项检查。通过检查，对发现的问题及时提出整改要求。价格法规宣传。紧抓明码标价规范工作，深入开展价格政策宣讲活动。3·15国际消费者权益日会同县工商局、食药监局、烟草专卖局等单位开展价格法律法规宣传，发放《中华人民共和国价格法》《价格违法行为行政处罚规定》《关于商品和服务实行明码标价的规定》等价格法律法规宣传资料300余份，结合价格法律法规为现场群众解疑答惑。

工商行政管理

【概述】 彭水自治县工商行政管理局下设办公室、组织人事科（监察室）、法规科、财务装备科、微型企业发展监督管理科、企业注册登记科、企业和个体私营经济监督管理科、市场监督和消费者权益保护科、商标和广告监督管理科、企业信用体系建设管理科等10个内设机构、1个直属机构经济检查执法大队、1个事业单位消费者权益保护委员会，下辖江北、江南、保家、万足4个工商所。全系统共有正式干部职工68人，其中公务员59人，事业人员2人，工勤人员7人。2016年，获市、县表彰8次，其中，集体3次，个人5次。

【市场主体】 全面推进商事登记制度改革，稳步实施“五证合一”“两证整合”以及个体工商户简易注销登记，全面推进网上行政审批，合理下放注册登记权限，切实降低市场准入门槛。新发展各类市场主体4452户。其中：内资1655户、个体工商户2604户、农民专业合作社193户，总量达30875户，顺利突破3万户大关。发放“五证合一、一照一码”营业执照3673份，发放“两证合一，一照一码”执照300份。

【微型企业监管】 认真落实微型企业扶持政策，完善工作机制，强化后续帮扶，注重监督管理，坚持量质并举。新增小微企业1141户，注册资本金达13190万元，解决和带动就业5000余人，其中256户微企通过评审并获得创业补助资金670.821万元。开办微型企业SYB创业培训班15期，培训学员493人。

【商标战略管理】 强化商标强县、商标兴企、商标富农意识，注重商标培训、宣传和引导。新注册商标276件，已拥有注册商标1751件，市著名商标9件，县知名商标15件，地理标志证明商标23件（全市排名第一）。积极兑现2015年度的商标奖励补助金51.05万元。

【非公党建】 积极推进党组织组建、壮大党员队伍、党员“三亮”等工作，对开展“三亮”的633余户党员进行清理规范，查找隐形党员，做到应亮尽亮。打造1个市级“示范点”和5个县级“示范点”。开展“双培双帮双带”活动，34名局领导、党员干部联系帮扶一批党员创业户。

【执法办案】 以执法情报信息为引领，以执法机制创新升效能，以服务经济发展为目标的工作思路，坚持“惩大恶、戒小过”执法理念，全面开展经济检查执法工作。2016年，立案查处各类违章违法案件33件，大要案1件。

【市场监管】 顺利实施年报公示工作，申报内资企业年报5312户，占总户数5810户的91.43%；申报外资企业年报10户，占总户数13户的76.92%；申报个体年报18219户，占总户数的20225户的90.08%；申报农专年报699户，占总户数713户的98.04%。开展安全生产、无照经营、校园周边、“红盾护农”、维护未成年人消费权益、非法集资等专项整治行动10余项。检查矿山、烟花爆竹、印制企业、加油站等各类经营户700余户次；进一步贯彻实施《广告法》，清理整治广告经营单位76个，发出整改通知15份，拆除违法广告53幅，收缴违法印刷品广告300份，查处广告违法案件1件。

【企业信用】 强化信用信息征集，深化信用信息应用，逐步推动企业信息数据社会化。新征集采用信用信息2800余条，为公共资源交易、政府采购、土地交易、工程建设等提供信用查询共320户次，基础数据准确率达100%。

【消费维权】 开展新《消法》培训400余人次，在十字街广场举办“新消费我做主”为主题“3.15”消费者权益宣传活动，发放宣传资料4500余份，提高消费者维权意识。针对消费者反映强烈的农资、服装、成品油等重点商品抽检69组，立案18件。开展12315进超市、进市场、进企业、进学校等五进活动，提高消费维权网络覆盖率。共受理消费者申（投）诉263件，处理率达100%。

【依法行政】 灵活运用提示、预警、告诫等多种行政指导，加强对案件高发行业、企业的行政指导，建立行业、企业联系制度，提高行政指导的前瞻性、针对性，有效防范违法行为，提高执法效能。开展行政指导146件（其中重大行政指导1件），参与行政复议转交答复书及相关证据材料1件。

【对外宣传】 加大政务外宣工作力度，构建局所两级联动机制和媒体互动机制。全年政务信息被市工商局采用359条，各级媒体宣传报道该局工作达500余篇，进一步扩大彭水工商的影响面和影响力。

私营个体经济

2016年，县工商局全面推开工商登记制度改革。到12月底，全年新发展各类市场主体4452户。其中：内资1655户、个体工商户2604户、农民专业合作社193户。全县市场主体总量达到30875户。县工商局进一步强化商事登记改革制度的宣传，通过街头、下乡、电视、印发宣传资料等形式，大力宣传商登记改革政策，提高全社会对商事登记改革相关政策的知晓度；加大对高校毕业生、返乡农民工、失业人员、军队复员人员四类人群的创业指导，通过对全县范围内摸排，掌握四类人群的基本情况，大力宣传微型企业新政策，根据他们的技术特长，鼓励他们从事科技创新、电子商务、节能环保、特色效益农业等五大类行业经营活动。

技术监督

【概况】 彭水苗族土家族自治县质量技术监督局位于彭水自治县绍庆街道阿依路7号，占地面积约500平方米，建筑面积2238平方米。现有在职职工18人，其中，大专以上文化程度15人，中专文化程度3人；处级干部2人，科级干部13人。下设四科一室一队。即质量科、特种设备科、计量科、标准化（认证认可）科、办公室、执法大队。主要负责《产品质量法》《标准化法》《计量法》《特种设备安全监察条例》等法律法规在全县的组织实施，全面履行质量技术监督综合管理和行政执法两大职能。

【质量管理】 制定并组织实施《质量强县2016行动计划》，对全县质量工作进行统揽，落实相关部门责任。制定《彭水县质量工作扣分办法》，将质量工作纳入对全县39个乡镇（街道）基础保障指标的考核范围，层层传导质量工作责任压力。扎实开展质量品牌提升活动，培育指导渝烟肥料有限公司申报重庆名牌产品，帮助指导3539制鞋公司开展质量成本控制工作。建立完善企业质量信用档案，建档企业246家、规上企业33家，建档率达100%。强化质量宣传教育，营造“质量强县”浓厚氛围，以“提升供给质量、建设质量强县”为主题，扎实开展“质量月”“少儿绘画竞赛”等活动，发放宣传材料2000余份，提供咨询服务150余人次。举办质量管理专题培训班2次，培训人数41人次。

【质量监督】 加大产品抽查监督力度，强化产品质量安全。全年累计出动执法人员152人次，监督抽查产品54批次，产品合格率在88.1%以上，辖区重点产品、重庆名牌产品质量抽检合格率达100%。开展建筑材料专项执法检查，全年检查建筑材料相关企业12家次，依法立案查处行政处罚案件9件。对机动车安检机构监管不放松，全年累计进行执法检查14次，检查设备23台，检验报告60余份，排查整治安全隐患28项。按时完成联动产品质量监督抽查任务，抽查农资产品烤烟地膜1批次，民生产品液化石油气1批次，旅游重点工程洗墙灯1批次。抓牢食品相关产品监督管理，开展食品相关产品生产企业专项执法检查。摸清企业基本情况，建立企业档案，完善监管体系。全面加强后处理工作，对抽检不合格的企业，实施挂牌整治，直至问题得到全部整改。2016年，全县无系统性、区域性和行业性质量安全问题的发生。

【特种设备监管】 年初与全县各特种设备使用单位签订安全目标责任书，明确企业安全生产的主体责任。开展企业安全管理标准化和安全生产诚信建设，创建特种设备安全标准化管理B级单位1家。检查电梯使用单位66家次，发现隐患26处，完成整改24处。推进老旧电梯和故障多发电梯改造升级，全年自行改造电梯25台。完成老旧住宅楼加装电梯2台。检查油气压力管道使用单位15家次，发现隐患7处，整改率100%。全县在用天然气压力管道定期检验率100%。淘汰燃煤锅炉8台，创建安全节能标准化管理达标示范锅炉企业1家。检查起重机械使用单位10家次，发现安全隐患3处，整改率100%。检查危化品领域特种设备相关单位11家次，发现安全隐患3处，整改率100%。集中销毁报废液化石油气瓶100只，累计销毁3500余只。全年未发生特种设备安全责任事故。

【执法打假】 开展“质监利剑”专项行动，以农资产品、建材产品等为重点，开展专项执法打假。全年检查农资产品生产销售企业10家次，抽样2批次。检查建材产品生产销售企业136家次，抽样37批次，依法立案查处行政处罚案件7件。开展能效标识专项执法打假，严查各类能效标识违法案件，全年抽样1批次，立案查处1件。开展消防产品专项执法打假，与消防部门联合开展专项执法12次。严格执行区域执法打假责任制，建立完善区域执法打假目标任务体系。推进“双打”各项工作的落实，依法公开案件信息13件，通报案件13件。全年无区域违法案件发生。

【民生计量】 2016年，县质监局围绕重点民生实事，提升医疗计量水平。完成392个基层医疗机构计量器具免费检定，检定医用计量器具753台（件），同比增加3.7%，合格率达97.61%，获得县委政府高度肯定。围绕计量惠民工程，创新诚信计量社区。2016年，新创建了3个诚信计量社区。加强出租车计价器、加油枪等计量器具巡查检查，全县164台出租车计价器受检率达100%，全县29个加油站181个加油枪受检率达100%。围绕安全监管职能，提升计量监管力度。加大煤矿企业强检计量器具监督巡查力度，煤矿企业在用计量器具受检率达100%。加强机动车安检机构在用计量器具检查，在用强检计量器具受检率为100%。切实抓好“打好三大战役、严查计量欺诈”专项监督执法行动，累计检查电子秤265台、度盘秤48台，没收问题计量器具22台，依法立案查处行政处罚案件4件。

审　　计

【概况】 彭水苗族土家族自治县审计局位于彭水绍庆街道河堡社区亨达大厦4楼，核定行政编制10名，行政工勤编制1名，内设综合科、行政事业科、投资审计科、经济责任审计科、财政审计科等5个科室；下设参公事业单位彭水自治县审计中心，核定编制20名。全局实有在编在职人员27人。

【审计成果】 彭水自治县审计局完成审计项目82个，其中组织实施审计项目79个，参与市局统一组织审计项目4个（即：重大政策、工商、企业、卫生计生）。查出主要问题金额1198357万元，其中违规金额335198万元、损失浪费金额16073万元、管理不规范金额847085万元；损益（收支）不实金额978万元；审计处理处罚金额377084万元，其中应上缴财政41082万元、应减少财政拨款或补贴16234万元、应归还原渠道资金229970万元、应调账处理金额89797万元，审计发现非金额计量问题35个；审计促进整改落实有关问题金额149498万元，其中增收节支106802万元、已调账处理金额42696万元；审计后挽回（避免）损失7392万元。移送司法机关、纪检监察机关和有关部门问题线索19件，涉及65人，金额4336万元。出具审计报告和专项审计调查报告82篇，被批示、采用46篇；提交审计信息66篇，被批示、采用32篇。提出审计建议220条，被采纳212条。向社会公告审计结果2篇。

2016年度，彭水自治县审计局获得市审计局综合目标考核二等奖表彰；被评为彭水县财税审计、国土房管、城乡规划等工作先进集体。

【重大政策措施贯彻落实情况跟踪审计】 积极开展重大政策措施贯彻落实情况跟踪审计，共抽查全县34个部门单位，提交审计结果通知书10个，发现各部门在贯彻落实国家重大政策措施方面存在的问题10个。

【财政审计】 对县财政局、县地税局2015年度本级预算执行情况开展审计；打破科室界限，多部门联动，大兵团作战，用时两个月，在较短的时间内完成对县人力社保局、县统计局、县扶贫办等19个部门的预算执行情况审计；整合审计力量，与经济责任审计同步开展，完成县城乡建委、高谷镇、走马乡等8个部门（乡镇）的决算审计。

【经济责任审计】 受县委组织部委托，对全县13个单位的23名党政主要领导干部开展了经济责任审计。查出问题资金43090万元。其中：违规金额18536万元，损失浪费金额644万元，管理不规范金额23909万元。运用大数据审计方法，查出5个单位套取专项资金118万元；查出12个乡镇卫生院超标准收费和药品二次销售金额200万元；10个乡镇卫生院超标准收取务医疗服费金额74万元。

【投资审计】 全年完成投资项目审计182个（含备案项目），送审额170117万元，审减额28514万元，审减率达16.76%。针对审计发现的突出问题，从体制、机制和管理层面分析问题原因，提出针对性意见和建议，促进被审计单位提高管理水平。

【企业审计】 完成重庆市审计局统一组织的国有企业资产管理情况审计调查项目，审计对象涵盖县国资管理部门、县属国有独资和国有资本占控股或主导地位的独立核算法人企业共41家，重点调查了企业资产管理方式、经营状况、国有资本经营收益缴纳、企业融资规模及成本等情况。基本摸清全县国有企业家底和资产管理情况。

【专项资金审计】 完成了2014～2015年度财政扶贫资金专项审计以及2014～2015年度卫生计生重点专项资金审计。对审计发现的问题，提出整改建议。

【内部审计】 全年组织70名内部审计人员进行业务培训，并指导完成全县296个行政村村级领导干部经济责任审计工作；会同政府督查室对县教委、福冠公司等14个部门单位的内部审计工作情况进行督查；开展内部审计工作考核评比，建立内部审计项目评优评先制度。

统　计

【概况】　彭水苗族土家族自治县统计局位于彭水绍庆街道两江桥行政综合楼3楼。县统计局下属县社会经济调查队和县统计执法大队，县统计局核定行政编制10名，实有人员11名，下设办公室、综合核算科、工业投资科和商贸服务科四个职能科室；县社会经济调查队为县统计局下属副局级全额拨款事业单位，核定参公事业编制12名，实有人员5名；县统计执法大队为县统计局下属正股级事业单位，有事业编制5名，实有人员5名。

【"企业一套表"制度】　加强对全县"四上"企业统计人员的业务指导，帮助企业解决联网直报遇到的困难和问题，确保全县"四上"企业联网直报工作顺利开展，全县205家"四上"企业联网直报率达100%。及时完善更新基本单位名录库数据资料，主动与县民政局、县工商局、县质监局和县编办联系，对全县新增法人单位、产业单位基本信息进行录入，对工商注销的法人单位、产业单位从名录库里剔除，完善变更单位基本信息。抓好"四上"企业入库工作，积极配合行业主管部门，培育新增"四上"企业，严格程序，全年完成7家企业入库，商贸企业2家，投资企业3家，工业企业1家，建筑企业1家。

【宏观经济运行态势监测】　建立健全全县经济形势分析联席会议制度，每季度定期召开经济运行分析会。通报全县季度经济运行情况，分析存在的问题、提出下步工作打算，发挥统计综合职能作用，建立统计信息沟通机制，形成各级各部门共同抓好经济发展、抓好统计工作的新格局。进一步强化全县经济运行态势监测，2016年，全县实现地区生产总值（GDP）128.69亿元，按可比价计算增长10.3%，在渝东南列第2位。人均GDP达25619元，增长12.2%；实现规模以上工业总产值62.89亿元，同比增长12.6%；规模以上工业增加值28.30亿元，同比增长13.8%；完成固定资产投资179.87亿元，同比增长18.4%；完成一般公共预算收入13.94亿元，同比增长16.2%。实现社会消费品零售总额59.37亿元，同比增长14.3%；常住居民人均可支配收入达14219元，同比增长11.6%。城镇常住居民可支配收入24482元，同比增长9.6%，农村常住居民可支配收入9294元，同比增长10.8%。

【第三次全国农业普查各项准备工作】　加强组织领导。县农普办督促39个乡镇、街道成立普查机构，落实农普办工作人员和办公室，负责辖区农普工作。完成《彭水自治县第三次全国农业普查经费预算方案》编制工作。县农普办落实办公场所，专门用于农业普查办公室2间。同时县统计局组建了业务组、宣传组、后勤保障组、执法组4个工作小组。组织专业人员参加市上培训。由分管领导带队，选派4名业务骨干参加全市农作物面积遥感测量和全市农业普查方案试点培训。按全市农作物播种面积遥感测量要求，及时召开全县农作物播种面积遥感测量培训会议，对该项工作进行安排部署，完成8个乡镇40个样方测量任务。认真制定全县"两员"选聘方案，督促乡镇、街道开展农业普查"两员"选聘工作，收集"两员"基本信息，按时上报市农普办。全力抓好农业普查宣传动员暨业务培训工作，2016年11月14日召开全县农业普查动员暨业务培训会议，县政府分管领导对全县农业普查工作进行具体安排部署。县农普办组织39个乡镇、街道农普办工作人员开展为期3天的业务培训。狠抓清查摸底工作，县农普办分成4个工作组，对每个乡镇、街道进行业务指导，加大对清查摸底数据的审核、评估力度，确保清查摸底数据的真实、准确。

【统计方法制度改革】　认真贯彻执行《重庆市

2015年统计年报和2016年定期统计报表制度》，全面完成2015年年报和2016年各专业定期报表工作，差错率控制在市局规定的范围内。抓好城乡住户一体化改革工作。严格执行一体化住户调查制度，建立样本资料管理、数据反馈确认、电话抽查、记账户指导等常态化工作机制。开展固定资产投资统计改革试点工作。对全县亿元以上重点项目开展GPS定位拍照，对工程投资进度实施形象监测。认真做好投资统计方法改革，转形象统计法为财务支出统计法。

【常规统计报表】 完成2015年统计年报和2016年各类定期报表数据的收集、汇总和上报工作，保证各类报表在规定时间内按时上报，并对上报数据进行“逐级审核”，评估基础数据的逻辑性和匹配性，实现定报与年报、专业与核算数据的有效衔接。

【完成1%人口抽样调查】 按照全市1%人口抽样调查工作总体安排，及时召开全县1%人口抽样调查工作动员暨业务培训会议，对普查员开展PDA现场操作及业务培训，按时完成1%人口抽样调查摸底和入户登记任务，对1%人口抽样调查数据进行审核、评估，并按时上报数据资料。

【部门统计成效突出】 完善季度经济形势联席会议制度，配合县发改委每季度定期召开全县经济形势联席会议，通报全县宏观经济运行情况，分析全县经济运行中存在的问题，提出可行性建议意见。加强对主要经济部门的业务指导，充分发挥统计部门综合职能作用，建立部门统计协作机制，各部门通力协作，形成部门统计“大合唱”的新格局。

【统计服务】 编印《彭水自治县国民经济主要统计指标》月报9期，及时公布《2015年国民经济和社会发展统计公报》数据。完成《彭水2016年领导干部经济工作手册》数据资料的收集、整理和编辑工作，按时分送给县四大家领导及经济主管部门。完成《2016年彭水统计年鉴》资料的编辑和出版工作。做好统计分析、信息工作。全年撰写经济运行分析资料20篇，报送政务信息70期、向市统计局报送统计业务信息32期，在市局区县动态转发25期。

【统计法制宣传及统计执法】 开展统计法律法规宣传。充分利用“12·4”全国法制宣传日和开展农业普查宣活动，发放《致调查对象的一封信》6000余份，统计知识宣传手册600余册和农业普查宣传画400份。加强统计法律法规的学习。组织全局职工学习《全国农业普查条例》《统计法》和《重庆市统计管理条例》，各专业人员全面掌握统计法律法规相关知识。开展统计执法督导检查。对全县乡镇、街道、县级部门及“四上”企业开展统计执法督导检查，对未按规定建立统计基础台帐的行为进行及时纠正，规范统计报表流程，维护了统计法律法规的尊严。

【专项调查】 圆满完成城乡住户一体化调查、农产量抽样调查、畜禽监测、文化产业调查、重点服务业调查等专项调查任务。

国有资产管理

【概况】 彭水苗族土家族自治县国有资产管理局位于彭水汉葭街道民族路63号，为县财政局举办的正科级公益一类事业单位，2015年5月13日，正式列入参照公务员法管理范围。核定事业编制17名，在岗职工10名，内设办公室、资产科、财务监督科、组织人事科、安全监管科；下设彭水苗族土家族自治县企业服务中心为县国有资产管理局管理的副科级公益一类事业单位。

【主要经济指标】 2016年，县国资局监管的县属国有企业3家集团公司，2家独立运行公司资产总额达291.05亿元，同比增长31.1%；负债总额173.23亿元，同比增长33.85%；所有者权益117.81亿元，同比增长27.4%；实现营业收入12.51亿元，同比增长42.6%；实现利润2.53亿元，同比增加0.53亿元；实现税金2.19亿元，同比增长44.4%；实现国有资本经营及产权收益8006万元。

【国企改革重组】 对福冠集团、中业实业公司进行了改革重组。整合调整后，有县属国有企业5家，下设10家一级子公司，4家二级子公司，2家参股独立运营公司。核定人员控制数967名，实有人员915人。形成城市建设、旅游文化、农业交通及工业建设等企业行业版块。

【国有资产保值增值】 健全公司的法人治理机构，及时调整县属国有企业的董事会和监事会，配齐配强企业领导班子，督促企业完善内部管理，落实“三重一大”报告制度。严格执行企业负责人经营业绩考核办法及相关配套文件，对企业经营业绩实行目标管理与考核，与5家县属国有企业签订了2016年经营业绩目标责任书。开展企业财务快报工作，及时掌握企业运营情况，引导企业强化目标管理，督促企业完成国有资本收益上缴。聘请中介机构严格按审计程序对企业进行年度审计，促进提高企业财务管理水平和会计信息质量。核准并批复关于企业产权转让、资产租赁、融资担保等相关事项68件。全年共转让国有产权7宗，招租18宗，交易进场率100%，转让采用公开竞价拍卖成交309.6万元。

【企业负责人薪酬待遇】 按彭水人社发〔2016〕217号文件，企业负责人薪酬结构调整由基本年薪、绩效年薪、任期激励收入三部分构成。企业一般职工薪酬以岗位薪酬为主，按规定岗位职责和技能要求，实行以岗定薪，岗变薪变，绩效工资标准与岗位效益挂钩，随效益变化上下浮动。严格执行《彭水自治县国有企业监督管理暂行办法》和人员管理、绩效考核、投融资管理、薪酬管理、产权转让管理“五个”实施细则，印发《彭水苗族土家族自治县国有资产管理局关于县属国有企业负责人履职待遇、业务支出的实施意见》。

【投融资情况】 2016年，实现融资47.68亿元，其中：城投公司实现融资22.9亿元，中业实业公司实现融资14.6亿元，福冠集团实现融资7.16亿元，工业园区公司实现融资3.02亿元。实现投资37.46亿元，其中：城投公司完成投资12.24亿元，中业实业公司完成投资8.16亿元，福冠集团完成投资14.86亿元，工业园区公司完成投资2.2亿元。

社会事业

科学技术

【概况】 彭水苗族土家族自治县科委位于彭水绍庆街道两江桥行政综合办公大楼二楼。系政府组成部门，主要负责全县科技发展规划、科技政策法规的制定实施，负责科技应用研发资金的管理和科技成果的推广应用等职能职责。拥有办公用房10间350余平方米。委机关内设办公室、计划管理科；委下属设县知识产权和生产力促进中心。

委机关行政编制5名，领导职数设主任1名、副主任2名，内设机构领导职数2名。直属事业单位县知识产权和生产力促进中心总编制11名。全委机关事业单位在职人数17名。

【科技投入】 科技创新资金的投入逐年增加，全县2016年科技应用研发经费投入已经达到1650万元，同比增长16.9%。科普经费人均支出达到每人1元，政府财政资金的有效投入成为全县科技创新运用的源泉动力。

【争资立项】 申报中央引导地方科技发展专项项目1个、市级科技项目5个，批准立项3个。争取市级以上资金310万元。

【121科技支撑示范工程】 细化落实各方最后的攻坚任务。召开专题会议5场次，组织魔芋播种、种芋储藏现场会8场次。研发出魔芋泡腾片、魔芋膳食纤维、雪魔芋3个功能性食品，集成《花魔芋种植技术规程》，建成魔芋产业科技服务体系监控平台，示范工程已按程序结题。

【科技推广应用】 调动县科技应用研发经费700余万元，深度推进成果转化、R&D等五大县级科技专项的实施。推广运用“徐薯22、牛羊恒温衡量自动饮水系统”等新品种新技术近50个，实现科技成果引进登记38项，培育科技示范基地18个。

【科普宣传与知识产权】 举办科技活动周及知识产权宣传周，强化科普教育及创新发明意识培育，举办科技进社区、校园科技节、科技“三下乡”等宣传活动20余场次，组织3000余名中小学生开展科普体验和创新趣味观摩活动，30余家规模以上企业参加企业知识产权管理能力提升培训。开展知识产权服务，邀请市知识产权保护促进会入企进校服务行动。成功申报市级知识产权试点企业2家，截至12月，全县专利申请434件，授权156件。

【科技改革与创新】 深化县级科技计划改革，加强项目过程监管和目标导向考核，推行科技事项社会信用体系建设，晒清18项权利、责任家底，探索项目实施主体不良信用记录档案制度。实施县域科技创新，鼓励大众创业、万众创新，培育研发中心2个、众创空间3家，三五三九、百业兴森林食品2家企业已通过科技部高新企业评审。

教 育

概 述

2016年，彭水苗族土家族自治县教育系统深入贯彻落实党的十八届三中、四中、五中全会和市委四届七次全会精神，按照全县“五化”统筹推进，“三区”协调发展的战略部署，围绕“建设美丽学校，实施生态教育，让每一个孩子健康成长，创建民族教育特色示范县”的总体发展思路，不断优化教育发展环境，规范办学行为，推进教育现代化，加快构建具有山区教育特色、少数民族地区教育特点的彭水现代城乡一体化教育体系。实现教育普及水平全面提升，教育资源配置更加优化，教育体系结构更加合理，教育体制机制更加完善，教育保障水平显著提高，教育服务能力明显增强。2016年，全县有各级各类学校146所，比上年减少61所（村小变更为教学点），下降29.47%；在校学生121377人，比上年增加5267人，增长4.54%；有教职工7131人，比上年减少36人，下降0.50%。全县学校占地210.21万平方米，比上年减少44.06万平方米，下降17.33%；校舍建筑面积99.47万平方米，比上年减少0.69万平方米，下降0.69%。全年教育经费总收入142501万元，比上年增加18401万元，增长14.83%；总支出142501万元，比上年增加18401万元，增长14.83%。

学前教育

深入贯彻《3－6岁儿童学习与发展指南》（以下简称《指南》），组织全县幼儿教师学习《指南》活动，并在自学、培训的基础上，组织了《指南》测试。2016年全县接受学前教育儿童达19262人，学前3年入园率达71.82%，学前1年入园率达93.1%。加强科学管理，切实规范办园行为，严格执行学前教育机构准入制度、年检制度和幼儿园动态监管制度，办园水平进一步提升。持续开展幼儿园区角活动环境创设评比活动，创设良好的育人环境，丰富幼儿教育内涵，促进幼儿园科学实施保教活动，幼儿园“小学化”倾向得以纠正，普惠性幼儿园比例达到80%。

义务教育

健全政府推进义务教育发展基本均衡县工作机制，层层签订目标责任书，实行“问题清单”管理、月工作研究例会、督查机制，确保创建工作按照时间表、任务量、路线图有序推进，实现薄弱学校“校校有变化、校校有发展”，顺利推进达标创建工作。完善义务教育“划片招生、就近入学”政策，确保适龄儿童接受义务教育。下发《关于加强中小学管理规范办学行为的意见》和《消除义务教育学校大班额实施方案》，积极化解乡镇中心集镇和县城学校“大班额”问题，保障了适龄儿童特别是流动人口随迁子女接受义务教育的权利，有效地化解了社会矛盾，义务教育阶段大班额有明显下降。小学56人以上大班415个，占总班数的35.99%，初中56人以上的大班206个，占总班数的42.73%。坚持重点中学高中招生指标70%到校，保证农村学校的学生有更多机会享受优质教育资源，实现优质教育资源全覆盖。初中毕业生升入高中阶段比例突破93%，义务教育巩固率小学达99.51%，初中达98.2%。三残儿童入学率达到85.2%。

普通高中教育

实施普通高中“卓越课堂”行动计划，着力推进有效课堂。定期召开课堂教学改革现场会，推进课改向纵深发展。推进彭水中学、彭水一中高中课改实验，教师教育观念不断更新，教学方式不断优化，课堂教学更有效，学生学习方式有了较大转变，综合素质不断提高，课改良好氛围基本形成，“先学后教，以学定教，课随心动，心随课动”的新课程理念逐步被师生接受，以校为本的教研制度基本建立。实施普通高中发展促进计划，《中学生野外生存技能教育》《土家竹铃球、土家摆手舞》《手工花制作》3门课程获市级精品选修课程立项，有2个一般课题通过市级教育教学改革研究立项评审。全县高考各批次上线4296人，上线率达98.71%、同比提升2.39%；其中：本科各批次上线2493人，上线率达57.28%、同比提升8.64%，重点本科上线670人。

中等职业教育

县职教中心开展民歌、民舞、跆拳礼仪操、竹铃球、传统射弩、剪纸、印染等艺术活动，深化民族活动入课程、入课堂，已由班级试点走向全面推广。聘请苗家刺绣、苗鼓及印染传承人4名，民族文化设计大师及顾问4名。建成茶艺、咖啡调酒实训室2间，剪纸、刺绣、扎染、射弩等实训室5间。深化中等职业教育“3+2”五年学制合作办学点，先后与3所高职院校建立“3+2”办学合作，落实五年制学生培养计划136人，真正构架起中高职人才培养立交桥。组织542名学生教学实习，217名学生顶岗实习。与重庆洲际酒店、重庆旅投乌江山峡旅游有限公司、中业集团等七家企业签订了“订单培养”计划，就业渠道逐渐往沿海城市发展，并首次安置10名服装专业学生出国研修，就业率达到100%，对口率达85%。本科上线率达81%。

成人教育

完成春季招生649人，其中春季招生考试341人，含开放教育304人（专科217人，本科87人），奥鹏教育37人；秋季招生考试308人，含开放教育261人（专科192人，本科69人），奥鹏教育47人。有8名学员获得中央电大奖学金，县教师进修学校顺利通过市电大教学检查，并被评定为全市电大招生考试工作先进单位。完成新型职业农民培训2400人次，就业提升培训5期979人次，特种行业、非煤矿山和危化品行业人员培训4800人次。结合相关部门岗位技能需求，开展靛水街道村支两委工作人员计算机信息技术培训50人次。

特殊教育

关注全体学生，优化课程设置。除开设传统的语文、数学学科，在着力培养残障学生生活自理能力的基础上，还开设美容、推拿按摩、刺绣等职业课程。先后有15名聋哑、培智学生在美容院、重庆市新南方有限责任公司、重庆市刘一手火锅、重庆家政服务公司等企业找到工作。注重艺体教学，促进学生全面发展。在抓好文化教育、职业教育的同时，重视学生艺体特长的培养。体育代表队参加市、县级体育竞赛获得多枚金、银、铜牌。文艺节目在市、县文艺调演中多次获奖。舞蹈《欢乐土家娃》在第七届全国特教学校学生艺术汇演中荣获市级一等奖。美术作品参加全国、市、县比赛，获一等奖15个、二等奖20个、三等奖35个。

文 化

概 述

彭水苗族土家族自治县文化委员会（加挂体育局牌子）位于彭水绍庆街道插旗街247号县体育馆内。内设办公室、文化广电科、新闻出版科、体育科4个职能科室，有文化馆、图书馆、文物管理所、县体育场馆管理中心（青少年业余体）4个公益一类直属事业单位和县文化市场行政执法大队1个公益一类事业单位（参照公务员法管理）。文化馆核定事业编制17名，在编15名；图书馆核定事业编制8名，在编6名；文物管理所核定事业编制6名，在编5名；体育场馆管理中心核定事业编制10名，在编9名；文化市场行政执法大队核定行政执法专项编制6名，工勤编制1名，在编6名。

舞台艺术

2016年，彭水在舞台艺术发展方面取得可喜成就，李德胜完成话剧《怀清台》的剧本修改和话剧《岳阳楼》的剧本创作；编排舞蹈作品24件，其中《阿依河畔》《打草凳》等代表彭水自治县参加市级比赛和对外文化交流，《新踩花山》在全县得到推广；创作小戏《扶贫路上》获得行业比赛一等奖、小品《一支玫瑰》荣获第五届重庆市戏剧曲艺大赛三等奖。

电影发行放映

全县有影城2家，固定荧幕6块，有15支流动放映队，2016年组织放映惠民电影3135场（农村2892场次、社区230场次、农民工13场次），满足基层群众的精神文化需求。在彭水拍摄的电影《寻找女神·娇阿依》上映。筹集改制资金1700余万元，电影公司改制全面推进。

广播电视

【概况】 彭水苗族土家族自治县广播电视台位于绍庆街道插旗街190号。为县委宣传部领导的，县文化委依法实施行政管理的正科级公益二类事业单位。台内设办公室、总编室、新闻专题部、经宣部、技术维护部、节目制作部、外宣部、新媒体部，共8个科室。核定事业编制48人（实有财政供养人员40人，8名编制空缺），实有在职职工54人（含台聘人员14人）。

【栏目开设】 设有《彭水新闻》《新闻周刊》《脱贫路上》《新闻串串香》《就业金桥》《党建大联播》《睡美人影院》《科普大篷车》等栏目。其中《彭水新闻》每周6期，《新闻周刊》《脱贫路上》《风情苗乡》每周1期，《新闻串串香》每周2期。

【本地播出】 全年共播发新闻稿件3500多条，播出1540余期，专题片、宣传片30余部，自办节目时长达3.5万分钟。围绕全县重点工作，按月策划主题宣传活动。针对《政府工作报告》，推出《解读报告添信心》大型系列报道27期。围绕县上重点工作，推出《半年经济回眸》《高温下的坚守》等系列报道30多期。结合党代会策划《党代表风采》系列报道，充分展示彭水自治县各条战线上的党员风采。对“一节一赛”和首届渝东南生态民族旅游文化节各档赛事活动进行主题策划，播出新闻近330件，为节赛各项活动的顺利举办发挥积极作用。加大脱贫攻坚工作的宣传力度。开设《脱贫路上》栏目，在《彭水新闻》中开设专栏，对脱贫攻坚典型事例进行深度报道，有力地宣传脱贫攻坚政策，助推全县脱贫攻坚工作有序开展。深化“走转改”活动。截至2016年12月中旬，台记者“走转改”1100人次，足迹踏遍290多个村居，采写的《打生态牌做民俗文章，旅游市场“大蛋糕”逐步形成》《边养蜂边搞发明，养蜂人王洪强获两项国家专利》《“输血”“造血”并举，稳定脱贫致富》等“走转改”稿件850余件。

【重点工作对外宣传】 设2名外宣专职记者，专门负责对外宣传，每月4条外宣任务。其他记者除内宣每月22条任务外，每人每月至少一条外宣任务。全年在中央电视台用稿20余条，在重庆电视台新闻中心播出稿件229.5条，超额完成全年工作任务。《彭水两学一做，让群众得实惠》《彭水红薯产业迎来曙光》分别在重庆新闻联播中上单条提要。

【交流活动】 2016年7月7日至9日，借彭水电视台新媒体微信公众号、手机台上线之机，特邀重庆网络电视台组织全市40个区县（含贵州省桐梓县）来彭进行集中采访，对全县生态旅游、旅游扶贫和首届渝东南生态民族旅游文化节进行采访报道。活动先后在各台播出稿件140余条，开幕式在重庆电视台都市频道、重庆网络电视台、全市35个区县手机台同步直播。在水上运动大赛和首届渝东南生态民族文化旅游节期间，彭水电视台积极配合重庆电视台开展直播工作，在重庆电视台娱乐频道进行播出，并在央视五频道精剪播出。

【新媒体融合发展】 2016年7月7日，彭水电视台新媒体上线，手机台访问量已经接近21万次，彭水电视台微信公众号粉丝量最高达到6万，固定粉丝3.4万，共推送新闻100多次，1000以上的点击率60多次。其中2016年6月2日，题为《昨夜暴雨，我县多处受灾》的新闻消息，点击率达到27384次。在适时加推微信动态新闻的同时，注重依托线下活动提高影响力。2016年6月至8月，全程参与《星光大道》彭水赛区的选拔活动和《快乐向前冲》水上闯关竞技大赛，并举行网络人气王的评选。

【直录播】 完成县“党代会”、县“两会”、《2016年春晚》、水上运动大赛、首届渝东南民族生态旅游文化节开幕式等活动的直录播10余场次。

【基础设施】 2016年，完成150万元的雷公盖无线发射台基础设施项目建设，通过相关验收。位于江岸国际1号楼的办公及功能用房已完成可行性研究报告、立项、设计、专家评审、房屋购买等前期准备工作。

【人才队伍建设】 全年员工参加各级培训共200余次。

【标准化建设】 2016年1月，顺利通过市文化委三级台验收。3月，启动二级台升级创建工作，在县委政府和相关部门的重视和支持下，购买办公及功能用房，添置设施设备，争取到中央财政资金160万元用于购买转播车，硬件设施基本具备达标条件。通过调整人员结构、频道定位、栏目风格，加强节目质量、数量的监管和提升，完善节目体系建设，自办节目时长达到10000分钟，达到验收标准。

报　刊

【概况】 彭水日报社位于彭水自治县汉葭街道民族路88号（彭水宣传文化中心三楼）。核定事业编制30名，在岗职工29人（其中21人在编，8名劳务用工），内设机构6个：办公室、总编室、时政要闻部、综合新闻部、社会民生部、新媒体部。

【新闻宣传报道】 作好“两学一做”的报道，开设“学党章党规，学系列讲话，做合格学员”等专题报道，全方位报道教育活动的情况，营造良好舆论氛围。作好脱贫攻坚战的报道，在全市新闻单位中率先开辟“脱贫攻坚进行时”“限时打赢扶贫攻坚战”专栏，受到重庆市报刊审读专家的高度肯定，专门发文全市推广彭水日报经验。作好生态文明建设的报道，报道县委政府优化发展布局、乡镇街道主体功能，围绕全县各级各部门具体工作的生动实践，为加快创建国家生态县、生态文明示范区提供强大的舆论支持。作好重大活动和重点工作的报道，突出活动主题，反映工作情况，提前对重大活动重点工作制定详细的新闻报道方案，开设专题专版，浓墨重彩进行报道，先后用稿1000余篇，专版60多个。

【媒体融合发展】 着力推进传统媒体和新媒体的融合发展，为不同的受众，搭建不同的平台，开辟不同的渠道，生产不同的产品，满足不同读者的需求。截至2016年底，已建成《彭水日报》、中国彭水网、彭水手机报、苗乡彭水APP、彭水快报微信、《彭水日报》数字报“六位一体”全媒体平台，从而更快更好地把党委政府声音传播出去，彭水手机报常设栏目12个以上，订阅用户已突破12.3万户，APP客户端用户达到11万户，中国彭水网日均IP已达4.1万，访问量突破9.2万PV，百度搜索引擎不到1分钟就可以收录和查询，中国彭水网排名已进入重庆市前列。

【基层联系制度】 结合“走基层、转作风、改文风”活动，扎扎实实联系基层，建立了记者联系乡镇制度，每个记者定点联系5至6个乡镇街道，每半年顺次轮换一次，记者每月必须到所联系的乡镇街道分别开展工作1天以上，重点做好深度新闻报道、培养通讯员、搞调查研究等工作。先后开设“新春走基层”“春耕春播”等栏目，采写100余篇来自一线的鲜活新闻，推出“新闻现场”“新闻故事”“新闻调查”“民生巡礼”“民生热线”“彭水好人好事”等系列民生专题报道，架起群众与政府之间的桥梁，全年刊发稿件500余篇幅。

【质量建设年】 全面启动质量建设年活动，进一步加强对采访、编辑、校对、版式、内容等环节实施综合质量管理，苦练内功，熟练业务，确保导向正确、引导有力，管理规范、减少错误，努力提高办报质量和水平。报纸进一步改版，规范新闻采访、稿件编辑、稿件审定、排版校对、投递赠阅等流程，先后制定和完善稿件“三审三校”制度、报道策划、稿件质量、编辑质量、版式质量、投递管理等制度，确保报道导向正确无误。

【多件作品获奖】 先后获全国媒体高峰论坛“中国最具品牌创新力传媒”、全国传媒大会“中国十大影响力地市党报”，连续两年获中国品牌媒体县市区域报品牌10强，获中国地市报“走转改”先进集体，先后有70余件作品获中国地市报新闻奖和重庆市区县报新闻奖，刷新历史纪录。

【脱贫攻坚】 紧紧与桑柘镇东风村一道，齐心协力，从整体规划上把脉贫困“病根”和群众需求入手，采取一系列有针对性的帮扶措施。从硬件上，在紧张极少的办公经费中挤出部分资金，优化升级便民服务中心；在软件上，督促便民服务中心简化群众办事流程和服务项目。

图 书 馆

彭水自治县图书馆积极开展全民阅读系列活动，进一步推动“书香彭水”建设。举办大型读书活动3次，参与人数近5万人次，举办中小型读书活动100多场次，成功申报1个全民阅读优秀单位、1名优秀个人。

群众文化

本着娱民、惠民、便民的目的，弘扬文明风尚，建设和谐文化，精心举办一系列群众文化活动。以重大节日为契机，春节期间开展义写春联、春节联欢晚会、龙狮舞展示、新春游园活动、新春音乐会、家庭才艺大赛等内容丰富、特色浓郁、年味十足的迎新春系列文化活动，举办苗族踩花山节系列舞林会、民歌会、民俗会、女儿会、蚩尤九黎庙会、渝东南生态旅游文化节，协助岩东、长生、善感、平安、鞍子等乡镇举办乡村旅游节会活动，丰富多彩的文化活动充分展示了彭水神秘独特的自然风光、悠久灿烂的历史文化和多姿多彩的民族风情，此外还定期举办七一晚会、国庆晚会、乡镇文艺汇演活动，配合开展“渝州大舞台”送文化到基层活动25场次，惠及观众万余人；购买“娇阿依艺术团”文艺演出服务78场次，受益群众3万余人，为全县群众奉献了丰富多彩的文化盛宴，受到广大人民群众的欢迎和好评。实施文艺普及，利用文化物联网平台和乡镇文化服务中心两块阵地，开展文艺辅导、文艺培训152场次，受益群众达8万人次。

民间文艺

注重非物质文化遗产的保护和传承，开展以传习、展览、展演为主要形式的非物质文化遗产活动30多次（除景区展演）。国庆长假期间在蚩尤九黎城举办非物质文化遗产展览展演，观众累计达20多万人次。组织市级非物质文化遗产项目《普子铁炮火龙》等到各个学校现场展示及传艺授课，对巩固文化遗产保护成果起到积极的推动作用。

考古与文物

为改善文物展存环境，县文物管理所投资50余万元购置一批文物展存设施，完成100余件等级文物的展存工作，开展第一次全国可移动文物普查并通过市级验收；全年巡视文物点120余处，对发现的安全隐患进行整改，有效确保全县文物安全。

档案史志

档案管理

【档案安全体系建设】 完善机关档案室、档案馆安全管理等13个制度，严格督促制度落实，提高档案安全管理水平。加强档案利用安全管理。确保全年档案安全保管，全年未发生任何档案安全管理事故。

【档案业务指导】 2016年，完成106个单位的年度立档工作。贯彻《城市社区档案管理办法》，确定试点单位，加强对试点单位的指导工作，有力推进社区规范建档工作。制定完善村级档案管理制度，全年有259个村级组织完成年度建档任务。及时贯彻《重庆市归档文件整理规则》以及财政部和国家档案局联合下发的79号令。在档案业务指导工作中，加强对婚姻、林权、土地承包、病历、人事等档案立卷指导工作。

【档案服务项目建设】 深入贯彻国家档案局10号令，加强项目档案的指导验收工作。对彭水自治县2008年中央预算内水土保持项目高谷小流域水土流失综合治理、乌江彭水水电站重庆彭水库区移民档案、峡马口水电站等项目档案实施验收，确保项目档案的完整。

【档案法治工作】 对县级34个部门开展档案行政执法检查，查出一起档案违法案件。依法明确档案行政权力清单和责任清单，规范权力运行。对15个乡镇开展档案行政执法复查整改，整改效果良好。

【档案资源体系建设】 全年接受16个单位共计3737卷、24471件纸质档案，馆藏档案达16万卷。电子数据达5.5T。逐件审查民国彭水县政府1目档案1000卷文件级目录16070件原文档案，确定8342件延期开放档案，完成1000卷16070件文件级采集任务。开展抗战档案的清理工作。

【档案服务工作】 全年接待档案利用者7000余人次，提供利用档案9300余卷（件），复制档案30000余页，查实率达90%。全年1500余人参观档案馆爱国主义教育基地和设在档案馆的红岩文化工作室。档案工作服务全县旅游工作。档案局推进建设的重庆红军历史陈列馆、红军街、马头山战斗历史陈列馆、重庆知青档案陈列馆得到游客的欢迎，促进乡村旅游的发展。投资20万元参与拍摄纪录片《巴盐》，促成开机仪式在万足茶林坪古建筑群举行，推介彭水盐业文化。

党史研究

【长征纪念】 开展长征胜利80周年纪念活动。建成重庆红军历史陈列馆、红军街，并于2016年10月22日举行开馆仪式。市委党史研究室和市档案局领导以及全市各区县党史研究室参加开馆仪式。在商贸园广场举办重庆红军历史陈列展，宣传红军精神和长征精神。

【挖掘红色故事】 对马头山战斗进行深入研究，形成研究成果。积极和县武装部沟通，深入宣传马头山战斗的铁血精神。积极向重庆警备区推介彭水的红色文化，得到警备区领导的肯定，扩大彭水红色文化的影响。建成马头山战斗历史陈列馆和纪念解放彭水牺牲的十二军三十六师参谋长安仲坤的仲坤亭。

【党史资料征编】 全年征集图片资料 100 余幅、文字资料 10 余万字。完成彭水党史大事记资料的收集和编写工作，形成从 1925 年到 2006 年共计 13 万字的党史大事记初审稿，形成《中共重庆历史大事记（彭水卷）》（送审稿）。

【党史宣讲】 积极探索和创新党史宣讲工作，充分发挥党史资政、育人作用。全年共举办各类党史讲座 20 余次。拓展党史宣讲阵地，实现党史宣讲进社区、进学校、进党校、进机关、进企业。形成比较有影响的宣讲课题：《铁血—二野三兵团十二军血战马头山》《青春奋斗牺牲—中共彭水地方组织早期革命活动》等。

地方志编修

【县志初稿编修】 完成二轮县志的初稿编修。积极探索志书编修的新方法，不断提高编修进度。实行承包编修的模式，提高编修人员的积极性和责任心，加快编修进度。加强志书的质量把关工作，严格按照质量标准进行质量把关，提高编修质量。全年完成志书初稿 15 篇 46 章，约 60 万字。全面完成二轮县志的初稿编修工作。完成年度年鉴编辑工作。

【历史文献资料收集】 完成彭水历史文献资料的收集整理工作。与复旦大学历史地理研究中心合作，全面收集关于彭水的历史文献，目前已完成 30 余万字的收集整理工作，为研究彭水提供真实可靠的历史依据。在此基础上形成《彭水县史料辑存》一书，已完成排版工作。

【方志资政】 开展方志资政工作。利用方志资料为彭水自治县地名普查工作提供文献支撑，促进地名工作。利用方志资料形成彭水历史文化名街——遇仙桥历史文化名街的打造方案。利用方志资源为乡村旅游发展提供一些文化底蕴。

卫生体育

卫　生

【概况】　彭水苗族土家族自治县卫生和计划生育委员会位于两江行政大楼2楼。核定机关行政编制为17名、工勤编制3名，内设8个职能科室。核定领导职数主任1名、副主任3名，党委设书记1名（由主任兼任）、专职副书记1名；纪委书记按规定配备1名。内设办公室、组织人事科（监察室）、规划财务科、政策法规科（宣传教育科）、疾病预防控制科（县卫生应急办公室）、医政医管科（县深化医药卫生体制改革领导小组办公室）、计划生育与妇幼保健指导科（流动人口计划生育服务管理科）、计划生育家庭发展科（县出生人口性别比综合治理办公室）；委直属事业单位3个，包括县爱卫办、县农村卫生管理中心、县卫生会计核算中心；委代管群团机构2个，包括县红十字会、计划生育协会（参公）；县级医疗卫生机构6个，包括县人民医院、县中医院、县疾控中心、县妇幼保健计划生育服务中心、县卫生计生监督执法局（参公）、县结核病防治所；乡镇（中心）卫生院36个、街道社区卫生服务中心4个。

【县级公立医院改革】　成立由县人民政府主要领导任组长的医改领导小组，先后出台一系列改革配套文件，为改革顺利推进提供政策保障。县级公立医院全面实施药品零差率销售，严格执行药品网上集中采购工作，统一纳入县药品采购联合体管理，对药品采购实行全过程监管。县财政投入800万元，对县级公立医院因取消药品加成减少的合理收入，通过药事服务费补偿后的不足部分予以全额补助，全年共补偿294.27万元。2016年，县人民医院、县中医院基药品规分别占药品总规数的57.21%、55.17%。县级公立医院药占比31.46%（不含中药饮片），较去年下降5.01个百分点。

【基层医改成效】　新（改扩）建卫生（分）院14个，力争2017年建成投用。配齐基本医疗设备，实现乡镇卫生院全自动生化分析仪、彩超、西门子DR（柯达CR）配备、数字化影像系统全覆盖。2016年，基层医疗机构门急诊人次67.3万、出院人次6.4万，分别占政府办医疗机构总门急诊、出院人次的58.61%、63.08%，药占比为38%，较全市平均水平低15%，实现与县级医疗机构均衡同步发展。县域内就诊率达89%，一级及以下医疗机构诊疗人次占全县总诊疗人次73%，全面实现分级诊疗基层首诊65%指标要求。全县医保基金使用率为90%，政府办基层医疗卫生机构居民医保报销金额占县内报销金额56%。

【公共卫生服务】　全年无重大公共卫生事件发生，居民健康档案电子建档率达82%，适龄儿童“八苗”接种率维持在95%以上，基本公共卫生服务居民知晓率保持在50%以上。对144例现有艾滋病感染者和病人，完成CD4检测130人，检测率90.28%，累计申请抗病毒治疗112人，治疗覆盖率77.78%。加强精神卫生工作部门联动，县人民政府组织召开精神卫生工作联席会，县综治委印发了《严重精神障碍患者底数摸排专项行动工作方案》《严重精神障碍患者监护责任实施以奖代补政策》，各部门配合实施摸排行动，积极落实监护责任以奖代补政策，2016年底，系统在管人数2365人，检出率为4.58‰。开展疫苗管理专项督查，对各接种单位存在的问题尤其是二类疫苗管理漏洞进行清查整改，并全面整改到位。全县43个预防接种门诊均通过验收批准，196名预防接种人员均具有相应资质，全部培训合格并持证上岗。无预防接种人员个人收入与二类疫苗收入挂钩等现象。加强卫生应急队伍建设和应急物资储备，开展卫生应急专业技术人员理论与现场培训5次、卫生应急演练3次。

【卫生信息化建设】 按照市级新实施方案，完成区县平台数据集成与业务监管系统采购和安装，并投入试运行，同时邀请专家完成基层医疗卫生机构管理信息系统项目初验。2016年7月，彭水自治县基层医疗卫生机构管理信息系统通过市卫计委验收。县人民医院已与市级部分医院实现远程医疗服务，并实行预约诊疗服务。卫生计生信用信息系统运行正常。

【医疗联合体建设】 县中医院与涪陵区中心医院建立医疗联合体，2016年6月28日正式授牌，涪陵区中心医院派驻1名院长助理及2名临床业务骨干在县中医院担任业务副院长及科室主任，驻地指导开展相关工作。明确县级公立医院与2家基层医疗机构组建医疗联合体开展试点工作，出台具体工作实施方案，2家公立医院分别召开医联体座谈会，部署相关工作，签订协作协议。家庭医生签约服务工作全面推进，常住人口签约率达50%，建卡贫困人口、计生特殊家庭签约率100%。

【妇幼服务管理】 建立健全工作机制，提升妇幼工作人员业务知识和服务水平。指定县人民医院为高危孕产妇和新生儿救治中心，畅通危重孕产妇预警管理和救治及转诊渠道。3岁以下儿童系统管理率89.87%，新生儿访视率91.36%、听力筛查筛查率68.53%、疾病筛查率92.14%。孕产妇健康检查率90.82%，孕产妇系统管理率86.35%，高危孕妇住院分娩率99.87%，住院分娩率99.17%。

【医疗费用控制】 开展以处方点评、优质护理考评、医德医风考核等为主要内容的诊疗服务行为点评活动，合理用药、合理检查、合理治疗进一步规范。加强临床路径的应用及单病种管理，制定66个临床路径表单，缩短病人住院时间，降低病人住院费用。严控医药费用不合理增长，下达县级公立医院2016年医药费用增幅控制指标，签定目标责任书，费用增幅控制情况与单位事业经费拨付挂钩。县级公立医院尤其是县人民医院费用增幅下降明显，群众满意度分别达93.62%、89%。基层医疗机构门急诊、住院人次分别占政府办医疗机构总门急诊、出院人次的58.61%、63.08%，出院次均费用为1557元，较去年人均下降30元；药占比为38%，较全市平均水平低15%。

【行风建设】 开展以规范医疗服务行为，治理过度检查、过度治疗、不合理用药、乱收费等为目的的“卫生计生机构服务行为专项整治”活动。强化卫生计生系统干部职工的使命感和责任感，努力做到思想正、作风实、能力强、勤廉从医，切实为老百姓健康服务。开大处方，不合理用药、不合理检查、不合理收费等过度医疗行为得到明显改善，群众“看病难”“看病贵”问题得到缓解。

【信访稳定】 通过强化责任、细化举措，切实抓好信访稳定工作，2016年，县卫生计生系统无进京到市非正常上访和因信访举报办理不力导致越级上访情况。

体　育

扎实推进体育为民惠民服务群众工作，以“争做群众身边的好体育人”活动为载体，全力推进体育基础设施建设，新城体育中心（一期）项目完工待验收后投入使用，投入体彩公益金近500万元，新建40多片体育运动场地，按时建成社区健身点1个并于10月底顺利通过市级验收，认真实施农体工程、全民健身路径工程项目，全县体育场地面积增幅明显，体育设施进一步健全，群众健身条件得以进一步改善；同时，在全县城乡广泛深入开展健身操普及、坝坝舞培训、暑期篮球培训、乒乓球培训、武术培训、老年体育项目展演、健身长跑竞赛以及登山、游泳、钓鱼、太极、漂流等形式多样、参与性强的全民健身活动，群众体育活动如火如荼，常年健身队伍不断壮大；成功举办“能源杯”“交通杯”等大型职工运动会10余次，定期开展较大型乡镇片区运动会、乡镇篮球赛以及乒乓球、羽毛球、门球、自行车、钓鱼、游泳、象棋、拔河等丰富多彩的常规赛事20余次，丰富全县广大干部职工、群众体育生活；积极参加全国、全市体育赛事，其中参加重庆市五运会及重庆市全民健身运动会累计获奖20多个。

社会事务

民政工作

【社会救助】 截至2016年12月，全县共有城乡低保对象14257户32660人，其中城镇低保3872户、7093人，农村低保10385户、25567人。累计支出低保资金10053.92万元。同时，全县已有12793名贫困户纳入低保兜底脱贫，每月支出兜底资金306万元。制定《关于进一步完善医疗救助制度的通知》，截至12月，累计救助11万人次，支出救助资金1966万元（其中：资助参保34109人次，支出参保金额356.9万元）。实施临时救助1830人，支出救助资金619万元，其中乡镇直接审批13万元。开展未成人社会保护试点工作，实施流浪乞讨人员救助2154人次，其中流浪未成年人49人，支出救助资金42万元。发放“元旦·春节”“五一·端午”“中秋·国庆”城乡特殊困难群众慰问资金970.61万元，发放猪肉价格补助资金237.67万元。

【救灾救济】 修订完善救灾应急预案。采购存储帐篷150顶、冬棉被2000床、夏凉被2000床、折叠床300架、应急灯100个、单衣裤1500套和两套场地照明灯，与商家签订应急救灾物品定向保障供应协议。成功应对“6.25”暴雨洪涝、“6.28”暴雨洪涝灾害、“6.30”暴雨洪涝灾害和“7.19”暴雨洪涝灾害，累计受灾29万余人，累计下拨市级救灾资金301万元，县配套资金100万元，发放救灾棉被近3000床。有效实施冬春生活救助，以一卡通形式发放资金454万元，救助人口87560人。成功创建绍庆街道滨江国家级减灾示范社区。

【社会福利】 全市社会福利暨福利机构消防安全工作片区会在彭水成功召开。社会福利中心项目已完成主体工程建设；超额完成涉及市级民生实事考核的4个社区养老服务站（其中：下达考核任务数2个）；高谷镇准福利院改造工程正在推进；完成平安等24个乡镇敬老院消防喷淋系统的安装工作，正联合消防部门组织验收。停发了22名超龄孤儿和3名困境儿童基本生活费，将符合条件的17名孤儿和16名事实无人抚养困境儿童纳入保障范围。并按月兑现全县现有278名社会散居孤儿和163名事实无人抚养困境儿童的生活费。制发农村留守老人扶贫关爱行动和智力重度残疾人员集中托养工作方案及相关工作细则，下拨经济困难的高龄失能老年人养老服务补贴435.06万元（含补发2015年7～12月）、“五保”老人供养经费2195.3万元和高龄津贴1200万元。共资助特困家庭优秀大学新生40名和义务教育在校贫困家庭学生80名，累计发放资助金28万元，销售发行福利彩票2780万元。

【优抚安置】 对2015年退役士兵及转业士官共202人完成安置，自主就业人员188人，发放自主就业金578万元，协商县人社局使用13个事业工勤编制安排转业士官，已安排上岗；宣传组织121名退役士兵参加职业技能培训，达到自主就业（自谋职业）退役士兵总人数的65%，发放职业技能培训费、生活补助费及奖励金约83万元；截至2016年12月31日，接收2016年秋冬季退役士兵169名；按照有关优抚对象数据核查规范要求，超额完成本地优抚对象数据核查工作，核查人数1724人；筹集资金80万元对驻彭部队和重点优抚对象进行节日走访慰问。开展“双拥在基层”宣传教育活动一次；组织重点优抚对象20人参加短期疗养活动；补助7名重点优抚对象危房维修经费7.5万元；新增、调整重点优抚对象231名，发放重点优抚对象抚恤补助证3900本，兑现2015年度军人在部队立功奖励资金13.26万元，发放猪肉价格上涨一次性生活补贴约25万元；组织实施清明节祭扫、烈士公祭日活动。

【基层政权】 开展第十届村（居）委换届选举指导督导工作，对乡镇（街道）分管领导、民政干部进行了业务培训，成立领导小组和督导组深入各乡镇（街道）开展督导工作，并印发《关于印发〈彭水县第十届村（居）民委员会换届选举工作方案〉的通知》（彭水民发〔2016〕87号）文件，发放了选民证、选举指导手册等换届选举相关资料，截至2016年底，换届选举工作已全面完成。指导各乡镇（街道）开展村（社区）便民服务中心规范化建设。

【专项事务】 完成39个乡镇（街道）的地名普查外业采集及入库工作，开展彭水自治县与贵州务川、道真、沿河以及与武隆行政区域界线联检工作。审批成立民间组织16个，及时启动“三证合一”工作，为全县305个民间组织赋予社会信用统一代码。进入殡仪馆规范治丧313起，自愿遗体火化15具，落实殡葬惠民补助38户，共6.05万元。办理婚姻登记8510对，补发《结婚证》2164对。

计划生育

【落实全面两孩政策】 积极稳妥实施全面两孩政策，加强宣传引导，做好政策解读，推进政策落地。开展计划生育网上便民服务工作，对乡镇街道计生工作人员开展2次专业培训，为乡镇街道统一配备高拍仪等设备。将生育登记服务工作延伸到社区办理，对再生育实行网上审批。2016年，网上办理生育登记夫妇4749对，网上再生育审批夫妇142对，网上登记率、办证率达100%。全县出生二孩2412人，同比增加359人，增长15%。政策外多孩率5.29%。

【性别比治理】 坚持把出生人口性别比治理纳入对乡镇街道、县级部门计划生育工作考核，纳入党政重大事项进行督查。着力营造出生人口性别比治理工作氛围，畅通举报途径。严格落实出生人口实名登记、B超监管等“两非”治理工作制度，指定定点医疗单位为施行终止妊娠手术医疗机构。大力开展“两非”整治专项行动，发现“两非”线索3例，查处“两非”案件3件。出生人口性别比107.12，较去年同期下降3.21。

【民生实事】 实施基本公共卫生项目以来，彭水自治县对孕产妇进行规范化管理，产后进行入户随访，对产妇进行健康体检并给予避孕节育指导。对人流、产后对象进行电话随访，同步实施避孕节育指导，减少意外怀孕。推进流动人口服务管理，流动人口信息核查、提交率均达100%，反馈及时率达99.9%。提高流动人口卫生计生基本公共服务均等化水平，对非本辖区户籍居民但在辖区内居住满3个月的流入人口，乡镇（社区）卫生院为其建立健康档案，开展健康教育、儿童预防接种、孕产妇和儿童保健管理等基本公共卫生计生服务，并实行单独管理。农村妇女宫颈癌筛查15086人，超额完成下达的目标任务。免费孕前优生健康检查2579人，超额完成目标人群覆盖率达80%的任务。免费产前唐氏综合征筛查2843人，超额完成市对县目标任务数，筛查出高风险人群83人，均对其进行后续随访。

【计生惠民政策】 落实奖扶对象5298人（新增

559人)、特扶对象182人(新增12人),发放特别扶助金103.32万元,及时足额发放独生子女死亡对象每人5000元的一次性养老保险金补贴,共计69.5万元。对每个特扶家庭实行家庭医生签约服务并建立“一对一”结对帮扶制度。发放计生家庭生育关怀资金11万。为182名“失独”和独生子女伤残家庭父母购买意外伤害保险,在县人民医院为独生子女死亡家庭开通就医绿色通道。为66名升入大学的农村独生女、双女每人发放4000元助学金,共计26.4万元。落实农村独生女、双女升县内高中加分166名,落实农村独生女升大学加分52名。

【依法行政】 组织县、乡镇街道计生干部到市上集中培训1周,重点学习《重庆市人口与计划生育条例》。统一公示内容和模版,及时更新全县39个乡镇街道、296个村的计划生育政务(村务)公开栏。组织开展计划生育行政处理案卷质量评审活动。依法查处违法生育案件212件,征收社会抚养费172万元。无违纪违规行为和重大恶性事件发生。

人民生活

2016年,全县常住居民人均可支配收入14219元,比上年增长11.6%。按常住地分,城镇常住居民人均可支配收入24482元,比上年增长9.6%;农村常住居民人均可支配收入9294元,比上年增长10.8%。

城镇常住居民人均可支配收入中,工资性收入11796元,增长8.0%;经营净收入4922元,增长10.7%;财产净收入3482元,增长7.0%;转移净收入4282元,增长15.4%。

农村常住居民人均可支配收入中,工资性收入4111元,增长9.0%;经营净收入3682元,增长12.0%;财产净收入168元,增长11.7%;转移净收入1333元,增长13.1%。

乡镇街道

汉葭街道

【概况】 街道面积189.73平方千米；辖12社区，8村，118村（居）民小组。总户数26693户，总人口127161人，其中，非农业人口44498人，农业人口55017人，流动人口27646人；人口密度670.22人/平方千米。集镇面积2132600平方米，集镇人口54700人，城区化率达59.2%，耕地面积4447.5公顷，比上年增长4%；林地面积9640公顷；实现地区生产总值21.8亿元，增长15%；完成固定资产投资28.2亿元；完成零散税收315万元，非税收入54.1万元；城镇居民人均可支配收入3万元，增长14%；农村居民人均纯收入1.31万元，增12.1%。人口自然增长率控制在7‰以内；城镇登记失业率控制在4.5%以内。中学1所，在校学生3505人；小学13所，在校学生13626人；学前儿童入学率100%，文化站1个，社区卫生院2所，病床47张，与上年持平，卫生技术人员55人，与上年持平。

【农业农村工作】 2016年，种植蔬菜10000亩，实现产值2000万元；累计种植魔芋700亩，实现产值140万元；累计种植高淀粉红薯3000亩，实现产值600万元；累计种植烤烟1500亩，实现产值375万元。养殖行业创佳绩，出栏生猪33000头，实现产值66000万元；出栏肉牛1033头，实现产值774万元；出栏山羊2628只，实现产值236万元；出栏家禽150400羽，实现产值1052万元。强化长溪、土塘、麻油等村（社区）1500亩油茶造林补植补造管护工作；在青龙社区发展林下种植榨菜300亩；完成土塘社区退耕还林成果巩固500亩脆李造林任务。培育发展股份合作社42家，家庭农场3家，发展各类种养殖大户235户，种粮大户3户，蔬菜种植大户42户，魔芋种植大户3户，猪规模养殖户25户，牛规模养殖户15户，羊规模养殖户41户，禽规模养殖户15户，蜂规模养殖户76户。

【商贸流通】 充分发挥区域优势，重点打造以十字街为中心的百货商业购物圈、下塘和长滩火车站物流园、学坝休闲娱乐小区、下街商贸餐饮娱乐一条街、汉关路建工建材一条街等五大商贸商圈，使汉葭成为彭水最大的货物集散地。规范县域商贸会展经济，配合“一节一赛”打造“乌江流域特色农产品暨美食展”，筹备举办彭水2016各类展会促销活动，开展农产品展销活动，充分挖掘消费潜力，刺激内需，拉动消费，促进县城商贸经济发展。全年实现社会消费品零售总额29.5亿元，增长14.3%；批发零售商品总额85亿元，同比增长13.3%；住宿餐饮业营业额9.8亿元，同比增长14.7%，配合举办各种大小型展销活动达15次，直接创造会展经济收入达9.5亿元，增长20%。

【基础设施】 新修通畅公路1.4千米，通达公路21.9千米，有效解决6个村（社区）5000余人出行难问题；计划修建通畅公路13.75千米、通达公路13千米、连接道0.123千米，完成12.29千米通畅公路招投标工作，为北斗村、土塘社区2

条通畅路争取资金615万；新修白溪与长溪安置点住房22幢，完善篮球场、超市、路灯、污水处理等配套设施；完成农村C级危房改造90户、D级危房改造40户；完成300人高山生态移民搬迁任务，项目总投资360万元；在贫困村新修公路通畅公路34.8千米、通达公路39.9千米、人行便道44.5千米，推进北斗村抗旱水源建设，在双坪、易家坝村修建水池805立方，铺设供水管道27.6千米，解决3300余人的安全饮水难题。

【脱贫攻坚】 以“贫困群众为中心、贫困村为重点、县域经济社会发展为支撑、党的建设为保障”的工作思路，紧紧围绕“六个精准”，扎实推进“六个一批”，着力解决贫困户“八难”、实现贫困村“八有”，做到精准滴灌、靶向治疗、脱贫不返贫。以产业扶贫为根本动力，由“输血”变“造血”。健全产业进村入户发展机制，精准使用475万产业扶贫资金，高效办理金融扶贫贷款3223万，培育合作社等新兴经营主体300余家，打造涪陵榨菜原材料供应带2500亩、青脆李基地3000亩、蔬菜基地5000亩，引导农户发展烤烟、蔬菜、经果林等特色种植业30000亩，养殖生猪、豪猪等牲畜10000余头，实现“一村一品、一户一业”产业布局，农户户均增收4000余元，产业带动脱贫269户905人。以搬迁安置为新引擎，从“搬不出”到“能致富”。实施“乡村旅游+后扶产业+生态搬迁”，在白溪安置点成功打造乡村旅游景点“凤凰花海”，引导150余户高山居民通过土地入股、景区就业、经营农家乐等方式增收，累计接待游客5万余人次，实现旅游综合收入200余万元。在长溪安置点配套建设20亩羊肚菌基地，为搬迁群众后续产业发展提供强力支撑，搬迁安置脱贫36户135人。以教育扶贫为源泉，由“缺资金”到“上好学”。整合雨露计划、泛海助学、金秋助学、社会捐助等项目资金160余万，惠及从学前教育至大学阶段贫困学生400余人，资助优秀大学生150余名，改善小学办学条件，确保贫困家庭不因贫困辍学，教育资助脱贫36户130人。以医疗救助为保障，从“看病贵”变“负担轻”。规范17个村级卫生室，配备20余名乡村医生，实现贫困户合作医疗、养老保险、小额意外伤害保险、大病医疗补充保险参保率100%，医疗救助脱贫8户19人，巩固脱贫1户6人。以转移就业为突破，由“缺技术”到“有门路”。根据对未就业贫困群众的意向调查，组织招聘会3场、特色种养殖技能培训1500余人次，通过公益性岗位、转为护林员、参与合作社等途径就业贫困户110余人。以社保兜底为支撑，从“缺保障”到“能托底”。对无劳动能力的二级以上残疾人和孤寡老人等贫困人口，通过叠加低保、残疾人补助、临时救助等方式予以补助，健全社保政策到户措施，有效避免脱贫户因灾因病返贫，低保兜底51户135人。

【城市建设】 按照县委、县政府提出的建设“具有民族特色的中等旅游城市”的总体要求，按“拆危、增绿、留空间”的总体思路，积极配合做好旧城改造拆迁协调服务工作，完善城市功能，建设宜居城市，强化县城核心地位，提升城市对外形象，发挥城市辐射带动作用，重点打造黔龙阳光、澎湖花园、高山流水、依云水岸等旧城改造项目建设，拓展城市空间；推进旧城棚户区改造工作，对鼓楼、石嘴社区165栋28779.8平方米的棚户区进行摸底排查；推进“两违”整治工作，采取日常巡查和集中整治相结合的方式，实施强制拆除胎子板294平方米，拆除板体185平方米，墙体151平方米，拆除违法建筑柱子23根，销毁电机、钻机、搅拌机共13台，拆除钢棚8户，有效遏制违法乱搭乱建的势头；加快推进市容市貌整治工作，对县医院门口和中业太阳城门口占道经营等问题进行依法强制取缔。

【社会事业】 认真落实惠民政策，严格有序地开展城乡居民最低生活保障工作，对辖区低保对象实行动态管理。落实城镇低保1300余户，累计发放低保金858.9万元；落实农村低保400余户，发放低保金396万元；新增城乡低保285户891人，对不符合低保条件的352户进行清理；解决部分群众医疗、入学、自然灾害等临时生活困难救助1891人，发放救助金94.52万元；发放优抚、定补、五保、孤儿、城镇三无等救助资金近5000万元，落实残疾人康复医院1所，建成社区老年服务站3个，发放高龄津贴100万余元；发放种粮直补8297户，324万元；兑现下塘、北斗、大树、柏杨、亭子等10个村（社区）复垦项目补偿款；新发展微型企业40家，发放财政补助资金100余万元。

绍庆街道

【概况】 街道面积122.05平方千米；辖6个社区，4个村，64个村（居）民小组。总户数10925户，总人口52280人，其中，非农业人口33442人，农业人口10166人，流动人口8672人；人口密度428.35人/平方千米。集镇面积6.3平方千米，集镇人口25878人，城区化率达49.5%，耕地面积2804.1公顷，林地面积7261.96公顷，退耕还林面积707.83公顷；经济总收入15.7亿元，比上年增长9.79%，其中农业3.1亿元，比上年增长14.8%；财政收入3128万元，财政支出3128万元。中学2所，在校学生9915人；小学10所，在校学生7945人；文化活动中心10个，社区卫生院1所，病床110张，卫生技术人员89人。

【集镇建设】 修建通达公路7条共计26.1千米，修建通畅公路6条共计9.539千米，维修整治公路28条106千米，解决了15000人的出行难问题；已建人畜饮水池10个，解决了13300人的安全饮水问题；修建贫困村垃圾房17个，贫困村招呼站4个。牵头完成农贸市场提档升级，将河堡农贸市场搬迁至澳华广场；对占道经营者，相关工作人员进行劝导，确保市场规范化运行。

【产业发展】 稳定种植粮食面积52000亩，油料作物9000亩；红薯种植面积15000亩，订单种植2500亩。巩固发展6个产业基地，分别是镇南蔬菜基地1个500亩；镇南红薯研发基地1个300亩；过江红薯基地1个500亩；弹子、坝竹的养殖基地各1个；临江社区现代林业产业基地1个，面积达万余亩。巩固培育产业大户8个，其中食用菌种植规模超过5万袋的5户，10万袋的3户；新发展专业合作社5个。打造采摘体验园2个，分别是阿依河葡萄、草莓采摘体验园和弹子猕猴桃采摘园。

新发展微型企业45家，在坝竹、阿依河、天台成立农村淘宝电商服务站，在镇南、弹子成立淘帮手服务站点，在镇南、弹子成立供销e家、京东商城等电商平台，形成多平台融合共促农村电商发展。2016年3月，首批农村淘宝开业，阿依河社区农村淘宝服务站取得全县第一的销售业绩。9月，首届渝东南电商扶贫论坛在彭水举行，参观坝竹农村淘宝服务站、镇南龙泉洞电商服务站、阿依河农村淘宝服务站、弹子社区多融合电商平台。

协调解决阿依河快速通道、蚩尤九黎城项目中的矛盾纠纷，确保工程有序推进；打造阿依河沿线精品旅游路线，大力发展坝竹、胡家湾、黄家岭乡村旅游休闲点，已成功申报阿依河社区为重庆市第一批全域旅游示范单位；加大对辖区休闲农庄、农家乐等旅游服务业的监督管理，助推旅游服务业提档升级，规范化经营，坚持每月一次对辖区农家乐进行安全检查。

【民生保障】 落实城镇低保254户641人，发放低保金312.6万元；农村低保487户1153人，发放低保金360万元；新增城乡低保18户；发放各类优抚定补、救灾救济资金269万元；各类残疾人补助资金17.5万元；资助16名学生，落实助学金5万元；改造农村危旧房175户，其中C级危房改造150户，D级危房改造25户。贫困户高山移民搬迁51户186人，高山移民人员人均获得1.2万元的补助。

【安全稳定】 全年无信访积案，民事纠纷调解率和成功率均为100%。杜绝重特大安全生产事故发生，死亡事故为零。

【党建工作】 有序推进党员干部学习培训教育、远程教育、党费收缴、党员发展和非公经济组织摸底调查工作等日常工作，圆满完成村（社区）“两委”换届工作。重庆市服务群众管理工作平台收集问题712条，解决712件。

靛水街道

【概况】 靛水街道位于彭水自治县西部，距县城7千米。2010年规划为彭水新城建设区。2011年，撤乡设街道。幅员面积225.46平方千米，辖6个社区9个村，104个村民小组，总户数9422户，总人口30447人，人口密度135人/平方千米，其中非农业人口9792人，农业人口19898人。耕地面积4469公顷，林地面积14683.9公顷，退耕还林面积1000.07公顷，森林覆盖率达47%。粮食产量1.51万吨，经济总收入28238万元，财政收入3189.6万元。农民人均纯收入达10347元，比上年增加1.2%。街道辖中学1所，在校学生1872人；小学4所，在校学生2266人；幼儿园4所，在校学生874人。文化站1个。社区卫生服务中心3个，病床24张，卫生技术人员28人。

【集镇建设】 新城建设稳步推进，共计完成征收土地371.22亩，签订房屋拆迁协议198户，拆除141户，搬迁坟墓173座，办理征地人口安置1000余人，组织调处征地拆迁引发的矛盾纠纷200余件，兑现征地拆迁补偿费近2.2亿元；分配安置房179套，结算100户，报名审查安置房276户449套。“两违”管控持续加强，共开展巡查340余次，联合执法35次，控制性拆除“两违”建筑40栋，完全拆除18栋，拆除（控制）面积约12000平方米，摩围山景区及新城红线周边等重点区域违法建设活动得到有效控制。集镇容貌不断改善，建立环境卫生管理长效机制，投用垃圾勾臂车3辆、三轮车17辆、垃圾箱体39个，垃圾桶215个，手推车50辆，生活垃圾处理规范有序。

【产业发展】 发展魔芋种植100亩、红薯种植2500亩、烤烟种植9500亩，新增专业合作社7个、家庭农场2户，种粮大户5户，科技示范户30户。实现生猪、牛、羊、禽存栏4.8万头、0.6万头、0.7万只、21万羽，出栏3.9万头、0.4万头、0.4万只、16.8万羽；中蜂保有量7634余群。着力发展乡村旅游产业，成功主办2016·爱在彭水·情定摩围体验游系列活动，积极申报洋藿、文武2016年乡村旅游基础设施中央投资项目，实现旅游接待收入400万余元。

【脱贫攻坚】 坚持以贫困群众为中心，以贫困村为重点，以经济社会发展为支撑，以党的建设为保障，落实街道、村（社区）、组三级帮扶责任机制及“1帮5”工作机制，实现了580户1953名贫困群众增收脱贫。通过兑现产业发展补助资金128万余元，发放硼肥2000袋、油菜种子8000斤，巩固传统保供种养殖业；发展经果林8000亩，微型企业23家，不断提升产业扶贫力度。通过基础设施改善，解决交通建设45.6千米；完善、推进3个贫困村人饮工程建设，完成山坪塘整治24口，完成朝阳、前进等5个村（社区）抗旱水源工程及摩围山水库建设协调服务工作；改造C、D危房72户；群众人居环境大大改观。通过教育保障，实现1025名贫困学生获得教育资助101.5万余元，有效防止因贫失学。通过社会扶持，120名建档立卡贫困人口获得医疗补助10.7

万元，1740 名低保、残疾等特殊群体获得补贴、救助等 48 万余元。

【社会民生】 严格执行计划生育基本国策，人口自然增长率、政策性生育率分别为 4.4‰、94.8%。积极开展群众文艺活动和文化体育设施建设，新建篮球场 2 个，成功主办乡村旅游系列活动，参加县域各类文化展演并取得优异成绩。城乡居民养老保险参保 9556 人，养老待遇领取人员人脸、指纹认证比例达 84.5%；2016 年，城乡居民医疗保险参保 25400 人，2017 年医保筹资完成 83.7%；实现城镇新增就业 262 人；优抚、五保等严格政策落地。

【安全稳定】 落实稳定第一责任，持续开展干部下访接访，领导干部累计下访 300 余次，接待群众 1000 余人次，成功调处矛盾纠纷 894 件。突出网格化管理，加强社会治安巡逻防控，强化社区矫正、刑释解教等重点人员稳控，依法打击犯罪活动，群众安全感指数较大提升。完善“大安全”工作格局，不断深化“安全生产月”、专项整治等安全活动，开展集中安全宣传 12 余次，发放宣传资料 10000 余份；强化道路交通、非煤矿山、烟花危爆、建筑施工、农村消防等安全监管，成功整改古文村马家沟变压器迁移等较大安全隐患 6 处，其他各类安全隐患百余起，整改率达 100%，安全生产形势稳定好转。

【党建工作】 全年研究、部署党风廉政工作 30 余次，调查处理信访举报件 23 件次，给予党内警告处分 2 人，约谈干部 78 人次，党风政风持续净化。全面完成长岩等 4 个村（社区）便民服务中心扫尾工作，加速推进火石垭等 4 个村（社区）便民服务中心建设；成功打造 2 个（靛水、文武）群团改革示范点；群工系统受理群众诉求 760 件，满意率达 99.87%；阵地基础持续夯实，为民服务更加方便快捷。顺利完成基层组织换届选举，推荐 2 名中层干部提任副职领导，提拔 3 名一般职工就任中层干部职务，干部队伍不断优化。

高 谷 镇

【概况】 高谷镇位于县城西北部，距县城 14 千米（距渝湘高速公路彭水西出口 6 千米），幅员面积 118.36 平方千米，辖 2 个社区、6 个村、共 56 个村（居）民小组，共 5009 户 19387 人，其中非农业人口 4766 人、农业人口 14621 人，人口密度 164 人/平方千米。集镇面积 3.07 平方千米、人口 7970 人。耕地面积 2549.79 公顷，林地面积 8596 公顷，退耕还林面积 1288.08 公顷。粮食产量 0.7517 万吨，比上年增产 7%。全年财政收入 2641.56 万元。中学 1 所，在校学生 806 人；小学 3 所，在校学生 1244 人，学前儿童入学率 100%。文化站 1 个。中心卫生院 1 所，病床 35 张，卫生技术人员 32 人。

【脱贫攻坚】 电网升级改造 15 千米。狮子和陈家抗旱水源工程建设加快推进，整修新建水池 20 余口。完成 30 千米通畅公路硬化建设和通达公路 17 千米，建人行步道 20 千米。启动农村环境综合整治项目，维修铜鼓村 10 千米生产路。贫困户 38 户 213 人纳入 2014 年高山生态扶贫搬迁，C 级危房改造 100 户，D 级危房改建 30 户。截至 2016 年底，共和、铜鼓、群峰 3 个贫困村均已实现整村脱贫，全镇已脱贫建档立卡贫困人口 722 户 2699 人，未脱贫建档立卡贫困人口 132 户 443 人。

【集镇建设】 深化集镇业态。大力发展建材、餐饮、电商等产业，规范便民超市 2 家、农贸市场 2 家、夜啤酒烧烤店 3 家，解决就业 35 人。美化集镇街道。投资 500 万元的老街休闲广场已动工建设；完成了投资 95 万元的店招店牌改造 1716 平方米，启动了投资 98 万元的二期店招店牌改造；实施场镇绿带、花带 4000 平方米；实施了投资 360

万元的移民街小桥流水项目，绿化街道1500平方米。净化村镇环境。集镇坚持每周冲洗街道，不断提升高谷颜值。

【产业发展】 规划高谷融合生态示范园项目，项目投资5000万元，10月启动，已累计提供9602人（次）就业机会，增加项目区域农户收入100余万元。退耕还林成果巩固成效明显，完成荒山造林1400亩、退耕还林项目3700亩，创建国家级标准化林业站。发展草莓500亩、杨梅600亩、枇杷200亩、红心蜜柚100亩、油茶6000亩。利用生态资源。积极推进兴隆苗寨创AAA级旅游景区，新增投资1500万元，接待游客1万人次。

【民生保障】 武陵天然气管道已施工3000米，实施污水管网4000米。新规划的高谷中心卫生院动工。发放粮食直补3040户1275193.78元，兑现退耕还林补贴330.1835万元。发放临时救助金59400元、医疗救助金80810元、城乡低保金2700533元，发放优待和五保补助1270139元。城乡居民合作医疗保险参保16203人。教育、计生、卫生等各项事业全面协调发展。

【安全稳定】 对社区矫正人员、邪教人员、吸毒人员、精神病人员、重点涉稳人员做到有效稳控，全年未发生影响社会稳定的事件，有效保障社会的安全稳定。全年共处理网上信访案件63件，民事纠纷调解78件，调处成功率100%，领导干部下访群众240余次，有效维护社会的和谐稳定。

【党建工作】 强化党建引领脱贫攻坚，进一步完善便民服务中心的政治功能和服务功能，运用群工系统解决群众诉求103件。高谷镇党委始终牢固树立“抓党建是最大政绩”的理念，尽职尽责抓主业、尽心尽力抓监督、尽情尽理抓队伍、尽善尽美抓发展，初步呈现出风清气正的政治生态、活力迸发的经济生态、和谐稳定的社会生态和山清水秀的自然生态。

郁山镇

【概况】 郁山镇位于彭水自治县东北部，与黔江区接壤。距县城39千米，距重庆主城区约210千米。幅员面积149.6平方千米，森林覆盖率48%，辖11个行政村4个社区，78个村民小组，共有12243户、42268人。城镇建成区面积2.8平方千米，常住人口15097人，其中苗族、土家族等少数民族群众占总人口的45%。2016年，全镇实现了区域生产总值4.26亿元，农民人均纯收入8782元，城镇居民可支配收入20877元，全镇固定资产投资1.65亿元。小学6所，中学1所，在校生人数5700人，适龄人员失学率为零，资助贫困大学生38人19万元；文化站1个；医院1所，病床80张，卫生技术人员59人。

【集镇建设】 2016年，古镇开发完成总投资近1.186亿元，新建河堤900米，旅游路一期建成通车，小学实现扩建开班，中学完成扩建投用，新增学生运动场地9000平方米，安置房基本完工，盐浴中心主体完工，政府运动场建成投用；街道改造工程完成，白马社区城市人行便道全面建成；增设镇城镇规划区路灯21盏；合理设置果皮箱体200个，新增洒水车1辆投用；污水管网二期和幼儿园动工建设。

【产业发展】 特色产业生效，现代农业初具规模。郁山镇是彭水名副其实的薯业大镇。仁禹农业有限公司为全镇红薯种植农户提供2300亩的优质苗种。全镇红薯种植3万亩，农业种、养收入突破1亿元。全年新增养殖大户3户，存栏生猪15000头、出栏12000头，养殖山羊有5572只，土鸡74000只，蜜蜂保有量10000群。开发农村电子商务，为晶丝苕粉、擀酥饼等特色农产品成功开通电子销售渠道。

【民生保障】 居民养老保险参保数1.2万人，累计征收基金78万元，共有4878人在领取养老待遇，累计发放养老金60余万元，实现老百姓老有所养。全镇农村最低生活保障人口3193人，累计发放生活保障金1589.75万元；城镇最低生活保障人口2253人。全面落实粮食直补、退耕还林等国家支农惠农政策。完善7村（社区）的活动场所，建成标准塑胶运动场4个，社区文化活动丰富多彩，居民素质全面提高。卫计事业稳步推进。二胎政策全面落实，符合政策生育率达到87.38%。孕前优生健康检查、两癌筛查持续开展。人口信息系统不断完善，及时更新率达100%，准确率达90%以上。积极推行分级诊疗，全面升级改造10村卫生室建设，社会保障成效显著。2016年，坪阳、玉山、朱砂实现整村脱贫验收。

【安全稳定】 修订完善《村规民约》和村民自制章程，建立镇、村、组全方位、宽领域、多层次的社会治安防控体系。着力完善警民结合、打防控一体化、群防群治的社会治安、社区平安的长效机制。累计排查出重点信访人员11人，化解矛盾纠纷77余件，开展反邪教宣传活动6场次，开展拉网式排查9场次，同时建立动态监管台账，落实镇、村、组、户"四帮一"监管责任人。建设4个交通安全劝导站，投入15万元购置各种物资装备，切实加强对道路安全、森林防火、地质灾害、危险物品等领域的安全监管工作。安全生产工作、食品药品安全监管、交通管理、应急工作考核位居全县先进单位。群众安全感指数保持在90 %以上。全面加强社会治理，领导干部主动接访下访群众，依法化解各类矛盾纠纷。

【党建工作】 以四抓四为抓手，形成夯基础、强基层、硬责任、重统筹工作机制。2016年1～4月，共查处违规整酒3次，处理村干部1人，约谈干部4人，督办信访案件2件，监察"四风"问题4次。开展以会代训、以学代训322人次，录入群工系统群众反映问题767件，办结率、满意率100%，全程代办群众事务82件。

保 家 镇

【概况】 保家镇幅员面积204.42平方千米，辖9个行政村和3个社区，共有14590户、53983人，苗族、土家族等少数民族15000余人。城区面积4.5平方千米，城区常住人口3万余人，农村富余劳动力1.5万余人，城镇化率达29.8%。耕地面积106525亩，林地面积147800亩。完成地区生产总值14.8亿元，同比增长14%；辖区财政收入达6000万元；全年固定资产投资达46973.74万元；城乡居民可支配收入分别达22312元、11984元，同比分别增长10%和11%；银行各类存款突破3亿元。辖区内有中学2所、小学6所、幼儿园8所，在校学生17742人，教职工1018人，适龄儿童入学率达100%；有中心医院1所，卫生分院3所，农村医疗合作点站18个；建有大型文化广场1个，文化活动中心1个，老体活动中心1个，农家书屋12个，社会文艺队伍6支，广播通村率达100%，电视入户率达98%以上。

【集镇建设】 坚持"绿化、亮化、净化、硬化、美化"五化并进，完成城镇主干道的路面油（硬）化，累计投资1.5亿元对新街街道、人行道、房屋立面、店招店牌和路面油化进行综合改造；投入1090万元进行市政基础设施改造、1400万元实施污水管网改造，城镇供电、供水设施全面升级，约50%的城镇居民用上天然气；建成民俗文化街一期工程和民族文化广场，启动桂圆新街建设，完成新建房屋面积144000平方米，新、改、扩建屋总面积216000平方米，扩大建成区面积0.8千米；累计收取城市建设配套费490万；完成村级公共服务设施项目3个；设置场镇果皮箱6个；新建场镇污水处理厂1个。

【产业发展】 每年粮油播种面积稳定在5万亩以上，实现人均粮食产量500余公斤，养殖牲畜5万余头、家禽22万余只，种养殖基地朝着规模化、特色化方向发展，形成了烟、薯、畜、芋、林五大农业支柱产业，以及中蜂养殖、食用菌生产、蔬菜种植等特色产业；建成1万亩优质水稻基地、1万亩优质油菜基地、2万亩优质薯类基地、5000亩绿色蔬菜基地、2000亩优质烤烟基地、4万亩工业原料林基地和3个生猪示范基地，引进3家龙头企业，人均农业收入达2000元；农业产业链逐渐延伸，共引进龙头企业5家，新培育红薯、榨菜等农产品加工厂12家，累计成立专业合作社67家、家庭农场18家，发展种粮大户12户。

【民生保障】 累计完成高山生态扶贫搬迁94户316人；完成D级危房改造35户、C级危房改造7户，贫困户农房保险全覆盖；城乡居民养老保险参保14496人，新农合参保39762人，核定城乡低保697户1789人；举办"合川—彭水扶贫专项招聘会"，完成城镇新增就业345人，失业人员再就业108人，回引返乡农民工597人，发放小额贴息信贷30人，共计300万元；教育扶贫惠及贫困应届大中专学生55人（其中教委泛海行动资助15名，扶贫雨露计划资助27名，民政救助13人）；医疗救助220人，补助金额101039元。

【安全稳定】 依托"六五"普法全面加强社会治理，领导干部主动接访下访群众，共排查矛盾纠纷468件，成功调处449件，矛盾纠纷化解率达96%，办理信访案件41件，办结率100%；整改非煤矿山及公共场所安全隐患26处，整改或关闭非法烟爆门市10家，收缴销毁烟花爆竹6000余件。

【党建工作】 党委中心组开展"两学一做"专题教育集中学习13次，分门别类地列出共性和个性问题167条，逐一列出问题清单对照整改。狠抓党风廉政建设，开展重点领域专项督察11次，发现并整改问题9起。

桑柘镇

【概况】 桑柘镇位于彭水东南部，幅员面积192.65平方千米，辖11个行政村3个社区，111个村（居）民小组，现有8729户，34760人。年种植烤烟常年稳定在2.8万亩，产量稳定在7万担以上，产量约占全县四分之一，种植规模以乡镇为单位居全市第一。属煤炭产业重镇，全镇已经探明煤炭储量为8000万吨以上，现有国有煤矿1个、乡镇煤矿5个，原煤年产量在40～60万吨，煤炭产量约占全县半壁河山。属清洁能源主要产地，全县页岩气开发重点在桑柘白龙，目前已建成彭页1HF井等4口气井，并实现管网合一产气方式。

【产业发展】 2016年，全镇农业生产面积达11.8万亩，预计年产值1.52亿元，同比增长10%。其中：烤烟种植面积2.73万亩，粮食播种面积6.6万亩，种植马铃薯2.5万亩、红薯1.38万亩，种植高山蔬菜3000余亩，平坝青菜头1000亩，羊雀菌400余亩，紫山药150余亩，草莓10亩，莲藕200余亩、丹参和急性子50亩。形成以烤烟、薯类为主导产业，传统产业稳定发展，特色产业有效互补的产业发展格局。

【工业发展】 页岩气开发服务。全县页岩气开发重点在桑柘白龙，目前已建成彭页1HF井等4口气井，并实现管网合一产气方式。日产气3万方，年产值2170万元。因环评、安评等问题，于2016年5月份停产。中石油在桑柘镇铺设长输管道14千米，涉及4个村530余户，共为其协调化解纠纷20余起，现完成管道安装任务。煤炭产业。组建专门队伍，强化服务、加强监管，积极探索和建立煤矿采空区综合治理长效机制，全面加强煤矿安全监管。年产煤量达35万吨，年产值1.85亿元，创税1500万元。为顺应产能过剩，2015年至2016年全镇已关闭3家煤矿，煤矿工人的安置补偿和职业健康问题在市县的大力支持下也得到有效保障。矿产品加工业。充分利用丰富的大理石资源，加大整顿力度，提高开发深度，现有规模以上大理石加工企业3个，年产值3000万元，实现税收240万元。

【基础设施建设】 集镇面貌明显改善。扎实开展以垃圾清运、污水治理、乱搭乱建拆除为重点的“爱国卫生暨城乡整洁专项行动”，完成场镇绕镇路下水道整治和泥青铺设；完成主街弱电管网（下地）基础设施和油路铺设；重建广场塑胶球场约1200平方米；投资120余万元完工青蒲居委环境连片整治项目建设。农村道路明显提升。新规划建设道路约30千米，全面辐射镇域各村；完工东风村通畅路建设17千米，完工大青村通畅路建设11千米，太坪村通畅路建设已完成5千米；正式启动2016年人行便道建设。环境治理明显提高。改建场镇污水处理厂1个，完工青蒲污水处理厂建设。新村建设明显提质。杨家新村已完成投资300余万元，即将完工；完成农村C、D级危房改造60户，并验收成功；完成生态搬迁规划59人。人饮工程明显延伸。完成8个农村人饮工程建设，惠及村民600余人；大灌区建设项目已近尾声。中石油铺设长输管道14千米，涉及4个村530余户，共为其协调化解纠纷20余起，已完成管道安装任务。

【社会事业发展】 养老保险参保人数达9686人，其中2016年新增参保67人，全面完成养老保险基金征收任务65万元。实现全民参保登记30960人，率先完成目标任务。新增城镇就业人员91人，完成下岗失业再就业43人，农民工返乡就业再就业183人。落实孕优检查45对，完成社会抚养费征收1.4万元，规划改（扩）建中心卫生院。动态审批城乡低保对象42户130人，实施困难家庭临时救助55人，累计兑现各类民政资金275万元。教育教学均衡发展。镇党委、政府以抓好教育民生工程和义务教育均衡教育为契机，狠抓资金投入，在办学条件上着力推动辖区中小学向“标准化”“规范化”学校迈进，力争资金加大学校校舍和学生运动场建设力度，解决老师住宿难、学生运动难的实际问题。新建桑柘中学老师宿舍楼1幢，桑柘中学6000平方米运动场1个。桑柘中心校附属幼儿园教学楼1幢，风雨球场1个，1500余平方米塑胶运动场2个，2000余平方米足球运动场1个，鹿箐完小600余平方米的足球运动场1个，桑柘中心校及其附属幼儿园师生食堂已竣工验收并投入使用。

【精准扶贫】 着力实施扶贫攻坚，实施责任到人、包村到户，严格落实“六个精准到户”，统筹实施“五个一批”工程。全镇现有贫困对象542户1773人（共971户3320人，贫困村3个，其中去年脱贫388户1402人，贫困村2个）。2016年，计划脱贫405户1341人，贫困村1个（东风村）。教育扶持学生765人，医疗救助24人，低保兜底118人。新发展特色产业4个，电商4个，关爱困境儿童79人。

【安全维稳】 2016年，共排查并成功化解各类矛盾纠纷562余件，其中镇排查135余件，村（居）委排查427余件，无群体性事件和民转刑案件发生。无赴渝进京上访事件发生。每半个月开展1次矛盾纠纷排查，召开网格员培训大会2次，努力创建国家无邪教示范乡镇。全面落实安全生产“党政同责”和“一岗双责”责任制，召开各类会议研究部署安全工作41次，深入开展各行业安全生产专项整治235次，下发安全生产整改通知书49余份；路检路查247次，罚没安监收入4.3万元，实现安全事故“零”目标。食品药品安全监管全面覆盖。对全镇41家餐饮单位和7所学校开展餐饮从业人员健康体检和学校卫生执法检查，切实保障群众食品安全。

【党建工作】 开展“两学一做”教育活动。严格按照县委决策部署，按照“12345”（即：突出经常性教育的一个特点，把握学和做两个重点，解决领导干部、基层党建、四风和不严不实问题三类问题，实现四个进一步，做到五个坚持）的工作思路开展学习教育活动。加强基层党组织建设。全面落实村、社区公共事务准入制度，群工系统运行良好，全程代办群众事务，办理520件群众事项，完成率100%，群众满意度100%。投资130余万元规范镇村两级服务中心建设和运行，完成大喜、烽楠等4个村的塑胶运动场建设。加强党风廉政建设，认真贯彻落实党风廉政建设两个责任，签订廉政承诺书85份，廉政约谈62人次。按照县上统一安排部署，完成11个行政村、3个社区的支委换届工作，成功选出14个村（社区）的支部书记和共70名支委委员。此外，武装、林业、商贸、畜牧、文化、宗教等工作齐头并进，均较好完成县委、县政府的交办任务。

鹿角镇

【概况】 鹿角镇幅员115.49平方千米，辖6个村、1个居委、48个村（居）名小组。2016年，实现农村经济总量10010万元，农村居民可支配收入10920元；实现本级财政收入1316万元，金融机构存贷款余额分别为28079万元、1727万元。共实现退耕还林1681亩，实施封山育林7000亩，植树造林2000亩，森林覆盖率达到50%。

【产业发展】 2016年，实现粮食产量802万公斤，生猪、牛、羊及家禽出栏分别达11293头、6712头、6120只、11万羽，大力发展特色农业项目，提高农业产业化水平，不断提升产业示范带动作用，全力打造“一村一品”特色产业。引进特色项目。发展高淀粉红薯10500亩，藤椒500亩，南瓜650亩，辣椒800亩，茯苓（中药材）12000窖，苹果桃1200亩，佛手1000亩，油茶1900亩，核桃500亩；推广鹌鹑、山鸡、黑山羊、中蜂、肉牛等特色养殖项目。扶持涉农企业。建成集购种、储存、育苗于一体的红薯产业繁育基地1个，扶持红薯等涉农初加工企业2个，引进涉农专业合作社等3家企业落地，打造产业发展示范片6个。培育新型农业组织。推广“公司+合作社+农户”“公司+农户”的生产经营模式，发展家庭农场、农村专业合作社65家，培育种植大户24户，养殖大户25户。

【非公经济】 2016年，全镇共有工商企业70家，实现社零总额1850余万元。成立电子商务便民服务站6个，成交额达到50万元。路溪滩电站建设进程迅速，各类采矿业完成工业产值5000万元。依托生态旅游特色集镇建设和乌江画廊休闲观光农业示范带建设，完成规划并启动移民休闲滨江步行道、框架式文化广场、“文普园”景点改造等项目，有力推动生态观光休闲旅游目的地和水上运动建设；大力发展生态旅游服务产业，探索新型农业发展道路，打造文普园、王家佛手生态植物观光园2个和乌江苹果桃采摘园1个。

【基础设施】 场镇建设管理提档升级。全面完工场镇路面油化，铺设人行道4960平方米，完成下水道和污水二三级管网建设，安装鹿角场镇及大元场镇路灯共计268盏，建成场镇公共厕所2座、污水处理厂2座、垃圾中转站1座；实施场镇“绿化”、规范化管理、沿江环境整治等系列环境综合整治工程，配备2辆垃圾清运车，落实保洁人员清扫和垃圾收运管理制度，场镇环境持续优化。辖区通行能力持续加强。鹿角乌江大桥规划、拆迁工作全面完成，已经进入施工阶段，开发场镇对岸的基础更加坚实。完工移民街鹿角三号隧洞照明灯安装工程，县、镇、村、组道路进一步完善，构建鹿角四通八达的交通网络。人居条件不断改善。稳步推进高山生态扶贫搬迁，实施高山生态扶贫搬迁1445人，其中贫困人口706人。完成农村C、D级危房270户的建设任务。宅基地复垦工作有序推进，累计实施复垦497户，兑现补贴款2982万元。人畜饮水安全问题有效改善。建成大元集中供水站1座，新建人饮安全水池48口，安装供水管道37千米，改造供水管网40千米，解决4500余人安全饮水难题。投资210万元新建和整治山坪塘20口，有效解决1000余户群众和4000余亩农田的饮水灌溉需求。

【脱贫攻坚】 建立健全工作机制，组建扶贫工作队7支，落实镇村两级扶贫工作队员80余人。精准制定帮扶措施，实现“六个一批”。深化“一村一品”产业带动作用，壮大红薯、苹果桃、佛手等主导产业，扶持葛根、鹌鹑、山鸡等特色产业，为贫困户量身打造持续增收渠道，惠及贫困户380余户1000余人，户均增收7200元。全年发放贫困户产业发展补助资金57.6万元，完成贫困群众二次医疗报账150人共计99851元，资助贫困大学生51人共计21.5万元，大学以下贫困学生598人共计52.98万元。投入资金2414.2万元持续改善贫困村生产生活条件，完工通畅公路31.3千米；新建通达公路98.3千米；建成人行便道64.5千米；投入资金130余万元新改建村级活动室2个；投入资金345万元新建中心供水站1座、人饮安全水池26口、灌溉及后备水源山坪塘11口，改建人饮安全水池7口，贫困群众饮水难题得到彻底破解；发动贫困户77户300人进行生态扶贫搬迁，实施环境卫生综合治理，贫困村生产生活条件持续改善。2016年，实现脱贫242户840人。完成贫困户动态调整精准识别。通过村民民主评议，新增纳入贫困户6户20人。贫困村落后面貌持续改善，完成乌江村、王家村、水麻村、横路村整村脱贫。

【安全维稳】 坚持公安、司法、综治、信访、安监多部门联动，协同配合，建立义务巡逻机制，配备网格员，在关键道路、处所安装治安摄像头50个，构建立体化治安防控体系。有序开展“崇尚科学，反对邪教”的教育活动，成功创建“无邪教村”4个，鹿角镇被评为“无邪教乡镇”。积极构建“大调解”格局，整合资源，集中力量，坚持干部下访接访常态化、规范化，化解疑难信访案件，调处各类矛盾纠纷，实现调处率达100%，成功率达96%。强化安全监管责任，积极开展对辖区内学校、水陆交通、非煤矿山、工贸企业、食品药品、建筑施工、危险化学品、烟花爆竹等各行业、领域的安全隐患排查。

黄家镇

【概况】 黄家镇位于彭水西南面，距离县城46千米，幅员面积78.19平方千米；辖1社区，9村，54村（居）民小组。总户数3956户，总人口15150人，其中，非农业人口1266人，农业人口13884人；人口密度1103人/平方千米。集镇面积21.3公顷，集镇人口4109人，城区化率达27.1%；耕地面积24368公顷，比上年减少0.3%；林地面积3527.3公顷，退耕还林面积88.9公顷，经果林种植53.3亩；实现工农业总产值1.62亿元，同比增长14%；财政收入2246.8万元，其中，财政拨款收入2221.9万元；其他收入24.9万元；财政支出2201.9万元，其中，基本支出738.8万元，项目支出1463.1万元。中学1所，在校学生845人，比上年减少3.5%；小学1所，在校学生899人，比上年减少5%；学前儿童入学率100%。文化站1个，卫生院1所，病床20张，卫生技术人员26人，与上年持平，村级卫生室9所，覆盖面达80%。

【农业农村工作】 2016年，实现农作物播种面积40802亩，实现产值9167万元，其中，辣椒

3274亩，实现产值620万元；红薯19250亩，实现产值186万元；有机水稻6000亩，实现产值3452万元；油菜8650亩，实现产值997万元；累计加工辣椒470吨，实现产值489万元。实现生猪存栏量5713头，出栏量979头；山羊存栏量2332只，出栏量210只；肉牛存栏量1642头，出栏量155头；家禽存栏量27848只，出栏量1064只；蜜蜂保有量380群。

【特色旅游】 以建成“摩围山下特色小镇、阿依河源闲淡人家”为目标，着力推动乡村避暑纳凉和露营基地建设，大力开发乡村旅游，带动农村经济发展，实现农民增收。深挖文化内涵，整合红色文化、老兵故事等，全力推进文旅融合发展，成功打造历史文化老街、红军街，建成红军历史陈列馆，其中，历史文化老街项目投入400万元，红军街项目投入120万元。

【基础设施】 加强基础设施建设，方便群众出行，建成已通畅公路累计达76.5千米，其中，先锋居委4.5千米、光辉村8.2千米、刘家坪村17.1千米、燕子村1.8千米、白沙河村12千米、鹿井村7千米、漆红村7.5千米、金池村7.7千米、香楠村5.5千米、新家村5.2千米；建成已通达未通畅公路累计达112.4千米，其中，先锋居委12.3千米、光辉村4.7千米、刘家坪村8.6千米、燕子村12千米、白沙河村7.4千米、鹿井村1.6千米、漆红村34.8千米、金池村9千米、香楠村17.7千米、新家村4.3千米；共惠及村民3956户14850人。新建水池6个，其中，漆红村3个、白沙河村3个；过滤池3个。

【村镇建设】 完善村镇配套设施，安装太阳能路灯60盏，增加垃圾桶85个，垃圾箱体5个，垃圾钩背车1辆。完成956户3400人建卡贫困户的资料审核及录入工作；实现异地扶贫搬迁34户143人。

【社会事业】 大力推行城乡居民养老保险和合作医疗，全镇参合12586人，参保6401人，城乡居民养老保险已缴费54.2万元。全年评出城乡低保361人，其中，城镇低保47人，发放低保金额57.8万元；农村低保314人，发放低保金额169.8万元。发放各类残疾人生活补贴31500元；护理补贴71340元。高度重视贫困学生和留守儿童工作，开展雨露计划，共资助67人、累计资助资金26.35万元。持续强化人口计生工作，开展宫颈癌筛查642人，孕优检查75对。

普 子 镇

【概况】 普子镇幅员面积184平方千米，全镇辖3个社区，8个村，86个村（居）民小组，共8242户31183人，其中非农业人口5913人，农业人口25270人；人口密度169人/平方千米。集镇面积2平方千米，常住人口1.2万人，城区化率32.1%。耕地面积4447公顷，林地面积18.4万亩，退耕还林面积5595.2亩。全镇地区生产总值2.85亿元，农民人均纯收入9000元；全镇共有中学1所，小学2所，在校学生2221人；学前儿童入学率99.5%。文化站1个；中心卫生院1所。

【集镇建设】 对外环街、移民街等多处进行重新油化路面，制定标线，完成外环街人行道地砖、供水管网电力设施、污水网、路灯、栽种绿化树等相关配套设施，建成居民住房2.5万平方米，现已承接安置镇内高山生态移民和周边乡镇人口转移2000余人。完成鼓田广场和秦家坝沿线路灯建设和普子中学步道油化，启动运动场塌陷地灾治理，完成普子中心校、普子幼儿园新增土地的征用、教育教学设施的初步设计，完成原粮站、原老政府的拆迁。新增配置垃圾运输车1辆，垃圾箱体9个，垃圾推车9个，垃圾收运系统正式运行，投资350万元建设场镇二、三级污水管网5000余米。强化背街小巷整治和环境卫生清理，清除社区裸露垃圾，有效解决清扫不洁的问题，保持街道整治美观，全年有效清除裸露垃圾6吨以上。启动农村连片整治小河污水处理厂建设，有效解决乱排乱放问题，强化社区居民垃圾袋装化管理，规范垃圾处理行为，加强对垃圾简易填埋场的管理，持续整治“两违”建筑和“四乱”现象，规范用地建房秩序。

【产业发展】 因地制宜种植烤烟5400亩，收购烟叶117万余斤，烟叶产值近1500万元，红薯1.3万亩，魔芋650亩，出栏生猪3.85万头、禽类3.6万羽、肉牛3077头，蜜蜂保有量3790群，畜牧产值达6000余万元。全镇现有白酒生产厂家（作坊）5家、专业合作社16家、种养大户85户、微企35家、电商3家，涉及粮食深加工、特色经果林和生猪、肉牛、山羊、肉鸽养殖。全年普子生态原浆清香型白酒年产量达1000余吨，年产值3000万元。在桐泉、凤山、石坝子、新坪等四个村启动第二轮退耕还林，发展特色经果林和特种用途生态林，栽植福建蜜柚、青脆李、核桃、柑橘等经济林3000亩，栽植红豆杉、元宝枫、柏木、杉木等生态林4000亩。新增红豆杉造林2000亩（凤山、石坝子红豆杉总规模达3800亩），完成100亩核心区接待中心主体工程、景观水池、观光步道、景观绿化建设。

【民生保障】 全年城乡居民基本养老保险累计参保12815人，医保累计参保2.4万余人，发放城乡低保资金210万元，优抚对象定补90万元，救灾救助资金18万元，完成C级危房排危加固53户，D级危房改造83户；全年共发放种粮直补面积3.3万亩，发放直补资金296万元。凤凰、凤山、大龙桥3个村1057户4095名贫困人口越线脱贫并通过市县验收实现整村脱贫达标验收。

【安全稳定】 全年共成功调解各类矛盾纠纷197起，调信访积案、民事纠调解率和成功率均为100%。杜绝重特大安全生产事故发生，死亡事故为零。

【党建工作】 把“两下”行动（下访寻问题、下村解难题）作为丰富和落实“创先争优”“基层组织建设年”“三项制度”的具体举措。该镇干部走访群众100余户，收集问题150余条，已解决100余件。

龙射镇

【概况】 龙射镇地处彭水自治县西北部，与平安镇、保家镇、普子镇、棣棠乡、鹿鸣乡及丰都县都督乡、武隆县后坪乡连界，彭石、彭丰二级公路穿越境内，距县城34千米。全镇幅员面积161.16平方千米，列全县39个单位的第六位，其中耕地35273亩、林地86600亩、草地63400亩；境内处于半高山丘陵地带，海拔280～1560米，政府驻地海拔930米。辖9村1居委，78个村居民小组，有农户6340户，26162人，其中场镇人口10000余人；有彭水第一人民法庭、龙射检察室、龙射派出所、司法所、安监中队、国土所、龙射中学、龙射中心校、龙射供电所、农商行一级分理处、邮政银行、卫生院、片区烟草站、龙射烟草点等镇属部门；有小河水电站、葡萄水库、凤升水库（在建）等水能资源；有煤、铁、铅锌、大理石等矿产资源；有钟山、三星寺等旅游景观；有狮子舞、斗牛士、特色锣鼓等民族风情；烤烟、畜牧、林业、榨菜、魔芋、劳务是全镇的主导产业。

【集镇建设】 完善场镇便民设施。筹资460余万元建设胜利综合文化休闲活动广场，休闲广场面积2300余平方米，含塑胶球场1200平方米，还包括青石板人行道、广场花池、篮球架、路灯、公厕等公共开放空间。投资1160万元修建龙射片区中心卫生医院，新龙射中心卫生院有望辐射周边乡镇，给周边乡镇群众提供良好的就医条件，并积极完善各村（居）医疗卫生条件，做到“小病不出村，大病不出镇”。成立片区人民检察室，积极参与创建平安龙射与农村法治建设，维护农村稳定和群众合法权益，为基层改革发展提供司法保障。完善村居阵地设施。完工3个便民服务中心，得到县组织部、民政局、财政局、宣传部、文化委等部门的帮助与支持。积极购买办公设备，每个村居都配备电脑、打印机等设备，提高村居办事效率。另外，镇上对每个贫困村驻村工作队“吃住在村”提供帮助，修建厨房和购置餐具，解决驻村干部吃住问题。落实河长制度。在全县全面落实河长制度会议召开后，积极制定河长制度方案，落实责任人，将河长制告示牌放置本辖区河域内，并排查整治污染源，保持河流干净。

【产业发展】 为加大电子商务工作力度，成立由镇党委书记王昌高任组长、镇长冯洪安和人大副主席辛光成任副组长，各内设办公室负责人为成员的龙射镇电子商务工作领导小组，下设办公室，明确专人负责电子商务工作，并且在村里面也明确由专人负责电商日常工作，确保电子商务工作正常运行，在胜利社区有2个收发快递的服务站点，全村50%以上的农户都开通宽带，并在网上购物。加大电子商务工作力度，继续落实电子商务奖励制度，鼓励个人和企业发展电子商务。全镇的特色产业有灵芝20亩，葛根300亩，羊肚菌30亩，土鸡5000羽和蛋鸡3000羽，榨菜2500亩。为确保电子商务的快速发展，镇政府大力推动农产品网上营销，全镇职工带头做好农村电子商务，依托当地优势资源，发展电子商务产业。

【安全稳定】 按时召开季度安全生产大会。每季度召开安全生产会议，及时分析、部署、督促、检查安全工作。进一步健全岗位责任制和各项安全规章制度，强化安全现场管理，落实安全防范措施。加大管理投入。构建党政同责、一岗双责、齐抓共管责任体系，完善考核奖惩制度，每月召开一次安全生产工作例会；对全镇10个村居进行综合考核，落实安全生产责任，同时严格实行安全生产目标管理，签订安全生产目标管理责任书；每季度食药监对食品协管员进行培训，保障群众食药品安全。镇村建国土办每月对土地协管员进行培训，严格上报查处违法用地。严格执法，确保工作实效。党政主要领导亲自带领安监办工作人员检查道路交通、非煤矿山、食品药品等重点领域安全。

【党建工作】 强化监督管理，提升工作效率。充分发挥镇纪委监督职能作用，与干部职工、村（居）职工签订目标责任书，“以点带面”全方位进行监督。镇纪委对案件采取实地走访、跟踪暗访、电话查访等方式开展廉政、勤政、作风专项治理。对作风“慵懒慢浮贪”的党员干部进行批评、通报，切实加强党员干部日常作风规范，提升工作效率，完善管理监督体制。抓好党员干部党性教育。通过上党课、学党章，提升党员遵守党章的思想自觉，筑牢对党忠诚的思想根基，树立正确的价值观、政绩观。党员干部带好头，打造“防腐墙”，杜绝公车私用、公款消费等不正之风，营造正风肃纪的高压态势，时刻绷紧反腐弦，抓好党员干部作风建设。杜绝“不作为、乱作为”。深入贯彻落实县第十四次党代会精神，进一步改进全镇广大党员干部工作作风，严肃工作纪律，切实纠正“不作为、乱作为”行为，全面提升镇、村（社区）、镇属各部门干部工作效能和服务水平。

连 湖 镇

【概况】 连湖镇位于彭水东北部，东与黔江区白石乡、黑溪镇临界；南与彭水石柳乡、联合乡相连；西与三义乡、普子镇相接；北与湖北省利川市接壤。政府驻址乐地居委（小地名：乐地坝），距离县城73千米。地质为二叠系和泥盆系地层出露，多灰岩，夹有页岩和砂岩。地貌两边高中间低，海拔最高处1583米，最低处310米。东西各有一条北东——西南走向山岭，中部郁江河流横穿而过，将全镇分为东西两部分。全镇幅员面积70.32平方千米，耕地面积42007亩，林地面积42535亩。辖2个社区，5个村民委，67个村（居）民小组，5067户，23300人。主要以苗族、土家族和汉族为主。属亚热带湿润季风气候，年均气温16.20℃，年降水量1200毫米，无霜期290天，主要为二叠系和泥盆系地层出露，多灰岩，夹有页岩和砂岩。镇内有银杏、香楠等珍贵林木，森林覆盖率40%左右；产红腹锦鸡、野猪、刺猬等野生动物；地下有页岩气、煤、铁、石灰石等资源。水资源较为丰富，建有长湖电站，马岩洞电站库区在境内形成长达12千米左右的靓丽风景线，是观光、假日休闲垂钓的绝佳场所，库区内所产黄蜡丁、鲢鱼等在周边较有名气。

【集镇建设】 集镇发展提速加快，道路、水电、教育、卫生等基础配套完善；中学、小学、幼儿园、供电所、国土所、司法所、供水站、中心卫生院、银行网点、文化站、敬老院等一应俱全。完成集镇一期、二期地质灾害治理。推进集镇商贸发展，各类经营商户达400余户，集镇集聚人口近万人，城镇化步伐明显加快。整治场镇，规范市场，将散户安置在农贸市场，严禁在场镇街道随意乱停乱靠车辆。

【产业发展】 着力抓好特色产业的发展，促进群众增收，形成以脆红李、元宝枫、高淀粉署为主的专业种植基地；建成以蛋鸡、生猪、肉牛、山羊等为主的专业养殖户；农业经营模式向农工商、产加销、线上线下一体化转型。以特色效益农业为突破口，种植马铃薯面积500亩，红薯3500亩，玉米527亩，水稻555亩；发展微型企业。发展大棚蔬菜基地，建立集种苗提供、田间收购、统防统治、机耕起垄一体化专业服务组织。

【民生保障】 新增就业4500人、创业150人，办理小额贴息贷款120万元扶持创业。征收社保基金25.8万元，新增98人参保人员，指纹认证录入2398人（上门采集验证198人）。完成195万元新农合筹资，参合率达92%。按程序落实城镇低保对象27户，发放低保金220188元，落实农村低保对象263户，发放低保金1534512元，共计发放低保金1754700元，按时足额发放到户。发放五保供养金512520元。发放救助资金108000元，救助孤儿15人。发放优待金354276元。发放残疾人危房改造金52000元，居家托养金8400元。发放其他救助资金220040元，其中冬春生活救助金61490元，临时救助金120060元，医疗救助金38490元，征收社会抚养费44000元。组织120人参加孕前优生健康检查，完成县上下达的指标率为88%，组织两癌筛查910人，完成率100%，发放独生子女和双女户（132户）奖励扶助金189600元。及时兑现各项惠农助农政策，发放农业支持保护补贴4504户，共发放1570069.88元。优化全镇教育教学环境，为988名连湖籍学生申请发放共计908045元教育补贴，改善学生上学难问题。

【安全稳定】 及时化解矛盾纠纷547件、消除隐患17件，加强网格内人员、车辆、隐患、矛盾纠纷等要素的监测，及时介入消除影响社会和谐的因素。加强交通安全整治，镇政府与村（社区）签订《道路交通安全整治责任书》，对重点路段的路况、安全隐患、车辆进行检查，共检查车辆833辆，纠正、处理违章操作车辆1086辆，督促学校加强学生的道路安全教育和水上交通安全教育，严格路检路查，并组织落实劝导站成员定点定时路检路查，惩处“三超”行为。深化场镇消防安全整治，采取多种形式进行宣传，使场镇消防工作深入人心。杜绝重特大安全生产事故发生。

【基础设施】 连湖镇交通便利。202省道、黔（江）石（柱）公路穿镇而过，可通彭水、石柱、黔江、湖北利川市，黔石高速正在建设中。决战决胜脱贫攻坚，连湖镇大力实施“六大精准扶贫工程”，行政村通畅率、自然村通达率、脱贫村通客车率、电子政务覆盖率、村级便民服务中心规范化率均达100%。完成高山生态扶贫搬迁3000余人，建成通畅路42千米、通达路90余千米、人行便道198千米。连湖镇深入开展环保行动及乡村清洁工程，建成集镇污水处理厂，完善乡村垃圾收运机制，建成垃圾收运池100个。建成各类人畜饮水水池40余个，引水堰100余千米。

【党建工作】 全面落实从严治党主体责任，扎实开展“两学一做”学习教育，集中学习教育48次，领导班子带头深入基层上党课14人次，撰写心得体会72篇。建立流动党员、行动不便党员“一帮一”帮扶学习对子，做到教育全覆盖。元旦春节期间慰问老党员、困难党员35名，共计17500元。围绕“两个责任”落实，健全完善党风廉政责任体系，强化惩防并举机制建设，分层次开展廉政约谈50余人次。提前谋划思考村级换届选举工作，做好宣传教育、调研摸底、个别谈话等相关工作，抓好后备干部培养管理，基层基础更加牢固。

万足镇

【概况】 万足镇幅员面积58.8平方千米，辖2个社区，2个村民委，18个村民小组，总户数2547户，总人口7653人，比上年增加5.6%；人口密度130人/平方千米。集镇面积300000平方米，集镇人口5094人，城区化率87.78%。耕地面积587.13公顷，林地面积3433.33公顷，退耕还林面积53.33公顷。粮食产量0.5097万吨，比上年减产1.8%。农民人均纯收入8600元，比上年增长18.4%；财政收入1480万元，比上年增长8%；财政支出1480万元，比上年增长8%。小学1所，在校学生419人，比上年减少1.3%；学前儿童入学率100%。文化站1个；卫生院1所，病床12张，卫生技术人员6人，比上年增长33%。

【集镇建设】 新建场镇休闲广场1个，1000平方米，文化墙70米，完成两个集镇塑胶球场建设；新建场镇公共厕所2个、配备垃圾箱体10个，使场镇面貌干净整洁。

【产业发展】 全镇农作物种植面积27408亩，其中谷类6316亩，玉米5420亩，豆类1510亩，薯类1230亩；发展油桐1500亩，高山油茶500亩。全镇共有生猪存栏2246头、牛存栏287头、羊存栏1620只、家禽存栏25630羽。建成廖家村美人窝巴渝民宿示范点，共10栋建筑物，总房间104间。

【民生保障】 2016年，共慰问困难户862户，困难家庭救助360户，发放慰问金35万余元；改造农村危旧房184户。

【安全稳定】 全年信访积案、民事纠调解率和成功率均为100%。杜绝重特大安全生产事故发生，死亡事故为零。

【党建工作】 狠抓基层组织建设，全面完成村（社区）“两委”班子换届工作，村（社区）班子结构逐步向高学历、年轻化转变，强化党风廉政建设。加强组织协调，细化责任分解。逐级签订《党风廉政建设责任书》、制定《机关管理制度》，各项工作严格按照制度进行考核问责。干部走访群众2547户，收集问题153条，已解决148件。

新田镇

【概况】 新田镇位于彭水苗族土家族自治县东南

部，镇政府驻新田社区头党坝，距县城23千米。幅员面积133.4平方千米，辖11个行政村3个社区，69个村（居）民小组，耕地5.276万亩，林地14.78万亩，截至2016年底，共有7183户23904人。辖区内有中学1所，小学2所，幼儿园2所，卫生院1所，精神病医院1所；有派出所、交巡警中队、农商行、邮政所、供电所等机构。2016年，全镇国民生产总值2.07亿元，粮食播种面积44290亩，粮食生产12446吨。

【脱贫攻坚】 全镇共有东山、任家、河门、民主四个贫困村，有建档立卡贫困户862户、2718人。其中贫困村共有贫困户150户509人，非贫困村共有贫困户712户2209人。落实帮扶干部对862户2781人贫困户开展结对帮扶。脱贫项目全面实施，完成贫困村通畅公路22.5千米，人行便道16千米，生产便道5.7千米，安装人畜饮水管道5040米，新建饮水池5口。脱贫帮扶力度加强，130户272人贫困户家庭落实低保兜底；帮助全镇862户2718人贫困户购买小额、大病等保险；申报实施贫困户大病救助58人，帮助150户509人购买农村合作医疗保险；98名新入学大学生及485名贫困高中、初中、小学学生得到资助。

【集镇建设】 着力完善场镇功能，提升集镇面貌。新田、团结、马峰3个社区环卫配套设施及场镇清扫保洁制度逐渐完善。完成街道硬化1.2千米及2.4千米人行地砖铺设。铺设新田、马峰两个社区污水管网6千米，建成新田、新场集镇污水处理厂。场镇及周边居民聚居点路灯安装覆盖率100%。

【产业发展】 打造蔬菜基地8000亩，创建2个蔬菜种植专业合作社，蔬菜大棚50个，全年实现蔬菜产值4800万元；建成红薯基地10000亩，核心展示区1000亩，实现红薯产值2000万元；发展烤烟6600亩，打造年产450万袋食用菌示范基地一个；全年出栏黑山羊1200余只、生猪20000余头、土鸡80000余只、中蜂保有量2100群；阿依山花木旅游观光基地初步成型。

【民生保障】 新建卫生院新场分院，提升医疗技术设备，落实各村（社区）卫生室，农村就医环境得到改善；改造农村C、D级危旧房80户；加强对“三留守”、残疾、大病、贫困等群体救助力度，全年共慰问300余户，困难家庭救助45户，532人享受最低生活保障，城乡居民养老保险参保人数达9621人，3960名老年群体按时领取养老保险金，全镇新型农村合作医疗参合率达94.2%。

【安全稳定】 全年信访积案、民事纠纷调解率和成功率均为100%。杜绝重特大安全生产事故发生，死亡事故为零；认真抓好“大排查、大整治、大执法”工作，加强车辆户籍化管理，全年查处违章车辆400多台次，处罚金额4万余元，纠正违章行为共1000余人次。

【换届工作】 严格按照县委的统一安排部署，圆满完成镇、村换届工作。全镇14个村（社区）“两委”班子顺利产生，共有村（社区）专职干部58名，在换届中，85%的干部继续留任，一批致富能手、返乡农民工、大学生本土人才、优秀党员等群体选入“两委”任职，文化结构得到优化（专科6名，本科4名）。中国共产党新田镇第二次代表大会于2016年12月2日至3日举行，历时2天，选举中共新田镇第二届委员会：夏均当选为党委书记，张晓辉、简银宝当选为党委副书记，任永成、盛强、张直奎、赵晓玲、刘辉、冉向东当选为党委委员；选举中共新田镇第二届纪律检查委员会：盛强当选为纪委书记，任建成当选纪委副书记，王礼全、庄小强、陈文超当选为纪委委员。2016年12月22日至23日召开新田镇第二届人民代表大会第一次会议，通过大会选举：任永成当选为新田镇人大主席，张晓辉当选为新田镇人民政府镇长，刘辉、刘伟洪、张直奎当选为新田镇人民政府副镇长。

【党建工作】 圆满完成镇、村换届工作，从严干部管理，不断增强基层组织力量；全镇90%村（社区）活动中心村级办公、活动场所建设实现标准化，全面提升为民服务能力。

鞍 子 镇

【概况】 鞍子镇幅员面积125.15平方千米，辖鞍子、大池2个社区，冯家、何家、红星、金山、干田、罗家坨、大林7个村，66个村（居）民小组，总户数5197户，总人口16992人，比上年增加0.7%，其中非农业人口1449人，农业人口15543人。现有耕地面积61492亩，林地面积120759亩。粮食产量8080.5吨，比上年增产4%。经济总收入16720万元，比上年增长23%，其中农业5998万元，比上年增长38%；工商企业376万元，比上年增长25%；农民人均纯收入10180元，比上年增长5%；财政收入2013万元，比上年增长2.9%；财政支出2013万元，比上年增长9.5%。小学2所，在校学生719人，比上年减少18.6%；学前儿童入学率97%。文化站1个；医院2所，病床39张，卫生技术人员36人。

【集镇建设】 配套设施进一步完善。争资150余万元完成场镇健身休闲广场建设；投入资金150余万元完成场镇新街道路硬化及污水管网建设；新街新建房屋56户，5000余平方建筑面积；争资170余万元完成大池社区便民服务中心建设；争资180余万元完成大池社区坝上新村提档升级建设；争资156万元（自筹30万）为罗家坨苗寨36户实施提档升级。

【产业发展】 全镇建优质水稻基地8600亩，烤烟1500亩，红薯3000亩，经果林800亩，中药材300亩；义务植树5000余株，面积50亩，特色米基地500亩，自主开发小米花生新品种—长生1号，基地2000亩，豇豆基地200亩，葫芦基地50亩；畜牧业实现了生猪存栏3812头、出栏4755头，牛存栏1612头、出栏670头，山羊存栏1835只、出栏1090只，家禽存栏48926只、出栏78380只，蜜蜂1536群；全镇科技示范户66户，新发展养殖大户47户，其中肉牛养殖大户2户，山羊养殖大户15户，能繁母猪养殖大户1户，中蜂养殖大户20户，养猪大户9户。新发展专业合作社2家，农业开发公司1家。

【民生保障】 2016年，共慰问困难户1376户，发放慰问金111070元；累计参保13379人，共计1756815元。参保率达到93%；新增社会抚养费10430元；改造农村C、D级危旧房50余户；发放各种惠农补贴资金351万元。冯家村实现整村脱贫达标验收，罗家坨村获“全国乡村旅游示范村”称号。

【安全稳定】 全镇共排查矛盾纠纷325起，调处321起，化解成功243起，调解率达100%，成功率98.7%，挽回经济损失484300元。实现赴渝、进京上访为零的目标；全年开展道路交通安全检查148次，检查车辆2658车次，处罚258车次，处罚金额13000元。开展非煤矿山、临时料场安全生产检查58次，烟花爆竹安全检查55次，学校食堂安全检查20次。全年排查整改各类安全隐患426处，无重特大安全事故发生。

【党建工作】 有序开展“三严三实”“两学一做”专题教育，切实转变工作作风，增强基层服务型党组织建设，“七·一”期间广泛开展上党课、走访慰问贫困党员等活动，严格党内组织生活，督促指导各支部严格落实“三会一课”制度，加强流动党员日常联系管理。充分利用“三会一课”制度、12371党建网站、远程教育网等资源，有效提升党员干部政治素养。组织全镇机关党员干部订阅共产党员微信、易信。

平安镇

【概况】 平安镇幅员面积78.4平方千米，辖6个村（社区），51个村（居）民小组。总户数2945户，总人口12664人，比上年增加3.76%。其中，非农业人口1819人，农业人口10845人；人口密度161人/平方千米。集镇面积0.37平方千米，集镇人口3660人，常住人口城镇化率达37.9%，耕地面积2.8万亩，其中基本农田面积2.4万亩，林地面积9.3万亩；粮食产量7730吨；经济总收入2.1亿元，比上年增长3.5%，其中农业收入7960万元，农民人均纯收入0.98万元，比上年增长5%；本级财政收入260万元，公共财政收入1978万元，支出1978万元。中心校1所，村小学2所，在职教师79人，在校学生1704人。文化站1个，卫生院1所，村卫生室6个，病床29张，卫生技术人员16人，比上年增长10%。有污水处理厂1座，垃圾中转站1座。农村低保267户，城镇低保33户，五保76人，优抚对象81人，残疾人217人。

【基础设施】 新建道路27千米，维修道路34千米，硬化10千米。村级公路通畅率达到100%，组级公路通达率达100%，通畅率达70%；新建水池5口、维修水池3口，安装饮水管道28千米，安全人饮达80%以上。安装变压器4台，通电率100%。投入资金2682500元，维修C级危房318户，涉及贫困户40户；新建D级房20户，涉及贫困户1户。新建居民休闲广场6个。开展“两违”整治7起，实施门前“四清”环境卫生大整治，投用垃圾车一辆。污水处理厂和垃圾处理站成功运行投用，持续巩固市级文明镇、卫生镇成果。网络覆盖率90%，农村基础设施提档升级。

【产业发展】 农作物播种面积50064亩，粮食播种面积30547亩，粮食产量7730吨，人均粮食占有量630公斤。发放水稻、玉米、油菜等种粮补贴151.29万元。栽植翠冠梨4000亩、清脆李2000亩、油用牡丹800亩，辐射4个村、1个社区。巩固8500亩油茶基地，壮大土地股份专业合作社。种植蔬菜12475亩，收获蔬菜6338吨。发展烤烟900亩，收购烤烟9.9万公斤。农民合作组织2个，合作社32个。全年出栏生猪8326头、肉牛610头、黑山羊2040只、家禽41750羽，蜜蜂保有量1010群。

【民生保障】 有267户农村低保户和33户城镇低保户733人，发放最低生活保障金141万余元，发放救灾救济及慰问资金12.7万元，兑现残疾人各类补贴7.7万余元；返乡创业人员11人，发展种养殖业，解决当地20余人就业；养老参保人员4911人，新农合参保11148人，参保率97%；全面实施二孩政策，完成孕前优生检查80人次、宫颈癌筛查503人次；全镇适龄儿童入学率100%，开展雨露培训、阳光培训工程、教育培训扶贫500余人次，资助贫困中小学及大学生914人次，发放补助金80万余元。

【安全稳定】 开展安全专项整治活动15次，检查车辆6213台次，处罚性学习32人次，实现安全事故和死亡零目标。严厉打击各类违法犯罪活动，开展校园周边环境专项治理工作，预防和控制各类案件的发生；排查矛盾纠纷93件，化解81件，预防12件，调解成功率100%，帮助安置帮教人员24人，接访群众420余人次，群众满意率96%。

【党建工作】 专题研究部署党风廉政建设和反腐败工作2次，积极开展廉政约谈26人次，办理信访案件3件，停职处理村干部1人，积极开展农村整酒“歪风”整治3起。组织开展“两学一做”

专项学习教育15余次，督促村级开展“两学一做”学习教育活动各10余次。顺利完成镇村换届工作，换届选举风清气正，组织意图人选高票当选。选准配强村级干部班子，调整村支部书记2人、村民委主任1人、村副职4人，补充村级本土人才1名。

【脱贫攻坚】 巩固鹿坪村、楼房村整村脱贫和606名贫困人口的巩固脱贫目标。贫困户245户，936人，已接受县级验收。新建入户人行便道49千米，入户便道硬化率超85%；安置脱贫高山贫困人口350余人；345户贫困户办理金穗惠农金融扶贫贷款，总金额1725万元；医疗救助贫困人口157人，发放补助金14.5万元。

【商贸流通】 有农贸市场1个，市场管理人员2人，清扫保洁员4人。有商业门面70个，年收入120余万元；有电商3家，年收入20余万元。成功承办2016“爱在彭水·香约平安”烂漫游系列活动及平安镇首届村级篮球赛，有12支队伍参赛。接待游客1万余人次，推介平安乡村旅游名片，提升平安的对外知名度。

【新村建设】 鹿坪村高山生态移民安置点建设已基本成型，3000平方米的休闲广场已完工，绿化美化，灯饰、音响、健身器材安装完成，有13户农户入住新居。平安移民新村基础设施加快推进，新村街道基本成型，有17户高山生态移民签订购房合同。农房风貌改造全面启动，已完成210户。

长生镇

【概况】 长生镇幅员面积56.5平方千米，辖3个社区26个居民小组。总户数3482户，11290人，其中非农业人口2098人，农业人口9192人，人口密度200人/平方千米。集镇面积9.4公顷，集镇人口1800人，城区化率19%。耕地面积1639.5公顷，林地面积3467.97公顷，退耕还林面积262.4公顷。粮食产量8930吨，比上年增长6.5%。经济总收入9098万元，比上年增长8.2%，其中农业8392万元，比上年增长6.2%；工商企业706万元，农民人均纯收入10205元，比上年增长5.8%；财政收入1897万元，比上年增长22%；财政支出1058.2万元，比上年减少11.23%。小学3所，幼儿园1所，在校学生495人，比上年减少0.4%；学前儿童入学率99.8%。文化站1个，村级卫生服务站3个，医院1所，病床18张，卫生技术人员13人。

【农业农村工作】 2016年，实现农作物播种面积30900亩，实现产值8400万元。其中，粮食种植面积21528亩，薯类及杂粮种植面积9372亩；发展经果林11000余亩，长势良好；种植优质油菜8000余亩，总产量达1000余吨；种植烤烟1088亩，累计收购烟叶17.61万公斤；制种水稻500亩；发展莲藕400亩；发展毛叶山桐子2500亩；种植药用百合500亩；养殖中蜂500群；实现生猪、土鸡、山羊、肉牛存栏分别为0.78万头、5.2万羽、0.12万只、0.11万头，新发展大户8户，成立经果林合作社4个，农业生产协会5个。发展电子商务平台2个，有200多户群众与寻农记签约，全面推进农副产品产销对接。

【基础设施】 新建组级公路17千米，拓宽公路19千米，维修整治公路28.5千米，硬化公路11.5千米，新建人行便道45千米；实施人畜饮水工程2个，维修整治饮水工程4处；投入资金105万元，完成C级危房改造60户，D级危房改造20户；投入资金17万元实施农村环境连片整治，增加8个垃圾箱体（5立方米）、50个垃圾桶（240升）、8辆垃圾手推车；范贤广场已完成验收并投入使用，移民新村基础设施全部完工，第一批居民统一建房基本结束。

【脱贫攻坚】 全镇建卡贫困户476户1846人，2015年脱贫230户863人，2016年脱贫190户768人。投入资金80余万元，实施完成D级危房改造27户。投入资金156万元，实施建卡贫困户高山生态搬迁130人。投入资金13万元，全面实施2个村级卫生室规范化建设；投入资金10万元，按照贫困户就医产生的费用高低，实施大病医疗救助，镇卫生院全面实现建卡贫困户二次医疗费用报账。累计开展种养殖技术培训2400人次（其中贫困人口1500人次）。及时对建档立卡贫困户系统进行维护和动态调整。通过各项扶贫措施，着力解决贫困户“八难”，实现贫困村“八有”。

【民生保障】 完成2016年新农合筹资97.69万元，参合8881人，参合率达88.79%；发放低保金120.87万元；发放救灾救济款27.28万元、义务兵优待金5.6万元、民政定补人员供养金87.62万元，慰问困难群众60余户；全面落实强农惠农政策，发放种粮补贴122.15万元；资助困难学生32名，落实资助款项8.26万元；全镇新生婴儿93名，符合政策生育率达92%。

【安全稳定】 全年信访积案、民事纠纷调解率和成功率均为100%。全年道路安全检查300余次，杜绝重特大安全生产事故发生，死亡事故为零。

【党建工作】 加强党风廉政建设，认真落实“两个责任”；加强学习，全面深入开展“两学一做”学习教育，制订工作方案，成立学习教育领导小组和指导组，制订集中学习计划和个人学习计划；夯实基层党建基础，圆满完成镇村两级换届工作，建立党建工作干部驻村联系制度、党建工作“一岗双责”、驻村联户、结对帮扶等系列工作制度。创新工作机制，实行社区干部“一人多岗”轮流坐班，坚持群众事务干部代办，累计代办各项事务315件；推广群工系统使用，受理办结事项374件；推行群众事务办理“一次性告知”。

龙 溪 镇

【概况】 龙溪镇幅员80.76平方千米，辖7个村、1个社区、52个村民小组，总户数3926户，总人口16782人，比上年增长0.4%。其中非农业人口1801人，农业人口14981人。人口密度0.21人/平方米。集镇面积120060平方米，集镇人口1420人，城区化率8.4%。耕地面积2556.42公顷，林地面积2993.6公顷，退耕还林面积33.33公顷。粮食产量7579吨，比上年增产2%。经济总收入12445万元，比上年增长6.3%。其中农业3672万元，比上年增长4.8%；工商企业1900万元，比上年增长17.2 %。农民人均纯收入8675元，比上年增长10.1%。财政收入1960万元，比上年增长21.7%。财政支出1960万元，比上年增长21.7%。小学6所（其中村小5所），在校学生906人，比上年增加0.67%；学前儿童入学率100%；文化站1个。医院1所，病床20张，卫生技术人员11人。

【集镇建设】 坚持主要领导负总责，分管领导具体抓，班子长远分工协作，以“管、规、控、建”为主线，截至2016年底，共富新村房屋主体建筑完工34栋，装修完工15栋，入住居民140人，升级改造人行步道、污水管网、电力设施和绿化亮化工程，新街面貌焕然一新，老百姓人居环境明显改善。同时开展占道经营、环境卫生、车辆通行和违规建筑等多个专项整治活动；投入600万元加强场镇卫生和秩序管理，场镇脏乱差现象明显改善。

【产业发展】 在黄岭、焦家、灯光、周家坝等村新发展高淀粉红薯5000亩、紫心薯3000亩，在老桥、灯光等村发展优质水稻2000亩，漆树香椿基地5000亩，在龙嘴、漆树等村栽植油茶3000亩，灯光油茶苗圃基地100亩。全年出栏黑山羊1382

只、生猪9762头、肉牛595头、土鸡60600只，中蜂保有量430群。培育种养殖大户10户；发展农民专业合作社2个；发展家庭农场1个，第二、第三产业也正在加速发展。

【民生保障】 2016年，共慰问困难户156余户，困难家庭救助85余户，发放慰问金7万元；改造农村危旧房45户；发放各种惠农补贴资金130万元。加快交通设施建设，投资2800万元，完成龙嘴、漆树、老桥、焦家、黄岭等村21千米通畅公路建设，完成龙嘴、漆树、老桥等村47.5千米通达公路建设。强化水利设施建设，投资290万元，完成36口山坪塘整治，实施人畜饮水工程17处，解决1250余人的饮水困难，完成场镇饮水扩容工程。

【安全稳定】 加大普法宣传力度，提高干部职工法律意识，增强村居民法制观念和守法意识，做到全年无行政案件发生。开展平安龙溪建设工作，建立健全安全生产责任制，定期排查安全隐患，有效防止各类安全事故发生。全面落实综合治理措施，及时协调处理矛盾纠纷，共调解民事纠纷160件，调解成功160件，调解成功率100％。

【党建工作】 深入开展群众事务党员干部代办工作，镇村两级共计为群众代办大小事务近147件。在班子内部大兴“民主、团结”之风，对重大事项坚持民主集中制，收集梳理对班子及个人建议意见44条。将改善村民办公场所和条件，作为夯实基层组织的首要任务，整合资金90万元，新建和改扩建1个村级便民服务中心。

梅子垭镇

【概况】 梅子垭镇地处彭水东南部，东与黔江区石家镇接壤，南连酉阳县浪坪乡，西邻鞍子镇，北接诸佛乡，距县城68千米。属亚热带季风气候，其特点是四季分明，日照充足。2016年，全镇经济总量达到12053万元，比2015年增长19%；建设项目完成投资1800万元，增长27%；镇财政一般预算收入235万元，增长20%；农民人均纯收入达到9987元，同比增长14.3%。

【自然资源】 境内已探明地下矿藏有萤石、铁矿、云母石等多种矿物质。其中萤石年出产量达4000吨以上。林业资源较为丰富，全镇森林面积达4.3万亩，森林覆盖率为42%，树木以马尾松为主。野生动物主要有山羊、野猪、荒狗、山鸡等，野生植物有大脚菌、老荫茶、银杏。截至2016年末，累计造林1万亩，其中防护林7000亩，经济林820亩，竹林2000亩，农民住宅四旁树木69160万株，林木覆盖率45%，活立木蓄积量10万立方米。2016年，水果种植面积2500亩，产量180吨，主要品种有桃子、梨子、板栗、核桃、橘子。

【科教文卫】 适龄儿童义务教育入学率达100%，7个村都设立村级农家书屋。2016年，开展育龄妇女生育健康检查70人次，组织开展妇女健康检查300余人次。传承民俗文化，组织或参与民歌会4次。2016年末，有小学、中学各1所，小学在校学生1156人，教师38人；中学在校学生736人，教师35人。

【社会发展】 5月12日，镇政府组织40名群众代表参加“踩花山”舞蹈大赛。5月17日，甘泉通畅工程开始动工，年内完成7.1千米通畅公路。3月8日，合力村通畅工程启动，年内完成8千米通畅公路。

太　原　镇

【概况】 太原镇幅员面积77.96平方千米；辖1社区，3村，34村（居）民小组。总户数3834

户，总人口12613人；其中非农业人口2301人，农业人口10312人，流动人口2382人；人口密度161人/平方千米。集镇面积4.4平方千米，集镇人口3727人，城区化率达29.5%。耕地面积2035.57公顷，林地面积6143.47公顷，退耕还林面积33.33公顷；粮食产量7924吨，经济总收入1.39亿元，其中农业收入6980万元，农民人均纯收入8981元，财政收入1442万元，财政支出1442万元。小学2所，在校学生1274人，学前儿童入学率100%；文化站1个，社区卫生院2所，病床24张，卫生技术人员17人。

【产业发展】 拓展冷水鱼养殖规模，碧水清泉冷水鱼繁育养殖基地105亩，年投放鱼苗50万尾，年产值650余万元，主要以中华鲟、西伯利亚鲟、金鳟、虹鳟为主，是渝东南最大的冷水鱼养殖基地。积极拓展休闲旅游业发展，实施钓鱼台、廊道、餐厅以及特色民俗风貌建设。新注册经果林合作社4个，水蜜桃、红脆李、青脆李种植面积分别达1000亩、500亩、1500亩；调种优质高淀粉红薯20吨、紫薯2吨、魔芋2000亩、辣椒300亩；种植油茶500亩、黄柏2000亩、葡萄100亩；培育发展家庭农场9家，蜜蜂保有量2900群。

【基础设施】 实现行政村通畅率100%，自然村（小组）通达率97%。建成通畅公路2条7.76千米，建成通达公路15条43.07千米，整治扩建公路3条6.6千米，建成投用2座便民桥，硬化人行便道14千米。成立公路建设村民监督小组，严格落实镇、村、组三级现场验收制度。45千米村级公路落实分段养护，确保一般交通阻损24小时恢复通畅，较大阻损三天内制定方案并实施整治。建设高桥集中供水站，扩建太原集中供水站，新建人饮水池2口，建设山坪塘12口，新建蓄水池7个，安装供水管道7千米，完成区阳村大灌区项目。建设麒麟、花园大灌区项目，保障麒麟社区、花园村8个村民小组2860亩耕地用水。

【精准扶贫】 全镇建卡贫困户445户1696人，2016年，全镇脱贫攻坚工作已顺利通过县级验收，全镇贫困人口仅剩143户557人。建立健全驻村帮扶机制、“两会两督查”机制及长效宣传机制，形成各级干部群众共抓脱贫攻坚良好氛围。试点以碧水清泉龙头企业为依托，推行“合作社＋基地＋贫困农户”的发展模式，完成71户贫困农户入股40万元扶贫资金，按每年6%的固定模式分红2.4万元。坚持标准化适度规模养殖，累计发展农民专业合作社4个。落实贫困学生助学扶持政策，镇教育基金已资助贫困学生19人次，发放助学金5.1万元，解决上学难。开展就业和再就业培训，聘请专家累计培训技能人才700余人次，新增就业岗位50多个，解决素质提升难。抓金融扶贫，落实贫困户个人贷款117户。

【宣传文化】 全年撰写信息170条，被《彭水日报》刊发75条，彭水电视台采稿6条。计生、社保、林业、村建、安全等集中宣传40余次；通过新浪微博宣传报道信息累计422条，新浪博客关注4263人次；通过政务微信公众号发布信息12条，关注3000余人次。组织开展“2016·爱在彭水·相约太原鲟缘游”活动，以具有浓郁民族特色和展现农耕文化的文艺演出博得广大群众好评。综合文化站全面实行免费开放，全年外借、阅览图书1000余人次，到站及参加活动人数为5000人次，发放宣传单（品）8000余份。

【社会民生】 全面落实公共卫生医疗服务，建立健康档案，举行健康咨询5场次，发放宣传资料9000余份。全面落实新生儿访视制度，发放儿童营养包720份，预防接种率达95%。完成2016年新农合筹资116.28万元，参合11106人；落实城镇低保35户65人，发放低保金33.48万元；农村低保116户357人，发放低保金122万元；发放各类优抚、五保定补99.6万元；发放各类残疾人补助资金10万元。四个村居养老服务站正常服务。

【安全稳定】 继续开展干部下访和领导接访长效制度，不定期实行主要领导公开接访，化解矛盾纠纷和历史遗留问题98件，矛盾纠纷化解率100%。严格履行安全生产“一岗双责”制度，层层签订《安全生产目标责任书》，编制完善应急处置预案，扎实开展安全生产大检查和重点领域专项整治行动，深入排查安全隐患。强化天保日常管护，有效遏制乱砍滥伐行为，全年无重大森林火警、火灾发生。以创建“平安太原”为目标，进一步完善治安防控体系建设。全年未发生一起进京赴市集访和越级上访，无重大群体性事件发生，全年实现安全生产“零死亡”目标任务。

【党建工作】 顺利完成村居“两委”换届选举，干部队伍中的党员作用更加突出，年龄结构更趋年轻化。全镇20名村干部中有党员16人，大专文化程度4人，高中和中专文化程度6人，30岁以下3人，31－40岁2人。建立健全党风廉政建设制度和工作制度，进一步规范和完善《党务政务公开制度》《村务公开制度》《财务会审制度》等，与各村党支部、镇属各部门签订党风廉政和反腐败工作目标责任书，切实转变干部作风。坚持每月开展党委中心组学习，利用远程教学点组织学教活动，用理论武装头脑，党内活动更加丰富生动。

大同镇

【概况】 大同镇幅员面积50.21平方千米，海拔900～1520米，政府驻地海拔1280米，距县城63千米。辖大厂社区和龙门、马驴、大河3个行政村，23个村民小组，总户数2800户，总人口10369人。场镇面积0.39平方千米，集镇人口2740人，城镇化率26%。耕地面积23499亩，其中常用耕地12741亩。2016年，全镇国民生产总产值1.63亿元，比上年增长1.8%；农民人均纯收入8500元，比上年增长6.8%；财政收入850万元，比上年增长16.4%；镇属部门设有大同小学、烟草站、农商行、卫生院、派出所等5个单位入驻，有林业管护站、供水站、供电所、邮政所等派出机构，场镇功能较全。大同小学在校学生1123人，比上年减少5.1%；学前儿童入学率95%。大同镇卫生院占地面积548平方米，病床11张，卫生技术人员8人，比上年增长12%。

【集镇建设】 高山生态移民点建设集镇雏形初现，投资150万实施旧场镇综合立面改造。投资200余万对场镇污水处理厂二、三级管网建设，筹资30余万对集镇垃圾、消防、洒水等硬件建设，落实保洁机制及人员，坚持垃圾日产日销。投资100余万建成抗旱水源保障工程，启动建设水管入户改造，彻底解决大同集镇历史性缺水问题；农村路网建设提速升级。投资300余万对大河村至走马龙溪公路实施硬化改造已全部完成，投资100余万的碎石公路改造已全面完成，投资近100万建成24千米人行便道，启动叉河至许家坪公路硬化，全镇建成5条通村硬（油）公路34.5千米，整治泥结石路20千米，通村、通组达100%，通户达99%；水利设施建设加强。投资3500万元建设吴家湾水库，已完成总工程量45%，基建部分全部完成，启动两个脱贫村人饮末端工程和两个非贫困村部分水池建设。投资180余万实施60户D级危房改建和5户C级危房改造，有效提速人居环境建设。

【产业发展】 全镇计划种植烤烟1万亩，实际种植烤烟1.2万亩，烟叶收购达124万公斤，实现产值2902万元，创特产税638余万元；做强特色效益农业，充分利用林果基地做到林上林下相结合的复种模式种植林下蔬菜2000亩，发动散户种植200亩，出售2000余吨，实现产值150万元，新发展种植魔芋基地一个，种植魔芋360亩，共计发展600亩；做强畜牧产业，新发展黑山羊规模养殖场2个和养牛场、肉兔养殖场1个，养殖肉兔500余只；乡村旅游蓄势待发，已有近3000人次到“九门十八洞”旅游观光，接待5批次、300余名外地游客在境内休闲避暑纳凉，留宿最长的达1个月，过夜游客达4000多人次。

【民生保障】 树立教育先行理念，大同中心校铺设塑胶球场4000多平方米，铺设青石板大道1000多平方米；教室安装了21套多媒体交互式电子教学系统。促进公共卫生事业发展。免费普查慢性病人400余人，建卡170余人，筛查两癌人员148余人；全面落实民生救助和惠民政策。2016年，新增低保22户，在册低保223户438人，月发放金额8.36万元。敬老院集中入住五保老人9名，共计发放救灾救济资金12.02万元。完成农房保险693户任务数。共计申报重度残疾人护理补贴40人，困难残疾人生活补贴18人。落实全面参保工作，参保总数6975人，征收缴费30.23万元，完成县上下达任务的95%。不断加强计生工作。落实二胎生育政策，发放奖励扶助金3.78万元，完成孕优工作16对。

【安全稳定】 实行镇、村两级主要领导带班制度，落实主要领导包面、其他领导包片、镇干部包村、村（社区）干部包组的“四级”稳定领导责任制。组织红袖标巡逻队实行常态化夜间巡逻，实行全年安全周末、节假日上路进行车辆安全检查，全年共计查处车辆达6000台，共计收取违章罚目款达3万余元，辖区无重特大安全事故、无群体性、突发性事件发生，社会实现和谐稳定。

【党建工作】 落实主体责任，层层传导压力。明确党风廉政建设的党委主体责任和纪委监督责任，在班子内部形成了“一岗双责”的责任体系和工作机制，落实职责范围内的党风廉政建设的各项工作，明确职责，确保落实，形成挂钩的管理机制。发挥纪委监督作用，在工作纪律、转变作风、重要事项督办等工作中加强监督、检查，切实提升各单位工作执行力。务求学习实效，推进“两学一做”学习教育。镇中心组坚持每周集中学习1次，认真领会上级精神并坚决贯彻落实上级决策部署，狠抓各项工作的落实。制定学习计划，在学习的形式上采用“边学边查边改”，建立问题清单和整改台账。督促各村社区支部每月集中学习，传导正能量，掀起“比学赶超”的良好氛围。

【换届工作】 大同镇第十五次代表大会于2016年12月2日举行。冉宇航当选党委书记，蔡晓荣、夏旭当选党委副书记。余飞当选纪委书记，肖楷当选纪委副书记。该镇第十八届人民代表大会第一次会议于2016年12月23日召开，徐登勇当选镇人大主席，蔡晓荣当选镇人民政府镇长，张正明、肖小江、刘恩会当选镇人民政府副镇长。

鹿鸣乡

【概况】 鹿鸣乡幅员面积132.1平方千米，辖10个村58个村民小组，总户数4653户，总人口19878人，其中非农业人口8796人，农业人口11082人；人口密度151人/平方千米。集镇面积12平方千米，集镇人口6500人，耕地面积4.6365万亩，林地面积13.4626万亩。粮食产量0.9961万吨，比上年增长0.12%。经济总收入14284万元，比上年增长1.4%，其中农业5852万元，比上年增长1.1%；工商企业2321万元，比上年增长1.05%；农民人均纯收入8456元，比上年增长1%；财政收入28751579.82元，比上年增长8.7%；财政支出15278816.92元，比上年增长10%。中心校1所，小学3所，幼儿园1所，在校学生1145人。文化站1个；医院1所，病床20张，卫生技术人员18人，比上年增长25%。

【集镇建设】 整合县财政和村级集体经济等资金500万元，建成鹿鸣“川”字形绕场镇公路1.6千米、新街的下水道改造和人行道彩砖安装2千米，完成88盏路灯整修等项目，有效改善场镇居民的人居环境。场镇基础设施齐备，全乡电话、有线电视、无线通信工程覆盖率达100%。建有1座日供水500吨自来水厂，场镇排污、排水设施，环卫设施完备，场镇垃圾做到“日清、日运、日处理”。

【产业发展】 发展烤烟2300亩，收购烟叶262吨，实现收入671.4万元，农户人均增收2000元以上；建成高山生态蔬菜示范基地1个，带动辐射100余农户，实现收入70余万元，菜农户均累计增收2000余元；万年村特色经果林香椿示范基地1124亩；龙田村草莓葡萄基地50亩、猕猴桃400亩；双枫村青脆李800亩等特色产业已经形成规模成熟发展；马金村、向家村60余亩青蛙养殖基地已初具规模；个体工商户达70户，新增民营企业1家，2016年实现工业产值2321万元。

【民生保障】 2016年，共慰问困难户651户，困难家庭救助户，发放慰问金100万余元。改造农村危旧房100户。发放各种惠农补贴资金260万余元。漆园、英雄2村实现整村脱贫达标验收。

【安全稳定】 全年信访积案、民事纠调解率和成功率均为95 %。杜绝重特大安全生产事故发生，死亡事故为零，并通过市级安全社区达标验收。

【党建工作】 严格按照“两学一做”学习教育活动，在10个村级便民服务大厅服务前台设立“群众咨询接访”窗口，加大“群工”系统的推广运用，畅通服务群众“最后一千米”。全年通过系统解决群众反映事项313项，办结率100%。

诸 佛 乡

【概况】 诸佛乡位于彭水东部，距县城65千米，幅员面积122.41平方千米，辖10个行政村、54个村民小组、15892人，耕地面积50135亩，林地106445亩，粮食总产量9072吨。辖区内共2所小学，诸佛中心校、诸佛寺小学各占地7800平方米、7600平方米，师生各428人、451人，医院2所，占地4000平方米，共26个床位、19名医护人员，其中新建成的珍加分院，总投资达400万元。

【基础设施建设】 完成通畅路23余千米、通达路20余千米，极大地改善了群众出行条件。完成9处面上农村饮水安全工程建设，解决3500余人饮水难问题。严格政策界线，完成高山生态扶贫搬迁326人，兑现补助资金391.2万元。实施C级危房改造9户、D级危房改造49户，保障贫困群众“居有其所”。人行便道。全乡新建人行便道建设38千米。

【产业发展】 庙池现代农业示范园建设有序推进。该园建设采取“公司+合作社+农户”的模式，涉及216户农户（其中贫困户78户），项目建设以合作社方式实施，已组建16个专业合作社，完成了580亩土地整治，3.8千米通达路，10千米生产便道，12口水池，3口山坪塘建设，已铺设用水管道13千米，园区房屋风貌改造也在有序推进。

【民生保障】 完成诸佛中心校围墙和诸佛寺小学装饰建设，确保安全的教育教学环境。卫生工作稳步推进。积极组织实施“孕优”“唐氏筛查”“两癌筛查”项目，启动残疾人康复社区创建工作。深入开展新农合筹资，动员群众积极交费参合，截至2016年，参合率达91%。高度关注民生。严格实施农村低保评议工作，发放各类扶助资金300余万元。

【安全稳定】 全年信访积案、民事纠纷调解率和成功率均为100%。杜绝重特大安全生产事故发生，死亡事故为零。

【党建工作】 基层组织建设不断加强，2016年的“两委”换届工作中，全体党员勇担重担，发挥“啃硬骨头”的精神，在全县率先完成村“两委”换届工作，干部队伍的学历水平提高，平均年龄降低，实现新旧班子平稳过渡。基层组织阵地建设步伐加快，完成10个便民服务中心的新建或改扩建，并配备相应办公设备及附属设施。

走马乡

【概况】 走马乡位于彭水东北部，距彭水县城76千米，海拔710米，幅员面积77.34平方千米，辖8个行政村（走马村、洪家村、万家村、沙田村、楼房坝村、龙胜村、金银村、保兴村）68个村民小组。全乡共有户籍户数5281户17807人（其中外出户籍户数736户2703人），有4个贫困村共2656户9357人（金银村580户1997人，其中建卡贫困户81户363人；洪家村697户2416人，其中建卡贫困户99户352人；沙田村441户1667人，其中建卡贫困户125户515人；龙胜村938户3267人，其中建卡贫困户93户386人），全乡共有建卡贫困户789户3102人。场镇面积0.29平方千米，场镇常住人口5000余人。林地面积41188亩，耕地面积24321亩，退耕还林面积200公顷。粮食产量稳定在75805吨以上。中学1所，在校师生593人；小学1所，在校师生1234人（中心校900人，金银村小81人，龙胜村小195人，保兴村小58人）；文化站1个，卫生院1所，病床25张（开放19张），卫生技术人员14人。全乡道路通达率100%。暂无支柱产业，农民收入主要以务工为主。

【产业发展】 2016年，完成粮油播种面积3000亩、发展魔芋200亩、改良红薯5000亩；培育农民专业组织2家、家庭农场2户，农村常住居民人均可支配收入增长10％；粮食总产量稳定在6000吨以上。全年出栏生猪12500头、肉牛14320头、土鸡62300只、山羊13500只，实现产值650余万元。建成长期增收项目有沙田村3000余亩核桃、李子，金银村1000余亩板栗、核桃等经果林产业，实现企业与农户合作，收成按三七分成。短期项目有龙胜村的蔬菜产业，以及各村都落实的共3000余亩油菜产业，形成长短期相结合的产业布局。

【基础设施】 完成4个贫困村人行便道建设64千米，完成通畅公路工程17千米，撤并村通达公路37千米，龙胜、金银、洪家3个贫困村人畜饮水工程。

【场镇建设】 完成场镇雨污二、三级管网建设，沥青路面、人行道铺设，更换路灯120余盏；乡综合文化广场即将投入使用，文化广场设立文化站、图书室、活动室、公共厕所，为乡文化传播提供载体，为场镇休闲娱乐提供良好的环境。

【民生保障】 真心关注民生实事，定期开展低保排查，做到应保尽保、不错保，全年发放农村和城镇低保金264万余元。建立台账管理五保优抚定补对象，发放五保优抚、孤儿供养定补资金144万余元。加大临时救助力度，发放各类临时救助资金30万余元。大病医疗救助40人，发放救助金9.14万元。关注弱势群体，特别是留守老人和留守儿童及困难学生，发放助学资金19.3万元。每年财政自筹5万余元资金资助困难学生，自筹3万余元资金慰问230余名80岁以上老人。

【安全稳定】 在安全生产重点区域、重点部位，组织开展道路安全隐患排查，确保道路的通畅安全。充分利用群众工作站，建立领导接访工作日，做好干部下访工作。通过发放法律读本等方法增强网格员工作责任感和解决纠纷的能力，加强AB-

CD 级涉稳人员的帮扶工作，经过努力，无重大上访和安全事件发生，社会秩序稳定向好。

【党建工作】 完成村支两委换届工作，召开党代会和人代会，民主选举出新一届党政领导班子。全乡 8 位村主任全部换完，村支书更换 6 位，无换届舆情。

石 柳 乡

【概况】 石柳乡幅员面积 43.31 平方千米，辖 4 个村 28 个村民小组，总户数 2605 户，总人口 12013 人，比上年减少 12‰，其中非农业人口 100 人，农业人口 11913 人；人口密度 277 人/平方千米。集镇面积 329670 平方米，集镇人口 2587 人，城镇化率 0.53%。耕地面积 1755 公顷，林地面积 1467 公顷，退耕还林面积 93 公顷。粮食产量 0.5857 万吨，比上年减产 13 %。经济总收入 7451 万元，比上年增长 38%，其中农业 3073 万元，比上年增长 35%；农民人均纯收入 9411 元，比上年增长 7.5%；财政收入 646 万元，比上年增长 11.5%；财政支出 646 万元，比上年增长 11.5%。小学 1 所，在校学生 462 人，与上年基本持平；学前儿童入学率 97%。文化站 1 个；医院 1 所，病床 10 张，卫生技术人员 10 人，比上年增长 1.6%。

【集镇建设】 聘请建设规划专家实地对特色集镇进行认真选址、详细规划，编制完善控制性详规和修建性详规，逐步建立市容管理长效机制，实现市级市容整洁镇创建目标。实施市民休闲广场、农贸市场、场镇民房风貌改造、街道绿化亮化硬化等 11 个项目，场镇面貌焕然一新。

【产业发展】 新建蔬菜大棚 70 个；发展烤烟 1000 亩，创税 79 余万元；发展魔芋 450 亩。全年出栏山羊 600 余只、生猪 16200 余头、土鸡 20918 只、肉牛 1121 头、中蜂保有量 1516 群。

【民生保障】 2016 年，共慰问困难户 317 户，发放慰问金 55800 万余元；改造农村危旧房 100 户；发放各种惠农补贴资金 127 万元。新评选出十星级文明户 4 户、五好家庭 4 户，好媳妇、好婆婆各 4 名。

【安全稳定】 全年信访积案、民事纠纷调解率和成功率均为 100%。杜绝重特大安全生产事故发生，死亡事故为零，并通过市级安全社区达标验收。

【党建工作】 把“两下”行动（下访寻问题、下村解难题）作为丰富和落实“创先争优”“基层组织建设年”“三项制度”的具体举措。该乡干部走访群众 3200 户，收集问题 120 条，已解决 100 件。

岩 东 乡

【概况】 岩东乡幅员面积 74.4 平方千米，辖 4 个行政村 40 个村民小组。总户数 3472 户，总人口 10036 人，比上年减少 8.61‰，其中非农业人口 1925 人，农业人口 8111 人；人口密度 135 人/平方千米。集镇面积 5 平方千米，集镇人口 513 人，城区化率 19.2%。耕地面积 1460 公顷，林地面积 5979.95 公顷，退耕还林面积 562 公顷。粮食产量 4451.5 吨，比上年减产 47 %。农村经济总收入 9003 万元，其中农业 4681 万元，农民人均纯收入 8354 元，比上年增长 33%；财政收入 1393.79 万元，比上年减少 3%；财政支出 1393.79 万元，比上年减少 3%。小学 2 所，在校学生 314 人，比上年减少 23.2%；学前儿童入学率 100%。文化站 1 个；医院 2 所，病床 18 张，卫生技术人员 8 人，比上年增长 33.3%。

【集镇建设】 聘请建设规划专家实地对堰塘村、河坝村、下坝村进行村域规划，编制完善控制性详规和修建性详规，逐步建立乡容管理长效机制，实现乡容整洁创建目标。先后投入2000多万元，共实施休闲广场、农贸市场、农房风貌改造、街道绿化亮化硬化等12个项目，使人居环境得到改善。

【产业发展】 全乡青脆李种植6000余亩，产值达500万元；食用菌种植200亩左右，年出鲜菇量在1000吨左右，年产值约1000万元。“十二五”以来，该乡累计整治山坪塘15个，铺设人饮管道2万米，有效解决了4000余亩土地灌溉难、7000余名群众饮水难问题。发展蔬菜9605亩，发展烤烟200亩，全年出栏山羊657余只、生猪2700余头、土鸡9490余只、肉牛90头、中蜂保有量980群。举办“2016·爱在彭水·花漾爱情”岩东游活动系列乡村旅游活动，拉动乡村旅游蓬勃发展，实现增收140余万元。

【民生保障】 2016年，共有城乡低保179户、429人，其中，有城镇低保45户、91人，发放资金35.4万元；农村低保134户、338人，发放资金84.2万元；大病医疗救助共救助47人次，合计金额12.2万元；五保户44人，共发放资金25.6万元；优抚对象80人，其中：烈属4人、伤残军人1人、复员军人6人、带病回乡退伍军人18人、参战退役军人14人、铀矿部队军人8人、60周岁以上退役士兵29人，按月按时发放各种补助补贴金50.3万元。2016年，共计救助229户，发放救灾救济资金6.2万元。改造农村危旧房235户；发放各种惠农补贴资金150余万元。下坝、河坝2村实现整村脱贫达标验收。

【安全稳定】 全年信访积案、民事纠纷调解率和成功率均为100%，全年无一例重大刑事和治安案件，无群体性事件和重大安全事故，无非法上访事件发生。杜绝重特大安全生产事故发生，死亡事故为零。

【党建工作】 把“干部大下访”“回头看”行动作为丰富和落实“两学一做”学习教育的具体举措。该乡共下访接访群众871次，排查重点矛盾纠纷22起，启动司法力量2起，组织人民调解会协调185起，主要涉及林权纠纷、占地纠纷和民政救助，化解率100%，做到件件有回复，事事得落实。

润溪乡

【概况】 润溪乡幅员面积108.72平方千米，辖8个村42个村民小组。总户数3600户，总人口13305人，比上年减少0.15‰，其中非农业人口1603人，农业人口11702人；人口密度122.4人/平方千米。集镇面积1371786平方米，集镇人口2800人，城区化率21%。耕地面积2730.9公顷，林地面积6047.7公顷，退耕还林面积200公顷。粮食产量0.89万吨，比上年增产10%。经济总收入14286万元，比上年增长31%，其中农业6542万元，比上年增长25.8%；工商企业2098万元，比上年增长112%；，农民人均纯收入8839元，比上年增长15%。小学2所，在校学生500人，比上年减少5%；学前儿童入学率100%。文化站1个；医院2所，病床40张，卫生技术人员27人。

【产业发展】 巩固壮大8个村“一村一品”产业，保持长效增收。培植新产业，引进万寿菊种植1200亩，引进涪陵榨菜种植1500亩，有效增加农民收入，形成产业多元化。建设花千骨百鸟观赏园。位于樱桃村2组（小地名沙坝）建成集果蔬采摘、花卉培育、休闲垂钓、百鸟观赏、娱乐餐饮于一体的生态观光示范园，基础设施初步完成，1000平方米生态停车场已建成完工。建生态大棚采摘园。生态大棚采摘园总占地面积500余亩，建有优质果品采摘区、食用菌采摘区、特色果蔬采摘区，大棚已初步建成。建中蜂主题公园。位于白果村4组（小地名板方坪），建成国家级中蜂养殖示范园，集观蜂品蜜、中蜂文化研讨、休闲娱乐于一体的中蜂主题公园，已完成场地平整等基础设施建设。建成20千米经果长廊，樱桃—白果—干溪二级路沿线标准化栽植脆冠梨3500亩。

【民生保障】　实现公路组组通，已完成103千米，申报待建15千米。贫困户人行便道户户通，已完成86千米，待建70千米。贫困户院坝全硬化，待建304户。安全饮水全部入户，全乡共建人畜饮水池55口，待建待扩1000立方米。农户住房安全排危，完工40户D级房屋和120户C级房屋建设任务，20户D级和60户C级正在实施中。全乡整治大小山坪塘24口，整治维修渠堰8千米。实施人居环境改造政策，已完成莲花村和麻池村两个示范点的建设，通过示范带动效应，鼓励全乡农户进行人居环境改造。

【安全稳定】　做好矛盾纠纷排查调处工作，全力维护社会稳定。坚持“预防为主，教育疏导，依法调处，防止激化”的原则，基本做到大事不出村、小事不出组，矛盾不上交，排查出的林地、土地、房地产权等一批矛盾纠纷18起，调处率100%，无一例民转刑案件发生，依法行政得到加强。高度重视来信来访，夯实信访工作责任，实行领导信访接待日制度，全乡无集体上访。开展安全大排查、大整治，确保辖区安全事故降至最低。

【党建工作】　牢记主体责任，全面从严治党。将“两学一做”学习教育常态化，严格规范党内政治生活，每周一定为集中学习日。加强阵地建设，提升政治功能和服务功能。升级改造村便民服务中心1个，新建4个，规划新建1个。规范服务窗口，定岗定责定人，提高办事效率，给群众办好事。落实“两个责任”，严格执纪监督，坚持预防与惩处并重。通过执纪监督、专项整治，共收集“不作为、乱作为”、不正之风和腐败问题线索32件，提醒谈话60余人次，组织处理“不作为”干部2人，立案审查“乱作为”干部6人。

棣　棠　乡

【概况】　棣棠乡幅员面积90.79平方千米，辖4个村、32个村民小组。总户数3086户，总人口12429人，比上年增加4.2‰；其中非农业人口844人，农业人口11585人；人口密度137人/平方千米。集镇面积68706平方米，集镇人口1100人，城区化率12%。耕地面积1.53万亩，林地面积8.562万亩，退耕还林面积2200.54亩。粮食产量6307吨，与上年持平。经济总收入9868万元，比上年增长0.6%，其中农业3846万元，工商企业1480万元；农民人均纯收入7400元，比上年增长7.2%；财政收入680万元；财政支出1322万元，比上年减少13%。棣棠乡有小学1所，在校师生员工共计680人，其中：教师41人；学生634人，比上年增加4%；学前儿童入学率95%。文化方面，有文化站1个，内设图书室、文化活动室。每年组织群众舞蹈队开展表演活动，丰富群众文化生活。医疗卫生方面，有医院1所，病床20张，卫生技术人员10人，比上年减少29%。

【集镇建设】　修建应急抢险工程并完善相关设施安全入住。建成场镇地下停车场，规范交通秩序。完成农贸市场修建，改善以街代市现象。修建场镇滨江花园1个、活动广场1个并投入使用，丰富群众业余生活。实施集镇街道绿化亮化美化工程，改变场镇面貌。

【产业发展】　发展烤烟面积2700亩，完成烤烟收购产量27.5万公斤，发展魔芋450亩，发展蔬菜500亩，发展玄参、前胡等中药材种植800亩，促进经济增收232万元。

【脱贫攻坚】 实现贫困村四坪村的整村摘帽和275户1007人越线验收达标。硬化38千米人行便道，新建、维修组级公路22千米；资助贫困户大学生20人；技术、技能培训190人；生态移民搬迁137人。

【民生保障】 2016年，共慰问困难户352户，困难家庭救助85户，发放慰问金21万余元；改造农村危旧房90户；发放各种惠农资金315万元。新建农村淘宝2个，修建临时垃圾收运点共18个。

【安全稳定】 全年信访积案、民事纠纷调解率和成功率均为100%。杜绝重特大安全生产事故发生，死亡事故为零。

【党建工作】 规范化建设4个便民服务中心。廉政约谈23人次，强化"两个责任"。梳理自查245名党员的组织关系，凝聚党员队伍。摸清干部的工作情况和思想状况，扎实做好村支"两委"换届筹备工作。

乔梓乡

【概况】 乔梓乡位于县城东南部，距县城34千米，幅员面积63.89平方千米；辖5个行政村，34个村民小组；总户数2920户，总人口12186人，比上年净增6.7‰；其中非农业人口1323人，农业人口10767人；人口密度190人/平方千米；集镇面积1.1平方千米，集镇人口2500人，城镇化率28.4%。耕地面积901公顷，林地面积3800公顷，退耕还林面积100公顷；粮食产量0.8万吨，比上年增长14%；经济总收入4.5亿元，比上年增长26%，其中农业1.25万元，比上年净增30%，工商企业3亿元，农民人均纯收入9627元；财政收入95万元，比上年增长18%，其中非税收入40万元，财政支出1795万元，比上年增长10%。小学2所，在校学生760人；学前儿童入学率98%，文化站1个，医院2所，病床20张，比上年增长53%，卫生技术人员15人，比上年增长25%。

【选举工作】 2016年3月，召开乔梓乡第三届第四次人民代表大会，人大代表选举产生政府乡长1名，人大主席1名。

【招商引资】 2014年10月，太极集团阿依达饮料公司一期工程成功投产，2016年产量达3亿罐，年产值达3.5亿元。

【基础设施】 2016年，完成保家至乔梓公路升级改造。完成水花村通畅工程建设。建成1200平方米的长寿文化活动广场。新建人饮水池10口，解决2580群众用水困难的问题。对全乡50千米村级道路进行全面维修整治。实施农村危房改造或新修105户及残疾人危房改造3户。新建7个山坪塘，解决农田灌溉280亩。完成场镇2.5千米街道油化工程，完成场镇4000米饮水管道安装，对集镇门面门头进行统一改造，场镇2000余名群众受益。

【文化阵地】 对全乡5个村级公共服务中心进行完善，配齐村级必要的办公设备；规范乡村图1200平方米的文化活动广场，篮球场、羽毛球场和乒乓台得到更新。坝坝舞中青年队和老年队有序发展，腰鼓队和踩花山舞蹈队队伍壮大，组织群众参与文化活动。并参加县上举办的大型舞蹈比赛，获得较好成绩；参加县上举办的男子篮球赛事，取得较好成绩，着实提高全乡人民的精气神。

龙 塘 乡

【概况】 龙塘乡位于彭水西南部，距县城60千米，幅员面积81.02平方千米，与贵州省务川县濯水镇接壤。辖8个村62个村民小组，总户数2017户，总人口8338人，比上年增加2%，其中非农业人口361人，农业人口7977人；人口密度102人/平方千米。集镇面积0.6平方米，城区化率7.2‰。森林覆盖率67%。经济总收入13250万元，完成任务的102%；社会固定资产投资4100万元，完成任务的115%；社会消费品零售总额达到1417万元，完成任务的106%；农民人均纯收入达到9933元，比上年增长9.5%。农村居民储蓄存款达7527万元，贷款余额391万元，财政总收入2716万元。小学1所，在校学生222人；文化站1个；医院1所，病床14张，卫生技术人员9人。

【基础设施建设】 完工桃园村至石院村通油公路10千米，双龙村至石院村通油公路11千米，硬化黄金村村级公路9千米，石园村5千米，桃园村组级公路3.7千米，白金村2.5千米。新建撤并村白金村3.1千米、桃子村2.7千米、黄金村4.5千米、石园村7.6千米、石院村2.8千米，计20.7千米。完成双龙、桃子等6个村人行便道50千米，解决全乡8000余人的出行难问题，畅通“一环五纵”的交通网络，交通状况得到改善。解决群众安全饮水难问题。建设桃园、桃子等6个村人畜饮水池5000立方米，安装饮水管网2万余米，解决全乡6000余人的饮水难问题。新建雨污管网4800米，铺设透气砖9600平方米，绿化树木250株；改建两河口便民大桥1座。有效解决群众看病难问题。投资20万元对桃园等4个贫困村村级卫生室进行改建。投资1200余万元加速推进长溪河堤流域治理项目的协调力度，治理河堤流域工程1.94千米。积极做好县级重点项目龙虎中型水库建设，总投资3.5亿元，已完成前期相关工作。

【产业发展】 种植烤烟5010亩，产量达65万公斤，实现产值1600万元。以“专业合作社+农户”模式发展辣椒、食用菌等特色效益农业，辣椒种植面积达3000亩，发展食用菌袋16万袋，实现产值150万元。全年出栏黑山羊3500余只、生猪12430余头、土鸡34400余只、肉牛660头、中蜂保有量1156群。完成黄土池乡村旅游目的地建设的路、水、电、网络等基础设施建设，引导建立农村淘宝商3家，其中桃园村农村淘宝率先开启本乡土货互联网销售（销售手工麻糖）。

【民生保障】 2016年，共慰问困难户696户，困难家庭救助115户，发放慰问金21万余元；改造农村危旧房100户，补助资金120万元；发放各种惠农补贴资金170万元。黄金、桃园2村实现整村脱贫达标验收，在迎接国家扶贫督查小组检查时获得肯定。

【安全稳定】 全年信访积案、民事纠纷调解率和成功率均为100%。杜绝重特大安全生产事故发生，死亡事故为零。

【党建工作】 投资200万元新建石院村、双龙村便民服务中心，巩固了基层堡垒。切实抓好“两学一做”学习教育，用好用活远程教育和群工系统，强化干部队伍素质，收集问题254条，已解决254件。

联 合 乡

【概况】 联合乡幅员面积59.87平方千米，辖4个村25个村民小组，总户数3425户，总人口14294人，其中非农业人口1170人，农业人口13124人；人口密度241人/平方千米。集镇面积0.45平方千米，集镇人口2100人，城区化率7%。

耕地面积1845.33公顷，林地面积3689.87公顷，退耕还林面积96公顷。粮食产量0.95万吨，比上年增加7.35%。农民人均纯收入达9309元，同比增长7%。全乡有中心小学1所，村级小学3所，全乡小学1~6年级在校生718人，幼儿班179人，教职工66人，小学正常入学率100%；有乡镇标准卫生院1所，村卫生室6个，病床20张，卫生技术人员15人。

【基础设施建设】 交通建设全面提速，通达通畅工程实施顺利，已建成蔡家坝通达公路3千米、河东1千米应急抢险公路，43千米通畅通达工程已做好了进场前期工作，整治水毁公路28千米，安装农村公路防护栏16千米，改善全乡8000余人的出行条件，一个互联互通的大交通格局基本形成。水利建设步伐加快，投资196万元、新建人畜饮水池25口的安全饮水工程已全部完工；投入58万元完成龙池村和河东村4.7千米农田灌溉管道项目，解决500余亩农田灌溉问题；整治山坪塘4口，水毁河堤整治工程基本完工，大灌区建设已接近尾声。为民项目全面实施，新增垃圾箱体21个；新建垃圾堆放池95口。

【产业发展】 立足"一村一业"，在龙池村发展油茶1800亩、并与龙须茗粉公司签订了1000亩高淀粉红薯订单种植合同，发放高淀粉红薯苗3000亩，涉及农户1200户5000余人。在河东村回引返乡创业人士组建专业合作社种植青脆李500亩，引进重庆红帆公司流转土地500亩种植经果林，引进茂瑞公司建成500亩肾枣。在同连村全面发展烤烟产业，种植烤烟1900亩，引进纵深农业公司流转土地3000亩，种植近30万株红豆杉。积极发展乡村旅游，带动周边500余农户，200余人实现固定就业。全乡存栏生猪5083头、牛1620头、山羊3246头、鸡30560只、鸭3200只、鹅120只、蜜蜂280群。全乡有各类规模养殖户88户，其中：生猪养殖规模户1户（100头以上），肉牛养殖规模户22户（10头以上），山羊养殖规模户11户（50只以上），禽类养殖规模户2户（2000只以上）。

【民生保障】 全乡在校生920人，小学正常入学率100%，小学升学率100%。有线电视广播村村通，有线电视入户率100%。医院、卫生所7所，病床20张，卫生技术人员15人。敬老院1所，集中供养老人8人。全乡享受城镇低保22户、29人，年发放城镇低保金10.55万元。享受农村低保283户、743人，年发放农村低保金117.46万元。2016年，全乡人口出生率10.7‰，人口自然增长率7.34‰，出生婴儿性别比为122.5:100。

【安全稳定】 全年信访积案、民事纠纷调解率和成功率均为100%。杜绝重特大安全生产事故发生，死亡事故为零。

【党建工作】 创新工作思路，加强对农村党员、村组干部教育培训，先后安排4名村支部书记、4名村民委主任参加县上任职培训。强化"三级服务体系"建设，拓展"群工"系统功能，实现乡村两级事项办理、群众事务代办和村务党务公开，使得村级事务开展更加便民、快捷、透明。完善村民自治和决策制度，加快基层民主政治建设步伐。依法落实村民委组织法，支持保障人民群众依法参与社会管理。推进村组网格化管理，不断提高基层服务管理水平。扎实开展不作为乱作为问题集中专项治理活动，通过开展集中学习、大讨论、细排查，抓住窗口和基层两个重点，全乡四风问题得到有效治理。

芦 塘 乡

【概况】 芦塘乡幅员面积52.25平方千米，辖5个村34个村民小组，总户数2590户，总人口9435人，其中非农业人口430人，农业人口9353

人。集镇人口500余人，面积约为1.5平方千米。耕地面积11470亩，有林地面积43046.7亩，森林面积36505.62亩，森林覆盖率达到54%。粮食产量5848吨。经济总收入0.9亿元，比上年增长8%，其中农业9829万元，比上年增长5%；工商企业45万元，比上年增长1.5%；农民人均纯收入9876元，比上年增长2.5%。小学3所，在校学生497人；学前儿童入学率96%。文化站1个；卫生院1所，病床10张，卫生技术人员7人。

【集镇建设】 依托高山移民集中安置点，建成700米移民新街一条，新建商业门面48间，房屋64套，高规格建成1个乡卫生院3600平方米，农贸市场400平方米，邮政储蓄网点1个，新铺装塑胶运动场4000平方米，为集镇安装路灯40盏，完善下水道、添置垃圾箱体、修建公共厕所等集镇功能设施，配备3名保洁员常年保洁，各村配备公益性岗位常年开展保洁工作。2016年，完成新街人行道绿化项目，集镇形象得到提升。

【产业发展】 种养结构进一步优化，特色效益农业迅猛发展，发展烤烟3600亩，西瓜规模化种植1500亩；大牲畜年存栏3500头，年存栏生猪5000头，家禽年存栏2.8万羽，蜜蜂年保有量1300群，规模养殖户18户，年出栏3500头生猪、肉牛260头、山羊240只、家禽1.2万羽。

【民生保障】 2016年，共慰问困难户575户，困难家庭救助258户，发放慰问金177400万余元；改造农村危旧房95户；鞍子岭、星光2村实现整村脱贫达标验收。市级文明乡成果持续巩固，新评选出“十星级文明户”68户、“五好家庭”34户、“好媳妇”50名、“好婆婆”50名。

【安全稳定】 全年信访积案、民事纠纷调解率和成功率均为100%。杜绝重特大安全生产事故发生，死亡事故为零，并通过市级安全社区达标验收。

【党建工作】 把“两下”行动（下访寻问题、下村解难题）作为丰富和落实“创先争优”“基层组织建设年”“三项制度”的具体举措。该乡干部走访群众268户，收集问题30余条，已解决19件。

朗溪乡

【概况】 朗溪乡幅员面积60.28平方千米，辖5村27个村民小组，总户数2046户，总人口9376人，其中非农业人口1414人，农业人口7962人；人口密度155.54人/平方千米。集镇面积560000平方米，集镇人口1487人，城区化率达15.9%。耕地面积1778.8公顷，林地面积4570公顷，粮食产量6626吨。农民人均纯收入9594元，比上年增长4.8%；财政支出1292万元，较去年同比增长4.4%。小学2所，在校学生363人，较去年下降8.7%，学前儿童入学率100%；文化站1个，村卫生室5个，卫生技术人员11人，病床31张，比上年增加21张。

【农业农村工作】 2016年，实现农作物播种面积9.18万亩，较去年增长3.6%，实现产值8770万元。其中，粮食种植面积7.15万亩，实现产值3902万元；蔬菜生产种植面积1.23万亩，较去年同比下降8.2%，实现产值2878万元。烤烟种植面积1000余亩，完成全年任务的100%，实现产值391万元。油菜种植面积4650亩，较去年同比增长63.7%，实现产值285.2万元。实现生猪、山羊、牛存栏分别为：2913头、1093只、774头。生猪、土鸡、山羊、牛出栏分别为：3106头、1.13万只、400只、748头，专业合作社达13个。

【精准脱贫】 全乡627户、2466人，实现田湾村整村脱贫，全乡1154人的越线退出任务如期完成。认真开展贫困对象清理，从2015年起，将全乡647户、2466人的贫困对象分年度制定攻坚计划，把牢、把准工作重点及对象，以目标倒逼责任、以时间倒逼进度、以实绩倒逼办法、以督查倒逼落实，集中精力，打好“脱贫攻坚”持久战。针对“八有八难”问题，实行点上攻坚、面上脱贫。及时清理脱贫项目建设完成情况、贫困户“六个一批”落实情况工作。

【基础设施】　完成通畅工程近80千米，新修农村公路76千米，维修整治公路150千米，修建农户人行连户路96千米，实现村通水泥路100%、组通公路率100%、户通连户路98%，实现27个村民小组全面通公路。完成田湾村新建人饮工程6处495立方米，全乡人饮困难问题全面解决。完成182人高山生态扶贫搬迁任务，实现15户D级危房、110户C级危房建设任务。新建垃圾房15个，处理环境投诉案件1件。

【社会事业】　完成新农合参保7550人，参合率达96%；征收社保基金26.14万元，新增98人参保，指纹认证录入1326人（上门采集认证27人）。落实农村低保154户432人，发放低保金90万元；完成社会抚养费征收1.5万元，违法生育立案率100%，组织42人参加孕前优生健康检查。新增就业25人、新增创业14人，引导226名农民工返乡就业。

【换届选举】　完成了第十届村民委换届选举及乡第十八届人大代表换届选举，选出县乡两级人大代表共45名。

善感乡

【概况】　善感乡幅员面积78.81平方千米，辖5个村、28个村民小组。总户数1928户，总人口7185人，其中，非农业人口865人，占总人口的11.3%；农业人口6791人，占总人口的88.7%。耕地面积1000公顷，林地面积4400公顷。粮食播种面积16576亩、产量达0.54万吨，人均占有粮食720公斤。小学2所，在校学生270人，学前儿童入学率100%。文化站1个，乡卫生院1所，村卫生室5个，病床10张，卫生技术人员6人。

【乡村新貌】　完成场镇规划，场镇新街拓展已启动实施，完工新街连接桥建设，成功拆除置于场镇公路上方的民房，打破制约场镇发展的瓶颈。完工罗兴村通达工程6.5千米，农纲、桂花、石盆村连接通达公路即将完工；开工建设石盆村通达公路5千米；争取通畅建设计划30余千米，全乡实现撤并村通达、行政村通畅“双百”目标。公路养护管理不断加强，全乡农村公路网状初步形成，通行能力显著增强。开展场镇及周家寨沿线环境综合整治，增设垃圾箱体10个，落实固定保洁人员20余人，建立每日保洁制度。

【产业发展】　发展管护猕猴桃基地560亩，种植善感西瓜3000亩，发展烤烟1800亩，总产值达2500万元，创税500余万元；巩固7000亩油茶基地建设；新建罗兴村2000亩核桃产业基地；新建农业观光园1000亩，栽植樱桃、枇杷、葡萄、蓝莓等水果10余种，全乡特色产业“一村一品”格局初具雏形。

【扶贫攻坚】　投资500余万元，新修3个标准便民服务中心，修建招呼站6个、垃圾房6个，修建人行便道30余千米，维修公路20余千米，发放彩钢粮仓400余套，完成C、D级危房改造100余户，易地扶贫搬迁40余户，实现有条件、有意愿搬迁的贫困户应搬尽搬。2016年，完成资助学生522人、落实资金56万元，医疗救助306人、落实资金30.3万元。

【乡村旅游】　周家寨乡村旅游得到中央外办扶贫

帮扶支持，将水田村更名为周家寨村，完成周家寨农旅融合小康示范村总体规划、移民新街建设规划。安装景区标识标牌60余块，安装景区路灯200余盏，新修厕所2座、观光亭2个；新修产业路3.5千米；通过招商引资，引进企业打造周家寨生态移民安置点，河堤工程量已完成70%，别墅小区正在有序推进。引进业主开工建设1000亩农业观光园，露营基地、滑草场等项目已完成规划设计，园区公路油化、滴灌系统、山坪塘等基础设施即将开工建设。举办“2016·爱在彭水·多情善感开心游”节赛活动，景区接待游客5万余人次，实现旅游综合收入300余万元。

【民生保障】 城乡居民养老保险参保2802人，合作医疗保险参保6534人；城乡低保覆盖330户、1012人，累计发放救灾救济金、救助金、慰问金80余万元，兑付各类强农惠农资金100余万元。争取资金近40余万元，实施学校路灯、塑胶球场项目建设，学校教育教学环境全面改善。发放直播星179套，新建1个标准化塑胶运动场，周家寨村“百县万村”综合文化服务中心示范点建设已达标验收。

【安全稳定】 全年信访积案、民事纠纷调解率和成功率均为100%。杜绝重特大安全生产事故发生，死亡事故为零，全年辖区社会大局稳定。

三 义 乡

【概况】 三义乡幅员面积74.76平方千米，辖6个村、29个村民小组，总户数2176户，总人口7268人，比上年增加3.2‰，其中非农业人口1159人，农业人口6109人；人口密度98人/平方千米。集镇面积20450平方米，集镇人口1089人，城镇化率15%。耕地面积2453公顷，林地面积5133.33公顷，退耕还林面积11.2公顷。粮食产量6424吨，比上年增产1.1%。经济总收入11.25千万元，比上年增长5.8%。其中农业6.84千万元，比上年增长7.8%；工商企业1.25千万元，比上年增长6.1%。农民人均纯收入7032元，比上年减少0.14%。财政收入830万元，比上年减少5.6%。小学1所，在校学生379人，比上年减少0.19%；学前儿童入学率100%；文化站1个；医院1所，医务人员6人，病床12张；烟草点1个，职工8人；金融服务网点2个（邮政、农商行）。

【集镇建设】 结合城乡建设点，实施高山生态扶贫移民搬迁，促进农村人口向城镇有序转移，减轻农村环境承载压力；大力推进集镇建设，集中力量解决安置点用电、用水、网络、电视等问题，进一步完善安置点健身步道、灯饰、绿化等附属设施建设，实现小坝子安置点亮化美化入住；建设集镇污水处理厂。推进城乡一体化发展。以建设美丽乡村为契机，努力建设巴渝民宿示范点、农民示范村，以环境整治为突破口，逐步建立长效机制，全面提升农村环境管理水平。清理整治范围内乱堆乱放的生活垃圾、建筑垃圾，开展污水治理。强化整治区域的日常保洁工作，形成长效管理机制。落实环境保护责任，实施“五大环保行动”。宜林地块全面绿化，高标准完成绿化美化工程，提升绿化水平，全力打造三义对外绿色环保新形象，改善群众居住环境，保住绿水青山。全年投入建设资金250余万元。完成政府办公楼搬迁、场镇街道两旁人行彩砖铺设、街道两旁绿化工程、小龙桥至场上居民健身步道主体工程，新增垃圾收运车2台、垃圾箱体20个、垃圾桶110个，落实场镇清洁卫生清扫保洁制度。集镇生活用水、污水处理、环保等问题也得到明显改善。城镇功能日渐完善，场镇商业活动日渐旺盛。

【产业发展】 2016年，围绕以贫困村、贫困户产业发展政策为导向，依托烤烟种植专业合作社、彭椒农业开发有限公司、朋然生态农业开发有限公司等龙头企业大力发展烤烟、辣椒、高淀粉红薯、魔芋、中药材、林果等种植和肉牛、山羊、豪猪、土鸡等养殖的特色生态农业。共发展种植烤烟5300亩、辣椒1300亩、红薯3200亩、魔芋400亩、中药材500亩、脆红李2200亩。新增5头以上肉牛养殖大户21户、50只以上山羊养殖大户5户、1000只以上土鸡养殖大户5户、100头以上生猪养殖大户3户、10群以上蜜蜂养殖大户21户、豪猪和野鸡养殖大户4户。贫困户覆盖率达90%以上，确保贫困人口有增收项目。大力发展经济林、生态林，新造林1800亩，落实责任区、加强管护力度，严格执行限额计划采伐，严厉打击破坏森林资源的违法行动。

【民生保障】 发展社会事业。教育优先，推进学前教育普及普惠，建设三义乡中心幼儿园，实现三义中心校义务教育办学条件标准化。完善城乡医疗服务体系，健全覆盖全乡居民基本医疗制度，着力构建乡、村两级医疗卫生网络体系，推进医药卫生体制改革，加强人口计生管理服务，优化人口结构，提高人口素质。加强文化建设，充分挖掘民族、民俗特色地方文化，发展乡村休闲旅游。完善社会救助、社会保障体系，推动全乡社会救助工作从单一物质救助到多元综合救助，以老人、未成年人、残疾人为重点，全面实施救助。稳步扩大五大保险覆盖面，大力实施全民参保。

【安全稳定】 全面推进法治建设，创新社会管理，及时排查化解社会矛盾，完善立体化治安防控体系，加强重点行业、领域安全监管，全面落实安全监管责任。做好车辆、建筑施工、危险化学品、烟花爆竹等重点行业的安全监管工作。开展消防、地灾隐患排查，发现问题立即整改。推进社会治理网络化网格化，畅通群众诉求表达渠道，做好干部下访接访工作，及时处理群众的诉求，将矛盾纠纷遏制在萌芽状态，抓好矛盾纠纷定期排查及汇报制度，建立每周排查长效机制和重大节日、重点时期集中排查，全面布控制度，确保全乡无严重危害国家安全和政治稳定的案件、无影响社会稳定的案（事）件、无重大群体性事件、无严重影响的邪教组织案件、无重大涉法涉诉网络舆情事件的发生。安全稳定形势进一步好转，全年无重特大安全事故，努力构建安定和谐的良好局面，确保辖区群众生命财产安全。

【党建工作】 扎实开展“两学一做”专题教育，召开专题会议3次，上专题党课8次。加强党员队伍建设，发展党员1名、转正2名。全面完成村支委换届工作，村民委换届选举有序推进。组建由党委第一副记牵头的督查巡查小组，加强监督管理，规范干部行为。严格财务和公车管理，“三公”经费支出与2015年同期下降12%。坚持服务公平、发展至上，在全社会营造“亲民、爱民、为民、帮民、利民”的服务氛围。

双龙乡

【概况】 双龙乡幅员面积62.04平方千米，辖3个村、21个村民小组，总户数1735户，总人口6017人，其中非农业人口723人，农业人口5294人；人口密度96人/平方千米。耕地面积21052亩，林地面积6.7万亩。全乡农村经济总收入7000万元，科技种粮率达96%以上，粮食总产量5234吨，人均占有粮食920公斤，同比增长9‰；实现畜牧总产值1923万元，同比增长4.1%；农民人均纯收入8600元，同比增长12%，转移农村富余劳动力2010人。中心校1所，在校学生128人；村小1所，在校学生17人，学前儿童入学率98%；文化站1个，医院1所，病床10张，医务人员6人。

【村镇建设】 乡党委政府进一步完善农村收运垃圾系统，成立清洁队伍，购置新的垃圾勾臂车1辆，新增手推车10辆，垃圾箱体10个，垃圾桶

40个，人居环境更加整洁有序。新规划建设的雷坪至马家沟总长3.5千米通达工程已完成建设并投入使用，投资95万元冒水眼至林场的通达公路即将全面完成，同时成功申报马岭村白果坝至红苕堡通畅公路建设项目计划。

【产业发展】 龟池村有机大米基地规模进一步扩大，种植有机大米3500亩，产粮900吨，实现产值达1000万元，并支持种养殖大户在有机大米基地里开展“稻鸭共作”，发展花边鸭10000只。组建双建蔬菜专业合作社，并与重庆长安集团签订订单种植，带动贫困农户26户。全年出栏生猪5880头、山羊670只、肉牛340头、家禽2.5万只，分别实现生猪、家禽良种普及率95%、90%以上，动物防疫免疫检疫率均达100%。通过大力发展荒山造林，抓好2000亩退耕还林管护，积极培育推广林下种植和养殖。

【民生保障】 2016年，城乡医疗保险参保5159人，占任务数95%；城乡养老保险全面实施，参保率达82%，小额保险及农房保险稳步实施。建立健全留守老人、留守儿童、残疾人等困难群众生产生活救助保障机制，按时足额兑现农村低保、民政优抚等惠民资金，特殊困难群体生产生活得到有效保障。积极开展困难救助，全年共慰问困难户234人，发放各类民政资金200余万元，发放各种惠农补贴资金160余万元。开展高山生态扶贫搬迁工作，完成分散安置惠及75人。全乡共完成C、D级危房共26户，妥善解决村民住房安全问题。全面落实精准扶贫系列措施，整合资金600余万元，完成23个脱贫攻坚项目，实现产业规划到户，民政低保兜底65户189人。

【社会事业】 新建设双龙乡中心校塑胶足球场，改善教育教学环境。推广孕前优生检查和生殖健康普查，全年完成宫颈癌筛查104人次，孕优检查32人，唐氏筛查5人，人口自然增长率在3‰以内，按时足额兑现计划生育奖励扶助资金55800元。加强农村卫生医疗体系建设，乡卫生院引进血常规、尿常规、全自动生化分析仪、彩超及CR等100余万元的检测仪，并创建中医药示范区及残疾人示范区，全面提高辖区医疗水平。注重对外宣传，全年在各级报刊杂志刊发文章70余篇。大力开展群众性文体活动，组织引导群众开展各类活动，加强精神文明建设，积极宣传感动重庆人物的先进事迹。大力推广农业畜牧业科学种养殖技术，开办“田间学校”10余期。

【安全稳定】 着力抓好普法宣传和群众法制教育，落实辖区网络化管理，配齐24名网络管理员。严格落实“135”调解制度，全年调处各类矛盾纠纷179起，调处率100%，成功率100%，确保全乡社会和谐稳定。辖区内全年无进京赴市集体上访，无群体性事件发生，杜绝重特大安全生产事故发生，确保社会的安全稳定。

【党建工作】 完成公共服务中心和便民服务中心建设，并配齐办公设备，实现网络全覆盖。大力推广联系服务群众工作系统，截至7月，群工系统共受理事项150件。切实执行村干部轮流值班制度和党务村务公开制度，据实保障党建工作经费，足额拨付村级办公经费。严把党员入口关，新发展党员1名，培养入党积极分子3名。健全党员联系帮扶机制。乡党委每年安排10000元资金，用于困难党员临时生活救助，认真落实离任村干部有关政策。着力抓好党的“两学一做”专题教育活动，大力开展党员组织关系集中排查、党费清理等问题整治，举办专题学习活动，开展党员干部培训，着力提升党员干部整体素质。深入开展机关干部纪律涣散问题、赌博敛财、违规整酒和中间一千米专项整治，加强党员干部纪律教育。建立健全机关内部管理制度，大力提倡勤俭节约，着力降低“三公”经费。

石 盘 乡

【概况】 石盘乡幅员面积64.12平方千米，辖2个村17个村民小组，总户数946户，总人口3526人，人口密度55人/平方千米，其中农业从业人口为1236人。集镇面积2300平方米，集镇人口780人，城区化率0.2%。耕地面积576公顷，林地面积4372公顷。乡内有小学1所，在校学生140人，学前儿童入学率100%；文化站1个；卫生院1所，病床4张，卫生技术人员5人。

【产业发展】 错位发展蔬菜品种800亩，规划新建蔬菜大棚40个；发展烤烟3600亩，创税100余万元；发展中药材500亩。全年出栏山羊500余只、生猪930余头、土鸡4400余只、肉牛20头、中蜂保有量1156群。已有7家乡村农家乐开张营业，床位增加到200张，全年接待游客近1100人次，旅游综合收入100万元。

【集镇建设】 聘请建设规划专家实地对特色集镇进行认真选址、详细规划，编制完善控制性详规和修建性详规，已获县规委会通过。已与施工企业达成建设意向。全年启动并征收配套费40余万元，逐步建立市容管理长效机制，实现市级市容整洁镇创建目标。投入1300多万元，在2个多月时间内，共实施市民休闲广场、农贸市场、场镇民房风貌改造、街道绿化亮化硬化等11个项目，实现市级卫生镇创建达标验收的目标。

【党建工作】 把“两下”行动（下访寻问题、下村解难题）作为丰富和落实“创先争优”“基层组织建设年”“三项制度”的具体举措。走访慰问党员，开展送关怀、送学活动，入户走访贫困党员，了解他们的生产生活状况，听民意、解难题，把党的关怀与温暖送到他们身边。在慰问的同时，把党章党规、习近平总书记系列重要讲话及当前的一些政策分别传递到慰问党员脑海中，从而提升党员意识，坚定理想信念。

大 垭 乡

【概况】 大垭乡位于彭水苗族土家族自治县西南角，东、南、西三面与贵州省务川、道真两个仡佬族苗族自治县连界，西北与武隆县隔芙蓉江相望，地处重庆、贵州两省（市）四县交界的边陲之地。幅员面积67.31平方千米，耕地面积22080亩，其中田4320亩、土17760亩；辖4村、20村民小组，总户数1339户，总人口5837人，其中非农业人口263人，农业人口5574人；人口密度87人/平方千米。交通条件便利、人文环境优越，彭务二级路从境内贯穿而过，具有民族特色的重庆非物质文化遗产“木蜡庄傩戏”和极具开发价值的芙蓉江。有小学1所、卫生院1所。境内森林、水利资源丰富，林地面积65050亩，覆盖率达64%，是彭水森林资源最丰富的乡镇之一。境内有大小溪流8条，芙蓉江川境而过，依靠水利资源丰富的优势，建有冬瓜溪二、三级水电站两座，装机容量4260千瓦，装机容量为12.5万千瓦的芙蓉江浩口电站正在筹建中。

【集镇建设】 2016年，在集镇范围内建成综合文化广场1个、幸福院1所、安装太阳能路灯120盏，放置垃圾箱、垃圾桶40个，学校投入建成综合楼1个，累计投入500余万元。

【产业发展】 龙头企业重庆垦甲农业发展公司在大垭村发展蔬菜基地2000亩，投入300余万元，常年种植5～8种蔬菜，有密本南瓜、高山糯玉米、包白菜、红心萝卜、豇豆、黄瓜、辣椒等，年均出售量3000多吨；种植红高粱500余亩，建成高山油茶2000亩。全年出栏山羊3000余只、生猪8000余头、土鸡25000余只、肉牛400余头、中蜂保有量1500群。

【民生保障】 2016年，共慰问困难户612户，发放慰问金9.6万余元，困难家庭救助76户，救助金额17.2万余元；改造农村危旧房43户。对木蜡村部分贫困户实施院坝硬化，改善人居环境。大力争取资金投入农村公路网建设，通过新建和维修整治，全乡交通条件得到很大改善。找水源，要项目，按照需求实施人畜安全饮水工程。2016年，木蜡村实现整村脱贫达标验收。

【安全稳定】 全年信访积案、民事纠纷调解率和成功率均为100%。杜绝重特大安全生产事故发生，死亡事故为零。

【党建工作】 把“两学一做”学习教育全面落实开来，党委中心组学习和党委“两学一做”学习教育结合起来，学习教育向农村党员推进，引导全体党员争做“四讲四有”合格党员。投入41万元新建木蜡村便民服务中心，建成功能齐备的办事大厅。顺利完成村支两委换届工作，配齐配强村干部，切实增强服务群众功能。2016年12月，按照县委统一部署，完成乡党委、人大、政府换届工作。

桐　楼　乡

【概况】 桐楼乡位于彭水东南边陲，距县城84千米，东临黔江区石家镇、新华乡，南靠诸佛乡，北与桑柘镇、大同镇接壤，是全县边远乡镇之一。辖3个行政村、16个村民小组，共1244户5375人，其中农业人口4993人。幅员面积45平方千米，耕地面积18015.85亩，水田面积4934.8亩，林地面积28628.7亩。有学校2所（桐楼中心小学校和徐家村小），乡级医院1所，村级卫生院3所。其中桐楼中心校教师20人，学生238人；桐楼乡徐家村小教师2人，学生20人；桐楼乡卫生院在编医生4人。2016年，实现农村经济总量5098万元，同比增长11%；农村居民人均可支配收入8440元，同比增长13%。稳步扩大农牧产品生产规模，实现粮食产量359.5万公斤，生猪、牛、羊及家禽年末存栏分别达1075头、591头、829只及16303羽。

【基础设施建设】 完成普子村通畅路二期项目、桐木村通畅公路，完工桐木村、普子村通达公路17.3千米。新修产业路2.5千米。完成桐木村土地整治项目。完成中心校运动场塑化工程。完成细沙村1.6千米灌溉渠项目，完工桐木2组人饮水池项目，建成桐木村规范化便民服务中心并投入使用，细沙村规范化便民服务中心办公楼和活动场地主体完工。全面推进电力改造。加速完成场镇的电网升级改造，增强群众用电安全。完善配套设施。多次开展集中环保宣传活动，配备垃圾勾臂车1辆、垃圾箱体3个、垃圾桶和手拖车等设备，用于场镇垃圾集中清运。

【产业发展】 农村电商发展，实现农村与城市的互联网贸易互通，拓宽农产品销售渠道，通过网上村庄实现农产品销售额210余万元；转变农民购物方式，通过“农村淘宝”实现商品交易额109万元，其中农业生产资料24万元，占比22%。争取县农委、县扶贫办等部门项目支持，培育并壮大沐晖产业园的“畜牧养殖+有机蔬菜种植”生态发展模式，成为全县电商产业示范点。巩固发展特色种植业。采取“专业合作社+农户”的模式，大力发展订单农业。全年种植高淀粉红薯4120亩、小米花生2200亩、“楠木红”辣椒1070亩、青菜头500亩。

【民生保障】 2016年，桐楼乡共计发放产业补助32.35万元，惠及贫困户395户。兑现2015年61户310人高山生态搬迁补助186万元，完成2016年高山生态搬迁对象贫困户100人搬迁任务。开展贫困户集中培训2次，培训贫困人口340余人次。发放社会保障金97.1万元，对困难弱势群体提供救助，保障基本生活条件。资助贫困学生357人，资助金额34.9万元。购买大病医疗补充保险、小额意外保险368户1449人。实施医疗二次补助176户，补助资金12.6万元。

【安全稳定】 全年信访积案、民事纠纷调解率和成功率均为100%。杜绝重特大安全生产事故发生，死亡事故为零。严格实行“党政同责”“一岗双责”，党政主要领导亲自抓，全年全乡无安全事故发生，2016年一季度、三季度、年终均获得安全生产先进表彰。无群访集访发生，社会治安良好，社会大局稳定。

【党建工作】 全面落实从严治党主体责任，扎实开展“两学一做”学习教育，开展“两学一做”学习教育56次，撰写心得体会72篇。元旦、春节期间慰问老党员、困难党员18名，发放慰问金9000元。

荣 誉

先进集体

获奖单位	授奖文号（单位）	获奖日期	获奖内容
县委统战部	人社部发〔2016〕95号	2016年10月	全国侨办系统先进集体
县残联	渝残联发〔2017〕20号	2017年2月	2016年度残疾人工作综合目标考核优秀单位
县科协	渝科协发〔2017〕5号	2017年1月	年度工作特等奖
县文联	中国舞协	2016年6月	中国舞协少儿舞美工程突出贡献奖
县社科联	渝社联〔2017〕1号	2017年2月	2016年度重庆市区县社科联工作先进单位
看守所	渝公政〔2016〕288号	2016年6月	监管工作成绩突出集体（三等功）
县检察院职侦局“7.3案”办案组	渝检（政）〔2016〕13号	2016年2月	集体二等功
县检察院研究室	渝检（研）〔2016〕3号	2016年3月	法律政策研究先进单位
县检察院控申科	渝检党组〔2016〕29号	2016年6月	全市检察机关党员示范窗口
县司法局	司法部	2016年	2016年度人民调解宣传工作先进单位
县法律援助中心	司法部	2016年	“十二五”期间中央专项彩票公益金法律援助项目示范单位
县法律援助中心	司法部	2016年	第五届全国法律援助工作先进集体
县法律援助中心	渝人社发〔2016〕37号	2016年	重庆市三八红旗集体
高谷、保家、郁山司法所	渝司发〔2016〕138号	2016年	重庆市优秀司法所
县公安消防大队	武渝消党〔2017〕13号	2017年2月	2016年先进党委、2016年先进大队、2016年安全工作先进单位
县林业局造林绿化科	渝人社发〔2016〕13号	2016年1月	重庆市林业系统先进集体
县林业局天然林保护办公室	渝人社发〔2016〕13号	2016年1月	重庆市林业系统先进集体
县林业局造林绿化科		2016年8月	全国绿化先进集体
县林业局	林改发〔2016〕177号	2016年12月	第三届“中国林业产业突出贡献奖”
县法院执行局	渝四中法〔2016〕12号	2016年3月	集体三等功
县法院执行局	渝人社发〔2016〕300号	2016年12月	全市法院系统先进集体
县法院民二庭	渝四中法〔2016〕13号	2016年3月	集体三等功

获奖单位	授奖文号（单位）	获奖日期	获奖内容
县法院	渝高法〔2016〕22号	2016年2月	刑事审判条线工作先进法院、 民事审判条线工作先进法院、 审判执行工作先进法院、 队伍建设工作先进法院
重庆市第一次地理国情普查领导小组	渝地普办〔2016〕4号	2016年7月	重庆市第一次地理国情普查劳动竞赛组织管理优秀单位
县市政管理监察大队	渝人社发〔2016〕154号	2016年7月	重庆市市政系统先进集体
县地方海事处	中共交通运输部海事局党组、交通运输部 海事局海事〔2016〕718号	2016年12月	2016年海事“三化”好形象好品牌先进集体 （全国仅20个）
县交委	重庆市交通委员会 渝交委运〔2016〕10号	2016年4月	2016年春运工作先进集体
县公路路政管理大队	重庆市公路局 渝路局发〔2017〕50号	2017年2月	2016年度全市路政治超管理先进单位
县道路运输管理所	重庆市道路运输管理局 渝道运发〔2017〕50号	2017年2月	2016年度道路运输行业安全生产工作先进单位
交通工程质量安全监督局	重庆市交通委员会 工程质量安全监督局	2017年1月	2016年先进区县质监机构
县安监局	渝人社发 〔2016〕38号	2016年3月	记二等功
县安监局办公室	中华全国总工会	2016年4月	工人先锋号
县安监局	人社部发〔2016〕101号	2016年10月	全国安全生产监管监察系统先进集体
县安监局	渝安监发〔2017〕2号	2017年2月	2016年度全市综合监管安全生产工作先进集体
县安监局	渝安办〔2017〕22号	2017年3月	2016年度打击非法生产经营危险化学品、烟花爆竹集中整治专项行动先进单位
彭水县	渝安委〔2017〕3号	2017年5月	2016年全市安全生产工作先进区县
彭水广播电视台	重庆广播电视集团（总台）	2016年12月	2016年度电视节目交流先进集体
彭水广播电视台	重庆广播电视集团（总台）	2016年12月	2016年度知识产权保护先进集体
中国彭水网	中国大西南网络新媒体联盟	2016年	十大最具创新网站

先进个人

获奖单位	姓　名	授奖文号（单位）	获奖日期	获奖内容
县妇联	皮小坤	市老促会颁发的《光荣册》	2016年12月	老区脱贫巾帼标兵

获奖单位	姓 名	授奖文号（单位）	获奖日期	获奖内容
县文联	郭 华	重庆市舞协	2016年6月	重庆市舞协优秀志愿者
县文联	谢欢莲	重庆市舞协	2016年6月	重庆市舞协优秀志愿者
县文联	苏志磊	重庆市舞协	2016年6月	重庆市舞协优秀志愿者
交巡警大队	窦远辽	渝公发〔2016〕56号	2016年4月	个人二等功
桑柘派出所	任佑强	渝公发〔2016〕56号	2016年4月	个人三等功
郁山派出所	罗双江	渝公发〔2016〕56号	2016年4月	个人三等功
刑事侦查大队	舒 伟	渝公发〔2016〕56号	2016年4月	个人三等功
郁山派出所	许 靖	渝公发〔2016〕56号	2016年4月	个人三等功
法制大队	徐安全	渝公发〔2016〕56号	2016年4月	个人三等功
交巡警大队	罗 健	渝公发〔2016〕56号	2016年4月	个人三等功
县检察院	黄治文	渝检党组〔2016〕30号	2016年6月	全市检察机关优秀共产党员
县检察院	王 涵	渝检（政）〔2016〕44号	2016年5月	第三届重庆市检察机关“青年尖兵”
县检察院	陈昌锋	渝检（政）〔2016〕74号	2016年8月	第一届重庆市检察机关案件管理业务标兵
县公安消防大队	王海亮	武渝消党〔2017〕13号	2017年2月	2016年安全工作先进个人
县公安消防大队	荣鑫成	武渝消党〔2017〕13号	2017年2月	2016年勤政廉政先进个人
县畜牧发展中心	焦辉勇	农业部	2016年12月	农业部农牧渔业丰收奖（三等奖）
县畜牧发展中心	苟举碧	农业部	2016年12月	农业部农牧渔业丰收奖（三等奖）
县法院	张 静	渝四中法〔2016〕14号	2016年3月	个人三等功
县法院	黄 宽	渝四中法〔2016〕15号	2016年3月	个人三等功
县法院	彭 然	渝高法〔2016〕117号	2016年5月	审判管理先进个人
县法院	樊 洪	渝高法〔2016〕23号	2016年2月	全市法院办案标兵
县法院	朱 为	渝高法〔2016〕24号	2016年2月	全市法院办案标兵
县法院	黄 宽	渝高法〔2016〕25号	2016年2月	全市法院办案标兵
县法院	沈正华	渝高法〔2016〕26号	2016年2月	全市法院办案标兵
县法院	何长江 何小敏	渝人社发〔2016〕300号	2016年12月	全市法院系统先进个人
县法院	王晓波	渝四中法〔2016〕4号	2016年1月	刑事裁判文书三等奖
县法院	石朝晶	渝四中法〔2016〕4号	2016年1月	民事裁判文书优秀奖
县法院	樊 洪	渝四中法〔2016〕4号	2016年1月	行政裁判文书优秀奖
县市政园林管理局办公室主任	李 莉	渝人社发〔2016〕154号	2016年7月	重庆市市政系统先进个人
县市政园林管理局办公室副主任	付 奎	渝人社发〔2016〕154号	2016年7月29日	重庆市市政系统先进个人
县交委	王小兵	重庆市交通委员会 渝交委运〔2016〕10号	2016年4月	2016年春运工作先进个人
县银监办	陈天旺	渝银监党〔2016〕10号	2016年6月	重庆银监局系统优秀党务工作者

获奖单位	姓　名	授奖文号（单位）	获奖日期	获奖内容
县安监局	王新华	宣教函〔2016〕14 号	2016 年 11 月	“安全发展战略理论与实践”有奖征文活动三等奖
县安监局	冉洪宇	渝安监发〔2017〕2 号	2017 年 2 月	2016 年度全市综合监管安全生产工作先进个人
县安监局	杨　杰	渝安办〔2017〕22 号	2017 年 3 月	2016 年度打击非法生产经营危险化学品、烟花爆竹集中整治专项行动先进个人
县安监执法大队	李　露	渝安办〔2017〕25 号	2017 年 3 月	2016 年全市安全生产事故信息统计工作先进个人
县质监局	李雪辉 任桂麾	渝质监党〔2016〕26 号	2016 年 6 月	优秀共产党员
县质监局	李雪辉	渝质监团〔2016〕5 号	2016 年 4 月	金质好青年
诸佛乡政府	冯久林	渝委发〔2016〕22 号	2016 年 7 月	重庆市优秀党务工作者

附 录

2016年重庆市彭水苗族土家族自治县国民经济和社会发展统计公报

2016年，全县各族人民在县委、县政府的坚强领导下，大力实施“五化”统筹推进、“三区”协调发展战略，全面加强经济建设、政治建设、文化建设、社会建设和生态文明建设，国民经济保持平稳较快发展，各项社会事业取得新的进步。

一、综合

年末全县常住人口49.82万人，比上年减少0.82万人。其中，城镇人口16.79万人，乡村人口33.03万人。城镇化率33.70%，比上年提高1.28个百分点。

全年人口出生率为9.45‰，死亡率为4.88‰，人口自然增长率为4.57‰，出生婴儿性别比（以女性为100，男性对女性的比例）为110.9∶1。年末户籍总人口70.29万人，比上年增加0.48万人。其中，农业人口49.98万人，非农业人口20.31万人。

初步核算，全年全县实现地区生产总值（GDP）1286858万元，按可比价格计算，比上年增长10.3%。其中，第一产业实现增加值252467万元，增长5.2%；第二产业实现增加值532296万元，增长14.5%；第三产业实现增加值502095万元，增长8.5%。三次产业对经济增长的贡献率分别为9.8%、57.6%和32.6%，分别拉动经济增长1.0个、5.9个和3.4个百分点。三次产业结构比由上年的19.1∶42.1∶38.8调整为19.6∶41.4∶39.0。按常住人口计算，全县人均地区生产总值实现25619元，较上年增加2932元，增长12.2%。

图一　　2010～2016年

全县地区生产总值及增长速度

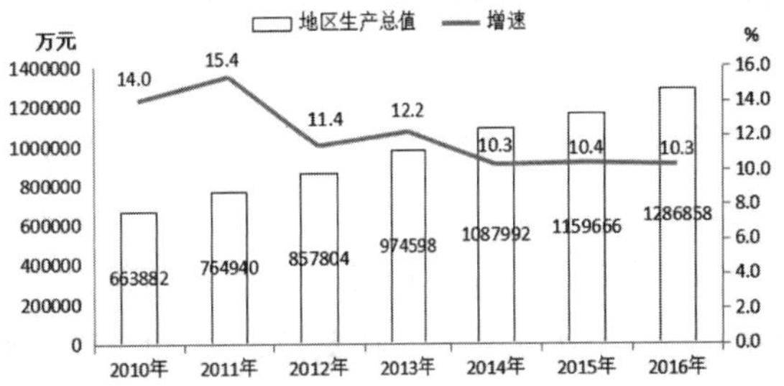

全年新增城镇就业人员5732人，指导帮助2638名下岗失业人员和737名就业困难人员实现就业再就业，城镇登记失业率为3.13%。

二、农业

2016年，全县实现农林牧渔业总产值405210万元，比上年增长5.8%。其中，农业224020万元，增长4.5%；林业22747万元，增长9.2%；畜牧业153638万元，增长7.3%；渔业1084万元，增长10.7%。实现农林牧渔业增加值252467万元，比上年增长5.2%，其中，农业164879万元，增长 8.0%；林业 17287 万元，增长 8.4%；畜牧业 69445 万元，下降 2.2%；渔业 856 万元，增长 12.7%。

表 1　　2016 年全县主要农产品产量

产品名称	单位	产量	比上年 ±%
粮食	万吨	32.29	1.9
#玉米	万吨	12.07	1.9
水稻	万吨	6.35	0.1
薯类	万吨	12.65	2.3
油料	万吨	2.63	7.8
蔬菜	万吨	33.25	6.2
烤烟	万吨	1.50	0.0
水果	万吨	0.89	2.0
肉类总产量	万吨	5.47	-1.6
#猪肉	万吨	4.17	-2.8

全年粮食播种面积 127.21 万亩，增长 0.4%；油料播种面积 21.45 万亩，增长 6.1%；烤烟播种面积 12.00 万亩，与上年持平；蔬菜播种面积 16.43 万亩，增长 1.7%。全年粮食总产量 32.29 万吨，增长 1.89%。其中，夏粮产量 8.60 万吨，下降 0.2%；秋粮产量 23.69 万吨，增长 2.1%。油料总产量 2.63 万吨，增长 7.8%；烤烟总产量 1.50 万吨，与上年持平；蔬菜总产量 33.25 万吨，增长 6.2%。

表 2　　2016 年全县畜牧业生产情况

指标名称		单位	2016 年	比上年 ±%
出栏	生猪	万头	56.30	-3.1
	牛	万头	6.96	2.5
	山羊	万只	7.08	5.2
	家禽	万只	194.69	3.3
存栏	生猪	万头	38.25	-3.3
	牛	万头	13.23	-2.4
	山羊	万只	5.40	-4.0
	家禽	万只	155.56	2.5

全年肉类总产量达 54697 吨，比上年下降 1.6%。其中，猪肉 41652 吨，下降 2.8%，牛羊肉 10032 吨，增长 2.3%。全年出栏生猪 56.30 万头，下降 3.1%；出栏牛 6.96 万头，增长 2.5%；出栏羊 7.08 万只，增长 5.2%。年末生猪存栏 38.25 万头，下降 3.3%；牛存栏 13.23 万头，下降 2.4%；羊存栏 5.40 万只，下降 4.0%。

三、工业和建筑业

全年实现工业增加值 314584 万元，比上年增长 13.5%，占全县地区生产总值（GDP）的比重达 24.4%，对全县经济增长的贡献率为 31.7%，拉动经济增长 3.3 个百分点。规模以上工业企业实现总产值 628913 万元，增长 12.6%。其中，国有控股企业 368569 万元，增长 19.8%；大中型企业 239902 万元，增长 9.5%。按轻重工业分，轻工业实现产值 140183 万元，增长 4.5%；重工业实现产值 488730 万元，增长 15.1%。

规模以上工业企业总产值分行业看，煤炭开采和洗选业实现产值 53685 万元，下降 12.4%；农副食品加工业实现产值 33676 万元，下降 4.8%；烟草制品业实现产值 11506 万元，增长 1.1%；制鞋业实现产值 55768 万元，增长 19.9%；非金属矿物制品业实现产值 115418 万元，增长 18.6%；电力生产和供应业实现产值 244353 万元，增长 17.4%。

表 3　　2016 年全县规模以上工业经济主要经济指标

指标名称	计量单位	2016 年	同比 ±%
规模以上工业总产值	万元	628913	12.6

指标名称	计量单位	2016年	同比±%
#大中型工业企业	万元	239902	9.5
#国有控股	万元	368569	19.8
按轻重工业分			
#轻工业	万元	140183	4.5
重工业	万元	488730	15.1
规模以上工业增加值	万元	283011	13.8
规模以上工业企业销售产值	万元	612308	13.8
规模以上工业企业主营业务收入	万元	509281	4.9
规模以上工业企业利税总额	万元	139602	18.4
规模以上工业企业利润总额	万元	94905	27.0

全年规模以上工业企业实现主营业务收入509281万元，增长4.9%；实现利税总额139602万元，增长18.4%；实现利润94905万元，增长27.0%；产品销售率97.4%，比上年提高1.1个百分点。

表4　2016年规模以上工业主要产品产量

产品名称	单位	产量	同比±%
原煤	万吨	90.30	-26.5
水泥	万吨	226.00	13.9
水泥熟料	万吨	105.90	-36.4
水力发电量	亿千瓦时	71.00	12.8
商品混凝土	万立方米	16.40	-36.0
胶鞋	万双	2315	13.3
烟叶复烤	吨	29213	2.2
包装饮用水	吨	12607	22.7

全年规模以上工业主要产品产量中，原煤产量90.30万吨，下降26.5%；水泥产量226.00万吨，增长13.9%；水泥熟料105.90万吨，下降36.4%；水力发电量71.00亿千瓦时，增长12.8%；商品混凝土16.40万立方米，下降36.0%；胶鞋产量2315万双，增长13.3%；烟叶复烤产量29213吨，增长2.2%，包装饮用水产量12607吨，增长22.7%。

全年全县实现建筑业增加值217712万元，同比增长16.0%，对全县经济增长的贡献率达25.9%，拉动经济增长2.6个百分点。全年纳入企业一套表的资质以内建筑业企业24家，全年实现注册地建筑业总产值374751万元，增长21.6%。

四、固定资产投资和房地产开发

全年完成固定资产投资1798689万元，比上年增长18.4%。按投资区域划分，跨区投资完成81343万元，增长71.5%；县内投资完成1717346万元，增长16.7%。按产业划分，第一产业完成投资124361万元，增长24.9%；第二产业完成投资219360万元，增长13.4%；第三产业完成投资1454968万元，增长18.7%。

图二　　2010~2016年

固定资产投资及增长速度

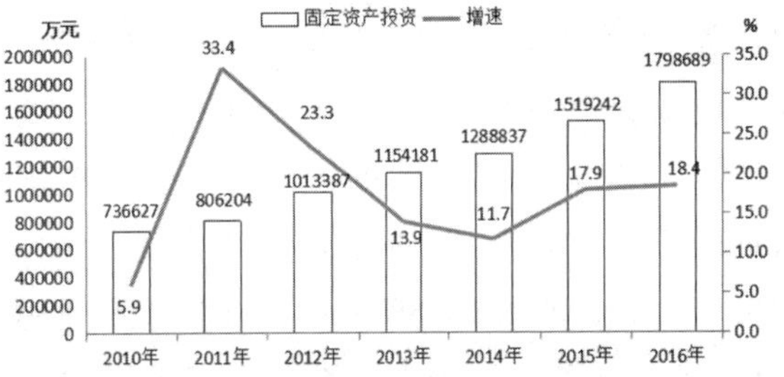

其中，全年完成工业投资219360万元，增长13.4%，占全县固定资产投资总额的12.2%；房地产开发完成投资62388万元，下降12.7%，占全县固定资产投资总额的3.5%。

全年全县房地产业实现增加值59983万元，比上年增长2.3%。全年商品房施工面积134.98万平方米，下降6.6%；商品房竣工面积15.29万平方米，下降15.8%；商品房销售面积36.39万平方米，下降3.0%，其中住宅销售面积35.18平方米，增长13.4%；商品房销售额176372万元，下降5.2%，其中住宅销售额140000万元，增长4.8%。

五、国内贸易和对外开放

全年全县批发和零售业实现增加值85597万元，比上年增长8.3%，占全县地区生产总值的6.7%；住宿和餐饮业实现增加值47284万元，增长8.9%，占全县地区生产总值的3.7%。

图三　　2010~2016年

社会消费品零售总额及增长速度

全年全县实现社会消费品零售总额593711万元，比上年增长14.3%。按经营地统计，城镇实现消费品零售总额172345万元，增长13.2%；乡村实现社会消费品零售总额421366万元，增长14.8%。按行业统计，批发业实现零售总额145324万元，增长19.5%；零售业实现零售总额394443万元，增长13.8%；住宿业实现零售总额12445万元，增长9.0%；餐饮业实现零售总额41499万元，增长4.6%。

在限额以上企业商品零售额中，粮油、食品、饮料、烟酒类零售额下降2.5%；服装、鞋帽、针纺织品类增长53.4%；化妆品类下降7.4%；日用品类增长43.3%；家用电器和音响器材类增长9.9%；中西药品类增长16.7%；文化办公用品类增长20.1%；家具类增长125.5%；建筑及装潢材料类增长20.4%；汽车类增长20.1%。

2016年年末，全县限额以上单位个数共114家，其中批发业47家，零售业56家，住宿业9家，餐饮业2家。全县批发零售业企业实现销售额1371374万元，增长16.5%，其中限额以上批发零售单位实现销售额809291万元，占全县批发零售业商品销售额比重为59.0%；住宿餐饮业企业实现营业收入146138万元，增长19.3%，其中限额以上住宿餐饮业实现营业收入9761万元，占全县住宿餐饮业营业收入的比重为6.7%。

2016年，全县共达成签约项目56个，落地项目34个，全年实际利用县外资金48.18亿元。全年外贸进出口总额达1830万美元，同比增长18.0%，其中出口总额1830万美元，增长18.0%。全年实际利用外资100万美元；实际利用内资（市外国内）483411万元，增长20.6%。

六、交通、邮政和旅游

全年全县交通运输、邮政和仓储业实现增加值61559万元，比上年增长3.3%，占全县地区生产总值的4.8%。

全年公路通车里程达到5575千米。其中，高速公路65千米，二级公路175千米，三级公路113千米，四级公路3877千米。

全年完成公路客运量844万人次，下降5.9%；完成货运量251万吨（不含铁路运输，下同），增长3.7%。全年旅客周转量达到51036万人千米，下降12.5%；货运周转量达到26156万吨千米，增长9.5%。

全县完成邮电业务总量37189万元，比上年增长12.7%。其中：邮政业务总量4948万元，增长25.5%；电信业务总量32241万元，增长11.0%。年末固定电话用户4.94万户，下降2.7%；移动电话用户46.08万户，增长3.7%；互联网用户6.80万户，增长23.9%。

全年全县累计接待游客1718万人次，比上年增长35.3%，其中海外游客2.58万人次，增长330.0%；国内游客1715万人次，增长35.0%。全年全县实现旅游综合收入74.82亿元，比上年增长42.2%。全县旅游景区接待游客265万人次，旅行社组团人数达29.2万人次，分别增长65.0%、86.0%，实现景区门票收入7349万元，同比增长 39.0%。

七、财政、金融和保险

全年全县实现地方财政收入 289728 万元，比上年增长 14.5%，其中，一般公共预算收入 139358 万元，增长 16.2%；基金收入 142364 万元，增长 14.1%。一般公共预算收入中，税收收入 82500 万元，与上年持平，占地方财政收入的比重达 28.5%，非税收入 56858 万元，增长 35.0%。税收收入中，增值税 18493 万元，增长 107.4%；营业税 12822 万元，下降 51.4%；企业所得税 11616 万元，增长 22.2%；个人所得税 2215 万元，增长 7.5%；城市建设维护税 3000 万元，增长 6.6%；房产税 2989 万元，增长 40.8%；契税 5752 万元，下降 32.4%；烟叶税 6645 万元，增长 0.3%。

图四　　　　2010～2016 年

地方财政收入及增长速度

全年实现财政支出 687729 万元，比上年增长 16.2%。其中，一般公共预算支出 519981 万元，增长 14.3%；基金预算支出 160860 万元，增长 20.4%。一般公共预算支出中，一般公共服务支出 35125 万元，增长 11.8%；教育 118038 万元，增长 12.4%；文化体育与传媒 5725 万元，下降 24.8%；社会保障和就业 53725 万元，增长 7.3%；医疗卫生 52464 万元，下降 0.6%；环境保护 26038 万元，增长 46.0%；城乡社区事务 27788 万元，增长 17.2%；农林水事务 108591 万元，增长 11.3%；交通运输 25506 万元，增长 80.0%；住房保障 19423 万元，增长 30.5%。

图五　　　　2010～2016 年

地方财政支出及增长速度

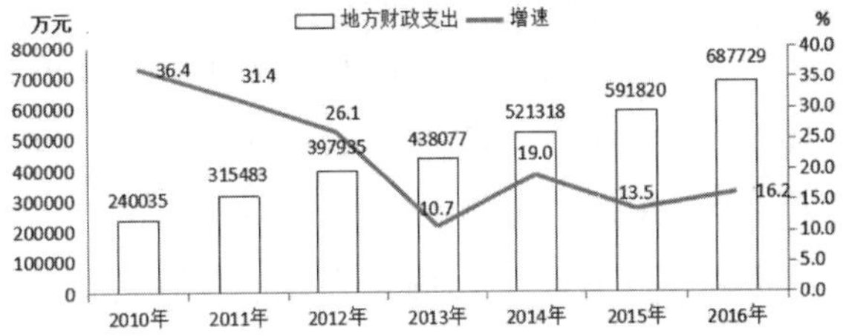

全年全县金融业实现增加值 41627 万元，增长 15.9%，占全县地区生产总值 3.2%。年末金融机构存款余额 1827074 万元，增长 28.2%，其中住户存款余额 1293354 万元，增长 25.2%。年末金融机构贷款余额 1658211 万元，增长 25.0%，其中，住户贷款 531369 万元，增长 29.4%；非金融企业及机构团体贷款 1126829 万元，增长 23.0%。

年末全县营利性保险机构 12 家，保险业从业人员 1642 人。全年保险机构实现保费收入 38479 万元，比上年增长 28.2%。其中，财产险保费收入 10993 万元，增长 25.1%；人身险保费收入 27485 万元，增长 29.5%。全县保险机构赔付支出 10851 万元，比上年下降 3.0%。其中，财产险赔付支出 4999 万元，下降 5.5%；人身险赔付支出 5852 万元，下降 0.8%。

八、教育和科学技术

2016 年末，全县各级各类校（园）147 所，其中，小学 72 所，初级中学 16 所，九年一贯制学校 3 所，完全中学 3 所，特殊教育学校 1 所，职业中学 1 所，幼儿园 50 所。全县普通高中招生 4578 人，在校生 14324 人，毕业生 5039 人；普通初中招生 8558 人，在校生 26030 人，毕业生 8511 人；小学招生 7886 人，在校生 51506 人；毕业生 9165 人；职业中学招生 1754 人，在校生 4021 人，毕业生 579 人。全县各级各类学校有专任教师 6507 人。

全县学前一年、三年入园率分别达 93.1%、

71.8%，普惠性学前教育享受率达到80%以上，小学、初中巩固率分别达99.5%、98%以上，初中毕业生升入高中阶段比例突破93%。全县高考各批次上线4296人，上线率达98.7%、同比高2.4个百分点；其中：本科各批次上线2493人，上线率达57.3%、同比提高8.6个百分点，重点本科上线670人，职高本科上线率达81.0%。

成功举办科技活动周及知识产权宣传周，组织3000余名中小学生开展科普体验和创新趣味观摩活动，30余家规上企业参加了企业知识产权管理能力提升培训。推广运用“徐薯22、牛羊恒温衡量自动饮水系统”等新品种新技术近50个，实现科技成果引进登记38项，培育科技示范基地18个。全县专利申请434件，授权156件，成功申报市级知识产权试点企业2家，企业自主创新能力不断增强。

九、文化、卫生和体育

年末全县共有文化馆1个，公共图书馆1个，博物馆1个，影剧院1个，广播电视台1座，乡镇综合文化站39个。广播人口综合覆盖率90.18%，电视人口综合覆盖率96.23%。年末有线电视用户6.01万户，比上年增长11.9%，其中数字电视用户5.52万户，增长13.3%。

2016年底全县有各级各类医疗卫生机构（含村卫生室）476个，其中，医院10个，乡镇卫生院36个，社区卫生服务中心4个，诊所（卫生所、医务室）40个，村卫生室382个，疾病预防控制中心1个，卫生监督所1个，妇幼保健院1个，结核病防治所1个。各类医疗卫生机构开放病床2401张，其中：医院开放病床1171张，乡镇卫生院、社区卫生服务中心开放床位1194张，妇幼保健院开放病床30张。全县有卫生技术人员2340人，其中：执业（助理）医师996人。

成功举办迎新春长跑比赛、中国摩托艇联赛“太极水杯”重庆彭水大奖赛及中美澳艺术滑水对抗赛、“体彩杯”“渝运杯”职工篮球赛，“能源杯”“交通杯”职工运动会等大型体育活动20多次，参与人数达5万余人次。深入开展健身操普及、坝坝舞培训、健身长跑竞赛以及登山、游泳、钓鱼、太极、漂流等形式多样、参与性强的全民健身活动。积极参加市级以上体育赛事，获得市级以上奖牌69枚，其中金牌32枚、银牌12枚、铜牌25枚。

十、人民生活和社会保障

全年全县常住居民人均可支配收入14219元，比上年增长11.6%。按常住地分，城镇常住居民人均可支配收入24482元，比上年增长9.6%；农村常住居民人均可支配收入9294元，比上年增长10.8%。

城镇常住居民人均可支配收入中，工资性收入11796元，增长8.0%；经营净收入4922元，增长10.7%；财产净收入3482元，增长7.0%；转移净收入4282元，增长15.4%。

农村常住居民人均可支配收入中，工资性收入4111元，增长9.0%；经营净收入3682元，增长12.0%；财产净收入168元，增长11.7%；转移净收入1333元，增长13.1%。

截至2016年年底，全县统筹范围内参加社会养老保险企业职工人数29578人，收缴养老保险基金21527万元；参加失业保险人24381人，失业保险费征缴收入649万元；参加医疗保险人数32969人，医疗保险征缴收入19684万元；参加城乡居民合作医疗保险人数达到56.62万人，城乡居民参合率达98.99%。

年末全县拥有各类收养单位37个，床位3012张，收养人员2030人。年末享受最低生活保障的人数32534人，其中城镇低保7004人，农村低保25530人。全年累计发放城乡居民最低生活保障金8264万元，其中城镇居民低保2858万元，农村居民低保5406万元。城乡低保标准分别提高到460元/月和300元/月，分别比上年增长9.5%和30.4%。

十一、资源、环境和安全生产

全年降水总量1456毫米。全年总用水量8945

万立方米。年末全县监测的19座小型水库蓄水总量678万立方米，比上年末下降4.1%。

植树造林力度加大，森林工程建设成效显著，森林资源得到有效保护。全年完成各项造林面积27万亩，其中人工造林面积9万亩，全县森林覆盖率达53.0%，比上年提高3.0个百分点。

全年全社会用电量63808万千瓦时，比上年下降2.1%，其中大工业用电量14874万千瓦时，下降15.3%。

县城空气质量状况优良的天数为303天，全年优良率为97.7%，比去年增加1.5%。环境空气中可吸入颗粒物（PM10）、二氧化硫（SO2）、二氧化氮（NO2）年平均浓度分别为0.064mg/m3、0.022 mg/m3、0.034 mg/m3。全年县城降水pH值范围在6.29－6.90之间，pH平均值为6.65，全年无酸雨。乌江鹿角断面、郁江连湖大桥断面和郁江郁江桥断面、长溪河、木棕河，监测指标均符合地表水Ⅲ类水质标准，水质达标率为100%。集中式饮用水源水质总体良好，县城饮用水源水质达标率为100%，乡镇（街道）政府驻地饮用水源水质达标率为100%。

全年交通干线噪声20个监测点，平均值67.1分贝（标准为67分贝），平均车流量为816辆/小时；区域环境噪声监测点为100个，平均值52.6分贝（标准为54分贝）。功能区环境噪声均符合城市区域环境噪声标准。

全年发生生产安全事故8起、死亡10人。其中：工矿商贸事故4起、死亡5人，道路运输事故4起、死亡5人，全年未发生较大及以上事故。全年受理社会治安案件7169件，比上年下降3.0%，治安案件发案率101.98件/万人；刑事案件立案1690件，下降6.8%，破获各类刑事案件927起，刑事案件发案率24.04件/万人。

注：

1. 本公报中2016年数据均为初步统计数，最终数据以《2017年彭水统计年鉴》为准。部分数据因四舍五入的原因，存在着分项与合计不等的情况。

2. 地区生产总值绝对数按现价计算，增长速度按可比价计算。

3. 规模以上工业、有资质的建筑业、限额以上批发和零售业、限额以上住宿和餐饮业、全部房地产开发经营业、规模以上服务业等行业统计标准：

规模以上工业：年主营业务收入2000万元及以上的工业法人单位。

有资质的建筑业：有总承包、专业承包和劳务分包资质的建筑业法人单位。

限额以上批发和零售业：年主营业务收入2000万元及以上的批发业、年主营业务收入500万元及以上的零售业法人单位。

限额以上住宿和餐饮业：年主营业务收入200万元及以上的住宿和餐饮业法人单位。

房地产开发经营业：全部房地产开发经营业法人单位。

规模以上服务业：年营业收入1000万及以上或从业人员50人及以上的执行企业会计制度的法人或视同法人单位。包括：交通运输、仓储和邮政业，信息传输、软件和信息技术服务业，租赁和商务服务业，科学研究和技术服务业，水利、环境和公共设施管理业，居民服务、修理和其他服务业，教育，卫生和社会工作，文化、体育和娱乐业；以及物业管理、房地产中介服务等行业。

4. 公报中所涉及的部门统计数据来自相关行业部门，其他数据来自县统计局。